Guttentag'sche Sammlung
Nr. 18. Deutscher Reichsgesetze. Nr. 18.
Text-Ausgaben mit Anmerkungen.

Reichsstempelgesetz

(Börsensteuergesetz)

vom 27. April 1894

mit den Ausführungs-Vorschriften, einem Auszug aus den Gesetzes-Materialien und den Entscheidungen der Verwaltungsbehörden und des Reichsgerichts.

Text-Ausgabe mit Anmerkungen, Tabellen und Registern.

Früher — z. Z. der Geltung der Gesetze von 1881 u. 1885 —
bearbeitet von
Geh. Regierungsrath **B. Haupp,**

Siebente vollständig umgearbeitete Auflage

von

P. Loeck,

Regierungsassessor.
Mitglied der Königl. Provinzial-Steuer-Direktion zu Berlin.

Berlin SW. 48.
Wilhelmstraße 119/120.
J. Guttentag, Verlagsbuchhandlung.
1897.

Vorbemerkung.

Die vorige Ausgabe dieses Buches war, wie auch in der Vorbemerkung zur sechsten Auflage betont ist, lediglich dazu bestimmt, eine Verwerthung des vorhandenen kaum zwei Jahre vorher zusammengestellten Materials für das bereits am 1. Mai 1894 in Kraft getretene neue Reichsstempelgesetz vom 27. April desselben Jahres zu ermöglichen. Es war bei der Bearbeitung davon ausgegangen, daß für die vor dem 1. Mai 1894 abgeschlossenen Geschäfte das bisherige Gesetz noch häufig in Anwendung zu bringen war und daß für die nicht abgeänderten in das neue Gesetz übernommenen Bestimmungen die bis dahin ergangenen Entscheidungen der Verwaltungsbehörden und des Reichsgerichts ihre Bedeutung behalten hatten.

Inzwischen ist das neue Gesetz beinahe drei Jahre in der Praxis gehandhabt worden; in dieser Zeit sind in Bezug auf seine Auslegung — wie das bei neuen und besonders schwierigen Gesetzen nicht anders zu erwarten ist — zahlreiche Verwaltungsentscheidungen und Gerichtsurtheile ergangen, die aber dazu beigetragen haben, die erforderliche Klarheit zu verschaffen, so daß man jetzt wohl behaupten kann, daß die mit seiner Handhabung betrauten Behörden wie der betheiligte Handelsstand sich in den Geist des Gesetzes eingelebt haben.

Der Allgemeinheit, besonders aber den gedachten Behörden wie den zur täglichen Anwendung der Gesetzesvorschriften genöthigten Bankinstituten, den Gerichten und Rechtsanwälten in einer nach der Paragraphenfolge des Gesetzes und der Nummerfolge der Ausführungs-Vorschriften geordneten Ausgabe unter jedesmaligem Hinweis auch auf die zur Auslegung unbedingt erforderlichen und deshalb gleichzeitig wiedergegebenen Motive, Kommissionsberichte und Reichstagsverhandlungen das vorhandene reichhaltige Material anzubieten und damit die Anwendung des Gesetzes wesentlich zu erleichtern, bezweckt vorliegendes Buch.

In einem Anhange sind Tabellen zur Berechnung der Abgabe nach den verschiedenen Tarifnummern und am Schluß zur schnellen Orientirung ein chronologisches und ein ausführliches Sachregister beigefügt.

Berlin, im April 1897.

Abkürzungen.

Abs. = Absatz.

Allg. Anw. = Allgemeine Anweisung des Bundesraths vom 25. September 1885, betreffend einige bei Anwendung des Reichsstempelgesetzes zu befolgende Grundsätze.

art. = Artikel.

A.B. oder Ausf.-Vorschr. A. B. = Ausführungs-Vorschriften des Bundesraths.

Bd. = Band.

Beil. = Beilage zum Deutschen Reichs- und Preußischen Staatsanzeiger.

B.G.Bl. = Bundesgesetzblatt.

C.Bl. f. d. D. R. oder R.C.Bl. = Centralblatt für das Deutsche Reich.

C.Bl. = Centralblatt der Preußischen Abgaben-, Gewerbe- und Handels-Gesetzgebung und Verwaltung.

Cirk.-Verf. = Cirkular-Verfügung.

C.P.O. = Civil-Prozeß-Ordnung.

d. G. = dieses Gesetzes.

D.R.Anz. = Deutscher Reichs- und Preuß. Staatsanzeiger.

Drucks. = Drucksachen zu den Reichstags-Verhandlungen.

Erl. = Erlaß.

Entsch. in C.S. oder in Civils. = Entscheidung des Reichsgerichts in Civilsachen.

Entsch. in Straff. = Entscheidung des Reichsgerichts in Strafsachen.

Erk. d. R.G. (I—IV. — 1—3) = Erkenntniß des Reichsgerichts (erster bis vierter Civilsenat — erster bis dritter Straffenat).

F.M. oder Fin.-Min. = Finanz-Minister.

F.M.E. oder F.M.R. = Finanz-Ministerial-Erlaß, Finanz-Ministerial-Reskript.
G.S. = Preußische Gesetz-Sammlung.
H.G.B. = Handelsgesetzbuch.
Komm.-Ber. oder K.B. = Bericht der Kommission des Reichstages.
Kab.O. = Kabinets-Ordre.
Kleinloff = Die Reichsstempelgesetze von R. Kleinloff. Berlin 1894. H. W. Müller's Verlag.
M.B. = Preußisches Ministerialblatt für die gesammte innere Verwaltung.
Min. d. J. = Minister des Innern.
Mot. = Motive.
Neumann = Das Börsensteuergesetz von H. Neumann. Berlin 1885. Franz Siemenroth's Verlag.
Puls = O. Puls. Die Börsensteuer. Frankfurt a. M. 1894. Mahler & Waldschmidt.
P.St.D. oder Prov.St.Dir. = Provinzial-Steuer-Direktor.
R.G.Bl. = Reichsgesetzblatt.
R.G. = Reichsgericht.
R.G.E. = Reichsgerichts-Entscheidung.
R.St.G. = Reichsstempelgesetz.
R.St.G.B. = Reichsstrafgesetzbuch.
S. = Seite.
Schlag = Das Reichsstempelgesetz von Schlag. Berlin 1894. Verlag von Siemenroth & Worms.
St. = Stempel.
Sten.-Ber. = Stenographische Berichte über die Verhandlungen des Reichstages.
V. = Verordnung.
Vgl. = Vergleiche.
vorl. = vorletzter.
W.St.St.G. = Wechselstempelsteuergesetz.
z. B. = zum Beispiel.

Inhaltsübersicht.

I. Abschnitt.

II. Abschnitt

III. Abschnitt

Anhang.

Register.

I. Abschnitt.

A. Reichsstempelgesetz nebst Tarif, Ausführungs-Vorschriften A und Muster a bis h.

Reichsstempelgesetz[1])[2])

vom 27. April 1894.

(Reichs-Gesetz-Bl. S. 381.)

§ 1.[3])

Die in dem anliegenden Tarif unter 1, 2, 3 und 5 bezeichneten Urkunden und die daselbst unter 4 bezeichneten Geschäfte unterliegen den daselbst bezeichneten Abgaben nach Maßgabe der nachstehenden Bestimmungen:

1. [Nr. 2165.] Gesetz wegen Abänderung des Gesetzes, betreffend die Erhebung von Reichsstempelabgaben, vom $\frac{\text{1. Juli 1881}}{\text{29. Mai 1885}}$. Vom 27. April 1894. R.G.Bl. S. 369 ff.

Wir Wilhelm, von Gottes Gnaden Deutscher Kaiser, König von Preußen 2c.

verordnen im Namen des Reichs, nach erfolgter Zustimmung des Bundesraths und des Reichstags, was folgt:

— es folgen die Artikel I und II.

Artikel III.

— — — — — — — — — — — — — — — — — —

Der Reichskanzler wird ermächtigt, den unter Berücksichtigung der obigen Aenderungen sich ergebenden Text des Gesetzes vom $\frac{\text{1. Juli 1881}}{\text{29. Mai 1885}}$ mit einer fortlaufenden Nummernfolge der Abschnitte und Paragraphen als „Reichsstempelgesetz" mit dem Datum des vorliegenden Gesetzes durch das Reichs-Gesetzblatt bekannt zu machen.

Urkundlich unter Unserer Höchsteigenhändigen Unterschrift und beigedrucktem Kaiserlichen Insiegel.

Gegeben Schlitz, den 27. April 1894.

(L. S.) Wilhelm.

Graf von Caprivi.

2. [Nr. 2166.] Bekanntmachung, betreffend die Redaktion des Reichsstempelgesetzes. Vom 27. April 1894. R.G.Bl. S. 381 ff.

Auf Grund des Artikels III des Gesetzes vom 27. April 1894 wegen Abänderung des Gesetzes, betreffend die Erhebung von Reichsstempelabgaben, vom $\frac{\text{1. Juli 1881}}{\text{29. Mai 1885}}$ wird der Text des Reichsstempelgesetzes nachstehend bekannt gemacht.

Berlin, den 27. April 1894.

Der Reichskanzler.

Graf von Caprivi.

3. Vgl. Abschn. II Anm. 1 und Abschn. III Anm. 1 und 2.

Ausführungs-Vorschriften[4]) [5]) A.

1. Die Steuerstellen, welche zur Erhebung der Stempelabgabe, sowie zur Abstempelung von Aktien, Renten- und Schuldverschreibungen (Tarifnummern 1 bis 3) und von Lotterieloosen (Tarifnummer 5) zuständig[1] sind, sowie die zur Erhebung der in der

Tarifnummer 4 angeordneten Abgabe, insbesondere zum Verkauf der Stempelmarken und gestempelten Formulare befugten Amtsstellen werden ebenso wie die Beamten zur Wahrnehmung der im § 39 Absatz 2 bezeichneten Geschäfte und deren Geschäftsbezirke, von den Landesregierungen bestimmt und öffentlich bekannt gemacht[6]). Soweit eine solche Bestimmung nach Massgabe der bestehenden Stempelgesetze bereits erfolgt ist, bedarf es einer erneuten Bekanntmachung nicht;[7]) etwaige Veränderungen bezüglich der zur Abstempelung der Werthpapiere (Tarifnummern 1 bis 3) und der Lotterieloose (Tarifnummer 5) zuständigen Stellen werden dem Reichskanzler behufs Veröffentlichung im Reichs-Centralblatt mitgetheilt.

Die Abstempelung der Genussscheine (Anmerkung zur Tarifnummer 1 und 2 Absatz 2) erfolgt bis auf Weiteres nur bei den Stempelhebestellen zu Berlin, Dresden, Frankfurt a. M., Hamburg, München, Mannheim und Strassburg i. E.

4. Die Ausführungs-Vorschriften A und B sind im R.C.Bl. Nr. 18 S. 121 ff. Jahrgang 1894 und im C.Bl. S. 245 ff. Jahrgang 1894 abgedruckt.

5. Wegen der Zuwiderhandlungen gegen die Ausführungs-Vorschriften siehe die Strafbestimmung im § 34 d. G.

6. Ein Verzeichniß derjenigen preußischen Steuerstellen in Berlin und der Provinz Brandenburg, welche

A. zur Erhebung der Reichsstempelabgabe sowie zur Abstempelung der Aktien, Renten, Schuldverschreibungen, Lotterieloose (Tarif Nr. 1—3, Befreiung zu Tarif Nr. 1, Anmerkung zu Tarif Nr. 1 und 2 Abs. 2, Tarif Nr. 5),

B. zur Erhebung der im Tarif Nr. 4 angeordneten Abgabe und zwar

a. zum Verkauf von Reichsstempelmarken und gestempelten Formularen zu Schlußnoten, auch zur Verabfolgung ungestempelter Formulare,
b. zur Herstellung gestempelter Schlußnotenformulare durch Verwendung von Reichsstempelmarken zum verlangten Betrage und zur Abstempelung von Vertragsurkunden,
c. zum Verkauf von Reichsstempelmarken und Verabfolgung ungestempelter Formulare,
d. zur Entgegennahme von Anmeldungen zur Stempelung von Privatformularen durch die Reichsdruckerei

zuständig sind, ist abgedruckt im Amtsblatt für den Regierungsbezirk Potsdam Jahrgang 1894 S. 450/451 und im Amtsblatt für den Regierungsbezirk Frankfurt Jahrgang 1894 S. 321/322.

7. Die Veröffentlichung siehe im R.C.Bl. für 1881 S. 387 ff., 409, 420, 424, 431, 436, und ebend. Jahrgang 1888 S. 16 ff.

I. Aktien, Renten- und Schuldverschreibungen.
(Tarifnummer 1 bis 3.)

§ 2.[8])

Die Verpflichtung zur Entrichtung der unter Tarifnummer 1 bis 3 bezeichneten Stempelabgabe wird erfüllt durch Zahlung des Abgabebetrages an eine zuständige Steuerstelle, welche auf dem vorzulegenden Werthpapiere Reichsstempelmarken zum entsprechenden Betrage zu verwenden oder die Aufdrückung des Stempels zu veranlassen hat.

In welchen Fällen und unter welchen Bedingungen der Verpflichtung zur Versteuerung durch rechtzeitige Verwendung von Stempelmarken ohne amtliche Mitwirkung einer Steuerstelle genügt werden kann, bestimmt der Bundesrath.

8. Vgl. Abschn. II Anm. 2 und Abschn. III Anm. 3 und 4.

Ausf.-V. A. zu § 2 des Gesetzes.

I. Aktien, Renten- und Schuldverschreibungen.

2. Die zu versteuernden Werthpapiere sind mit einer nach den anliegenden Mustern[9]) a oder b doppelt ausgefertigten, von dem Steuerpflichtigen unterzeichneten und mit genauer Angabe seines Standes und Wohnortes versehenen Anmeldung[10]) einer zuständigen Steuerstelle vorzulegen. Lose oder von den Werthpapieren getrennte Zinsscheine etc. sind nicht mit vorzulegen. In der Anmeldung sind die Werthpapiere nach Gattung (Aktie, Interimsschein zu solcher, Schuldverschreibung etc.) und Benennung, sowie nach Serie, Litera und Nummer geordnet aufzuführen.

9. Die Muster a bis h befinden sich am Schluß dieses Abschnittes I A.

10. Vgl. Abschn. III Anm. 4.

3. Nach Prüfung der Anmeldung setzt die Steuerstelle den Abgabenbetrag fest und zieht ihn ein. Bei der Berechnung der Abgabe von ausländischen Werthpapieren, in welchen der Nennwerth in fremder und deutscher Währung angegeben ist, bildet die letztere die Grundlage; bei Werthpapieren, deren Nennwerth nicht in deutscher Währung angegeben ist, hat die Umrechnung in dieselbe unter Zugrundelegung der fremden Währung und falls mehrere fremde Währungen angegeben sind, der höchstgiltigen fremden Währung zu erfolgen.*)[10a])

---

*) Behufs Umrechnung der in einer anderen als der Reichswährung ausgedrückten Summen zum Zwecke der

Die Abstempelung der Werthpapiere erfolgt erst, nachdem die festgestellte Abgabe gegen — endgültige oder vorläufige — Quittung eingezahlt oder hinterlegt worden ist. Die Hinterlegung tritt ein, wenn die Abstempelung der Papiere am Tage der Einzahlung der Steuer nicht mehr bewirkt oder beendet

---

Berechnung der Reichsstempelabgabe sind gegenwärtig für die nachstehend bezeichneten Währungen die dabei bemerkten, allgemein zum Grunde zu legenden Mittelwerthe bis auf Weiteres festgesetzt:

1	süddeutscher Gulden, sowie ein Gulden niederländischer Währung	1,70	Mark
1	Mark Banko	1,50	„
1	österreichischer Gulden Gold	2,00	„
1	österreichischer Gulden Silber oder Papier	1,70	„
1	österreichische Krone	0,85	„
1	Pfund Sterling	20,40	„
1	Frank, Lira, finnische Mark, spanische Peseta Gold	0,80	„
1	spanischer Piaster	4,00	„
100	spanische Realen	21,00	„
1	portugiesischer Milreis	4,50	„
1	türkischer Piaster	0,18	
1	rumänischer Piaster	0,30	„
1	rumänischer Leu	0,80	„
1	polnischer Gulden	0,33	„
1	russischer Silberrubel	2,25	„
1	russischer Goldrubel	3,20	„
100	schwedische, norwegische oder dänische Kronen	112,50	„
1	dänischer Riksdaler	2,25	„
1	schwedischer Riksdaler	1,125	„
1	Spezies Riksdaler	4,50	„
1	amerikanischer Dollar	4,25	„

werden kann. Jede Quittung muss, um gültig zu sein, von zwei Beamten vollzogen und in derselben der Tag der Buchung der Steuer und die Nummer des Hebe- oder Anmeldungsregisters, unter welcher die Buchung erfolgt ist, von der Steuerstelle angegeben sein. Die endgültige Quittung ist auf eine Ausfertigung der Anmeldung zu schreiben.

Kann die Abstempelung nicht sofort vorgenommen werden, so ist dem Ueberbringer die eine Ausfertigung der Anmeldung, mit Empfangsbescheinigung versehen, zurückzugeben.

Nach erfolgter Abstempelung erhält der Steuerpflichtige die Werthpapiere gegen Rückgabe der Empfangsbescheinigung oder der vorläufigen Quittung, welche als Registerbeläge bei der Steuerstelle verbleiben, und die mit endgültiger Quittung versehene Ausfertigung der Anmeldung ausgehändigt.

10a. Vgl. auch § 3 der Bek. des Reichskanzlers vom 11. 12. 96 zu § 42 des Börsengesetzes. v. 22. 6. 96.

4. Die Abstempelung erfolgt ausschliesslich durch Aufdrücken des Reichsstempels auf der Vorderseite des Werthpapiers.[11]) Der mittelst Maschine aufzudrückende Stempel ist kreisrund mit einem Durchmesser von 31 mm und trägt in der zwischen zwei Linien laufenden Umschrift die Bezeichnung: REICHS-STEMPEL-ABGABE, sowie in fetter Schrift die Angabe des Steuersatzes $1^1/_2$ oder EINS VOM HUNDERT bezw. SECHS, FUENF, VIER, ZWEI oder EINS VOM TAUSEND bezw. FUENF MARK, DREI MARK oder FUENFZIG PFENNIG; das Mittelfeld ist ausgefüllt durch einen nur in Umrisslinien gezeichneten Reichsadler, unter welchem das Unterscheidungs-

zeichen der betreffenden Abstempelungsstelle sich befindet. **)

11. Kann auch auf Formularen zu Werthpapieren im Voraus geschehen. Vgl. Abschn. III Anm. 3.

**) Die nach den „Ausnahmen" zur Tarifnummer 1 und 2 des Gesetzes vom 1. Juli 1881 abgestempelten ausländischen Werthpapiere haben einen Stempelaufdruck erhalten, welcher in einem von einem Kreise umgebenen Vierpaß die deutsche Kaiserkrone, sowie ein Band mit Angabe des Steuersatzes von 10 Pfennig oder 50 Pfennig zeigt und dessen Einfassung die Aufschrift „Reichs-Stempel-Abgabe" und das Unterscheidungszeichen der betreffenden Abstempelungsstelle trägt (Ziffer 2c Abs. 2 der Ausführungs-Vorschriften vom 7. Juli 1881).

Die Abstempelung der inländischen Werthpapiere und der nicht nach den „Ausnahmen" versteuerten ausländischen Werthpapiere erfolgte mittelst eines Stempels, welcher in einem verzierten aufrecht stehenden Rechteck bestand, auf welchem sich der Reichsadler, um denselben in kreisrunder Einfassung die Aufschrift „Reichs-Stempel-Abgabe", sowie das Unterscheidungszeichen der betreffenden Abstempelungsstelle befand (Ziffer 2c Abs. 3 der Ausführungs-Vorschriften vom 7. Juli 1881). Durch die Bekanntmachung des Reichskanzlers vom 5. Januar 1883 (Centralblatt S. 8) wurde ein neuer Stempel eingeführt, der außer den vorgedachten Merkmalen auf einem gebogenen Bande die Angabe des Steuersatzes von Fünf, Zwei oder Eins vom Tausend enthielt.

Der oben in Ziffer 4 bezeichnete kreisrunde Stempel mit Angabe der Steuersätze von Fünf, Zwei oder Eins vom Tausend ist durch die Bekanntmachung des Reichskanzlers vom 11. Juni 1887 (Centralblatt S. 159) eingeführt worden, die Abstempelung der Werthpapiere konnte

5. Auf Antrag und auf Kosten des Steuerpflichtigen kann der Aufdruck des Reichsstempels auf die Werthpapiere auch bei der Reichsdruckerei erfolgen. Der Antrag ist in der Anmeldung (Ziffer 2) zu stellen. Die Steuerstelle zieht den Abgabenbetrag und einen die Kosten der Abstempelung deckenden Vorschuss von dem Steuerpflichtigen ein und ersucht unter Beifügung einer gemäss den Vorschriften unter Ziffer 3 mit Quittung über Abgabe und Vorschuss versehenen Ausfertigung der Anmeldung die Reichsdruckerei um Abstempelung der Werthpapiere. Der Antragsteller hat für die Einsendung der Werthpapiere an die Reichsdruckerei zu sorgen und empfängt dieselben von dort unmittelbar zurück. Hin- und Rücksendung erfolgen auf seine Gefahr und Kosten.

Der Steuerstelle theilt die Reichsdruckerei eine Bescheinigung, dass die Abstempelung in Uebereinstimmung mit der zurückzusendenden Anmeldung erfolgt ist, unter Benachrichtigung von dem Betrage der Kosten der Abstempelung mit. Die Steuerstelle nimmt diese Bescheinigung zu den Belägen ihres Registers und rechnet nunmehr mit dem Steuerpflichtigen über den Vorschuss unter Rückzahlung des etwaigen Ueberschusses ab. Nach Berichtigung

---

indessen auch mit dem in der Bekanntmachung vom 5. Januar 1883 bezeichneten Stempel vorgenommen werden.

Gemäß Bekanntmachung des Reichskanzlers vom 9. April 1891 (Centralblatt S. 74) wird der Stempelaufdruck auf die Stücke

1. der $4^1/_2$ prozentigen inneren Argentinischen Anleihe vom Jahre 1888,
2. der $4^1/_2$ prozentigen äußeren Argentinischen Anleihe vom Jahre 1888 und
3. der Buenos-Aires-Stadt-Anleihe vom Jahre 1888

nicht mit rother, sondern mit blauer Farbe bewirkt.

der Kosten erhält der Steuerschuldner eine mit Quittung (Ziffer 3) versehene Ausfertigung der Anmeldung zurück.

Ersieht die Reichsdruckerei aus der übersandten Quittung, dass der Vorschuss die Kosten nicht deckt, so hat sie die Steuerstelle hiervon alsbald und vor der Rücksendung der abgestempelten Werthpapiere behufs unverzüglicher Einziehung des fehlenden Betrages zu benachrichtigen

6. Nach jeder Einzahlung auf die in den Tarifnummern 1 bis 3 bezeichneten Werthpapiere sind die Interimsscheine nach den obigen Vorschriften zur Abstempelung vorzulegen. Die letztere erfolgt nach den für die Abstempelung der vollgezahlten Werthpapiere getroffenen Bestimmungen unter Aufdruck desselben Stempels (Ziffer 4) bei dem Quitungsvermerk über die jeweilige Einzahlung; dabei ist zugleich der Ort und die Zeit der Abgabenerhebung mittelst eines Stempels ersichtlich zu machen.

Der wiederholten Vorlegung und Abstempelung der Interimsscheine bedarf es indessen nicht, wenn bei der erstmaligen Vorlegung der Interimsscheine die volle tarifmässige Abgabe für die vollgezahlten Stücke im voraus entrichtet worden ist. In Fällen derartiger Vorauszahlungen der Steuer sind die Interimsscheine über dem Reichstempelabdruck mit folgendem Vermerk zu versehen:

Vollzahlung ist vorausbesteuert.
den ten 18
(Amtsbezeichnung, Unterschrift und Amtsstempel der abstempelnden Steuerstelle.)

Zu § 2 und Abs. 2 der letzten Spalte der Tarifnummern 1 und 2.

7. Für die zur Versteuerung angemeldeten Werthpapiere ist der volle tarifmässige Betrag der Stempel-

abgabe von der Steuerstelle auch dann zu berechnen und festzustellen, wenn für die ausgegebenen Interimsscheine schon eine Reichsstempelabgabe entrichtet worden ist. Behufs Anrechnung des versteuerten d. i. durch die gezahlte Steuersumme gedeckten Betrages der Interimsscheine auf den Betrag der endgültigen Stücke hat der Steuerpflichtige in der Anmeldung den Betrag der einzelnen auf die Interimsscheine geleisteten Einzahlungen und der dafür entrichteten Abgaben, sowie den Ort und die Zeit der Steuererhebungen anzugeben und die abgestempelten Interimsscheine mit den abzustempelnden Werthpapieren vorzulegen. Findet sich gegen die Zulässigkeit der beantragten Anrechnung [12]) nichts zu erinnern, so erfolgt die Einzahluug des für die Aktien etc. etwa noch zu erlegenden Abgabenbetrages, die Quittungsleistung und die Abstempelung der Papiere nach den oben unter Ziffer 3 bis 5 gegebenen Bestimmungen. Auf der Anmeldung (Ziffer 2) hat die Steuerstelle den noch zu versteuernden Betrag der einzelnen Stücke, sowie die dafür zur Erhebung gelangende Abgabe ersichtlich zu machen.

Auf den Interimsscheinen sind vor deren Rückgabe die Stempelzeichen durch Ausschneiden oder Durchlochen, mit Genehmigung der Direktivbehörde auch in anderer sichernder Art, zu vernichten; die Vernichtung ist auf der Anmeldung zu bescheinigen.

Unter den von der Steuerstelle vorzuschreibenden Bedingungen dürfen die abgestempelten Interimsscheine behufs Feststellung des anzurechnenden versteuerten Betrages und Vernichtung der Stempelzeichen auch vor der Vorlegung der abzustempelnden endgültigen Stücke vorgelegt werden.

Insoweit die Interimsscheine nicht spätestens gleichzeitig mit den abzustempelnden Aktien etc. vorgelegt werden können, darf der Steuerpflichtige, unter Angabe des auf die Interimsscheine zur Einzahlung gelangten Kapitals und der entrichteten Steuer, sich die Vorlegung der abgestempelten Interimsscheine zum Zweck der Anrechnung des versteuerten Betrages derselben in der Anmeldung vorbehalten. Die Steuer für denjenigen Betrag, dessen Anrechnung in Anspruch genommen wird, ist zu hinterlegen oder sicherzustellen. Die Sicherstellung erfolgt durch Niederlegung kurshabender inländischer Werthpapiere; Schuldverschreibungen des Reichs und der Bundesstaaten werden zum Nennwerth, bei niedrigerem Kurse aber zum Kurswerth, sonstige Werthpapiere der bezeichneten Art aber in Höhe des bei der Reichsbank beleihbaren Theilbetrages als Sicherheit angenommen. Den Papieren sind die Zinsscheine und die Anweisungen zur Abhebung derselben beizufügen; es steht jedoch den Steuerpflichtigen frei, die innerhalb des ersten Jahres fälligen Zinsscheine zurückzubehalten. Seitens der Steuerstelle ist auf der dem Anmeldenden zurückzugebenden Ausfertigung der Anmeldung unter Bezugnahme auf den gemachten Vorbehalt die Hinterlegung oder Sicherstellung zu bescheinigen und ein entsprechender Vermerk im Anmeldungsregister zu machen, im Uebrigen aber nach der Bestimmung im ersten Absatz dieser Ziffer zu verfahren. Die Vorlegung der Interimsscheine hat innerhalb eines Jahres nach der Rückgabe der abgestempelten Aktien etc., den Tag der Rückgabe nicht mitgerechnet, bei der Steuerstelle zu erfolgen. Aus besonderen Gründen kann die Steuerbehörde eine Verlängerung dieser Frist bewilligen. Bei der Vorlegung der Interimsscheine hat der Steuerpflichtige den Betrag der einzelnen auf die letzteren geleisteten Einzahlungen und der dafür entrichteten Abgaben sowie den Ort und die Zeit der Steuererhebungen anzugeben, auch die obenbezeichnete

Ausfertigung der Anmeldung mit beizufügen. Findet sich gegen die Zulässigkeit der Anrechnung nichts zu erinnern, so hat die Steuerstelle wegen der Vernichtung der Stempelzeichen auf den Interimsscheinen (Absatz 2 dieser Ziffer) und wegen entsprechender Rückgabe des hinterlegten Steuerbetrages oder der bestellten Sicherheit das Weitere zu veranlassen, insbesondere auch die zugestandene Anrechnung auf der mitvorgelegten und zurückzugebenden Ausfertigung der Anmeldung, sowie auf der als Belag bei der Steuerstelle verbliebenen Ausfertigung und im Anmeldungsregister zu vermerken. Nach Ablauf der Frist ist der rückständige, durch Anrechnung nicht getilgte Theil der Steuer zur Erhebung zu bringen.

Insoweit in Folge der früheren Art der Abstempelung aus den auf den Interimsscheinen befindlichen Steuerstempeln der Ort und die Zeit der Abgabenerhebung nicht ersichtlich sind, bedarf es einer bezüglichen Angabe seitens des Steuerpflichtigen nicht. Auf Verlangen der Steuerstelle sind indessen vor Bewilligung der Anrechnung die Quittungen über die gezahlten Steuerbeträge beizubringen.

12. Vgl. Abschn. III Anm. 128 bis 131.

Zu § 2 und Tarifnummer 1, Befreiung.

8. Diejenigen inländischen Aktiengesellschaften, welche für die von ihnen auszugebenden Werthpapiere die Befreiung vom Aktienstempel in Anspruch nehmen wollen, haben unter Beibringung des Nachweises, dass die Voraussetzungen[13]) der Befreiungsvorschrift zur Tarifnummer 1 vorliegen, einen bezüglichen Antrag bei der Steuerdirektivbehörde ihres Bezirks einzureichen, welche das Gesuch mit ihrem Gutachten versehen durch Vermittelung der obersten Landesfinanzbehörde an den Bundesrath gelangen lässt.[13a])

Auf Grund des Beschlusses des Bundesraths, durch welchen die ausschliessliche Gemeinnützigkeit der Zwecke der Gesellschaft anerkannt wird, hat die Direktivbehörde das Weitere wegen der Abstempelung[14]) der Aktien etc. zu veranlassen. Zu der letzteren ist ein Stempel zu benutzen, welcher in Grösse und Zeichnung dem in Ziffer 4 beschriebenen Stempel entspricht, jedoch statt der Umschrift: „REICHSSTEMPELABGABE“ und des Abgabensatzes die Bezeichnung: „STEMPELFREI“ trägt.

13. Vgl. Abschn. II Anm. 27.

13a. Falls die Voraussetzungen der Befreiungsvorschrift nicht vorliegen, weist bereits der Prov.St.Dir. den Antrag zurück. F.M.E. v. 15. Dez. 1896 III 16877.

14. Zur stempelfreien Abstempelung der Aktien nach der Befreiungsvorschrift zu Tarif Nr. 1 ist für Berlin und die Provinz Brandenburg allein das Haupt-Steuer-Amt für inländische Gegenstände zu Berlin ermächtigt. F.M.E. v. 20. Juli 1894, C.Bl. S. 421.

§ 3.[15])

Ausländische Werthpapiere, welche durch ein im Auslande abgeschlossenes Geschäft[16]) von einem zur Zeit des Geschäftsabschlusses im Inlande wohnhaften Kontrahenten angeschafft sind und ihm aus dem Auslande übersandt oder von ihm oder einem Vertreter aus dem Auslande abgeholt werden,[17]) sind von dem Erwerber binnen vierzehn Tagen nach der Einbringung der Werthpapiere in das Inland zur Versteuerung anzumelden. Wer dieses unterläßt oder wer Werthpapiere der unter den Tarifnummern 1 bis 3 bezeichneten Art im Inlande ausgiebt,[18]) veräußert, verpfändet oder ein anderes Geschäft unter Lebenden[18]) damit macht oder Zahlung darauf leistet, bevor die Verpflichtung zur Versteuerung erfüllt oder den Kontrolvorschriften des Bundesraths genügt ist, verfällt in eine Geldstrafe, welche dem fünfundzwanzigfachen Betrage der hinterzogenen Abgabe gleichkommt, mindestens aber zwanzig Mark für jedes Werthpapier beträgt.

Diese Strafen treffen besonders und zum vollen Betrage jeden, der als Kontrahent[19]) oder in anderer Eigenschaft[20]) an der Ausgabe, Veräußerung, Verpfändung oder an dem sonstigen Geschäfte theilgenommen hat.[21])

Dieselben Personen sind für die Entrichtung der Steuer solidarisch verhaftet.[22])

15. Vgl. Abschn. II Anm. 3, 28 und 31 und Abschn. III Anm. 5 bis 12.

16. Vgl. Art. 321 H.G.B.: Ist ein unter Abwesenden verhandelter Vertrag zu Stande gekommen, so gilt der Zeitpunkt, in welchem die Erklärung der Annahme behufs der Absendung abgegeben ist, als der Zeitpunkt des Abschlusses des Vertrages.

Der Ort, wo die Annahmeerklärung abgesandt wird, ist Ort des Vertragsschlusses. Entsch. des R.O.H.G. v. 25. Juni 1872. Entsch. Bd. 7 S. 71.

17. Vgl. Anm. zu Tarifnummer 1 und 2.

18. Vgl. Abschn. III Anm. 8, 10 und 152.

19. Vgl. § 35 d. G.

20. Vgl. Abschn. II Anm. 3 litt. b.

21. Vgl. Abschn. III Anm. 11.

22. Vgl. Abschn. III Anm. 12.

§ 4.[23])

Bevor stempelpflichtige inländische Werthpapiere zur Zeichnung aufgelegt[24]) werden, oder zu weiteren Einzahlungen auf solche aufgefordert wird, hat der Emittent[24]) hiervon der zuständigen Steuerstelle unter Angabe der Zahl, der Gattung und des Nennwerthes der Stücke oder des Betrages der zu leistenden Einzahlungen nach Maßgabe eines von dem Bundesrath zu bestimmenden Formulars Anzeige zu erstatten.

Die Zuwiderhandlung gegen diese Vorschrift zieht Geldstrafe im Betrage von fünfzig bis fünfhundert Mark nach sich.

23. Vgl. Abschn. II Anm. 4, Abschn. III Anm. 13 bis 16 und Allg. Anw. Nr. 6A bis C in Abschn. IC.

24. Vgl. Abschn. III Anm. 13, 14 und 16, ferner über die Zulassung von Werthpapieren zum Börsenhandel §§ 36 ff. des Börsenges. v. 22. Juni 1896 und die Bekanntm. des Reichsk. v. 11. Dez. 1896 zu § 42 l. c.; über die Haftung des Emittenten §§ 43 bis 47 l. c. und über die Zeit der amtlichen Feststellung des Preises für zur öffentlichen Zeichnung aufgelegte Werthpapiere § 40 eod.

Ausf.-B. A zu § 4 des Gesetzes.

9. Die im § 4 Absatz 1 des Gesetzes vorgeschriebenen Anzeigen sind nach dem anliegenden Muster c[24a]) zu erstatten und an diejenige Steuerstelle abzugeben, bei welcher die Versteuerung der Werthpapiere erfolgen soll. Es ist nicht ausgeschlossen, dass die Werthpapiere demnächst bei einer anderen Steuerstelle versteuert werden; in diesem Falle hat

Muster c.

der Steuerpflichtige derjenigen Steuerstelle, bei welcher die vorläufige Anmeldung erfolgt ist, von der bei der betreffenden anderen Steuerstelle erfolgten Versteuerung alsbald nach Vornahme der lezteren unter Vorlage der erforderlichen Nachweise Anzeige zu erstatten.

24a. Die Muster sind hinter dem Tarif abgedruckt.

§ 5.[25])

Die der Reichsstempelsteuer unterworfenen Werthpapiere unterliegen in den einzelnen Bundesstaaten keiner weiteren Stempelabgabe (Taxe, Sporteln u. s. w.).

Auch ist von der Umschreibung solcher Werthpapiere in den Büchern und Registern der Gesellschaft 2c., sowie von den auf die Werthpapiere selbst gesetzten Uebertragungsvermerken[26]) (Indossamenten,[27]) Cessionen u. s. w.) eine Abgabe nicht zu entrichten.[28])

Im Uebrigen, insbesondere hinsichtlich der Urkunden über Eintragungen in dem Hypothekenbuche (Grundbuche), bleiben die landesgesetzlichen Vorschriften unberührt.

25. Vgl. Abschn. II Anm. 5 und Abschn. III Anm. 17 bis 19.

26. Vgl. Abschn. III Anm. 18.

27. Vgl. Abschn. III Anm. 19, 67 und 68.

28. Ueber Außer- und Inkurssetzung vgl. Abschn. II Anm. 5 litt. a.

§ 6.[29])

Die vor dem Inkrafttreten dieses Gesetzes ausgegebenen[30]) inländischen und mit dem Reichsstempel versehenen ausländischen Werthpapiere werden nach dem Gesetze vom 1. Juli 1881 beurtheilt. Das Gleiche gilt für nach dem Inkrafttreten des Gesetzes ausgegebene inländische Werthpapiere in Ansehung der vorher geleisteten Zahlungen.[31]) Vor dem Inkrafttreten dieses Gesetzes ausgestellte, noch nicht mit dem Reichsstempel versehene ausländische Werthpapiere sind, wenn sie innerhalb sechs Monaten nach diesem Zeitpunkte zur Stempelung vorgelegt werden, nach dem Gesetze vom 1. Juli 1881, bei späterer Vorlegung nach den durch gegenwärtiges Gesetz für inländische Werthpapiere derselben Art in den Tarifnummern 1a und 2a festgesetzten Sätzen zu verstempeln.[32])

Werthpapiere,[33]) welche lediglich zum Zweck des Umtausches, das heißt behufs Erneuerung der Urkunde ohne Veränderung des ursprünglichen Rechtsverhältnisses,[34]) ausgestellt worden sind, bleiben steuerfrei, wenn die zum Umtausch gelangenden Stücke ordnungsmäßig versteuert oder steuerfrei sind und den vom Bundesrath zu erlassenden Kontrolvorschriften genügt worden ist.

29. Vgl. Abschn. II Anm. 6 und Abschn. III Anm. 20 bis 31.

30. Vgl. Abschn. III Anm. 21, 22.

31. Vgl. Abschn. III Anm. 25.

32. Vgl. Ausf.-Vorschr. B. Nr. 1 Abs. 3 in Abschn. I Buchst. B.

33. Vgl. Abschn. II Anm. 6 Ziffer b und wegen verschiedener Appoints der Werthpapiere ebenda Ziffer c.

34. Vgl. Abschn. III Anm. 26 und 27.

Ausf.-V. A zu § 6 Abs. 1.

10. Für die vor dem 1. Mai 1894 ausgegebenen inländischen und mit dem Reichsstempel versehenen ausländischen Werthpapiere gelangt, falls die nach den bisherigen Vorschriften für dieselben fällige Steuer entrichtet ist, ein weiterer Stempel nicht zur Erhebung. Für die Interimsscheine gilt dies bezüglich der vor dem 1. Mai 1894 nach bisheriger Vorschrift versteuerten oder steuerfrei gebliebenen Beträge.

Wird beansprucht, dass für nach dem 30 April 1894 ausgegebene inländische Aktien u. s. w., auf welche vor dem 1. Mai 1894 Einzahlungen stattgefunden haben, die Stempelabgabe nach dem Gesetz vom 27 April 1894 nur für die von dem 1. Mai 1894 ab geleisteten Einzahlungen erhoben werde, so sind in der Anmeldung der Aktien zur Versteuerung (Ziffer 2) ausser dem Nennwerthe der einzelnen Stücke auch der Betrag und die Zeit der auf dieselben geleisteten Einzahlungen anzugeben und zugleich die Beweise für diese Angaben beizubringen.

Die Direktivbehörde bestimmt die Höhe der versteuernden Einzahlungen und der Abgabe.

Wegen der Quittung über die erhobene Abgabe, der Abstempelung und der Rückgabe der abgestempelten Aktien finden die Bestimmungen unter Ziffer 3 bis 5 sinngemässe Anwendung.

Ist die Vollzahlung des Interimsscheins bereits vor dem 1. Mai 1894 erfolgt und über einen Abgabenbetrag nicht zu quittiren, so ist die zurückzugebende Ausfertigung der Anmeldung mit entsprechender Bescheinigung zu versehen.

Als Tag der Ausstellung gilt das auf den ausländischen Werthpapieren hierfür angegebene Datum.[34a]) Ist der Steuerstelle bekannt, dass die letztere Angabe unrichtig und das zu versteuernde Werthpapier thatsächlich erst nach dem 30. April 1894 ausgestellt ist, so ist der volle Abgabensatz des Gesetzes vom 27. April 1894 in Anwendung zu bringen.

34a. Vgl. Abschn. III Anm. 127.

Zu § 6 Abs. 2.

11. Wird für Werthpapiere der in der Tarifnummer 1 bis 3 bezeichneten Art auf Grund des § 6 Aasatz 2 des Gesetzes Befreiung von der Stempelabgabe beansprucht, so ist in der Anmeldung (Ziffer 2) das Sachverhältniss anzugeben und überdies der Beweis zu führen, dass die Werthpapiere in der That nur zum Zwecke des Umtausches ohne Veränderung des durch die zurückzuziehenden Stücke beurkundeten Rechtsverhältnisses ausgestellt und die zurückzuziehenden Stücke vorschriftsmässig versteuert oder steuerfrei sind.

Die Befreiung findet u. A. keine Anwendung, wenn die neu auszugebenden Papiere auf andere Beträge oder einen anderen Zinssatz lauten, als die zurückzuziehenden Papiere, wenn sie von einem anderen Verpflichteten allein oder mit dem bisherigen Verpflichteten, ausgestellt sind, wenn sie auf den Inhaber, statt, wie die aus dem Verkehr tretenden Stücke, auf den Namen lauten oder umgekehrt und dergleichen mehr.[34])

Ist der Beweis erbracht, so verfügt die Direktivbehörde Abstempelung der neuen Stücke ohne Abgabenerhebung. Die Verfügung wird Registerbelag. Wegen der Vorlegung der eingezogenen Stücke und der Vernichtung der auf denselben etwa befindlichen Stempelzeichen finden die Vorschriften unter Ziffer 7, wegen der Anmeldung und Abstempelung die Vorschriften unter Ziffer 2 bis 5 sinngemässe Anwendung.

Die Befreiung aus § 6 Absatz 2 des Gesetzes findet auch auf solche Papiere Anwendung, die als Ersatz für verloren gegangene und gerichtlich für kraftlos erklärte Stücke ausgegeben werden.

II. Kauf- und sonstige Anschaffungsgeschäfte.

(Tarifnummer 4.)

§ 7.[35])

Die unter Tarifnummer 4 angeordnete Abgabe ist von allen im Inlande[35]) abgeschlossenen Geschäften der bezeichneten Art zu erheben.

Im Auslande abgeschlossene Geschäfte unterliegen der Abgabe, wenn beide Kontrahenten im Inlande wohnhaft sind; ist nur der eine Kontrahent im Inlande wohnhaft, so ist die Abgabe nur im halben Betrage zu entrichten.[36]) [37]) Bei kaufmännischen Firmen entscheidet für die Frage des Wohnortes der Sitz der Handelsniederlassung, welche das Geschäft abgeschlossen hat.

Als im Auslande abgeschlossen gelten auch solche Geschäfte, welche durch briefliche oder telegraphische Korrespondenz zwischen einem Orte des Inlandes und einem Orte des Auslandes[38]) zu Stande gekommen sind.

35. Vgl. Abschn. II Anm. 7 und Abschn. III Anm. 32, auch § 9 Abs. 2 d. G.

36. Wie in diesem Fall hinsichtlich des Doppelformulars der Schlußnote zu verfahren ist, s. A.B. A. Nr. 22 bei § 10 d. G.

37. Wenn mehrere Personen gemeinschaftlich auf einer Vertragsseite als Kontrahenten betheiligt sind und auch nur einer von ihnen im Inland wohnhaft ist, vgl. Neumann S. 19, s. auch Abschn. II Anm. 10 zu § 10 d. G.

38. Wegen der Zeit der Ausstellung der Schlußnote s. A.B. A. Nr. 26 bei § 16 d. G.

§ 8.[39])

Bedingte[40]) Geschäfte gelten in Betreff der Abgabepflicht als unbedingte. Ist einem Kontrahenten ein Wahlrecht eingeräumt, oder die Befugniß, innerhalb bestimmter Grenzen den Umfang der Lieferung zu bestimmen, so wird die Abgabe nach dem höchstmöglichen Werth des Gegenstandes des Geschäfts berechnet.

[41]) Jede Verabredung, durch welche die Erfüllung des Geschäfts unter veränderten Vertragsbestimmungen oder gegen Entgelt[42]) unter denselben Vertragsbestimmungen auf einen späteren Termin verschoben wird, gilt als neues abgabepflichtiges Geschäft.

[43]) Ist das Geschäft von einem Kommissionär (Artikel 360 des Handelsgesetzbuchs)[44])[44a]) abgeschlossen, so ist die Abgabe sowohl für das Geschäft zwischen dem Kommissionär und dem Dritten, als

auch für das Abwickelungsgeschäft[45]) zwischen dem Kommissionär und dem Kommittenten zu entrichten, sofern nicht die Bestimmung des §. 12 Absatz 2 eintritt.

[46]) Geschäfte, welche vorbehaltlich der Aufgabe („an Aufgabe")[46a]) abgeschlossen werden, sind abgabepflichtig. Die Bezeichnung des definitiven Gegenkontrahenten (die Aufgabe)[47]) ist steuerfrei, wenn dieselbe spätestens am folgenden Werktage gemacht wird; wird dieselbe später gemacht, so gilt sie als ein neues, abgabepflichtiges Geschäft.[47a]).

39. Vgl. Abschn. II Anm. 8 und Abschn. III Anm. 33 bis 42, Anm. 170 Ziffer 2, 173 bis 175, 204 und 205, sowie § 16 d. G.

40. Vgl. Abschn. II Anm. 8 litt. a.

41. Vgl. Allg. Anw. Nr. 8 B. im Abschn. I C.

42. Vgl. Abschn. II Anm. 8 litt. b.

43. Vgl. Allg. Anw. Nr. 10 in Abschn. I C.

44. H.G.B. Art. 360 Abs. 1: „Kommissionär ist derjenige, welcher gewerbsmäßig im eigenen Namen für Rechnung eines Auftraggebers (Kommittenten) Handelsgeschäfte schließt."

44a. Ueber die Verpflichtung des Einkaufskommissionärs s. Bankdepotges. v. 5. Juli 1896, §§ 3 und 7.

45. Vgl. Abschn. III Anm. 37 bis 39.

46. Vgl. Allg. Anw. Nr. 11 in Abschn. I C.

46a. Ueber die Frage, wer zur Entrichtung der Abgabe in diesem Fall zunächst verpflichtet, und wie die Schlußnote auszustellen ist, vgl. Neumann S. 46.

47. Vgl. Abschn. II Anm. 8 litt. d und Abschn. III Anm. 42.

47a. Siehe die beiden Noten * und ** in Abschn. II zu Anm. 8 litt. c und d.

Ausf.-B. A zu § 8 Abs. 1 des Gesetzes.

15. Bei sogenannten Circa-Geschäften[48]) ist die Abgabe nach dem handelsüblichen Maximum der Lieferung zu berechnen; es bleibt den Handelsvorständen überlassen, auf Grund des § 41 Absatz 2 des Gesetzes die betreffenden Maxima festzustellen.

48. Vgl. Abschn. III Anm. 205.

§ 9.[49])

Zur Entrichtung der Abgabe ist zunächst[49a]) verpflichtet:

1. wenn das Geschäft durch einen im Inlande wohnhaften Vermittler[50]) abgeschlossen ist, dieser,

andernfalls:

2. wenn nur einer der Kontrahenten im Inlande wohnhaft ist, dieser,
3. wenn von den Kontrahenten nur der eine ein im Inlande wohnhafter nach Artikel 28 des Handelsgesetzbuchs zur Führung von Handelsbüchern verpflichteter Kaufmann ist, der letztere,
4. wenn es sich um das Abwickelungsgeschäft zwischen dem Kommissionär und dem Kommittenten handelt (§ 8 Absatz 3), der Kommissionär,[51])
5. in allen übrigen Fällen der Veräußerer.[52])

Die im Inlande wohnhaften Vermittler und die Kontrahenten haften für die Abgabe als Gesammtschuldner, indessen ist bei Geschäften, für welche die Abgabe nur im halben Betrage zu entrichten ist (§. 7 Absatz 2), der nicht im Inlande wohnhafte Kontrahent für die Entrichtung der Abgabe nicht verhaftet.

Der Vermittler ist berechtigt, den Ersatz der entrichteten Abgabe von jedem für die Abgabe verhafteten Kontrahenten zu fordern.

49. Vgl. Abschn. II Anm. 9 und Abschn. III Anm. 43 bis 45.

49a. Vgl. Abschn. II. Anm. 9 litt. e und Abschn. III Anm. 52.

50. Vgl. Abschn. II Anm. 9 litt. a und b und Abschn. III Anm. 43 und 44.

51. Vgl. Abschn. II Anm. 9 litt. c.

52. Vgl. Abschn. II Anm. 9 litt. d.

§ 10.[53])

Der zur Entrichtung der Abgabe zunächst Verpflichtete hat über das abgabepflichtige Geschäft eine Schlußnote auszustellen, welche den Namen und den Wohnort des Vermittlers[54]) und der Kontrahenten,[55]) den Gegenstand und die Bedingungen des Geschäfts, insbesondere den Preis, sowie die Zeit der Lieferung ergeben muß. Die Unterschrift des Ausstellers ist nicht erforderlich.

Die Schlußnote ist doppelt auf einem vorher gestempelten oder mit den erforderlichen Stempelmarken zu versehenden Formular auszustellen, von dem je eine Hälfte[54]) für jeden der beiden Kontrahenten bestimmt ist. Spätestens am dritten Tage nach dem Tage des Geschäftsabschlusses hat der Aussteller der Schlußnote die nicht für ihn bestimmte Hälfte der letzteren, wenn derselbe die Schlußnote aber als Vermittler ausgestellt hat (§. 9 Ziffer 1), deren beide Hälften abzusenden.[56])

Vermittler haben diese Absendung und den verwendeten Stempelbetrag in ihren Geschäftsbüchern zu vermerken.[57])

Der zur Entrichtung der Abgabe zunächst Verpflichtete darf unversteuerte Schlußnoten über das abgabepflichtige Geschäft nicht ausstellen und aus der Hand geben.[58])

53. Vgl. Abschn. II Anm. 10 und Abschn. III Anm. 46 und 47.

54. Vgl. Abschn. III Anm. 46.

55. Vgl. Abschn. II Anm. 10.

56. Strafbestimmungen s. bei §§ 19, 21, 34 d. G.

57. Strafbestimmung s. bei § 21 d. G.

58. Strafbestimmung s. bei § 34 d. G.

Ausf.-B. A zu § 10 des Gesetzes.

II. **Kauf- und sonstige Anschaffungsgeschäfte.**

12. Die Schlussnoten sind in deutscher Sprache und, sofern es sich nicht um Geschäfte über ausländische Werthe handelt, in Reichswährung auszustellen. Der Werth des Gegenstandes[59]) des Geschäfts ist stets in Reichswährung anzugeben.

59. Vgl. A.V. A Nr. 18 Abs. 1 bei § 10 d. G.

Ausf.-V. A zu §§ 10, 11 und 31 des Gesetzes.

16. Zur Entrichtung der in der Tarifnummer 4 angeordneten Abgabe werden Reichsstempelmarken und gestempelte Formulare zu Schlussnoten zum Preise des auf denselben angegebenen Steuerbetrages zum Verkauf gestellt.[60])

Die Reichsstempelmarken sind 24 mm hoch und 61 mm breit; dieselben haben, insoweit sie über Pfennigbeträge lauten, einen bläulichen, insoweit sie über Markbeträge lauten, einen gelblichen Untergrund, welcher rechts und links den Reichsadler und in der Mitte ein Schild mit der Inschrift „REICHSSTEMPEL-ABGABE" zeigt; eine Lochreihe macht die Marke in zwei gleiche Theile zerlegbar, von denen jeder auf dem oberen Rande die Werthbezeichnung und an den äusseren beiden Ecken die Zahl der Pfennig beziehungsweise Mark, auf welche die Marke lautet, ferner den Vordruck „*den*" für das Datum der Verwendung in rothem Aufdruck und ausserdem die fortlaufende Nummer der Marke enthält. Die Marken für Waarengeschäfte (Tarifnummer 4 b) tragen ausserdem in schwarzem Aufdruck den Buchstaben „W" Die Marken lauten auf Steuerbeträge von 10, 20, 30, 40, 50, 60 und 80 Pfennig, 1, 2, 3, 4, 5, 6, 7, 8, 9, 10, 15, 20, 30, 50, 100 und 500 Mark.

Die gestempelten Formulare zu Schlussnoten entsprechen in Form und Vordruck dem Muster d.[59a]) Dieselben sind entweder

Muster d.

1. mit einem Stempelaufdruck versehen, welcher dem Muster der Reichsstempelmarken gleicht, indessen den Vordruck „*den*" und die fortlaufende Nummer nicht enthält, oder

2. von der Steuerstelle dadurch herzustellen, dass vorräthig zu haltende ungestempelte Formulare des Musters d durch Verwendung von Reichsstempelmarken zu dem verlangten Betrage gestempelt werden; die Marken sind hierbei von der Steuerstelle in ungetheiltem Zustande auf der durch den Vordruck bezeichneten Stelle, insoweit diese aber ausreichenden Raum nicht darbietet, auf einer freien Stelle des Formulars in der Art aufzukleben, dass bei der späteren Trennung der beiden Theile der Schlussnote je eine Hälfte der Marke auf jedem dieser Theile sich befindet, und sodann durch mindestens je einen auf das Formular übergreifenden Aufdruck des Amtsstempels in schwarzer Farbe, sowie durch Eintragung des Datums der Abstempelung auf jeder Hälfte der Marke zu entwerthen

Die vorstehend zu Ziffer 1 bezeichneten Formulare tragen auf jedem ihrer beiden Theile die gleiche fortlaufende Nummer

Mit Stempelaufdruck versehene Formulare werden zum Steuerbetrage von 20, 40, 60, 80 Pfennig, 1, 2, 3, 4, 5, 6, 7, 8, 9 und 10 Mark zum Verkauf gestellt; unter Verwendung von Marken gestempelte Formulare können zu jedem Steuerbetrage von den Steuerstellen hergestellt und verabfolgt werden.

59a. Siehe das Muster hinter dem Tarif.

17. Von den Steuerstellen werden ferner ungestempelte Formulare des Musters d ausgegeben,[60]) für welche der Betrag der Herstellungskosten als Preis erhoben werden darf. Die Verwendung von Reichsstempelmarken auf denselben seitens der Steuerpflichtigen ist in folgender Weise zu bewirken.

Die Marken sind, soweit die durch den Vordruck bezeichnete Stelle Raum darbietet, auf dieser, im Uebrigen an einer beliebigen Stelle in der Art aufzukleben, dass je eine Hälfte jeder Marke auf jedem der beiden Theile des ausgefüllten oder unausgefüllten Formulars sich befindet; die auf dem einen dieser Theile befindlichen halben Marken müssen also die gleichen fortlaufenden Nummern enthalten, wie die auf dem anderen Theile befindlichen; die Marken dürfen vor der Aufklebung getheilt werden. In jeder Markenhälfte ist das Datum der Verwendung der letzteren auf dem Formular, und zwar der Tag und das Jahr mit arabischen Ziffern, der Monat mit Buchstaben an der durch den Vordruck bezeichneten Stelle niederzuschreiben.[61]) Allgemeine übliche und verständliche Abkürzungen der Monatsbezeichnung mit Buchstaben, sowie die Weglassung der beiden ersten Zahlen der Jahresbezeichnung sind zulässig (z. B. 8 Oktbr. 95, 7. Septbr. 97).

Ausserdem ist die Firma oder der Name des Ausstellers der Schlussnote auf jeder Hälfte der einzelnen Marken niederzuschreiben. Es genügt jedoch, wenn nur ein Theil der Firma oder des Namens auf jeder halben Marke zu stehen kommt, der andere Theil aber auf das Formular oder auf andere halbe Marken, welche sich auf demselben Theile der letzteren befinden, hinüberreicht.

Das Datum, sowie die Firma oder der Name sind mittelst deutlicher Schriftzeichen, ohne jede Rasur, Durchstreichung oder Ueberschreibung niederzuschreiben.

Es ist zulässig, den vorgeschriebenen Entwerthungsvermerk ganz oder theilweise durch Stempelaufdruck herzustellen. In diesem Falle braucht das Datum nicht an der durch den Vordruck bezeichneten Stelle zu stehen; es muss aber in seinem ganzen Umfang (Monatsbezeichnung, Tages- und Jahreszahl mit den zulässigen Abkürzungen) vollständig auf jede einzelne halbe Marke gesetzt werden.[62])

Nicht in der vorgeschriebenen Weise verwendete Stempelzeichen werden als nicht verwendet angesehen[63]) (§ 32 des Gesetzes). Falls jedoch Stempelzeichen, welche für Geschäfte der Tarifnummer 4 a bestimmt sind, für Geschäfte der Tarifnummer 4 b verwendet sind oder umgekehrt, ist der Stempel nicht nochmals einzuziehen, auch ein Strafverfahren wegen Stempelhinterziehung nicht einzuleiten.

60. Vgl. A.B. B Nr. 6 in Abschn. I B.

Stempelmarken und gestempelte Schlußnotenformulare für Waarengeschäfte mit dem in der A.B. No. 16 vorgeschriebenen Aufdruck hat auch die Reichsdruckerei herzustellen. F.M.E. v. 16. Juni 1894, III 7076 C.Bl. S. 395.

61. Vgl. Abschn. III Anm. 48.

62. Vgl. Abschn. III. Anm. 49.

63. Vgl. § 32 d. G. und Abschn. III Anm. 92.

18. Es ist zulässig, andere als die von den Steuerstellen zum Verkauf gestellten Formulare (Privatformulare) zu Schlussnoten für die Entrichtung der Abgabe zu benutzen, vorausgesetzt, dass dieselben dem Muster d entsprechend aus zwei demnächst zu trennenden gleichen Theilen bestehen, und dass jeder dieser Theile einen Vordruck mindestens für die Angabe des Namens und des Wohnorts des Vermittlers und der Kontrahenten, des Gegenstandes und der Bedingungen des Geschäfts insbesondere des Preises, sowie der Zeit der Lieferung enthält;[64]) insofern die Formulare nicht in der nachstehend bezeichneten Weise zur Stempelung durch die Reichsdruckerei[65]) gelangen, müssen dieselben ferner an dem oberen Theile der Vorderseite einen über beide Theile des Formulars greifenden Vordruck haben, durch den die für die Aufnahme der Marke bestimmte Stelle bezeichnet wird. Die Formulare können amtlich gestempelt oder von dem Aussteller der Schlussnote mit Reichsstempelmarken versehen werden.

Die amtliche Stempelung derselben erfolgt nach dem Antrage der Betheiligten entweder durch Aufdruck des in Ziffer 16 Absatz 3 unter 1 bezeichneten Stempels und einer für beide Theile des Formulars gleichen fortlaufenden Nummer durch die Reichsdruckerei, und zwar auf Kosten des Antragstellers,[65]) oder unter Verwendung von Reichsstempelmarken durch die Steuerstellen.

Die Stempelung durch die Reichsdruckerei erfolgt nur, wenn mindestens je hundert Formulare zu demselben Steuerbetrage gestempelt werden sollen; die Formulare sind in glattem Zustande (nicht aufgerollt) unter Beifügung eines überschüssigen Stückes für je zwanzig Stück (als Ersatz für etwaige Abgänge bei der Abstempelung) und, wenn dem Antragsteller nicht Stundung bewilligt ist, unter Hinterlegung des Steuerbetrages mit einer doppelt aufzustellenden Anmeldung nach dem Muster e[65a]) der Steuerstelle vorzulegen. Die eine Ausfertigung der Anmeldung erhält der Antragsteller, nachdem dieselbe mit der Quittung über den Empfang der Formulare und des Steuerbetrages versehen worden, zurück. Die Steuerstelle veranlasst die Stempelung der Formulare durch die Reichsdruckerei, welche letztere die gestempelten und die nicht verdorbenen überschüssigen Formulare unter Bescheinigung der erfolgten Vernichtung der verdorbenen Stücke und unter Mittheilung der ent-

Muster e.

standenen Kosten an die erstere zurücksendet. Die Steuerstelle erstattet der Reichsdruckerei die Kosten und händigt die gestempelten und die überschüssigen ungestempelten Formulare, nachdem sie sich auch ihrerseits von der richtigen Stempelung der ersteren überzeugt hat, dem Antragsteller unter Einziehung der verauslagten Kosten aus; über den Rückempfang der Formulare lässt sie sich auf der bei ihr zurückgebliebenen Ausfertigung der Anmeldung Quittung geben. Postsendungen zwischen den Steuerstellen und der Reichsdruckerei, welche die Abstempelung derartiger Formulare durch die Reichsdruckerei betreffen, sind mit dem Vermerk „Reichsdienstsache" zu versehen und portofrei.

Soll die Stemp lung der Formulare unter Verwendung von Reichsstempelmarken erfolgen, so bedarf es einer besonderen Anmeldung nicht; die Steuerstelle[66]) hat nach der Bestimmung unter Ziffer 16 Absatz 3 zu 2 zu verfahren; neben der Steuer werden Kosten für die Stempelung nicht erhoben.

Die Verwendung von Reichsstempelmarken zu den fraglichen Formularen seitens der Aussteller der Schlussnoten ist nach Massgabe der unter Ziffer 17 getroffenen Bestimmungen zu bewirken.

64. Vgl. Abschn. III Anm. 49 und 50.

65. Vgl. Abschn. III Anm. 51.

65a. Siehe das Muster hinter dem Tarif.

66. Vgl. Abschn. III Anm. 52 letzter Abs.

19. Die Verwendung von Reichsstempelmarken auf gestempelten Formularen zur Ergänzung eines fehlenden Betrages ist zulässig und gleichfalls nach den Bestimmungen unter Ziffer 17 zu bewirken.

20. Wenn im Falle des § 11 Absatz 1 und 2 des Gesetzes auf einer zu niedrig versteuerten Schluss-

note der fehlende Stempelbetrag nachträglich zu verwenden ist, so sind die erforderlichen Marken von dem zur Entrichtung dieses Betrages Verpflichteten in ungetheiltem Zustande an einer beliebigen Stelle der Schlussnote aufzukleben und nach Massgabe der Bestimmung unter Ziffer 17 zu entwerthen; insbesondere ist das Datum der Verwendung der Marken auf jeder Hälfte derselben in der vorgeschriebenen Weise erichtlich zu machen.

21. Es ist unzulässig, die Stempelzeichen aus gestempelten Formularen abzutrennen und anderweit zur Entrichtung der Abgabe zu verwenden. In den Schlussnoten dürfen Rasuren nicht vorgenommen werden.

22. Bei Geschäften, für welche die Abgabe nur im halben Betrage zu entrichten ist (§ 7 Absatz 2 des Gesetzes), bedarf es der Zusendung der Hälfte der Schlussnote an den ausländischen Kontrahenten nicht. Unterbleibt die Zusendung, so hat der inländische Kontrahent das Doppelformular der Schlussnote in der vorgeschriebenen Weise gestempelt ungetheilt aufzubewahren. Die nicht beschriebene Hälfte der Schlussnote ist zu durchstreichen.

§ 11.[61])

Ist einem für die Entrichtung der Abgabe verhafteten Kontrahenten (§. 9 Absatz 2) eine zu niedrig versteuerte Schlußnote zugestellt worden, so hat derselbe binnen vierzehn Tagen nach dem Tage des Geschäftsabschlusses den fehlenden Stempelbetrag auf der Schlußnote nachträglich zu verwenden; ist einem solchen Kontrahenten eine versteuerte Schlußnote überhaupt nicht zugegangen, so hat derselbe seinerseits binnen der bezeichneten Frist nach Maßgabe der im §. 10 Absatz 1 und 2 gegebenen Bestimmungen zu verfahren.[68] [69])

Sind bei einem durch einen Vermittler abgeschlossenen Geschäfte (§ 9. Ziffer 1) zwei derartige Kontrahenten betheiligt, so hat jeder von ihnen nur die Hälfte des auf der zugestellten Schlußnote fehlenden Betrages nachträglich zu verwenden, im Falle des Nichteinganges der Schlußnote aber zu der von ihm auszustellenden Schlußnote nur die Hälfte des tarifmäßigen Stempels zu verwenden.[68]) [69])

Die nach den vorstehenden Bestimmungen mangels des Empfanges der Schlußnote entrichtete Abgabe ist zurückzuerstatten, wenn nachgewiesen wird, daß der zunächst Verpflichtete[70]) die ihm nach §. 10 obliegenden Verpflichtungen rechtzeitig erfüllt hat. Die Entscheidung erfolgt im Verwaltungswege.[71])

67. Vgl. Abschn. II Anm. 11.

68. Strafbestimmungen s. bei § 19 d. G.

69. Ueber das hierbei zu beobachtende Verfahren s. A.B. A. Nr. 20 bei § 10 d. G.

70. Siehe § 9 d. G.

71. Der Rechtsweg ist ausgeschlossen. Vgl. Abschn. II Anm. 11.

Ausf.-B. A zu § 11 Abs. 3 des Gesetzes.

23. Ueber die Erstattung der Abgabe im Falle des § 11 Absatz 3 des Gesetzes entscheidet die Direktivbehörde desjenigen Bezirks, in welchem der

die Erstattung Verlangende zur Zeit der Entrichtung der Abgabe seinen Wohnort, eventuell aber seinen Aufenthaltsort gehabt hat. Die erfolgte Erstattung ist auf beiden Theilen der betreffenden Schlussnote von der Steuerstelle zu vermerken.

Fernere Ausführungs-Vorschriften A zu § 11 siehe bei § 10 des Gesetzes.

§ 12.[72])

[73])Eine Schlußnote kann mehrere abgabepflichtige Geschäfte umfassen, insofern letztere demselben Steuersatze unterliegen[74]) und an demselben Tage und unter denselben Kontrahenten, welche in gleicher Eigenschaft gehandelt haben, abgeschlossen worden sind. Die Abgabe ist in diesem Falle von dem Gesammtwerthe der Geschäfte zu berechnen.

[75])Wird bei Kommissionsgeschäften[76]) für einen auswärtigen[77]) Kommittenten, welcher seinerseits als Kommissionär eines Dritten handelt, die Schlußnote mit dem Zusatze „in Kommission" ausgestellt, so bleibt das Abwickelungsgeschäft zwischen ihm und seinem Kommittenten von der Abgabe befreit, wenn er die Schlußnote mit dem Vermerk versieht, daß sich eine versteuerte, über denselben Betrag oder dieselbe Menge und denselben Preis lautende Schlußnote mit zu bezeichnender Nummer (§. 14) in seinen Händen befindet.[78])

[79])Umfaßt eine Schlußnote ein Kaufgeschäft und gleichzeitig ein zu einer späteren Zeit zu erfüllendes Rückkaufgeschäft über in der Tarifnummer 4 be=

zeichnete Gegenstände derselben Art und in demselben Betrage, bezw. derselben Menge (Report-, Deport-, Kostgeschäft),[80]) so ist die Abgabe nur für das dem Werthe nach höhere dieser beiden Geschäfte zu berechnen.

72. Vgl. Abschn. II Anm. 12 und Abschn. III Anm. 53 bis 56.

73. Vgl. Tarif 4 Befreiungen 1 Abs. 2.

74. Vgl. Abschn. II Anm. 12 litt. b.

75. Vgl. § 8 Abs. 2 d. G., Allg. Anw. Nr. 12 und Abschn. II Anm. 12 litt. c.

76. Vgl. Abschn. III Anm. 53 und 207.

77. Vgl. Abschn. II Anm. 12 litt. d und über die Verpflichtung des auswärtigen Kommittenten § 8 des Bankdepotges. v. 5. Juli 1896.

78. Strafbestimmung s. bei § 19 d. G.

79. Vgl. Abschn. II Anm. 12 litt. e.

80. Ueber das Wesen des Reportgeschäfts s. das ausführliche R.G.E. vom 26. Sept. 1887. Entsch. in C.S. Bd. 19 S. 145.

Ausf.-B. A zu § 12 Abs. 3 des Gesetzes.

23a. **Schlussnoten über Kauf- und Rückkaufgeschäfte (Report-, Deport-, Kostgeschäfte), welche Mengen von Waaren zum Gegenstand haben, sind, sofern für dieselben die Vergünstigung des § 12 Absatz 3 des Gesetzes in Anspruch genommen wird, mit dem Vermerk „Reportgeschäft" oder Kostgeschäft" zu versehen.**

§ 13.[81])

Tauschgeschäfte,[82]) bei welchen verschiedene Abschnitte oder Stücke mit verschiedenen Zinsterminen von Werthpapieren derselben Gattung ohne anderweite Gegenleistung[83]) Zug um Zug ausgetauscht werden, sind steuerfrei.

Uneigentliche Leihgeschäfte, das heißt solche, bei denen der Empfänger befugt ist, an Stelle der empfangenen Werthpapiere andere Stücke gleicher Gattung zurückzugeben, bleiben steuerfrei, wenn diese Geschäfte ohne Ausbedingung oder Gewährung eines Leihgeldes, Entgeltes, Aufgeldes oder einer sonstigen Leistung und unter Festsetzung einer Frist von längstens einer Woche[84]) für die Rücklieferung der Werthpapiere abgeschlossen werden. Die darüber auszufertigenden Schlußnoten müssen diese Festsetzung sowie den Vermerk „Unentgeltliches Leihgeschäft" enthalten.[85])

81. Vgl. Allg. Anw. Nr. 2 und 3 Abs. 2, Abschn. II Anm. 13 und Abschn. III Anm. 57 bis 59.

82. Vgl. Abschn. III Anm. 57 und 58.

83. Vgl. Abschn. II Anm. 12 litt. b.

84. Vgl. Abschn. III Anm. 59.

85. Strafbestimmung s. bei § 19 d. G.

§ 14.

Die Schlußnoten sind nach der Zeitfolge numerirt[86]) von den im §. 39 bezeichneten Anstalten, sowie denjenigen Anstalten und Personen, welche gewerbsmäßig abgabepflichtige Kauf- und sonstige Anschaffungsgeschäfte betreiben oder vermitteln, fünf Jahre lang, von anderen Personen ein Jahr lang aufzubewahren.[87])

86. Vgl. Abschn. III Anm. 60 und 61.
87. Strafbestimmung s. bei § 21 d. G.

§ 15.

Ist bei dem Abschluß eines abgabepflichtigen Geschäfts zwischen zwei Kontrahenten, welche nicht nach Artikel 28 des Handelsgesetzbuchs[88]) zur Führung von Handelsbüchern verpflichtet sind, eine beiderseits unterschriebene Vertragsurkunde aufgestellt worden, so bleiben die §§. 9, 10, 11, 12, 14 außer Anwendung. Die Kontrahenten sind verpflichtet, die Vertragsurkunde binnen vierzehn Tagen nach dem Geschäftsabschluß der Steuerbehörde zur Abstempelung vorzulegen;[89]) diese Verpflichtung erstreckt sich bei Geschäften, für welche die Abgabe nur im halben Betrage zu erheben ist (§. 7 Absatz 2), nicht auf den nicht im Inlande wohnhaften Kontrahenten.[90]).

88. Allg. D.H.G.B. Artikel 28: „Jeder Kaufmann ist verpflichtet, Bücher zu führen, aus welchen seine Handelsgeschäfte und die Lage seines Vermögens vollständig zu ersehen sind“ ꝛc.

89. Vgl. A.B. A. Nr. 25 Abs. 2 und 3 bei § 16 d. G.
90. Strafbestimmung s. bei § 34 d. G.

Ausf.-B. A zu § 15 des Gesetzes.

24. Die Abstempelung der Vertragsurkunde erfolgt seitens der Steuerstelle durch Verwendung von Reichsstempelmarken. Die letzteren sind in ungetheiltem Zustande thunlichst auf der ersten Seite der Urkunde aufzukleben und durch Eintragung des

Datums der Verwendung und Aufdruck des Amtsstempels in der Ziffer 16 Absatz 3 unter 2 vorgeschriebenen Weise zu entwerthen. Ist die Vertragsurkunde in mehreren Urschriften ausgestellt, so ist von der Steuerstelle auf dem zweiten, beziehungsweise auch auf den weiteren Stücken mit Unterschrift und unter Beidrückung des Amtsstempels zu vermerken, welcher Reichsstempelbetrag zu der ersten Urschrift verwendet ist.

Bei gerichtlich oder notariell aufgenommenen Verträgen, deren Urschriften den Kontrahenten nicht ausgehändigt werden, sind der Steuerstelle die Ausfertigungen vorzulegen.

§ 16.[91])

Bei Geschäften, für welche eine rechtzeitige Berechnung der Steuer nicht möglich ist, bleibt die Besteuerung unter den vom Bundesrath festzusetzenden Maßgaben solange ausgesetzt, bis die Berechnung möglich wird. Der Bundesrath bestimmt ferner, unter welchen Umständen außerhalb dieses Falles, insbesondere bei im Auslande abgeschlossenen Geschäften, eine andere Frist zur Ausstellung der Schlußnoten eintreten kann.

91. Vgl. die Anmerkungen zu § 8 Abs. 1 d. G.

Ausf.-B. A zu § 16 des Gesetzes.

25. Ueber Geschäfte, für welche eine rechtzeitige Berechnung der Steuer nicht möglich ist, weil der Werth des Gegenstandes des Geschäfts auch nicht nach seinem höchstmöglichen Betrage (§ 8 Abs. 1 des Gesetzes) berechnet werden kann, ist gleichwohl nach Massgabe der §§ 10 und 11 des Gesetzes eine Schlussnote auszustellen, auf jedem der beiden Theile derselben aber zu vermerken, dass die Besteuerung so lange ausgesetzt bleibt, bis die Steuerberechnung möglich wird. Abschrift der Schlussnote einschliesslich dieses Vermerks ist gleichzeitig der Direktivbehörde zu übersenden. Sobald die Berechnung der Steuer möglich, hat deren Entrichtung nach Massgabe der §§ 10 und 11 des Gesetzes unter Ausstellung einer neuen Schlussnote, in welcher auf die erstausgestellte Schlussnote Bezug zu nehmen ist, zu erfolgen. Die Direktivbehörde ist berechtigt, sich die rechtzeitige Erfüllung dieser Verpflichtung nachweisen zu lassen.

Handelt es sich in einem solchen Falle um ein Geschäft, das nach § 15 des Gesetzes unter steueramtlicher Abstempelung der beiderseits unterschriebenen Vertragsurkunde zu versteuern ist, so hat gleichwohl die Vorlegung der Vertragsurkunde bei der Steuerstelle nach Massgabe der bezeichneten Vorschrift zu erfolgen; die Steuerstelle vermerkt auf der Urkunde bezw. auch auf den mehreren Stücken derselben mit Unterschrift und unter Beidrückung des Amtsstempels, dass die Erhebung der Reichsstempelabgabe wegen zeitiger Unmöglichkeit der Berechnung derselben ausgesetzt sei, und behält Abschrift der Urkunde oder mindestens der für die Steuerfestsetzung wesentlichen Theile derselben zurück. Sobald die Berechnung der Steuer möglich wird, hat die anderweite Vorlegung der Vertragsurkunde zur Abstempelung bei einer Steuerstelle nach der Vorschrift im § 15 des Gesetzes zu erfolgen; falls mehrere Urschriften bestehen, genügt die Vorlegung einer derselben. Die erstbezeichnete Steuerstelle überwacht in geeigneter Weise die rechtzeitige Erfüllung dieser Verpflichtung.

Bezüglich der in den §§ 10 und 11, sowie im § 15 des Gesetzes bestimmten Fristen gilt hierbei der Tag, an welchem die Steuerberechnung ausführbar geworden ist, als Tag des Geschäftsabschlusses.

Die Direktivbehörde bezw. im Falle des Absatzes 2 dieser Ziffer die Steuerstelle kann, wenn die Berechnung eines Theils der zu entrichtenden Abgabe möglich ist, die Entrichtung dieses Theils anordnen.

26. Ist das Geschäft zwischen Kontrahenten, welche nicht an demselben Orte befindlich sind, durch briefliche oder telegraphische Annahmeerklärung zu Stande gekommen, so beträgt die Frist zur Ausstellung der Schlussnote

1. für den zur Entrichtung der Abgabe zunächst Verpflichteten (§ 9 Abs. 1 und § 10 des Gesetzes) zehn Tage,
2. für den zur Entrichtung der Abgabe in zweiter Reihe Verpflichteten drei Wochen.

Die Frist beginnt für den die Annahmeerklärung abgebenden Kontrahenten am Tage nach der Abgabe der Annahmeerklärung behufs der Absendung (Art. 321 des Handelsgesetzbuchs,[92]) für den die Annahmeerklärung empfangenden Kontrahenten am Tage nach dem Eingange dieser Erklärung, und zwar auch im Falle einer brieflichen Bestätigung der telegraphischen Annahmeerklärung nach dem Eingange der letzteren.

Bei Geschäften über Werthpapiere, welche zum Liquidationskurse abgeschlossen sind, beträgt die Frist zur Ausstellung der Schlussnote, auch abgesehen von den Fällen des ersten Absatzes, für den zur Entrichtung der Abgabe zunächst Verpflichteten zehn Tage und für den zur Entrichtung der Abgabe in zweiter Reihe Verpflichteten drei Wochen. Die Frist beginnt mit dem Tage nach dem Geschäftsabschluss.

Bei Geschäften, welche während eines zeitweiligen Aufenthaltes im Auslande dortselbst abgeschlossen (§ 7 Abs. 2 und 3 des Gesetzes) oder vermittelt sind, beginnt der Lauf der zur Entrichtung der Abgabe festgesetzten Fristen für den betreffenden Verpflichteten erst mit dem Tage nach seiner Rückkehr in das Inland; die Frist für die im Inlande befindlichen Steuerpflichtigen wird hierdurch nicht geändert.

92. Art. 321 H.G.B. ist bei § 3 d. G. abgedruckt.

§ 17.

Nach der näheren Bestimmung des Bundesraths dürfen Stempelzeichen zur Entrichtung der in der Tarifnummer 4 angeordneten Abgabe auf Kredit[93]) verabfolgt werden.

93. Vgl. Absch. III Anm. 62.

Ausf.-B. A zu § 17 des Gesetzes.

27. Nach Massgabe der von den Landesregierungen zu treffenden näheren Bestimmungen, insbesondere auch rücksichtlich der zu bestellenden Sicherheit[93a]) dürfen gestempelte Formulare (Ziffer 16) auf Kredit verabfolgt und eigene Formulare der Steuerpflichtigen auf Kredit[94]) amtlich gestempelt werden (Ziffer 18). Abgabenbeträge unter 50 Mark werden nicht kreditirt. Die kreditirten Beträge sind bis zum fünfundzwanzigsten Tage des dritten auf den Monat der Anschreibung folgenden Monats einzuzahlen.

Reichsstempelmarken werden nicht auf Kredit verabfolgt.

93a. Vgl. A.B. A Nr. 7 Abs. 4.

94. Vgl. A.B. B Nr. 9 Abs. 1.

§ 18.[95])

Geschäfte, welche nach Tarifnummer 4 abgabepflichtig sind, oder auf welche die Vorschrift unter „Befreiungen" zu dieser Tarifnummer Anwendung findet, sowie Schriftstücke über solche Geschäfte[96]) sind in den einzelnen Bundesstaaten keinen Stempelabgaben (Taxen, Sporteln u. s. w.) unterworfen. Werden diese Schriftstücke indessen gerichtlich oder notariell aufgenommen oder beglaubigt, so unterliegen sie, neben der in Tarifnummer 4 für das Geschäft vorgeschriebenen Abgabe, den in den Landesgesetzen für gerichtliche oder notarielle Aufnahmen und Beglaubigungen[97]) etwa vorgeschriebenen Stempeln (Taxen, Sporteln u. s. w.).

95. Vgl. § 5 d. G. und Abschn. III Anm. 64 bis 72 und 207a.

96. Vgl. Abschn. III Anm. 66.

97. Vgl. Abschn. II Anm. 14.

§ 19.[98])

Wer den Vorschriften im §. 10 Absatz 1 und 2, §. 11 Absatz 1 und 2 und §. 15 zuwiderhandelt oder eine Schlußnote wahrheitswidrig mit dem im §. 12 Absatz 2 oder §. 13 bezeichneten Vermerk versieht, oder im Falle der Tarifnummer 4a behufs Erlangung einer Steuerermäßigung unrichtige Nachweise vorlegt, hat eine Geldstrafe verwirkt, welche dem fünfzigfachen Betrage der hinterzogenen Abgabe oder der beanspruchten Steuerermäßigung gleichkommt, mindestens aber 20 Mark beträgt.

Kann der Betrag der hinterzogenen Abgabe nicht festgestellt werden, so tritt statt der vorstehend bestimmten Strafe eine Geldstrafe von zwanzig bis fünftausend Mark ein.

98. Vgl. §§ 34 bis 37 d. G. und Abschn. II Anm. 15.

§ 20.[98])

Wer, nachdem er auf Grund des §. 19 bestraft worden, von Neuem den dortselbst bezeichneten Vorschriften zuwiderhandelt, hat neben der im §. 19 vorgesehenen Strafe eine Geldstrafe von einhundertfünfzig bis fünftausend Mark verwirkt.

Diese Rückfallsstrafe tritt ein ohne Rücksicht darauf, ob die frühere Bestrafung in demselben oder in einem anderen Bundesstaate erfolgt ist.

Sie ist verwirkt, auch wenn die frühere Strafe nur theilweise entrichtet oder ganz oder theilweise erlassen ist.

Dieselbe ist ausgeschlossen, wenn seit der Entrichtung oder dem Erlaß der letzten Strafe bis zur Begehung der neuen Zuwiderhandlung fünf Jahre verflossen sind.

§ 21.[98])

Wer gegen die Vorschriften im §. 10 Absatz 3

und §. 14 verstößt, ist mit Geldstrafe von drei Mark bis fünftausend Mark zu bestrafen.

III. Lotterieloose.

(Tarifnummer 5.)

§ 22.[99])

Wer im Bundesgebiete Lotterien[100]) und Ausspielungen[101]) veranstalten will, hat die Stempelabgabe für die gesammte planmäßige Anzahl der Loose oder Ausweise über Spieleinlagen im Voraus zu entrichten.

99. Vgl. Abschn. II Anm. 16 und Abschn. III Anm. 73 bis 85.

100. Vgl. Abschn. III Anm. 73 und 77.

101. Vgl. Abschn. III Anm. 74.

29. Wer im Bundesgebiete Lotterien oder Ausspielungen veranstalten will, bei welchen der Gesammtpreis der Loose die Summe von 100 Mark übersteigt, hat der zuständigen Steuerbehörde spätestens am dreissigsten Tage nach dem Empfange der obrigkeitlichen Erlaubniss schriftlich anzumelden:

Namen, Gewerbe und Wohnung des Unternehmers, die planmässige Anzahl (die Nummern) und den planmässigen Preis der Loose,
den Zeitpunkt, wo mit dem Vertrieb der Loose begonnen werden soll,
die Gegenstände, die Zeit und den Ort der Ausspielung,
die Namen und Wohnungen der unmittelbar von dem Unternehmer mit dem Vertrieb der Loose betrauten Personen.

Der in zwei Ausfertigungen einzureichenden Anmeldung ist als Anlage ein amtlich beglaubigtes Exemplar des obrigkeitlich genehmigten Plans der Lotterie oder Ausspielung anzuschliessen.

Mit der Anmeldung ist die Abgabe für die gesammte planmässige Anzahl der Loose einzuzahlen. Wird Stundung der Abgabe bis nach dem Beginn des Vertriebes der Loose gegen Sicherstellung[101a]) des Abgabenbetrags oder ohne solche beansprucht, so ist der Antrag mit der Anmeldung vorzulegen.

Bei solchen Lotterien oder Ausspielungen, bei welchen nach der obrigkeitlichen Erlaubnis nicht von vornherein eine bestimmte planmässige Anzahl von Loosen festgesetzt, dem Unternehmer vielmehr nur gestattet ist, Loose bis zu einer gewissen Maximalzahl auszugeben, darf die Versteuerung der Loose nach Massgabe des Bedarfs bewirkt werden. Für die Anmeldung des ersten Theils der auszugebenden Loose gelten die Bestimmungen im ersten und zweiten Absatz dieser Ziffer. Die Vorlegung einer weiteren Anzahl von Loosen zur Abstempelung ist mittelst besonderer Anmeldung zu bewirken, in welche unter Angabe der Zahl und der zu versteuernden Loose auf die erste Anmeldung Bezug zu nehmen ist.[102])

Ist auf den Loosen oder Spielausweisen ein Preis nicht angegeben, sondern wird dieser von den Abnehmern zugleich mit der Vergütung für sonstige Leistungen in einem ungetrennten Betrage bezahlt, so hat der Unternehmer in der bei der Steuerbehörde einzureichenden Anmeldung anzugeben, welcher Theil von jenem Betrage auf die Loose oder Spielausweise fällt. Gleiches gilt in den Fällen, in welchen eine Aushändigung besonderer Loose oder Spielausweise nicht stattfindet, sondern die Bescheinigung über die geleistete Vergütung (Eintrittskarte etc.) zugleich als Loos oder Spielausweis dient. Der auf die Loose oder

Spielausweise zu rechnende Betrag darf nicht geringer sein, als der Werth der Gewinne. Wird die Abgabe von dem Unternehmer überhaupt nicht oder nicht in befriedigender Weise gemacht, so steht es der Steuerbehörde frei, den auf die Loose oder Spieleinlagen zu rechnenden Betrag nach eigenem Ermessen festzusetzen.

101a. Vgl. A.B. A Nr. 7 Abs. 4.

102. Vgl. Abschn. III Anm. 78.

30. Hinsichtlich der von den Verwaltungen der Totalisatoren auf den Rennplätzen ausgegebenen Bescheinigungen (Totalisatortickets)[103]) über die gezahlten Einsätze auf die am Rennen betheiligten Pferde wird von der Vorlegung eines bestimmten Lotterieplanes (Ziffer 29 Absatz 2) abgesehen und gestattet, dass die Versteuerung der Spielausweise nach Massgabe des Bedarfs bewirkt werde. Die Veranstalter der Ausspielungen dürfen nur versteuerte Ausweise über Einsätze zur Ausgabe bringen und nur solche auf den Rennplätzen in Gewahrsam halten.

Auf Antrag der Totalisatorverwaltung kann indessen die Abgabe bis zum Schlusse des jeweiligen Rennens gestundet werden. In diesem Falle ist von der Abstempelung der Spielausweise Umgang zu nehmen und die Abgabe von dem am Schlusse des Rennens sich ergebenden Gesammtbruttoertrage der Einsätze zu entrichten. Zu letzterem Zweck hat die Totalisatorverwaltung an dem auf den Schluss des Rennens folgenden Tage einen den Spielumsatz ergebenden Auszug ihrer Bücher der zuständigen Steuerstelle mitzutheilen und den sich danach ergebenden Stempelbetrag einzuzahlen, auf Erfordern auch die bezüglichen Bücher and Listen der Steuerstelle zur Einsicht vorzulegen.

Von Zeit zu Zeit ist der Betrieb des Totalisators im Stempelinteresse durch einen von der Landesregierung zu bestimmenden Beamten einer Prüfung zu unterziehen.

103. Vgl. Abschn. III Anm. 76.

31. Wird Befreiung von der Abgabe in Anspruch genommen, so ist mit der Anmeldung der Nachweis zu führen, dass der Erlös des Unternehmens zu ausschliesslich mildthätigen[104]) Zwecken Verwendung finden wird. Ueber die Anwendbarkeit der Befreiung und insbesondere über die Frage, ob ein ausschliesslich mildthätiger Zweck vorliegt, entscheidet die Direktivbehörde. Die obersten Landesfinanzbehörden sind ermächtigt, die Abgabe in solchen Fällen aus Billigkeitsrücksichten zu erlassen, in welchen die Befreiung nicht rechtzeitig mit der Anmeldung in Anspruch genommen ist.

Als mildthätiger Zweck ist lediglich die Unterstützung hilfsbedürftiger Personen anzusehen, gleichviel ob der Erlös der Lotterie oder Ausspielung unmittelbar an hülfsbedürftige Personen vertheilt wird oder Anstalten zufliesst, welche sich die Unterstützung Hülfsbedürftiger[105]) zur Aufgabe stellen. Auf Verloosungen zu gemeinnützigen oder zu religiösen Zwecken, z. B. zu Kirchenbauten oder Missionszwecken erstreckt sich die Befreiung nicht.

104. Vgl. Abschn. III Anm. 79 bis 81.

105. Als hülfsbedürftig sind solche Personen anzusehen, denen es wegen Mangels an Geldmitteln unmöglich ist, sich das zum Unterhalt oder zur Pflege Erforderliche zu verschaffen. F.M.E. v. 17. Nov. 1892. III. 14189.

32. Die Behörde, welche die obrigkeitliche Erlaubniss zur Veranstaltung einer öffentlichen Lotterie oder Ausspielung ertheilt, hat hiervon ohne Verzug der zur Erhebung der Abgabe für die Loose zuständigen Steuerbehörde unter Bezeichnung des Unternehmens und seines Zweckes, des Namens und der Wohnung des Unternehmers, und des Zeitpunkts, an welchem dem letzteren die obrigkeitliche Erlaubniss behändigt worden, schriftlich Mittheilung zu machen.

Auf Grund dieser Mittheilung hat die Steuerbehörde sogleich nach Ablauf der unter Nr. 29 für die Anmeldung vorgeschriebenen Frist wegen Feststellung und Beitreibung der Abgabe, sowie nach Umständen wegen der Verhinderung des Loosabsatzes und Einleitung des Strafverfahrens das Erforderliche zu veranlassen.

33. Nachdem der Abgabenbetrag festgestellt, gebucht und entweder eingezahlt und gestundet, beziehentlich nachdem die Stempelfreiheit der Loose von der zuständigen Behörde anerkannt worden ist, erfolgt die Abstempelung der Loose durch die zuständige Steuerstelle vermittelst Stempelaufdrucks. Der Stempel ist von runder oder ovaler Form und führt den Reichsadler und über demselben die Aufschrift „Versteuert" bezw. „Stempelfrei", darunter das Unterscheidungszeichen der Abstempelungsstelle. Die Loose oder Spielausweise sind in einer solchen Form und Beschaffenheit herzustellen, dass sie sich zur Abstempelung eignen [106])

Ungestempelte Loose dürfen — abgesehen von den Ausspielungen im Betrage von nicht mehr als 100 Mark — nicht ausgegeben werden.

Nach näherer Vorschrift der Landesregierung kann indessen bei den unter obrigkeitlicher Aufsicht stattfindenden Waarenverloosungen von der Abstempelung der Loose Umgang genommen werden, wenn mit Rücksicht auf die Zahl und den Preis der Loose die Abstempelung unverhältnissmässige Mühwaltung verursachen würde.[107])

Die abgestempelten Loose werden gegen Empfangsbescheinigung auf der einen Ausfertigung der Anmeldung zurückgegeben. Die andere bleibt nebst ihren Anlagen (Ziffer 29) Belag zum Register. Wenn Stundung der Abgabe bewilligt ist, darf die Genehmigung zum Beginn des Loosabsatzes vor Entrichtung der Abgabe erst nach Abstempelung der Loose ausgehändigt werden.[106])

106. Vgl. Abschn. III Anm. 83.
107. Vgl. Abschn. III Anm. 82.

34. Der Abgabe nach der Tarifnummer 5 unterliegen auch diejenigen Spielausweise, welche bei den auf Jahrmärkten und bei Gelegenheit von Volksbelustigungen üblichen öffentlichen Ausspielungen[108]) ausgegeben werden, sofern der Gesammtpreis der Spielausweise jeder einzelnen[109]) der hintereinander folgenden Ausspielungen[109]) mehr, als 100 Mark beträgt.

In der Quittung über die für derartige Spielausweise entrichtete Reichsstempelabgabe sind die versteuerten Spielausweise nach ihren Nummern bezw. auch nach ihrer Serienbezeichnung anzugeben. Findet Stundung der Abgabe statt, so ist hierüber eine Bescheinigung zu ertheilen, in welcher gleichfalls die Nummern und event. die Serienbezeichnung der Spielausweise ersichtlich zu machen sind.

108. Vgl. Abschn. III Anm. 84 und 85.
109. Vgl. Abschn. III Anm. 74.

35. Nummerlisten, welche bei öffentlich veranstalteten Ausspielungen von Gegenständen zur Bei-

fügung der Namen der Spieler unter Erhebung des entsprechenden Betheiligungsbetrages vom Spielunternehmer in Umlauf gesetzt werden, sind zur Abgabe nach der Tarifnummer 5 des Reichsstempelgesetzes nicht heranzuziehen.

§ 23.[110])

Vor der Entrichtung der Abgabe darf ohne Genehmigung der zuständigen[111]) Steuerstelle mit dem Loosabsatze nicht begonnen werden. Die Genehmigung kann von vorgängiger Sicherstellung[111a]) der Abgabe abhängig gemacht werden.

110 Vgl. Abschn. II Anm. 16.
111. Vgl. § 38 d. G. und die Anmerkungen dazu.
111a. Vgl. A.V. A Nr 7 Abs. 4.

Ausf.-V. A zu § 23 des Gesetzes.

36. Die Landesregierungen bestimmen, in welchen Fällen und unter welchen Bedingungen die Genehmigung zum Absatz der Loose vor der Entrichtung der Abgabe gegen Sicherstellung der letzteren oder ohne solche ertheilt, oder sonst die Abgabe gestundet werden kann.[112])

Fernere Ausf.-V. s. bei § 22 d. Ges.

112. Vgl. Nr. 9 Abs. 2 der A.V. B in Abschn. I C und Abschn. III Anm. 86.

§ 24.[113])

Wer ausländische Loose oder Ausweise über Spieleinlagen in das Bundesgebiet einführt oder daselbst empfängt, hat dieselben, bevor mit dem

Vertriebe begonnen wird, spätestens binnen drei Tagen nach dem Tage der Einführung oder des Empfanges der zuständigen[114]) Behörde anzumelden und davon die Stempelabgabe zu entrichten.[115])

113. Vgl. Abschn. II Anm. 17.
114. Vgl. § 38 d. G. und die Anmerkungen dazu.
115. Strafbestimmungen s. bei § 26 d. G.

Ausf.-V. A zu §§ 24 und 25 des Gesetzes.

37. Ausländische Loose und Ausweise über Spieleinlagen sind der zuständigen Steuerstelle mit einer nach dem anliegenden Muster f doppelt auszustellenden Anmeldung unter Einzahlung des Abgabenbetrags innerhalb der im § 24 des Gesetzes bezeichneten Frist zur Abstempelung vorzulegen. Wegen der Buchung der Abgabe, der Beläge und wegen der Abstempelung der Loose gelten die Bestimmungen unter Ziffer 33. Stundung der Steuer findet nicht statt.

§ 25.[116])

Die Verpflichtung zur Entrichtung der Stempelabgabe wird erfüllt durch Zahlung des Abgabebetrages bei der zuständigen[117]) Behörde.

Ob und in welcher Weise eine Verwendung von Stempelzeichen[118]) stattzufinden hat, bestimmt der Bundesrath.

116. Vgl. Abschn. II Anm. 18.
117. Vgl. § 38 d. G. und die Anmerkungen dazu.
118. Vgl. Nr. 33 der A.V. A bei § 22 d. G.

Ausf.-V. A. siehe bei § 22 und 24 d. Ges.

§ 26.[119])

Die Nichterfüllung der in den §§. 22 bis 24 bezeichneten Verpflichtungen wird mit einer dem fünffachen Betrage der hinterzogenen Abgabe gleichkommenden Geldstrafe geahndet. Dieselbe ist jedoch gegen den Unternehmer inländischer Lotterien oder Ausspielungen, sowie gegen jeden, welcher den Vertrieb ausländischer Loose oder Ausweise über Ausspielungen im Bundesgebiete besorgt, nicht unter dem Betrage von zweihundertundfünfzig Mark festzusetzen.[120])

Die gleiche Strafe trifft denjenigen, welcher Wetteinsätze der in der Tarifnummer 5 bezeichneten Art entgegennimmt, ohne einen Ausweis darüber auszustellen.

Ist die Zahl der abgesetzten Loose oder die Gesammthöhe der Wetteinsätze nicht zu ermitteln, so tritt Geldstrafe von zweihundertundfünfzig bis fünftausend Mark ein.[121])

119. Vgl. Abschn. III Anm. 87 und 88.

120. Vgl. §§ 34 und 37 d. G.

121. Ein Recht, die versteuerten Loose in Gebieten abzusetzen, wo ein Verbotsgesetz entgegensteht, wird durch die Steuerentrichtung nicht erlangt. Dies gilt auch von den Loosen der Staatslotterien (§ 29 d. G.). Vgl. auch § 286 des Reichsstrafgesetzbuches, welcher lautet:

§ 286. Wer ohne obrigkeitliche Erlaubniß öffentliche Lotterien veranstaltet, wird mit Gefängniß bis zu zwei Jahren oder mit Geldstrafe bis zu dreitausend Mark bestraft.

Den Lotterien sind öffentlich veranstaltete Ausspielungen beweglicher oder unbeweglicher Sachen gleich zu achten.

§ 27.[122])

Ein Anspruch auf Rückerstattung des eingezahlten Abgabebetrages ist ausgeschlossen; eine solche kann von der obersten Landesfinanzbehörde nur dann zugestanden werden, wenn eine beabsichtigte Ausspielung erweislich nicht zu Stande gekommen ist.

122. Vgl. Abschn. II Anm. 19.

Ausf.-B. A zu § 27 des Gesetzes.

38. Für unabgesetzt gebliebene Loose etc. einer zu Stande gekommenen Ausspielung wird die Reichsstempelabgabe nicht erstattet. Tritt indessen eine Aenderung des Lotterieplans in der Art ein, dass die unabgesetzten Loose oder ein Theil derselben von der Verloosung ausgeschlossen[123]) werden und der Gesammtwerth der Gewinne dementsprechend ermässigt wird, so kann mit Genehmigung der obersten Landesfinanzbehörde die Steuer für die von der Verloosung ausgeschlossenen Loose erstattet werden.

123. Vgl. Abschn. III Anm. 89.

§ 28.

Die §§. 22 bis 27 leiden auf Staatslotterien[124]) deutscher Bundesstaaten keine Anwendung.[125])

Die Stempelsteuer für die Loose der letzteren wird durch die Lotterieverwaltung eingezogen und in einer Summe für die Gesammtzahl der von ihr abgesetzten Loose zur Reichskasse abgeführt.

Eine Abstempelung der Loose findet nicht statt.

124. Solcher Lotterien bestehen zur Zeit fünf, nämlich in Preußen, Sachsen, Braunschweig, Hamburg und Mecklenburg-Schwerin.

125. Vgl. Abschn. II Anm. 20.

Ausf.-B. A zu § 28 des Gesetzes.

39. Die Verwaltungen der Staatslotterien haben spätestens am fünfzehnten Tage nach Ablauf der Ziehung jeder Klasse dem Reichsschatzamt die Zahl der abgesetzten Loose und den Preis der Loose (Ziffer 28) anzuzeigen.[125a]) Diese Anzeigen sind unter Benutzung eines von dem Reichsschatzamt vorzuschreibenden Formulars doppelt zu erstatten. Das Reichsschatzamt setzt die zu entrichtende Steuer fest.

125a. Vgl. A.B. B Nr. 13 in Abschn. I B.

§ 29.

Loose rc. inländischer Unternehmungen, für welche vor Inkrafttreten dieses Gesetzes die obrigkeitliche Erlaubniß bereits ertheilt ist, sowie ausländische Loose, welche vor diesem Zeitpunkte in das Bundesgebiet eingeführt, auch binnen drei Tagen nach demselben bei der zuständigen Behörde angemeldet sind,[126]) und die Loose der Staatslotterien, deren Ausgabe auch nur für eine Klasse bereits vor diesem Zeitpunkte begonnen hat, unterliegen der Reichsstempelabgabe nur nach Maßgabe der bisherigen gesetzlichen Bestimmungen.

126. Vgl. A.B. A Nr. 37 bei § 24 d. G.

§ 30.

Oeffentliche Ausspielungen, Verloosungen und Lotterien, für welche die Reichsstempelabgabe zu entrichten ist, unterliegen in den einzelnen Bundesstaaten keiner weiteren Stempelabgabe (Taxe, Sporteln u. s. w.).

IV. Allgemeine Bestimmungen.

§ 31.[127])

Der Bundesrath erläßt die Anordnungen wegen der Anfertigung und des Vertriebes der nach Maßgabe dieses Gesetzes zu verwendenden Stempelmarken und gestempelten Formulare, sowie die Vorschriften über die Form der Schlußnoten und über die Art der Verwendung der Marken. Er stellt die Bedingungen fest, unter welchen für verdorbene Marken und Formulare, sowie für Stempel auf verdorbenen Werthpapieren Erstattung zulässig ist.

127. Vgl. Abschn. III Anm. 90 bis 96.

Ausf.-B. A zu § 31 des Gesetzes.

IV. Allgemeine Bestimmungen.

40.[128]) Für verdorbene Reichsstempelmarken und für Reichsstempelzeichen, mit welchen demnächst verdorbene Formulare oder Werthpapiere versehen sind, kann Erstattung beansprucht werden, wenn der Schaden mindestens drei Mark beträgt und wenn von den Stempelzeichen, Formularen und Werthpapieren noch kein oder doch kein solcher Gebrauch gemacht worden ist, dem gegenüber durch die Erstattung das Steuerinteresse gefährdet erscheint.

Der Erstattungsanspruch ist bei der Direktivbehörde des Bezirks innerhalb dreier Monate, nachdem der Schaden dem Berechtigten bekannt geworden ist, unter Vorlegung der verdorbenen Marken, Formulare und Werthpapiere anzumelden; auf Erfordern sind die quittirten Anmeldungen,[129]) welche den Betrag der für die verdorbenen Werthpapiere entrichteten Abgabe ergeben, beizufügen.

Eine baare Zurückzahlung der entrichteten Reichsstempelabgabe findet solchenfalls nicht statt. Bei Formularen und Marken erfolgt die Erstattung im Wege des Umtausches, und zwar werden in der Regel für verdorbene Formulare gestempelte Formulare, für verdorbene Marken Marken abgabefrei verabfolgt. Der Verabfolgung gestempelter Formulare steht die Abstempelung von Privatformularen gleich. Den Wünschen des Antragstellers hinsichtlich des Abgabebetrages der einzelnen Stücke ist thunlichst Rechnung zu tragen. Die Landesregierungen können anordnen, dass in solchen Fällen, in denen gestempelte Formulare des Musters d in grösserer Menge im Umtausch gegen verdorbene Formulare oder Marken beansprucht werden, die Herstellungskosten für die erstbezeichneten Formulare zu erstatten seien.

An Stelle der verdorbenen Werthpapiere hat die betreffende Steuerstelle nach näherer Anweisung der Direktivbehörde dem Berechtigten auf Grund vorheriger Anmeldung nach den Vorschriften unter Ziffer 2 neu ausgestellte Werthpapiere von demselben Steuerwerth abgabefrei abzustempeln.

Die etwa entstehenden Portokosten trägt der Antragsteller.

Die verdorbenen Marken und Formulare, sowie die aus den Werthpapieren herausgeschnittenen Stempelzeichen werden bei der Direktivbehörde in Gegenwart zweier Beamten vernichtet.

128. Vgl. Abschn. III Anm. 91, 92 und 94 und A.B. B Nr. 10 in Abschn. IB.

129. Vgl. Abschn. III Anm. 93.

41. Reichsstempelmarken und amtlich gestempelte Formulare des Musters d[130]) können, wenn sie unbeschädigt sind, bei den von den Landesregierungen bestimmten Steuerstellen gegen Marken oder Formulare zu anderen Steuerbeträgen oder für andere Geschäfte umgetauscht werden; indessen findet auch hier in der Regel der Umtausch von Formularen nur gegen gestempelte Formulare, der Umtausch von Marken nur gegen Marken statt. Der Verabfolgung von gestempelter Formulare steht die Abstempelung von Privatformularen des Antragstellers gleich.

130. Vgl. Abschn. III Anm. 95 und A.B. B Nr. 4 Abs. 3 in Abschn. IB.

§ 32.[131])

Stempelmarken, welche nicht in der vorgeschriebenen Weise verwendet worden sind, werden als nicht verwendet angesehen.

131. Vgl. A.B. A Nr. 17 letzter Abs. bei § 10 d. G. und Abschn. III Anm. 97.

§ 33.[132])

In Beziehung auf die Verpflichtung zur Entrichtung der in diesem Gesetze festgestellten Abgaben ist der Rechtsweg zulässig. Die Klage[133]) ist bei Verlust des Klagerechts binnen sechs Monaten nach erfolgter Beitreibung oder mit Vorbehalt[134]) geleisteter Zahlung zu erheben.[135]) Für die Berechnung dieser Frist sind die Bestimmungen der Civilprozeßordnung[136]) maßgebend. Zuständig sind ohne Rücksicht auf den Werth des Streitgegenstandes die Landgerichte. Soweit bei denselben Kammern für Handelssachen bestehen, gehört der Rechtsstreit vor diese. Die Revision, sowie die Beschwerde gegen Entscheidungen der Oberlandesgerichte geht an das Reichsgericht.

132. Vgl. Abschn. III Anm. 98 bis 104.

133. Vgl. Abschn. III Anm. 98 bis 100.

134. Vgl. Abschn. III Anm. 103, 104 und 104a.

135. Vgl. Abschn. III Anm. 101.

136. Die in Betracht kommenden Bestimmungen der Civilprozeßordnung lauten:

§ 200. Eine Frist, welche nach Wochen oder Monaten bestimmt ist, endigt mit Ablauf desjenigen Tages der letzten Woche oder des letzten Monats, welcher durch seine Benennung oder Zahl dem Tage entspricht, an welchem die Frist begonnen hat; fehlt dieser Tag in dem letzten Monate, so endigt die Frist mit Ablauf des letzten Tages dieses Monats.

Fällt das Ende einer Frist auf einen Sonntag oder allgemeinen Feiertag, so endigt die Frist mit Ablauf des nächstfolgenden Werktages.

§ 201. Der Lauf einer Frist wird durch die Gerichtsferien gehemmt. Der noch übrige Theil der Frist beginnt mit dem Ende der Ferien zu laufen. Fällt der Anfang der Frist in die Ferien, so beginnt der Lauf der Frist mit dem Ende derselben.

§ 34.

Zuwiderhandlungen[137]) gegen die Vorschriften dieses Gesetzes oder gegen die zu dessen Ausführung erlassenen Vorschriften, die im Gesetze mit keiner besonderen Strafe belegt sind, ziehen eine Ordnungsstrafe[138]) bis zu einhundertundfünfzig Mark[139]) nach sich.

Dieselbe Strafe tritt ein, wenn in den Fällen der §§. 3, 19 und 26 aus den Umständen sich ergiebt, daß eine Steuerhinterziehung nicht hat verübt werden können oder nicht beabsichtigt worden ist.[127])

137. Vgl. Abschn. III Anm. 105.
138. Vgl. Abschn. III Anm. 106.
139. Vgl. Abschn. III Anm. 21.

§ 35.

Die auf Grund dieses Gesetzes zu verhängenden Strafen sind bei Genossenschaften und Aktiengesellschaften gegen die Vorstandsmitglieder, bei Kommanditgesellschaften gegen die persönlich haftenden Gesellschafter, bei offenen Handelsgesellschaften gegen die Gesellschafter nur im einmaligen Betrage, jedoch unter Haftbarkeit jedes einzelnen als Gesammtschuldner festzusetzen. Ebenso ist in anderen Fällen zu verfahren, in denen bei einem Geschäfte mehrere Personen als Vertreter desselben Kontrahenten oder als gemeinschaftliche Kontrahenten betheiligt sind.[140])

Auf die Verhängung der im §. 20 vorgeschriebenen

Rückfallsstrafe finden diese Bestimmungen keine Anwendung.[140])

140. Vgl. Abschn. II Anm. 22 und Abschn. III Anm. 105.

§ 36.[141])

Hinsichtlich des administrativen Strafverfahrens wegen der Zuwiderhandlungen gegen dieses Gesetz, der Strafmilderung und des Erlasses der Strafe im Gnadenwege, der Vollstreckung der Strafe, sowie der Verjährung der Strafverfolgung finden die Vorschriften in den §§. 17 Satz 1, 18 und 19 des Gesetzes vom 10. Juni 1869, betreffend die Wechselstempelsteuer,[142]) sinngemäße Anwendung. Die auf Grund des gegenwärtigen Gesetzes erkannten Geldstrafen fallen dem Fiskus desjenigen Staates zu, von dessen Behörden die Strafentscheidung erlassen ist.

141. Vgl. Abschn. III Anm. 107 bis 110.

142. Die allegirten Vorschriften des Gesetzes vom 10. Juni 1869 lauten:

§ 17. Wechselstempel-Hinterziehungen (§ 15) verjähren in fünf Jahren, von dem Tage der Ausstellung des Wechsels an gerechnet . . .

§ 18. In Betreff der Feststellung, Untersuchung und Entscheidung der Wechselstempel-Hinterziehung und der Vollstreckung der Strafe, sowie in Betreff der Strafmilderung und des Erlasses der Strafe im Gnadenwege kommen die Vorschriften zur Anwendung, nach welchen sich das Verfahren wegen Vergehen gegen die Zollgesetze — in den von der gemeinschaftlichen Zollgrenze ausgeschlossenen Bezirken aber das Verfahren wegen Vergehen gegen die Stempelgesetze — bestimmt.

Die im § 15 vorgeschriebenen Geldbußen fallen dem Fiskus desjenigen Staates zu, von dessen Behörden die Strafentscheidung erlassen ist.

§ 19. Jede von einer nach § 18 zuständigen Behörde wegen Wechselstempel-Hinterziehung einzuleitende Untersuchung und zu erlassende Strafentscheidung kann auch auf diejenigen Inhaber des Wechsels, welche anderen Bundesstaaten angehören, ausgedehnt werden. Die Strafvollstreckung ist nöthigenfalls durch Requisition der zuständigen Behörden und Beamten des Staates zu bewirken, in dessen Gebiete die Vollstreckungsmaßregel zur Ausführung kommen soll.

Die Behörden und Beamten der Bundesstaaten sollen sich gegenseitig thätig und ohne Verzug den verlangten Beistand in allen gesetzlichen Maaßregeln leisten, welche zur Entdeckung oder Bestrafung der Wechselstempel-Hinterziehungen dienlich sind.

§ 37.

Die Verwandlung einer Geldstrafe, zu deren Zahlung der Verpflichtete unvermögend ist, in eine Freiheitsstrafe findet nicht statt. Auch darf zur Beitreibung von Geldstrafen ohne Zustimmung des Verurtheilten, wenn dieser ein Deutscher ist, kein Grundstück subhastirt werden.

§ 38.

Unter den in diesem Gesetze erwähnten Behörden und Beamten sind, soweit das Gesetz nichts anderes

bestimmt, die betreffenden Landesbehörden und Landesbeamten verstanden.

Welche dieser Behörden und Beamten, die in dem Gesetze als zuständig bezeichneten sind, bestimmen, sofern das Gesetz nichts anderes verfügt, die Landesregierungen.[143])

Den letzteren liegt auch die Kontrole über die betreffenden Behörden und Beamten ob.

143. Vgl. A.B. A Nr. 1 bei § 1 d. G.

§ 39.[144])

Die in den einzelnen Bundesstaaten mit der Beaufsichtigung des Stempelwesens beauftragten Behörden und Beamten haben die ihnen obliegenden Verpflichtungen mit den gleichen Befugnissen, wie sie ihnen hinsichtlich der nach den Landesgesetzen zu entrichtenden Stempelabgaben zustehen,[145]) auch hinsichtlich der in diesem Gesetze bestimmten Abgaben wahrzunehmen.

Der Prüfung in Bezug auf die Abgabenentrichtung durch von den Landesregierungen zu bestimmende höhere Beamte[146]) unterliegen öffentliche Anstalten, Aktiengesellschaften, Kommanditgesellschaften auf Aktien, eingetragene Genossenschaften[147]) und Gesellschaften mit beschränkter Haftung, sofern sie abgabepflichtige Geschäfte der unter Nummer 4 des Tarifs bezeichneten Art gewerbsmäßig[147]) betreiben oder vermitteln. Der gleichen Prüfung unterliegen die zur Erleichterung der Liquidation von Zeitgeschäften bestimmten Anstalten.[148])

Den revidirenden Beamten sind alle bezüglichen Schriftstücke und erforderlichenfalls auch die Geschäftsbücher zur Einsicht vorzulegen.

Von anderen als den im Absatz 2 bezeichneten Personen kann die Steuerdirektivbehörde die Einreichung der auf bestimmt zu bezeichnende abgabepflichtige Geschäfte bezüglichen Schriftstücke verlangen.[149])

144. Vgl. Abschn. II Anm. 23.

145. Vgl. für Preußen § 31 des Stempelsteuerges. v. 31. Juni 1895 nebst Bekanntmachung v. 13. Febr. 1896 Nr. 25, 26, 15 B 2, Dienstvorschriften vom 14. Febr. 1896 Nr. 23 bis 29 und 50 und Allg. Verf. des Just.-Min. v. 29. Feb. 1896 § 21.

146. Vgl. A.B. A Nr. 1 bei § 1 d. G.

147. Vgl. Abschn. III Anm. 111.

148. Vgl. A.B. B Nr. 16 in Abschn. IB.

149. Strafbestimmung s. bei § 34 d. G.

Ausf.-B. A zu § 39 des Gesetzes.

42. Die Beamten zur Wahrnehmung der im § 39 Absatz 2 des Gesetzes bezeichneten Geschäfte werden nach Massgabe der ihnen ertheilten näheren Anweisung selbstständig davon Ueberzeugung nehmen,[150]) ob den Vorschriften des Gesetzes gemäss verfahren worden ist. Die Vorstände der zu revidirenden Anstalten, an welche der revidirende Beamte bei Beginn der Revision sich wenden wird, haben ihm die zu diesem Zweck gewünschten Werthpapiere, Schlussnoten, Beläge und sonstige Schriftstücke, sowie Geschäftsbücher zur Einsicht vorlegen zu lassen, Auskunft zu ertheilen und ihm einen angemessenen Raum für die Erledigung seiner Obliegenheiten zur Verfügung stellen.

150. Vgl. Abschn. II Anm. 23 litt. b.

§ 40.[151])

[152]) Außerdem haben die Reichsbehörden, die Behörden und Beamten der Bundesstaaten und Kommunen, die von Handelsvorständen eingesetzten Sachverständigenkommissionen und Schiedsgerichte, sowie die Notare die Verpflichtung, die Besteuerung der ihnen vorkommenden Urkunden zu prüfen und die zu ihrer Kenntniß gelangenden Zuwiderhandlungen gegen dieses Gesetz bei der zuständigen Behörde zur Anzeige zu bringen.[153])

151. Vgl. Abschn. III Anm. 115.

152. Vgl. §§ 20, 21 Satz 1 des W.St.St.G. v. 10. Juni 1869.

153. Strafbestimmung s. bei § 34 d. G.

§ 41.

Der Bundesrath ordnet an, in welchen Fällen bei administrativen Straffestsetzungen Sachverständige zu hören sind; solche sind, wo Handelsvorstände bestehen, von diesen zu bezeichnen.

Die Handelsvorstände können unter Berücksichtigung der besonderen Verhältnisse und Gewohnheiten ihres Bezirks, zum Zweck der Durchführung des Gesetzes und Sicherung der Entrichtung der Abgaben reglementarische Anordnungen erlassen; letztere bedürfen der Zustimmung der Landesregierungen.

Ausf.=B. zu § 41 des Gesetzes.

43. Wenn im Laufe eines Verwaltungsstrafverfahrens die kaufmännischen Geschäftsformen zu Zweifeln in Betreff der Beurtheilung des Sachverhältnisses Anlass geben oder für die Anwendung der Tarifnummer 4b Zweifel darüber bestehen, ob das Geschäft als ein solches anzusehen ist, dass unter Zugrundelegung der Usancen einer Börse abgeschlossen ist, oder ob es sich um börsenmässig gehandelte Waaren handelt, so sind über die zweifelhaften Fragen geeignete Sachverständige zu hören In Bezirken, für welche Handelsvorstände bestehen, haben diese der Steuerbehörde für die verschiedenen Geschäftsbranchen Sachverständige zu bezeichnen.

§ 42.

Bezüglich der Vollstreckbarkeit und des Vollstreckungsverfahrens werden die Reichsstempelabgaben den Landesabgaben gleichgeachtet.[154])

154. Vgl. für Preußen, Verordnung vom 7. Sept. 1879, betr. das Verwaltungszwangsverfahren wegen Beitreibung von Geldbeträgen (G.S. S. 591) und Ausführungsanweisung dazu vom 15. Sept. dess. J. (C.Bl. S. 287).

§ 43.

Die Kassen des Reichs[155]) sind von der Entrichtung der durch dieses Gesetz unter Tarifnummer 1, 2, 3 angeordneten Abgaben befreit.

Andere subjektive Befreiungen finden, soweit nicht ausdrücklich Ausnahmen angeordnet sind, nicht statt.

Wegen der Entschädigung für die Aufhebung solcher Befreiungen, welche etwa auf lästigen Privatrechtstiteln beruhen, sowie wegen der Erstattung der von solchen Berechtigten entrichteten Stempelbeträge, kommen die entsprechenden Bestimmungen des Gesetzes, betreffend die Wechselstempelsteuer (§ 26 Absatz 2 bis 4)[156]) zur Anwendung.

155. Vgl. Abschn. II Anm. 25.

156. Die allegirten Bestimmungen des Wechselstempelsteuergesetzes lauten:

§ 26. — — — — — — — — — — — — — — — —

Für die Aufhebung der in den einzelnen Staaten des Bundes bestehenden subjektiven Befreiungen von der Wechselstempelsteuer, welche auf lästigen Privatrechtstiteln beruhen, wird, insoweit dieselben nach den Landesgesetzen nicht ohne Entschädigung aufgehoben werden können, aus der Bundeskasse Entschädigung geleistet. Sind in den der Befreiung zum Grunde liegenden Verträgen, Spezialprivilegien und sonstigen Rechtstiteln Bestimmungen über die Art und Höhe der Entschädigung enthalten, so behält es dabei sein Bewenden.

Anderenfalls wird bis zum Erlöschen der Befreiung dem Berechtigten der Stempelbetrag, welchen er nach Vorschrift dieses Gesetzes entrichtet hat, auf Grund periodischer Nachweisung aus der Bundeskasse erstattet. Die Aufstellung und Prüfung der periodischen Nachweisungen erfolgt nach den von dem

Bundesrathe hierüber zu erlassenden näheren Anordnungen.

Für Stempelbeträge, deren Erstattung der Berechtigte von anderen Theilnehmern am Umlaufe des Wechsels oder von seinen Kommittenten zu fordern hat, wird in keinem Falle aus der Bundeskasse Entschädigung gewährt.

§ 44.

Jedem Bundesstaate wird von der jährlichen Einnahme, welche in seinem Gebiete aus dem Verkauf von Stempelmarken oder gestempelten Blankets oder durch baare Einzahlung von Reichsstempelabgaben erzielt wird, mit Ausnahme der Steuer von Loosen der Staatslotterien, der Betrag von zwei Prozent aus der Reichskasse gewährt.

§ 45.[156a])

Der Ertrag der Abgaben fließt nach Abzug

1. der auf dem Gesetze oder auf allgemeinen Verwaltungsvorschriften beruhenden Steuererlasse und Steuererstattungen,
2. der nach Vorschrift des §. 44 zu berechnenden Erhebungs- und Verwaltungskosten

in die Reichskasse und ist den einzelnen Bundesstaaten nach dem Maßstabe der Bevölkerung, mit welcher sie zu den Matrikularbeiträgen herangezogen werden, zu überweisen.

156a. Vgl. A.B. B Nr. 12 in Abschn. I B.

§ 46.

Dieses Gesetz tritt mit dem 1. Mai 1894 in Kraft.

Für das Gebiet der Insel Helgoland wird der Zeitpunkt des Inkrafttretens des Gesetzes durch Kaiserliche Verordnung unter Zustimmung des Bundesraths festgesetzt.

Ausf.-V. A. **Uebergangsbestimmung.**

44. Bis zum 1. Oktober 1894 dürfen die bisher ausgegebenen Stempelzeichen auch für Waarengeschäfte (Tarifnummer 4b) verwendet werden.

Tarif.

Lauf. Nr.	Gegenstand der Besteuerung.
	Aktien,[156]) Renten- und Schuldverschreibungen.
[157]) 1.	a) Inländische Aktien und Aktienantheilsscheine, sowie Interimsscheine[159]) über Einzahlungen auf diese Werthpapiere[159a]) . . . .
	b) Ausländische[160]) Aktien und Aktienantheilsscheine, wenn sie im Inlande ausgehändigt, veräußert, verpfändet oder wenn daselbst andere Geschäfte unter Lebenden damit gemacht oder Zahlungen darauf geleistet werden, — unter der gleichen Voraussetzung auch Interimsscheine über Einzahlungen auf diese Werthpapiere . . . .
	Die Abgabe ist von jedem Stück nur einmal zu entrichten.
	Befreit sind:
	Inländische Aktien und Aktienantheilsscheine, sowie Interimsscheine über Ein-

157. Vgl. Abschn. II Anm. 26 und Abschn. III Anm. 116 bis 131.

158. Vgl. Abschn. III Anm. 118, 122, 127. — Zu den im Tarif gedachten Aktien gehören auch Namensaktien. R.G.E. v. 15. Mai 1896. (E.S. Bd. 37. S. 115.)

159. Vgl. Abschn. III Anm. 116 bis 119.

Steuersatz vom Hundert	Steuersatz vom Tausend	M.	Pf.	Berechnung der Stempelabgabe.[160]
1	—	—	—	vom Nennwerthe, bei Interimsscheinen[161]) vom Betrage der bescheinigten Einzahlungen,[162]) und zwar zu 1a in Abstufungen von 1 ℳ, zu 1b in Abstufungen von 1½ ℳ, für je 100 ℳ oder einen Bruchtheil dieses Betrages. Der nachweislich versteuerte Betrag der Interimsscheine wird auf den Betrag der demnächst etwa zu versteuernden Aktien u. s. w. angerechnet.[163]) Zu Abs. 2 der letzten Spalte der Tarifnummer 1 vgl. A.V. A Nr. 7 ff. bei § 2 d. G.
1½	—	—	—	

159a. Vgl. A.V. A Nr. 6 bei § 2 d. G.
160. Vgl. Abschn. III Anm. 24 und 126.
161. Vgl. A.V. A Nr. 6 bei § 2 d. G.
162. Vgl. Abschn. III Anm. 128.
163. Vgl. Abschn. II Anm. 26 und Abschn. III Anm. 129 bis 132.

Lauf. Nr.	Gegenstand der Besteuerung.
Noch 1.	zahlungen auf diese Werthpapiere, sofern sie von Aktiengesellschaften ausgegeben werden, welche nach der Entscheidung des Bundesraths ausschließlich[164]) gemeinnützigen Zwecken dienen, den zur Vertheilung gelangenden Reingewinn satzungsmäßig auf eine höchstens vierprozentige Verzinsung der Kapitaleinlagen beschränken, auch bei Ausloosungen oder für den Fall der Auflösuug nicht mehr als den Nennwerth ihrer Antheile zusichern und bei der Auflösung den etwaigen Rest des Gesellschaftsvermögens für gemeinnützige Zwecke bestimmen.

164. Vgl. Abschn. II Anm. 27 litt. a.

165. Vgl. Abschn. II Anm. 27 litt. b.

166. Zu Tarifnummer 2 und 3 Spalte „Berechnung der Stempelabgabe" vgl. Abschn. III Anm. 136.

167. Vgl. Abschn. III Anm. 133 und 135.

168. Vgl. Abschn. III Anm. 134.

168a. Vgl. Wechselstempelsteuerges. § 3, Bekanntmachung des Reichskanzlers v. 1. Febr. 1882 (R.C.Bl. S. 26), 6. Febr. 1884 (R.C.Bl. S. 27), Bundesrathsbeschl. v. 4. Mai 1893 und F.M.E. v. 9. Febr. 1882 (C.Bl. S. 48), wonach die in der Anm. * zur A.B. A Nr. 3 angegebenen

Steuersatz vom Hundert	Steuersatz vom Tausend	M.	Pf.	Berechnung[166]) der Stempelabgabe.
				Ausländische Werthe werden nach den Vorschriften wegen Erhebung des Wechselstempels umgerechnet.[168a])

Mittelwerthe zwecks Umrechnung festzustellen sind. Diejenigen ausländischen Währungen, für welche der Bundesrath einen Mittelwerth nicht festgesetzt hat, sind zum Börsenkurse in die inländische Währung umzurechnen. Ist aber in ausländischen Aktien, Renten- und Schuldverschreibungen der verbriefte Kapitals- bezw. Rentenbetrag nicht allein in der ausländischen Währung, sondern auch in der deutschen Reichswährung ausgedrückt, so ist der Berechnung der Abgabe lediglich der in Reichswährung angegebene Nennwerth zu Grunde zu legen. — Vgl. ferner § 3 der Bekanntm. des Reichsk. v. 11. Dez. 1896 zu § 42 des Börsenges.

Lauf. Nr.	Gegenstand der Besteuerung.
Noch 1.	Die von solchen Aktiengesellschaften beabsichtigten Veranstaltungen müssen auch für die minder begüterten Volksklassen[168]) bestimmt sein.
	Zu Tarif No. 1 Befreit sind vergl. A.V. A No. 8 bei § 2 d. G
2.	a) Inländische für den Handelsverkehr bestimmte[169]) Renten- u. Schuldverschreibungen (auch Partialobligationen), sofern sie nicht unter Nummer 3 fallen, sowie Interimsscheine über Einzahlungen auf diese Werthpapiere[169a]) . . . .
	b) Renten- und Schuldverschreibungen ausländischer[170]) Staaten, Korporationen, Aktiengesellschaften oder industrieller Unternehmungen und sonstige für den Handelsverkehr bestimmte[169]) ausländische Renten- und Schuldverschreibungen, wenn sie im Inlande ausgehändigt,[171]) veräußert, verpfändet, oder wenn daselbst andere Geschäfte unter Lebenden damit gemacht, oder Zahlungen darauf ge-

169. Vgl. Abschn. II Anm. 29 und Abschn. III Anm. 143 bis 148.

169a. Vgl. oben Note 159a.

Steuersatz vom Hundert	Steuersatz vom Tausend	M.	Pf.	Berechnung der Stempelabgabe.
				siehe S. 83 und 85.
—	4	—	—	vom Nennwerthe,[167]) bei Interimsscheinen vom Betrage der bescheinigten Einzahlungen, und zwar zu 2a in Abstufungen von 40 Pf., zu 2b in Abstufungen von 60 Pf. für je 100 ℳ oder einen Bruchtheil dieses Betrages. Der nachweislich versteuerte Betrag der Interimsscheine wird

1170. Vgl. Abschn. III Anm. 137 bis 139 und Anm. 140 bis 142.

1171. Vgl. Abschn. II Anm. 28 und 31 litt. a und Abschn. III Anm. 152.

Lauf. Nr.	Gegenstand der Besteuerung.
Noch 2.	leistet werden,[172]) — unter der gleichen Voraussetzung auch Interimsscheine über Einzahlungen auf diese Werthpapiere[172a]) . . . .
	Die Abgabe ist von jedem Stück nur einmal zu entrichten.
	Befreit sind:[173])
	1. Renten- und Schuldverschreibungen des Reichs und der Bundesstaaten,[174]) sowie Interimsscheine über Einzahlungen auf diese Werthpapiere;
	2. die auf Grund des Reichsgesetzes vom 8. Juni 1871[175]) abgestempelten ausländischen Inhaberpapiere mit Prämien.[176])

172. Vgl. § 3 d. G.

172a. Vgl. oben Note 159a.

173. Vgl. Abschn. II Anm. 30 und Abschn. III Anm. 155 bis 159.

174. Vgl. Abschn. II Anm. 30 litt. a und Abschn. III Anm. 155.

175. Das Gesetz, betreffend die Inhaberpapiere mit Prämien, vom 8. Juni 1871 (R.G.Bl. S. 210), nach dessen § 4 die in Rede stehenden Papiere bis spätestens

Steuersatz vom Hundert	Steuersatz vom Tausend	M.	Pf.	Berechnung der Stempelabgabe.[166]
—	6	—	—	auf den Betrag der demnächst etwa zu versteuernden Rentenverschreibungen u.s.w. angerechnet. **Zu Abs. 2 der letzten Spalte der Tarifnummer 2 vgl. A.V. A Nr 7 ff. bei § 2 d. G.** Ist der Kapitalwerth von Rentenverschreibungen[168]) aus diesen selbst nicht ersichtlich, so gilt als solcher der 25fache Betrag der einjährigen Rente. Ausländische Werthe werden nach den Vorschriften wegen Erhebung des Wechselstempels umgerechnet.[168a])

den 15. Juli 1871 zur Abstempelung vorgelegt sein sollten, bestimmt in seinen §§ 1 bis 3:

§ 1. Auf den Inhaber lautende Schuldverschreibungen, in welchen allen Gläubigern oder einem Theile derselben außer der Zahlung der verschriebenen Geldsumme eine Prämie dergestalt zugesichert wird, daß durch Ausloosung oder durch eine andere auf den Zufall gestellte Art der Ermittelung die zu prämiirenden Schuldverschreibungen und die Höhe der ihnen zufallenden Prämie bestimmt werden

Lauf. Nr.	Gegenstand der Besteuerung.
Noch 2.	Anmerkung zu Tarifnummer 1 und 2. Der Aushändigung [177]) ausländischer Werthpapiere im Inlande wird es gleichgeachtet, wenn solche Werthpapiere, welche durch ein im Auslande abgeschlossenes Geschäft von einem zur Zeit des Geschäftsabschlusses im Inlande wohnhaften Kontrahenten angeschafft sind, diesem aus dem Auslande übersandt oder von ihm oder einem Vertreter aus dem Auslande abgeholt werden. Genußscheine [178]) und ähnliche zum Bezuge eines Antheils an dem Gewinn einer Aktienunternehmung berechtigende Werthpapiere, so-

sollen (Inhaberpapiere mit Prämien), dürfen innerhalb des Deutschen Reichs nur auf Grund eines Reichsgesetzes und zum Zwecke der Anleihe eines Bundesstaates oder des Reichs ausgegeben werden.

§ 2. Inhaberpapiere mit Prämien, welche nach Verkündigung des gegenwärtigen Gesetzes, der Bestimmung im § 1 zuwider, im Inlande ausgegeben sein möchten, imgleichen Inhaberpapiere mit Prämien, welche nach dem 30. April 1871 im Auslande ausgegeben sind, dürfen weder weiter begeben, noch an den Börsen, noch an anderen zum Verkehr mit Werthpapieren bestimmten Versammlungsorten zum Gegen-

Steuersatz				Berechnung der Stempelabgabe.[166])
vom Hundert	vom Tausend	M.	Pf.	

stande eines Geschäfts oder einer Geschäftsvermittelung gemacht werden.

§ 3. Dasselbe gilt vom 15. Juli 1871 ab von ausländischen Inhaberpapieren mit Prämien, deren Ausgabe vor dem 1. Mai 1871 erfolgt ist, sofern dieselben nicht abgestempelt sind (§§ 4, 5).

176. Vgl. Abschn. III Anm. 156 bis 159.

177. Vgl. § 3 d. G. und die Anmerkungen dazu, Abschn. II Anm. 31 litt. a.

178. Vgl. A.B. A Nr. 1 bei § 1 d. G., Allg. Anw. Nr. 1 in Abschn. I C, Abschn. II Anm. 31 litt. b und Abschn. III Anm. 160 bis 164.

Lauf. Nr.	Gegenstand der Besteuerung.
Noch 2.	fern sie sich nicht als Aktien oder Aktien-antheilsscheine (Tarifnummer 1) oder als Renten- oder Schuldverschreibungen (Tarif-nummer 2) darstellen, unterliegen einer festen Abgabe, die für a) solche, welche als Ersatz an Stelle amorti-sirter Aktien ausgegeben werden . . . . . b) alle übrigen, und zwar 1. inländische . . . . 2. ausländische . . . . beträgt. Vor dem 1. Mai 1894 ausgegebene Genuß-scheine sind der vorbezeichneten Abgabe nicht unterworfen.
3.	a) Inländische auf den Inhaber lautende und auf Grund staatlicher Genehmigung[179]) aus-gegebene Renten- und Schuldverschreibungen der Kommunalverbände und Kommunen,[180]) sowie Interimsscheine über Einzahlungen auf diese Werthpapiere . . . . b) Inländische auf den Inhaber lautende und auf Grund staatlicher Genehmigung[179]) aus-

179. Vgl. Abschn. II Anm. 32.

Steuersatz vom Hundert	vom Tausend	M.	Pf.	Berechnung der Stempelabgabe.[180]
—	—	—	50	von jeder einzelnen Urkunde
—	—	3	—	
—	—	5	—	
—	1	—	—	vom Nennwerthe beziehungsweise vom Betrage der bescheinigten Einzahlungen nach Maßgabe der Vorschriften für die Abgabenberechnung bei inländischen Werthpapieren der unter Nr. 2 bezeich-

180. Vgl. Abschn. III Anm. 165 und 166.

Lauf. Nr.	Gegenstand der Besteuerung.
Noch 3.	gegebene Renten- und Schuldverschreibungen der Korporationen ländlicher oder städtischer Grundbesitzer, der Grundkredit- und Hypothekenbanken oder der Transportgesellschaften, sowie Interimsscheine über Einzahlungen auf diese Werthpapiere . . . .
	Kauf- und sonstige Anschaffungsgeschäfte.
4.	a) Kauf- und sonstige Anschaffungsgeschäfte[181]) über 1. ausländische Banknoten, ausländisches Papiergeld, ausländische Geldsorten; 2. Werthpapiere[181a]) [181b]) der unter Nr. 1, 2 und 3 des Tarifs bezeichneten Art . . . [182]) Den Kauf- und sonstigen Anschaffungsgeschäften steht gleich die bei Errichtung einer Aktiengesellschaft oder Kommanditgesellschaft auf Aktien erfolgende Zutheilung

181. Vgl. Abschn. II Anm. 33 und Abschn. III Anm. 167 bis 197.

181a. Ueber das Verbot des börsenmäßigen Terminhandels in Antheilen von Bergwerks- und Fabrikunternehmungen und über seine Beschränkung in Antheilen von anderen Erwerbsgesellschaften s. § 50 Abs. 2 des Börsengesetzes v. 22. Juni 1896. Für den Börsenterminhandel ist in § 48 l. c. eine Legaldefinition gegeben.

Steuersatz vom Hundert	Steuersatz vom Tausend	M.	Pf.	Berechnung der Stempelabgabe.
—	2	—	—	neten Art, und zwar in Abstufungen von 10 beziehungsweise 20 Pf. für je 100 *M* oder einen Bruchtheil dieses Betrages.
—	2/10	—	—	vom Werthe des Gegenstandes des Geschäfts, und zwar in Abstufungen von 20 beziehungsweise 40 Pf. für je 1000 *M* oder einen Bruchtheil dieses Betrages.[192]) Der Werth des Gegenstandes wird nach dem vereinbarten Kauf- oder Lieferungspreis, sonst durch

181b. Ueber die Zulassung von Werthpapieren zum Börsenhandel s. §§ 36 ff. des Börsengesetzes v. 22. Juni 1896 und Bekanntm. des Reichsk. v. 11. Dez. 1896 auf Grund des § 42 des Börsenges.

182. Vgl. Abschn. II Anm. 34, auch Abschn. III Anm. 47.

192. Vgl. Abschn. II Anm. 37 litt. a.

Lauf. Nr.

Gegenstand der Besteuerung.

Noch 4. der Aktien auf Grund vorhergehender Zeichnung, die bei Errichtung einer Aktiengesellschaft stattfindende Uebernahme der Aktien durch die Gründer und die Ausreichung von Werthpapieren an den ersten Erwerber.

Ermäßigung.[183])

Hat ein Kontrahent nachweislich im Arbitrageverkehr[184]) unter die Tarifnummer 4a 1 und 2 fallende Gegenstände derselben Gattung im Inlande gekauft und im Auslande verkauft oder umgekehrt, oder an dem einen Börsenplatze des Auslandes gekauft und an dem anderen verkauft, so ermäßigt sich die Stempelabgabe von jedem dieser Geschäfte, soweit deren Werthbeträge sich decken, zu Gunsten dieses Kontrahenten um ein Zwanzigstel vom Tausend, wenn die beiden einander gegenüberstehenden Geschäfte

33. Vgl. Abschn. II Anm. 35.

34. Vgl. Abschn. III Anm. 198 litt. a.

31. Vgl. Abschn. III Anm. 203 bis 206.

32a. Die Bestimmungen, in welcher Weise die Preise und Kurse zu notiren sind, s. in §§ 4 Ziffer 4, 29 Abs. 1 und 2, 30, 31 Ziffer 1, 35 Ziffer 3 des Börsenges. v.

Steuersatz vom Hundert	Steuersatz vom Tausend	M.	Pf.	Berechnung der Stempelabgabe.[191])
				den mittleren Börsen-[192a]) oder Marktpreis am Tage des Abschlusses bestimmt. Die zu den Werthpapieren gehörigen Zins- und Gewinnantheilsscheine bleiben bei Berechnung der Abgabe außer Betracht. Bei Geschäften über die unter Nr. 2 Befreiungen Nr. 1 und Nr. 3 des Tarifs aufgeführten Papiere bleibt der den Nennwerth übersteigende Werth der angeschafften Werthpapiere dieser Gattung außer Betracht, wenn der gesammte Nennwerth 5000 *M.* nicht übersteigt.[193]) Ausländische Werthe sind nach den Vorschriften wegen Erhebung des Wechselstempels umzurechnen.[193a])

22. Juni 1896 und in §§ 27 ff. der Börsenordnung für Berlin v. 23. Dez. 1896, und ferner über die Zeit der amtlichen Feststellung des Preises für zur öffentlichen Zeichnung aufgelegte Werthpapiere § 40 des Börsengeś.

193. Vgl. Abschn. II Anm. 37 litt. b.

193a. Vgl. Note 168a bei Tarif Nr. 2.

Lauf. Nr.	Gegenstand der Besteuerung.
Noch 4.	zu festen [185]) Kursen an demselben oder an zwei unmittelbar auf einander folgenden Börsentagen abgeschlossen sind. Es macht keinen Unterschied, ob der Kontrahent die Geschäfte im Auslande selbst oder durch eine Metaverbindung [186]) abgeschlossen hat. Unter den gleichen Voraussetzungen tritt diese Steuerermäßigung ein, wenn An- und Verkäufen von ausländischen Banknoten oder ausländischem Papiergeld Geschäfte über Kontanten oder Wechsel gegenüberstehen. Eine einmalige, längstens halbmonatliche Prolongation im Auslande abgeschlossener Geschäfte dieser Art bleibt steuerfrei. Die Geschäfte sind zunächst nach dem vollen Betrage zu versteuern. Der Bundesrath erläßt die näheren Vorschriften darüber, auf Grund welcher Nachweise die Erstattung des zuviel verwendeten Stempels erfolgt. [187])

185. Vgl. Abschn. III Anm. 198 litt. b.
186. Vgl. Abschn. III Anm. 199.

Steuersatz vom Hundert	Steuersatz vom Tausend	M.	Pf.	Berechnung der Stempelabgabe.[191])
				siehe S. 95 u. 97.

187. Vgl. A.B. B Nr. 11 in Abschn. I B.

Lauf. Nr.	Gegenstand der Besteuerung.
Noch 4.	Ausf.-B. zur Tarifnummer 4a, Ermäßigung. 18. Wer von der Steuerermässigung für Arbitragegeschäfte Gebrauch machen will, hat über die von ihm mit dem Anspruche auf Steuerermässigung abzuschliessenden Arbitragen nach den nachstehend verzeichneten näheren Vorschriften Buch zu führen und auf Erfordern dieses Buch, sowie alle darauf bezüglichen Schriftstücke (Schlussnoten, Briefe, Depeschen etc.) der Direktivbehörde einzureichen oder den von derselben abzuordnenden Beamten zur Einsicht vorzulegen. In das Arbitragebuch, welches mindestens die in dem Muster h vorgesehenen Spalten enthalten muss, sind die einander gegenüberstehenden Geschäfte unter derselben fortlaufenden Nummer einzutragen. Die für eine halbmonatliche Frist, d. h. von der einen bis zu der anderen der mehreren im Laufe eines Monats an der betreffenden ausländischen Börse stattfindenden Liquidationen bewirkten Prolongationen von Arbitragegeschäften (Absatz 3), über welche eine Schlussnote nicht ausgestellt wird, sind in der Spalte „Bemerkungen“ nachrichtlich aufzuführen.

Steuersatz vom Hundert	Steuersatz vom Tausend	M.	Pf.	Berechnung der Stempelabgabe.

Lauf. Nr.	Gegenstand der Besteuerung.
Noch 4. Muster g. Muster h.	Der Antrag auf Erstattung des zuviel verwendeten Stempels ist nach dem anliegenden Muster g in zwei Ausfertigungen bei der Direktivbehörde für je einen Kalendermonat bis zum 10. des auf die Ausstellung der Schlussnote folgenden Monats einzureichen. Der beizufügende Auszug aus dem Arbitragebuch ist nach dem anliegenden Muster h aufzustellen. Die Direktivbehörde kann auch später eingehende Erstattungsanträge berücksichtigen, wenn die Verspätung der Einreichung auf entschuldbaren Ursachen beruht. Auf Verlangen der Direktivbehörde ist ferner der Nachweis zu führen, dass die den Gegenstand der Arbitrage bildenden Werthpapiere an den in Betracht kommenden Plätzen, an welchen sie ge- oder verkauft sind, börsenmässig gehandelt und notirt werden. Soweit bei der Direktivbehörde Bedenken gegen die Richtigkeit der gemachten Angaben nicht bestehen, ist der beanspruchte Betrag zur Zahlung anzuweisen Der Stempel für etwaige, zu Unrecht unversteuert gebliebene Prolongationsgeschäfte ist nachzufordern. In den Fällen, für welche das Vorliegen einer Metaverbindung behauptet ist, ist diese Thatsache seitens des Arbitrageurs auf Er-

Steuersatz				Berechnung der Stempelabgabe.
vom Hundert	vom Tausend	M.	Pf.	

Tarif. Nr.	Gegenstand der Besteuerung.
Noch 4.	fordern durch Vorlegung des Vertrages über den Abschluss der Verbindung und des Schriftwechsels über das betreffende einzelne Geschäft nachzuweisen.
	b) Kauf- und sonstige Anschaffungsgeschäfte, welche unter Zugrundelegung von Usancen einer Börse[188]) geschlossen werden (Loko-, Zeit-, Fix-, Termin-,[188a]) [188b]) Prämien- u. s. w. Geschäfte), über Mengen von Waaren, die börsenmäßig gehandelt werden . . . .
	Als börsenmäßig[189]) gehandelt gelten diejenigen Waaren, für welche an der Börse,[189a]) deren Usancen für das Geschäft maßgebend sind, Terminpreise notirt werden.
	Ausf.-B. zur Tarifnummer 4b.
	14. Für welche Waaren an den einzelnen inländischen Börsen Terminpreise notirt werden, wird von den Landesregierungen

188. Vgl. Abschn. II Anm. 36 litt. **a** und **b** und Abschn. III Anm. 200 bis 202.

188a. Der börsenmäßige Terminhandel in Getreide- und Mühlenfabrikaten ist untersagt. § 50 Abs. 3 des Börsenges. v. 22. Juni 1896. Definition des Börsenterminhandels s. Note 181a zweiter Satz.

Steuersatz vom Hundert	Steuersatz vom Tausend	M.	Pf.	Berechnung der Stempelabgabe.[191])
—	4/10	—	—	siehe S. 95 u. 97.

188b. Ueber Zulassung von Waaren zum Börsenterminhandel s. § 49 des Börsenges.

189. Vgl. Abschn. II Anm. 36 litt. a.

189a. Ueber den Begriff „Börse" s. Motive S. 25 zum Börsenges. v. 22. Juni 1896 und Verhandlungen der Börsen-Enquetekommission S. 8.

Lauf. Nr.	Gegenstand der Besteuerung.
Noch 4.	nach Anhörung der betreffenden Handelsvorstände festgestellt und öffentlich bekannt gemacht,[190]) sowie dem Reichskanzler behufs Veröffentlichung im „Reichs-Zentralblatt" mitgetheilt. Diese Bekanntmachungen haben sich lediglich auf die Gattung beziehungsweise Unterart der betreffenden Waare, nicht aber auch auf deren Qualität zu erstrecken. Befreiungen. Die vorbestimmte Abgabe wird nicht erhoben.

190. Es werden Terminpreise für gemischte Waaren notirt an der Börse in

Berlin für Weizen, Roggen, Hafer, Mais, Roggenmehl (Nr. 0 und 1 zu gleichen Theilen), rohes Rüböl, rohen Kartoffelspiritus und in Amerika raffinirtes Petroleum;

Bremen für „Nordamerikanische Baumwolle Basis midding, nichts unter low middling";

Breslau für Roggen, Hafer, Rüböl und Rohspiritus;

Cöln a. R. für Weizen, Roggen und Rüböl;

Danzig für Weizen, Roggen und rohen Kartoffelspiritus;

Hamburg für guten rohen Kartoffelspiritus, goad average Santos Kaffee und Rüben-Rohzucker, Erstes

Steuersatz				Berechnung der Stempelabgabe.
vom Hundert	vom Tausend	M.	Pf.	

Produkt; nordamerikanische Baumwolle Basis middling, nichts unter low middling; granulirten und Krystallzucker;

Königsberg i. Pr. für Rohspiritus;

Leipzig für Kammzug;

Magdeburg für Rohzucker, Erstes Produkt, und zwar Transitopreise, Basis 88% Rendement, frei an Bord Hamburg; für granulirten Zucker;

Mannheim für Weizen, Roggen und Hafer;

Posen für rohen Kartoffelspiritus und Roggen;

Stettin für gelben Weizen, Roggen, Winterrübsen, rohes Rüböl und rohen Kartoffelspiritus. — Vgl. Preuß. C.Bl. 1890 S. 30; R.C.Bl. 1890 S. 116; 1891 S. 63, 83; 1893 S. 167; 1894 S. 9, 407.

191. Vgl. Abschn. III Anm. 203 bis 206.

Lauf. Nr.	Gegenstand der Besteuerung.
Noch 4.	1. falls der Werth des Gegenstandes des Geschäfts nicht mehr als 600 ℳ beträgt. Werden zwischen denselben Kontrahenten an einem Tage zu gleichen Vertragsbestimmungen mehrere Geschäfte über Gegenstände derselben Art ohne Vermittler oder durch denselben Vermittler abgeschlossen, deren Gesammtwerth mehr als 600 ℳ beträgt, so greift für die einzelnen Geschäfte, auch wenn der Werth des Gegenstandes derselben den Betrag von 600 ℳ nicht übersteigt, diese Befreiung nicht Platz;[194]) 2. falls die Waaren, welche Gegenstand eines nach Nr. 4b stempelpflichtigen Geschäfts sind, von einem der Vertragschließenden im Inlande erzeugt oder hergestellt sind;[195]) 3. für die Ausreichung der von den Pfandbriefinstituten und Hypothekenbanken ausgegebenen auf den Inhaber lautenden Schuldverschreibungen als Darlehnsvaluta an den kreditnehmenden Grundbesitzer;[196])

194. Vgl. Abschn. II Anm. 38 und 12 litt. c, Abschn. III Anm. 207, § 12 Abs. 1 d. G. und Allg. Anm. Nr. 12 in Abschn. I C.

Steuersatz vom Hundert	Steuersatz vom Tausend	M.	Pf.	Berechnung der Stempelabgabe.

195. Vgl. Abschn. II Anm. 39 und Abschn. III Anm. 207a.
196. Vgl. Abschn. II Anm. 40 und Abschn. III Anm. 208.

Lauf. Nr.	Gegenstand der Besteuerung.
Noch 4.	4. für sogenannte Kontantgeschäfte über die unter Nr. 4a 1 bezeichneten Gegenstände sowie über ungemünztes Gold oder Silber. Als Kontantgeschäfte[197]) gelten solche Geschäfte, welche vertragsmäßig durch Lieferung des Gegenstandes seitens des Verpflichteten an dem Tage des Geschäftsabschlusses zu erfüllen sind; 5. von den zur Versicherung von Werthpapieren gegen Verloosung geschlossenen Geschäften, unbeschadet der Stempelpflicht der nach erfolgter Verloosung stattfindenden Kauf- oder sonstigen Anschaffungsgeschäfte.[198])
	Lotterieloose.
5.	Loose öffentlicher[199]) Lotterien, sowie Ausweise[200]) über Spieleinlagen bei öffentlich veranstalteten Ausspielungen von Geld- oder anderen Gewinnen.

197. Vgl. Abschn. II Anm. 41.

198. Vgl. Abschn. II Anm. 42 und Abschn. III Anm. 209 und 210.

Steuersatz vom Hundert	Steuersatz vom Tausend	M.	Pf.	Berechnung der Stempelabgabe.
10	—	—	—	bei inländischen Loosen vom plan-

199. Vgl. Abschn. II Anm. 43 litt. a. und Abschn. III Anm. 211 bis 214 und 216 Ziffer 3.
200. Vgl. Abschn. III Anm. 215.
202. Vgl. Abschn. III Anm. 217 bis 219.

Lauf. Nr.	Gegenstand der Besteuerung.
Noch 5.	Den Spieleinlagen stehen gleich die Wetteinsätze bei öffentlich veranstalteten Pferderennen[201]) und ähnlichen öffentlichen Veranstaltungen. Befreit sind: Loose der von den zuständigen Behörden genehmigten Ausspielungen und Lotterien, sofern der Gesammtpreis der Loose einer Ausspielung die Summe von einhundert Mark[203]) und bei Ausspielungen zu ausschließlich mildthätigen[204]) Zwecken die Summe von fünfundzwanzigtausend Mark nicht übersteigt. Ausf.-B. zur Tarifnummer 5. **28.** Behufs Berechnung der Abgabe von Lotterieloosen sind alle für den Erwerb eines Looses an den Unternehmer oder dessen Beauftragte zu leistenden Zahlungen zum Preise des Looses zu rechnen, insbesondere auch die sogenannten Schreibgebühren,

201. Vgl. Abschn. II Anm. 43 litt. b und Abschn. III Anm. 216.

Steuersatz vom Hundert	Steuersatz vom Tausend	M.	Pf.	Berechnung der Stempelabgabe.
				mäßigen Preise[203]) (Nennwerth) sämmtlicher Loose oder Ausweise; bei ausländischen Loosen von dem Preise der einzelnen Loose in Abstufungen von 50 Pf. für je 5 M oder einen Bruchtheil dieses Betrages.

203. Vgl. Abschn. II Anm. 43 litt. c.
204. Vgl. Abschn. II Anm. 43 litt. d.

Tarif. Nr.	Gegenstand der Besteuerung.
Noch 5.	Kollektionsgebühren u. a. m. Bei Privatlotterien gehört hierher auch der dem Käufer etwa gesondert in Rechnung gestellte Betrag der Stempelabgabe. Bei inländischen Loosen wird die Stempelabgabe nach dem planmässigen Preise sämmtlicher Loose oder Ausweise berechnet, und zwar in der Art, dass ein bei Berechnung der Gesammtabgabe sich ergebender Betrag von weniger als 5 Pf. ausser Ansatz bleibt, höhere Pfennigbeträge aber nur, soweit sie durch 5 ohne Rest theilbar sind, unter Weglassung der überschiessenden Pfennige erhoben werden. Bei ausländischen Loosen beträgt die Abgabe 10 vom Hundert vom Preise der einzelnen Loose in Abstufungen von 50 Pf. für je 5 Mk. oder einen Bruchtheil dieses Betrages. Bei Ausspielungen mit Gewinnziehungen nach Klassen (Klassenlotterie) ist die Stempelabgabe für solche Loose, welche zu einer der folgenden Klassen nicht rechtzeitig erneuert werden und somit verfallen, von dem Gesammtpreise der Loose, einschliesslich des für die Vorklassen planmässig zu zahlenden Preises, zu berechnen und einzuziehen.

Steuersatz				Berechnung der Stempelabgabe.
vom Hundert	vom Tausend	M.	Pf.	

Muster a.

Eingegangen am .... 18.....
№ .... des Anmeldungs-Registers.
№ .... des Hebe-Registers.
(Schwarzstempel.)

Anmeldung,

betreffend

die Versteuerung beziehungsweise Abstempelung von inländischen Aktien, Renten- und Schuldverschreibungen nach dem Reichsstempelgesetz.

Der Unterzeichnete beantragt die Abstempelung der anbei erfolgenden, umstehend näher bezeichneten Werthpapiere und ist damit einverstanden, daß dem Ueberbringer der unten ausgefertigten Empfangsbescheinigung gegen Aushändigung derselben die abgestempelten Werthpapiere zurückgegeben werden, sowie, daß die Steuerbehörde zur Prüfung der Legitimation des Ueberbringers dieser Empfangsbescheinigung zwar berechtigt, aber nicht verpflichtet sein soll.

...................., den ....ten................ 18.....

---

des Anmeldenden { Vor- und Zuname.
Wohnort und Wohnung.

Empfangsbescheinigung.

Die umstehend verzeichneten Werthpapiere sind der unterzeichneten Steuerstelle übergeben und werden nach erfolgter Abstempelung dem Ueberbringer dieser Empfangsbescheinigung ausgehändigt werden. Die Steuerstelle behält sich das Recht vor, die Legitimation des Ueberbringers dieser Empfangsbescheinigung zu prüfen, ist jedoch zu einer solchen Prüfung nicht verpflichtet.

...................., den ....ten................ 18.....

(Amtsbezeichnung, Unterschriften und Schwarzstempel der Steuerstelle.)

Laufende Nummer.	Name und Wohnort des Anmeldenden.	Der Werthpapiere							
		Gattuug (Benennung) und Emittent.	Stückzahl.	Bezeichnung nach			Ort	Datum	Nennwerth.
				Serien-Nummer rc.	Littera.	fortlaufenden Nummern.	der Ausfertigung.		
1.	2.	3.	4.	5.	6.	7.	7.	9.	10.

Zu versteuern ist für jedes Stück: a) der volle Nennwerth von oder b) der Betrag von ℳ	Betrag der Abgabe für jedes Stück ℳ	Auf den Betrag (Sp. 11) sind anzurechnen: a) landesgesetzliche b) Reichs-Stempelabgaben ℳ	Es sind noch zu erheben an Abgaben für jedes Stück ℳ	Gesammtbetrag der Abgabe ℳ	Es wird Befreiung für die Abgabe beansprucht: a. für wieviel Stück? b) aus welchem Grunde?	Nähere Begründung der Angaben in den Spalten 11, 13 u. 16 sowie sonstige Bemerkungen.
11.	12.	13.	14.	15.	16.	17.

Muster b.

Eingegangen den .... 18.....

№.............. des Anmeldungs-Registers.

№.............. des Hebe-Registers.

(Schwarzstempel.)

Anmeldung,

betreffend

die Versteuerung beziehungsweise Abstempelung von ausländischen Aktien, Renten- und Schuldverschreibungen nach dem Reichsstempelgesetz.

Der Unterzeichnete beantragt die Abstempelung der anbei erfolgenden, umstehend näher bezeichneten Werthpapiere und ist damit einverstanden, daß dem Ueberbringer der unten ausgefertigten Empfangsbescheinigung gegen Aushändigung derselben die abgestempelten Werthpapiere zurückgegeben werden, sowie daß die Steuerbehörde zur Prüfung der Legitimation des Ueberbringers dieser Empfangsbescheinigung zwar berechtigt, aber nicht verpflichtet sein soll.

.........................., den ..... ten .... 18.....

Des Anmeldenden { Vor- und Zuname. Wohnort und Wohnung.

Empfangsbescheinigung.

Die umstehend verzeichneten Werthpapiere sind der unterzeichneten Steuerstelle übergeben und werden nach erfolgter Abstempelung dem Ueberbringer dieser Empfangsbescheinigung ausgehändigt werden. Die Steuerstelle behält sich das Recht vor, die Legitimation des Ueberbringers dieser Empfangsbescheinigung zu prüfen, ist jedoch zu einer solchen Prüfung nicht verpflichtet.

.........................., den ..... ten .... 18.....

(Amtsbezeichnung, Unterschriften und Schwarzstempel der Steuerstelle.)

Laufende Nummer.	Name und Wohnort des Anmeldenden.	Der Werthpapiere						
		Gattung (Benennung) und Emittent.	Stückzahl.	Bezeichnung nach			Ort	Datum
				Serien-Nummer ꝛc.	Littora.	fortlaufenden Nummern.	der Ausfertigung.	
1.	2.	3.	4.	5.	6.	7.	8.	9.

Nennwerth der Stücke		Zu versteuern ist a) der volle Nennwerth oder b) eine Einzahlung von		Abgabebetrag für jedes Stück	Auf den Betrag (Sp. 13) kommen an Reichs-Stempelabgaben für den Interimsschein in Anrechnung	Es sind noch zu erheben für jedes Stück	Gesammtbetrag der Abgabe	Bemerkungen.
nach ausländischer Währung	nach deutscher Währung ℳ	nach fremder Währung	nach deutscher Währung ℳ	ℳ	ℳ	ℳ	ℳ	
10.	11.	12.	13.	14.	15.	16.	17.	18.

Muster c.

Eingegangen den .... 18.....

№ .... des Anmeldungs-Registers.

№ .... des Hebe-Registers.

(Schwarzstempel)

Vorläufige Anmeldung,

daß stempelpflichtige inländische Werthpapiere zur Zeichnung aufgelegt werden oder zu weiteren Einzahlungen auf solche aufgefordert wird.

(§. 4 des Reichsstempelgesetzes.)

Des Anmeldenden Name und Wohnung.	Der Werthpapiere, auf welche sich die Anmeldung in Spalte 6 bis 9 bezieht,				Es soll erfolgen die		Die Zeichnung bezw. Einzahl. soll erfolgen		Bemerkungen.
	Gattung und Bezeichnung.	Stückzahl.	Serie, Littera und Nummern.	Nennwerth ℳ	Auflegung zur Zeichnung.	Aufforderung zur Einzahlung von ℳ	an welchen Tagen.	bei welchen deutschen Stellen.	
1.	2.	3.	4.	5.	6.	7.	8.	9.	10.

Muster d.

Schlußnote № ....

.............., den .... 18...

Von ....

in ....

An ....

in ....

Gegenstand des Geschäfts:

Lieferungstermin per

Preis oder Kurs:

Werth des Gegenstandes:

Sonstige Bemerkungen:

Vermittelt durch:

in ....

000 000

Raum für die Verwendung von Stempelmarken.

durchlocht

Schlußnote № ....

.............., den .... 18...

Von ....

in ....

An ....

in ....

Gegenstand des Geschäfts:

Lieferungstermin per

Preis oder Kurs:

Werth des Gegenstandes:

Sonstige Bemerkungen:

Vermittelt durch:

in ....

000 000

Muster e.

Eingegangen den .... 18.....
№ .... des Anmeldungs-Registers.
№ .... des Hebe-Registers.
(Schwarzstempel.)

Anmeldung
zur
Abstempelung von Formularen zu Schlußnoten durch die Reichsdruckerei.

(Tarifnummer 4 zum Reichsstempelgesetz.)

Nr.	Name und Wohnung des Anmeldenden.	Es sollen abgestempelt werden:		Steuerbetrag ℳ	Bemerkungen.
		Stückzahl der Formulare.	zum Abgabenbetrage von ℳ		
1.	2.	3.	4.	5.	6.

Muster I.

Eingegangen den .... 18.....
№............... des Anmeldungs-Registers.
№............... des Hebe-Registers.
(Schwarzstempel.)

Anmeldung
zur
Versteuerung für ausländische Lotterieloose.
(Tarifnummer 5 zum Reichsstempelgesetz.)

Tag der Anmeldung.	Name und Wohnung des Anmeldenden.	Der einzelnen Loose			Des Lotterie-Unternehmers Sitz, nähere Bezeichnung, auch Name und Wohnort des Unternehmers.	Zeit der Ziehung der Loose.	Abgabenbetrag a) im Einzelnen und b) in Summe. ℳ
		Anzahl.	Preis einschließl. Schreibgeld 2c. in der fremden Währung.	Preis einschließl. Schreibgeld 2c. in deutscher Währung.			
1.	2.	3.	4.	5.	6.	7.	8.

Erste Ausfertigung. **Muster g.**

Berlin, den *6. Juni* 1894.

Antrag

des *Bankiers N. N.* zu *Berlin* auf Erstattung von Stempel für Arbitragegeschäfte für den Monat *Mai* 1894.

(Der Erstattungsantrag ist in doppelter, der Auszug aus dem Arbitragebuch in einfacher Ausfertigung für je einen Kalendermonat bis zum 10. des folgenden Monats einzureichen.)

Der *Königlichen Provinzialsteuerdirektion* überreiche *ich* in der Anlage einen Auszug aus *meinem* Arbitragebuch für den Monat *Mai* 1894, indem *ich* die Richtigkeit der darin enthaltenen Angaben bescheinige.

Auf Grund dieses Auszuges beantrage *ich* gemäß Tarifnummer 4a des Reichsstempelgesetzes die Erstattung eines Stempelbetrages von .... Mark .... Pfennig.

N. N.

An
die *Königliche Provinzialsteuerdirektion*
zu *Berlin*.

Das *Königliche Hauptsteueramt für inländische Gegenstände* zu *Berlin* wird angewiesen, den umstehend bezeichneten Betrag an Reichsstempelabgaben-Ermäßigung in Höhe von .... Mark .... Pfennig, in Worten .... Mark .... Pfennig, an den Antragsteller gegen Quittung zu zahlen.

Berlin, den 189

Der Provinzialsteuerdirektor.

Vorstehenden Betrag von .... Mark ...... Pfennig, in Worten .... Mark .... Pfennig, habe *ich* von dem *Königlichen Hauptsteueramt für inländische Gegenstände* zu *Berlin* gezahlt erhalten.

Berlin, den .... 189 *N. N.*

Muster h. **Auszug aus dem**

1. Laufende Nr. des Arbitragebuches.	2. Datum des Geschäftsabschlusses. Monat	Tag	3. Gegenstand des Geschäfts.	4. Nennwerth.	5. Kurs.	6. Steuerpflichtiger Werth des Gegenstandes des Geschäfts nicht über M.
	1894.					
1.	*Mai*	*1.*	*Gekauft Italien. 5% Rente*	*Frs. 200000*	*76,80*	*123 000*
2.	„	*2.*	*Gekauft Lombarden*	*Stück 1000 Frs. 500 000*	*46,50*	*186 000*
3.	„	*10.*	*Gekauft Egypter*	*Frs. 100 000*	*104*	*84 000*
4.	„	*12.*	*Gekauft Ungar. 4% Goldrente*	*£ 50000*	*95¾*	—
5.	„	*16.*	*Gekauft Russ. Noten ult. Juni*	*Rbl. 90000*	*218*	*197 000*
6.	„	*17.*	*Gekauft Russ. Noten ult. Juni*	*Rbl. 100000*	*220*	*220000*
7.	„	*19.*	*Verkauft Russ. Noten ult. Juni*	*Rbl. 100000*	*219*	*219 000*

*) Falls der Betrag in Spalte 4a nicht niedriger ist als in Spalte 11 aus Spalte 4a und 5 zu berechnen.

Arbitragebuch.

Muster h.

7. Ort des Geschäftsabschlusses.	8. Name des Metisten falls Meta-Geschäft	9. Nr. der Schlußnote.	10. Verwendeter Stempel M.	Pf.	11.*) Der Werth des Geschäfts (Spalte 6 wird gedeckt durch den Werth des Gegengeschäfts in Höhe von M.	12. Rückzuerstattender Stempelbetrag ($^1/_{20}$ ‰ v. Spalte 11). M.	Pf.	13. Bemerkungen.
Berlin	—	*76*	*24*	*60*	*123 000*	*6*	*15*	
Wien	—	*89*	*18*	*60*	*149 000*	*7*	*45*	
Paris	—	*105*	*8*	*40*	*84 000*	*4*	*20*	
London	*Lazard Brothers & Comp.*	—	—	—	—	—	—	
Berlin	—	*220*	*39*	*40*	*197 000*	*9*	*85*	
Berlin	—	*230*	*44*	.	*220 000*	*11*	.	
Berlin	—	*240*	*43*	*80*	*219 000*	*10*	*95*	

Spalte 4, ist Spalte 11 gemäß Spalte 6 auszufüllen, anderenfalls ist

Muster b. Noch: **Auszug aus dem**

1a. Laufende Nr des Arbitragebuches.	2a. Datum des Geschäftsabschlusses. Monat	Tag.	3a. Gegenstand des Geschäfts.	4a. Nennwerth.	5a. Kurs.	6a. Steuerpflichtiger Werth des Gegenstandes des Geschäfts nicht über M.
	1894.					
1.	*Mai*	*1.*	*Verkauft Ital. 5% Rente*	*Frs. 200 000*	*77,75*	*125 000*
2.	„	*1.*	*Verkauft Lombarden*	*Stück 500 Frs. 250 000*	*49*	*98 000*
	„	*2.*	*desgl.*	*Stück 300 Frs. 150 000*	*48,50*	*59 000*
3.	„	*10.*	*Verkauft Egypter*	*£ 2000 (Frs. 50 000)*	*103⅜*	*43 000*
	„	*11.*	*desgl.*	*Frs. 50 000*	*103*	*42 000*
4.	„	*15.*	*Verkauft Ungar. 4% Goldrente*	*M. 1000000 (£ 50 000)*	*96¼*	*965000*
5.	„	*17.*	*Gekauft Wechsel a. Lond.*	*£ 10 000*	*98 Rbl.*	—
6.	„	*18.*	*Gekauft Halbimperials*	*Stück 13 625*	*f.10 £ 7,84 Rbl. per Stück*	—
7.	„	*21.*	*Gekauft Auszahlung Petersb. ult. Juni*	*Rbl. 100 000*	*270 Frs p 100 Rbl.*	—

*) Falls der Betrag in Spalte 4 nicht niedriger ist als in
falls ist Spalte 11a aus Spalte 4 und 5a zu berechnen.

Arbitragebuch.

Muster h.

7a. Ort des Geschäftsabschlusses.	8a. Name des Metistenfalls Meta-Geschäft	9a. Nr. der Schlußnote.	10a. Verwendeter Stempel M.	Pf.	11a.*) Der Werth des Geschäfts (Spalte 6a wird gedeckt durch den Werth des Gegengeschäfts in Höhe von M.	12a. Rückzuerstattender Stempelbetrag ($^{1}/_{20}$ $^{0}/_{00}$ v. Spalte 11a). M.	Pf.	13a. Bemerkungen.
Paris	—	*6*	*12*	*50*	*125 000*	*6*	*25*	*prolongirt von medio bis ultimo Mai*
Berlin	—	*20*	*19*	*60*	*98 000*	*4*	*90*	
Berlin	—	*26*	*11*	*80*	*59 000*	*2*	*95*	
London	—	*45*	*4*	*30*	*43 000*	*2*	*15*	
Berlin	—	*50*	*8*	*40*	*42 000*	*2*	*10*	
Frankfurt a.M.	—	*210*	*193*	.	*965000*	*48*	*25*	*13. und 14. Feiertage.*
Petersburg	—	—	—	—	—	—	—	
Petersburg	—	—	—	—	—	—	—	
Paris	—	—	—	—	—	—	—	*20. Sonntag*
			Summe . . .			. .	.	
			Dazu Spalte 12			. .	.	
			Zusammen . . .			. .	.	

Spalte 4a, ist Spalte 11a gemäß Spalte 6a auszufüllen, anderen-

B. Bestimmungen
über
die Erhebung und Verrechnung der nach dem Reichsstempelgesetz zu entrichtenden Abgaben.

C.Bl. 1894 S. 255 ff. und R.C.Bl. 1894 S. 121 ff. — hinter den Ausf.-Vorschr. A.

1. Jede zur Erhebung von Reichsstempelabgaben ermächtigte Steuerstelle hat über die bei ihr zur Einzahlung kommenden dergleichen Abgaben ein besonderes **Heberegister** zu führen, dessen Einrichtung die Landesregierung bestimmt. Das anliegende Muster 1*) dient dabei als Vorbild Die Buchung der Steuer im Heberegister findet erst statt, sobald die Abstempelung der Werthpapiere und der mit Stempelausdruck zu versehenden Privatformulare zu Schlußnoten (Ziffer 18 der Ausführungsvorschriften) bezw. die Bedruckung der Lotterieloose mit dem Kontrolestempel erfolgt ist.

Hebestellen, welche nur mit dem Verkauf von Formularen zu Schlußnoten und von Reichsstempelmarken, mit der Abstempelung von Privatformularen zu Schlußnoten und von Vertragsurkunden (§ 15 des Gesetzes)

*) Die Muster befinden sich in den amtlichen Control-Blättern und sind, weil für die Zwecke dieses Buches entbehrlich, hier nicht abgedruckt.

beauftragt sind, können die Einnahme dafür je nach der Bestimmung der Landesregierung auch in anderen Registern nachweisen. Auf diese Register finden die nachstehend unter Ziffer 5 Absatz 2 und 3 getroffenen Anordnungen keine Anwendung.

Bezüglich derjenigen Werthpapiere, welche gemäß § 6 Abs. 1 des Gesetzes zu Ausnahmesätzen abgestempelt werden, ist in der Bemerkungsspalte ein entsprechender Vermerk zu machen.

2. Alle Anmeldungen zur Abstempelung von Werthpapieren sind zunächst in ein Anmeldungsregister nach dem anliegenden Muster 2 einzutragen; desgleichen diejenigen Anmeldungen über Formulare zu Schlußnoten, sowie zur Versteuerung von Lotterieloosen, welche nicht sofort oder noch am Tage des Eingangs erledigt werden können. Durch dieses Register wird die Abgabe bis zur erfolgten Stempelung der Papiere und Erhebung der Steuer festgehalten. Dasselbe dient zugleich zur Kontrole über die Stempelung derjenigen Werthpapiere und Loose, welche von der Reichsstempelabgabe befreit sind, jedoch mit einem Reichsstempel versehen werden müssen.

3. Die zur Erhebung der Stempelabgabe für Aktien, Renten- und Schuldverschreibungen ermächtigten Steuerstellen führen außerdem ein Kontrolebuch über diejenigen Anzeigen, welche nach § 4 des Gesetzes die Emittenten von inländischen Werthpapieren zu erstatten haben. Dasselbe ist nach dem beigeschlossenen Muster 3 anzulegen.

4. Von den Steuerstellen, welche Formulare zu Schlußnoten und Reichsstempelmarken zu verkaufen haben, ist über die Einnahme und Ausgabe an solchen Stempelzeichen ein besonderes Konto zu führen, dessen Einrichtung von der Landesregierung bestimmt wird. Dasselbe erhält die aus dem Muster 5 (nachstehend Ziffer 14) ersichtlichen Abschnitte und dient zugleich als Heberegister über die Herstellungskosten, welche nach Ziffer 17 und 40 der Ausführungsvorschriften die Steuerpflichtigen der Landeskasse für ungestempelte Formulare zu Schlußnoten, sowie für die als Ersatz für verdorbene Stempelzeichen verabfolgten gestempelten Schlußnotenformulare zu erstatten haben. Die für diese Formulare einzuziehenden Preise bestimmt die Landesregierung.

Ferner werden in dem Konto unter Benennung der Empfänger die gestempelten Formulare zu Schlußnoten und die Reichsstempelmarken verausgabt, für welche ein Werthbetrag nicht zu erheben ist. Der unter a der Ausgabe zu berechnende Werth der verkauften Stempelzeichen muß mit der Summe der nach Spalte 13 und 14 des Heberegisters dafür erhobenen Steuerbeträge übereinstimmen.

Die von Steuerpflichtigen zum Umtausch zurückgegebenen gestempelten Formulare zu Schlußnoten und Reichsstempelmarken sind, bevor sie vereinnahmt werden, in Bezug auf ihre Echtheit und Unversehrtheit zu prüfen.

5. Die zu 1 und 2 genannten Register werden nach Ablauf jedes Vierteljahres abgeschlossen und mit den

dazu gehörigen Belägen an die Direktivbehörde zur Revision eingereicht. Auf die Erledigung der Erinnerungen finden die für die Zollverwaltung in dieser Beziehung ertheilten Vorschriften sinngemäße Anwendung.

Eine Vernichtung der Hebe- und Anmeldungsregister und der dazu gehörigen Beläge darf vor Ablauf von zehn Jahren nach dem Etatsjahr, für welches die Register geführt sind, nicht stattfinden.

Zur Herbeiführung und Sicherung der gleichmäßigen Ausführung des Reichsstempelgesetzes in allen Bundesstaaten werden die Landesregierungen auf Ersuchen des Reichskanzlers von Zeit zu Zeit einige bei den Direktivbehörden bereits revidirte Register mit den Belägen mittheilen. Ergeben sich bei deren Einsicht Bedenken, so trifft die Landesregierung die zur Erledigung erforderlichen Anordnungen und giebt zugleich dem Reichskanzler von dem Verfügten Kenntniß.

Das Kontrolebuch verbleibt bei den Steuerstellen; es ist dauernd und sicher aufzubewahren.

6. Die Herstellung der von den Steuerstellen zu verkaufenden mit Stempelaufdruck versehenen Formulare zu Schlußnoten, sowie der ungestempelten Schlußnotenformulare und der Reichsstempelmarken (Ziffer 16 und 17 der Ausführungsvorschriften) erfolgt bei der Reichsdruckerei. Die Landesregierungen haben diese Stempelzeichen und ungestempelten Formulare von der Reichsdruckerei gegen Erstattung der Herstellungskosten anzukaufen. Die nach Maßgabe der Herstellungskosten von

der Reichsdruckerei zu berechnenden Preise stellt das Reichsschatzamt fest und theilt sie den Landesregierungen mit.

Die Reichsdruckerei verabfolgt nur denjenigen Amtsstellen Reichsstempelmaterialien, welche ihr von den Regierungen als zum unmittelbaren Bezuge derselben beberechtigt bezeichnet werden. Jede Regierung erhält vierteljährlich von der Reichsdruckerei eine mit den quittirten Lieferscheinen belegte Rechnung über die von ihr zu erstattenden Herstellungskosten. Den Betrag der Rechnung lassen die Regierungen an die Reichsdruckereikasse entweder unmittelbar oder durch Vermittelung der Reichshauptkasse zahlen.

Privatpersonen erhalten von der Reichsdruckerei weder Stempelzeichen noch ungestempelte Formulare

Die Kosten der auf den Antrag von Steuerpflichtigen bei der Reichsdruckerei bewirkten Abstempelung von Werthpapieren und Formularen zu Schlußnoten werden von der Reichsdruckerei in jedem einzelnen Falle bei derjenigen Steuerstelle liquidirt, welche die Abstempelung bestellt hat. Für die sofortige Berichtignng dieser Rechnungen haben die Steuerstellen Sorge zu tragen.

7. Die von den Steuerstellen zur Stempelung von Werthpapieren, sowie zur Abstempelung von Lotterieloosen zu verwendenden Stempel liefert für Rechnung der Landesregierungen die Reichsdruckerei. Die Stempel jeder Steuerstelle erhalten als Unterscheidungszeichen eine besondere Nummer, welche nicht veröffentlicht wird. Die Unterscheidungsnummern werden den Landesregierungen von dem Reichsschatzamt mitgetheilt.

Die Abstempelung der Werthpapiere ꝛc. bei den Steuerstellen ist unter Aufsicht der Kassenbeamten zu bewirken, welche die Stempel, so lange dieselben nicht benutzt werden, unter amtlichem Verschluß zu halten haben.

8. Alle bei den Steuerstellen zur Abgabe gelangenden Anmeldungen zur Entrichtung der Reichsstempelabgabe ꝛc. sind auf dem Titelblatte mit dem Datum des Eingangs, der Nummer des Anmeldungs- bezw. Heberegisters und einem deutlichen Abdruck des gewöhnlichen Schwarzstempels der Hebestelle zu versehen. Anmeldungen, auf Grund deren eine Reichsstempelabgabe nicht zu erheben ist, verbleiben als Beläge bei dem Anmeldungsregister; die übrigen werden Beläge zum Heberegister und sind nach den Nummern dieses Registers zu ordnen.

Ueber die Einlieferung von Werthpapieren, deren Stempelung nicht sofort bewirkt werden kann, ist dem Steuerpflichtigen einstweilen ein mit der Nummer des Anmeldungsregisters und dem gewöhnlichen Amtsstempel der Hebestelle versehener Empfangsschein zu geben. Nur gegen Rückgabe desselben empfängt der Steuerpflichtige die gestempelten Papiere zurück.

9. Die nach §. 17 des Gesetzes und Ziffer 27 der Ausführungsvorschriften zulässige Stundung der Reichsstempelabgaben für Formulare zu Schlußnoten erfolgt für Rechnung des Reichs unter Haftung der Landesregierungen. Die gestundeten Beträge sind, sobald sie eingezahlt worden, spätestens aber nach Ablauf der Stundungsfrist der Reichskasse zu überweisen.

Die Genehmigung zum Beginn des Absatzes von Lotterieloosen vor der Entrichtung der Abgabe (§. 23 des Gesetzes) und sonstige Stundungen der Abgabe von Lotterieloosen erfolgen auf Gefahr und Rechnung der Landesregierung (Ziffer 36 der Ausführungsvorschriften).

10. Werden zum Ersatz für verdorbene Werthpapiere von den Steuerstellen neu auszugebende dergleichen Papiere abgestempelt (Ziffer 40 der Ausführungsvorschriften), so ist diese Stempelung nur durch das Anmeldungsregister nachzuweisen (siehe oben Ziffer 2).

Die als Ersatz für verdorbene gestempelte Formulare zu Schlußnoten und Reichsstempelmarken zu verabfolgenden Stempelzeichen können, da eine Einnahme dafür nicht zu verrechnen ist, nur im Stempelzeichen-Konto abgeschrieben werden (siehe oben Ziffer 4).

11. Die für Arbitragegeschäfte (Ziffer 13 der Ausführungsvorschriften) zurückgezahlten Beträge sind gesondert von den Erstattungen für unrichtige Erhebungen rc. in den Kassenbüchern nachzuweisen.

12. Ueber den nach §. 45 des Gesetzes von den Bundesregierungen an die Reichskasse abzuliefernden Reinertrag der Reichsstempelabgabe haben die Landeskassen mit der Reichs-Hauptkasse nach Maßgabe der Bestimmungen vom 3. April 1878 monatlich abzurechnen. Die näheren Anordnungen über die Feststellung der monatlich abzuliefernden Einnahmen treffen die Landesregierungen. Die Haupt- und Unterämter haben die von

ihnen erhobenen Reichsstempelabgaben in den monatlich und vierteljährlich aufzustellenden Reichssteuerübersichten mit nachzuweisen.

Vierteljährlich werden von dem Reichsschatzamt Hauptübersichten des Reinertrags der Reichsstempelabgabe aufgestellt und die Antheile der einzelnen Regierungen an der Gesammteinnahme berechnet. Auf Grund dieser Hauptübersichten und Berechnungen, welche das Reichsschatzamt den Bundesregierungen in einer entsprechenden Zahl von Abzügen mittheilt, erfolgt die vierteljährliche Abrechnung zwischen den Landeskassen und der Reichs-Hauptkasse.

Die Vergütung von zwei vom Hundert für Erhebung und Verwaltung der Reichsstempelabgabe (§. 44 des Gesetzes) ist von den Staaten, welche die Abgaben erheben, bei der Ablieferung des Ertrages an die Reichskasse einzubehalten.

13. Zur Aufstellung der Hauptübersichten über den Ertrag der Reichsstempelabgaben haben die Direktivbehörden zum 15. Juli, 15. Oktober, 15. Januar und 15. Mai vorläufige Uebersichten der in ihrem Verwaltungsbezirke aufgekommenen derartigen Abgaben und zum 1. November jedes Jahres eine endgültige Uebersicht derselben für das abgelaufene Etatsjahr nach dem anliegenden Muster 4 an das Reichsschatzamt einzusenden. Für die Richtigkeit dieser Uebersichten ist die Direktivbehörde verantwortlich.

Die Einsendung endgültiger Uebersichten kann unterbleiben, wenn die vorläufigen Uebersichten für das 1. bis

4. Quartal jedes Etatsjahres keiner Vervollständigung oder Berichtigung bedürfen. In solchen Fällen genügt die von der Landesregierung dem Reichsschatzamt zu machende Mittheilung, daß die vorläufigen Uebersichten auch der endgültigen Einnahmefeststellung zu Grunde gelegt werden können.

Die Stempelsteuer für Loose der Staatslotterien wird von dem Reichsschatzamt bei der Aufstellung der vierteljährlichen Hauptübersichten über den Ertrag der Reichsstempelabgaben mit berücksichtigt. Das Ergebniß der auf Grund der Anzeigen der Lotterieverwaltungen (Ziffer 39 der Ausführungsvorschriften) erfolgenden Feststellungen theilt das Reichsschatzamt in jedem einzelnen Falle der betreffenden Landesregierung unter Beifügung eines Exemplars der Anzeige der Lotterieverwaltung behufs der Berücksichtigung bei der Feststellung der monatlich an die Reichskasse abzuliefernden Einnahmen mit.

14. Als Beilage zur vorläufigen Uebersicht der für das 1. bis 4. Quartal des Etatsjahres aufgekommenen Reichsstempelabgaben ist von jeder Direktivbehörde eine nach dem anliegenden Muster 5 aufzustellende Nachweisung der Einnahme und Ausgabe von Reichsstempelmaterialien im abgelaufenen Etatsjahre zu fertigen und an das Reichsschatzamt einzusenden.

15. Formulare zu den nach den Mustern 4 und 5 aufzustellenden Uebersichten und Nachweisungen wird das Zoll- und Steuer-Rechnungsbureau des Reichsschatzamts den Direktivbehörden nach Maßgabe des Bedarfs zustellen.

16. Die im §. 39 Absatz 2 des Gesetzes bezeichneten Anstalten sind regelmäßig mindestens einmal im Laufe von drei Jahren der Revision zu unterwerfen; bezüglich solcher Anstalten, bei welchen erfahrungsmäßig abgabepflichtige Schriftstücke oder Geschäfte nur vereinzelt vorkommen, sind die obersten Landesfinanzbehörden Ausnahmen von dieser Vorschrift zuzulassen befugt.

Die Revisionen sind in thunlichst ungleichmäßigen Zwischenräumen und ohne Anmeldung vorzunehmen.

Die revidirenden Beamten haben sich aus den veröffentlichten Geschäftsberichten und Bilanzen, aus Statuten und ähnlichen Hülfsmitteln vorher eine möglichst sichere und eingehende Kenntniß der Art und des Umfangs der Geschäfte der einzelnen Anstalten zu verschaffen. Dem pflichtmäßigen Ermessen der revidirenden Beamten bleibt überlassen, wieweit die Revision auszudehnen und insbesondere ob und inwieweit behufs sachgemäßer Ausführung derselben neben der Einsicht der Werthpapiere und Schlußnoten auch die Einsicht des Schriftwechsels, der Beläge und sonstigen Schriftstücke, sowie namentlich auch der Geschäftsbücher erforderlich ist.

Ueber den Verlauf der Revision ist eine von dem Revidirten nicht zu unterzeichnende Verhandlung aufzunehmen, in welcher die gezogenen Erinnerungen unter genauer Bezeichnung der nicht vorschriftsmäßig besteuerten Schriftstücke und Geschäfte zusammenzustellen sind. Darauf ist das Erforderliche wegen Einziehung der fehlenden Stempel oder Nachstempelung und je nach den Umständen wegen Einleitung eines etwaigen Strafverfahrens zu veranlassen.

Am Schlusse des Geschäftsjahres erstattet der revidirende Beamte der Direktivbehörde einen Bericht über seine Thätigkeit während desselben, die dabei gemachten Wahrnehmungen über das Reichsstempelgesetz und dessen Ausführung, etwaige Vorschläge zu Verbesserungen der bestehenden Vorschriften, über entdeckte Umgehungen u. s. w. —. Eine Uebersicht der nach §. 39 Absatz 2 a. a. O. der Revision unterliegenden Anstalten, der Anzahl der bei denselben ausgeführten Revisionen und der dabei gezogenen Erinnerungen, des Betrages der in Folge der letzteren eingezogenen Stempelabgaben und der auf Grund der Erinnerungen gestellten Strafanträge ist beizufügen.

Diese Jahresberichte sowie auf jedesmaliges Ersuchen die Verhandlungen über die abgehaltenen Revisionen und die darauf getroffenen Entscheidungen theilen die Landesregierungen dem Reichskanzler zur Kenntnißnahme mit.

Die Reichsbank und ihre Stellen unterliegen der Revision der Landesbeamten nicht. Die genaue Beachtung des Stempelgesetzes bei denselben wird durch Bankbeamte nach näherer Anordnung des Reichsbankdirektoriums überwacht.

Uebergangsbestimmungen.

17. Für das Etatsjahr 1894/95 sind von den Direktivbehörden zwei Uebersichten des Ertrages der Reichsstempelabgaben, und zwar die eine (A) über die

auf Grund des Gesetzes vom $\frac{\text{1. Juli 1881}}{\text{29. Mai 1885}}$ erhobenen Steuerbeträge nach dem bisherigen Muster (Ziffer 12 der Bestimmungen vom 15. September 1885), die andere (B) über die auf Grund des Gesetzes vom 27. April 1894 erhobenen Steuerbeträge nach dem neuen Muster (oben Ziffer 13) aufzustellen und an das Reichsschatzamt einzusenden.

In der Uebersicht A sind alle aufgekommenen Reichsstempelabgaben, welche noch auf Grund der Bestimmungen des Gesetzes vom $\frac{\text{1. Juli 1881}}{\text{29. Mai 1885}}$ erhoben worden sind, sowie die Registerdefekte und Erstattungen nachzuweisen.

Zur Aufstellung der Uebersichten haben die Steuerstellen für das erste Vierteljahr 1894/95 zwei Heberegister zu führen. Vom 1. Mai 1894 ab kommt das neue Formular (oben Ziffer 1) zur Anwendung.

18. Der Uebersicht A für das erste bis vierte Vierteljahr 1894/95 ist noch eine Nachweisung der Einnahme und Ausgabe von Reichsstempelmarken und Formularen zu Schlußnoten nach dem bisherigen Muster beizufügen.

C. Allgemeine Anweisung
betreffend
einige bei Anwendung des Reichsstempelgesetzes zu befolgende Grundsätze.

Cirk.-Verf. des Pr. F.M. v. 26 September 1885 III 12272 an die P.St.Direktoren: In Folge eines Beschlusses des Bundesraths vom 25. d. M. veranlasse ich Ew. 2c., bei Anwendung des durch das Gesetz vom 29. Mai d. J.[1]) abgeänderten Reichsstempelgesetzes (Reichs-Gesetzblatt S. 171 bis 179) nach Maßgabe der folgenden Grundsätze zu verfahren und die bei der Ausführung des Gesetzes betheiligten Ihnen unterstellten Aemter und Beamten entsprechend anzuweisen.

1. (Tarifnummer 1 bis 3.)

Genußscheine und ähnliche zum Bezug eines Antheils an dem zur Vertheilung gelangenden Reingewinn einer Aktienunternehmung berechtigende Werthpapiere sind, wenn dieselben dem Eigenthümer oder Inhaber auch einen verhältnißmäßigen Antheil an dem Vermögen der Gesellschaft gewähren, wie Aktien, bezw. Aktienantheilscheine zu besteuern, wenn dies nicht der Fall ist, als Schuldverschreibungen.

Als Kapitalwerth der letzteren ist zutreffendenfalls der 25fache Betrag der durchschnittlichen Jahresrente, event. der Kurswerth und, falls ein solcher nicht besteht der Schätzungswerth anzusehen.[2])

1. Diese Anweisung hat auch für das jetzt geltende Gesetz vom 27. April 1894 ihre Giltigkeit behalten.
2. Vgl. jetzt Anmerkung zu Tarif-Nr. 1 und 2 Abs. 2, und die Anmerkungen dazu.

2. (Tarifnummer 4.)

Tauschgeschäfte unterliegen der Abgabe als ein Anschaffungsgeschäft. Ist der Werth der beiderseitigen Leistungen ein verschiedener, so ist die Abgabe nach dem höheren dieser Werth zu berechnen.[3])

3. Vgl. § 13 Abs. 1 d. G. und die Anmerkungen dazu.

3. (Tarifnummer 4.)

Lombardgeschäfte[4]) sind auch dann nicht als Anschaffungsgeschäfte über die Pfandstücke anzusehen, wenn dem Darlehnsgeber ausdrücklich das Recht eingeräumt ist, die letzteren zum Zwecke seiner Befriedigung im Falle der Nichterfüllung der Verpflichtungen des Darlehnsnehmers zu veräußern.

Uneigentliche Lombardgeschäfte,[4]) desgleichen uneigentliche Leih-,[5]) Mieth- und Depotgeschäfte,[6]) bei denen der Empfänger befugt ist, an Stelle der empfangenen Gegenstände andere Gegenstände gleicher Art zurückzugeben, unterliegen der Abgabe, und zwar als ein Anschaffungsgeschäft.

4. Vgl. Abschn. III Anm. 167 bis 169, 174, 175, 177.
5. Vgl. § 13 Abs. 2 d. G.
6. Vgl. Abschn. III Anm. 176, 177 und Neumann S. 5.

4. (Tarifnummer 4.)

Wenn bei Anschaffungsgeschäften, welche ein Beauftragter im Namen des Auftraggebers abschließt, der erstere an dem Risiko des Geschäfts theilnimmt, so enthält die zwischen Auftraggeber und Beauftragten stattfindende Abwickelung kein Anschaffungsgeschäft.[7])

7. Vgl. auch Abschn. III Anm. 39.

5. (Tarifnummer 4.)

Die Erfüllung abgeschlossener Geschäfte im Wege der Skontirung[8]) enthält kein Anschaffungsgeschäft.

8. Vgl. Komm.-Ber. 1885 Drucks. Nr. 286 S. 16 über Skontirung.

6. (Tarifnummer 4. A.)

A. Die Uebernahme von Werthpapieren zur Einführung in den Verkehr (Emission) für eigene Rechnung des Uebernehmers bildet ein Anschaffungsgeschäft im Sinne des Tarifs und ist als solches nach Maßgabe des Uebernahmepreises steuerpflichtig.[9])

Wird die Einführung der Papiere von einem Kommissionär (Handelsgesetzbuch Art. 360) mit dem Auftrage übernommen, dieselben in eigenem Namen, aber für Rechnung des Auftraggebers auszugeben, so findet der §. 7 [jetzt § 8] Absatz 3 des Gesetzes Anwendung.

Wird die Einführung der Papiere mit dem Auftrag übernommen, dieselben im Namen des Auftraggebers auszugeben, so daß gegen den letzteren unmittelbar der Anspruch auf Lieferung der Papiere für die Zeichner oder sonstigen Nehmer derselben begründet wird, so ist der Uebernehmer nur Vermittler im Sinne des Gesetzes.

B. **Findet zum Zweck der Emission von Werthpapieren die Auflegung derselben zur Zeichnung[10]) statt, so bestimmt sich die Steuer nicht nach der Höhe der gezeichneten, sondern der zugetheilten Stücke. Der Betrag der Steuer berechnet sich nach dem Emissionspreis. Es begründet hierbei keinen Unterschied, ob nach den Emissionsbedingungen der Emissionspreis auf einmal einzuzahlen ist oder nicht. Der Tag, an welchem die Zutheilung erfolgt, gilt als der Tag des Geschäftsabschlusses.**

C.[11]) Auch die bei Errichtung einer Aktien-Gesellschaft oder Kommanditgesellschaft auf Aktien erfolgende Zutheilung der Aktien auf Grund vorhergehender Zeichnung (Handelsgesetzbuch Art. 175c und 209e) sowie die bei Errichtung einer Aktiengesellschaft stattfindenden Uebernahme von Aktien durch die Gründer (Handelsgesetzbuch Art. 209 Abs. 1, 209b Abs. 2, 209d) ist als Anschaffungsgeschäft im Sinne des Tarifs zu behandeln.

D. **Die Leistung von Einzahlungen auf Werthpapiere sowie die daraufhin erfolgende Aushändigung von Interimsscheinen oder definitiven Stücken, desgleichen der Umtausch der Interimsscheine gegen die definitiven Stücke sind keine Anschaffungsgeschäfte. Dasselbe gilt für die Einlösung ausgelooster oder gekündigter Stücke durch die zur Einlösung bestimmten Stellen, sowie für den Umtausch älterer Schuldverschreibungen gegen neue, sofern das durch die ersteren** beurkundete Rechtsverhältniß unverändert bleibt. (Vergl. Nr. 6 [jetzt Nr. 11] Abs. 1 der Ausführungsvorschriften rc. zum Reichsstempelgesetze.)[12])

9. Vgl. Tarif-Nr. 4a 2 Abs. 2 und Abschn. III Anm. 178 und 189 bis 191, auch Neumann S. 7.

10. Vgl. § 4 d. G.

11. Vgl. jetzt Tarif-Nr. 4a 2 Abs. 2.

12. Vgl. Abschn. III Anm. 186, 187 und 26 bis 29.

7. (Tarifnummer 4. A.)

Anschaffungsgeschäfte über Zinskoupons und Dividendenscheine sind der Reichsstempelabgabe nicht unterworfen.

8. (Tarifnummer 4. A und §. 7 [jetzt §. 8] Abs. 2.)

A.[13]) Das „Hineingeben von Effekten" (Report, Deportgeschäfte) enthält zwei abgabepflichtige Anschaffungsgeschäfte.

B.[14]) Die Prolongation (Hinausschiebung der Erfüllung) des Geschäfts zwischen denselben Kontrahenten ist abgabefrei, wenn sie glatt[14a]) (ohne Report, Deport oder sonstiges Entgelt) und ohne sonstige Aenderungen der Vertragsbestimmungen geschieht.

Dagegen unterliegt die Prolongation zwischen denselben Kontrahenten einer und zwar nur einfach zu berechnenden Abgabe in dem Falle, wenn sie unter Ausbedingung eines Entgelts (Reports, Deports rc.) oder unter sonstiger Aenderung der Vertragsbestimmungen erfolgt.

13. Vgl. § 12 Abs. 3 d. G. und die Anmerkungen daselbst.

14. Vgl. § 8 Abs. 2 d. G. und die Anmerkungen daselbst.

14a. glatt d. h. auch ohne die laufenden Zinsen. R.G.E. v. 14. Jan. 97 in Sachen der Berliner Handelsgesellschaft wider den Fiskus. Vgl. Abschn. III Anm. 36a.

9. (Tarifnummer 4, Berechnung der Abgabe.)

Vermittlergebühren (Provisionen, Courtagen) bleiben bei der Berechnung der Abgabe außer Betracht.

Bei Stellagegeschäften[15]) ist das Stellgeld bei der Berechnung der Abgabe als Theil des Kaufpreises mit in Ansatz zu bringen.

15. Vgl. Abschn. III Anm. 204, 205.

10. (§. 7 [jetzt §. 8] Absatz 3.)

Besteht zwischen mehreren Firmen eine Meta-Geschäftsverbindung,[16]) so sind die Abrechnungen zwischen den Metisten über die von einem derselben auf eigenen Namen, aber für gemeinschaftliche Rechnung der Metisten abgeschlossenen Geschäfte nicht als Abwickelungsgeschäfte zwischen Kommissionär und Kommittenten im Sinne des §. 7 [jetzt §. 8] Absatz 3 des Gesetzes zu betrachten.

16. Vgl. Abschn. III Anm. 40 und 191.

11. (§. 7 [jetzt §. 8] Absatz 4.)

A. Bei Geschäften, welche vorbehaltlich der Aufgabe geschlossen werden, ist die Aufgabe innerhalb der im §. 7 [jetzt §. 8] Absatz 4 des Gesetzes bestimmten Frist auch dann steuerfrei, wenn sie zu einem anderen Kurse als dem in dem angenommenen Auftrage bestimmten erfolgt und der Auftragnehmer die Differenz erstattet. Die Abgabe ist nach dem zwischen dem Auftraggeber und Auftragnehmer vereinbarten Preise zu berechnen.[17])

Wird die Aufgabe zurückgewiesen, so bleibt auch eine anderweite Aufgabe steuerfrei, wenn sie innerhalb der vorbezeichneten Frist bewirkt wird.

B. Wenn zwei Auftragnehmer, von denen jeder seinen Auftrag vorbehaltlich der Aufgabe angenommen und damit ein abgabepflichtiges Geschäft mit seinem Auftraggeber abgeschlossen hat, zur Herbeiführung des Abschlusses des definitiven Geschäfts zwischen den beiderseitigen Auftraggebern lediglich als Vermittler thätig sind, so entsteht zwischen ihnen ein Anschaffungsgeschäft nicht; auch ist das Geschäft zwischen den beiden Auftraggebern steuerfrei, wenn die beiderseitige Aufgabe innerhalb der im §. 7 (jetzt §. 8) Absatz 4 des Gesetzes bestimmten Frist erfolgt.

17. Vgl. § 8 Abs. 4 und die Anmerkungen dazu, insbesondere Abschn. III Anm. 42.

12. (§§. 8 und 12 Absatz 2.)

Die Bestimmung des §. 8 des Gesetzes [18]) steht der Ausstellung einer besonderen Schlußnote mit dem Zusatze „in Kommission" über jedes Geschäft, für dessen weitere Abwickelung nach Maßgabe des §. 12 Absatz 2 des Gesetzes Steuerfreiheit in Anspruch genommen werden darf, nicht entgegen; zu einer solchen Schlußnote ist der dem Werthe des Gegenstandes des betreffenden Geschäfts entsprechende Stempel zu verwenden.

18. Vgl. Tarifnummer 4 Befreiungen Nr. 1 Abs. 2, Abschn. II Anm. 12 litt. c. und Abschn. III Anm. 207.

II. Abschnitt,

enthaltend Auszüge aus den Materialien zu den Reichsgesetzen vom 1. Juli 1881, 29. Mai 1885 und 27. April 1894 (Motiven, Berichten der bezüglichen Kommissionen des Reichstages und den Reichstagsverhandlungen.)*)

---

1. Zu §. 1 des Gesetzes.

Die Kommission war darin einverstanden, daß das Geschäft durch seinen Abschluß steuerpflichtig werde, nicht etwa noch der Realisirung oder Erfüllung in irgend einer Art bedürfe. In dem v. Wedell'schen Antrage bestehe darüber kein Zweifel. — — — Demgemäß wurde die Aufnahme des §. 1 und die entsprechende Fassung des Tarifs aus dem v. Wedell'schen Antrage nach den Beschlüssen der Subkommission übernommen

---

*) Den in diesem Abschnitt mitgetheilten Auszügen ist je nachdem sie aus den Materialien zum Gesetz vom 1. Juli 1881 oder 29. Mai 1885 oder 27. April 1894 entnommen sind, überall die Jahreszahl 1881 bezw. 1885 bezw. 1894 beigefügt.

und damit der **Abschluß des Geschäftes** als das steuerpflichtige Objekt festgestellt. K.Ber. 1885. (Drucks. Nr. 286 S. 11.)

2. Zu §. 2 des Gesetzes.

Bei stempelpflichtigen Dokumenten, welche vorwiegend zur Verbreitung unter dem Publikum bestimmt sind, wird der jeweilige Inhaber für die unterlassene Erfüllung der Steuerpflicht nur verantwortlich gemacht werden können, wenn jene Dokumente, bezüglich deren der Stempelpflicht genügt ist, auch thatsächlich mit einem Stempelzeichen versehen werden. Es ist daher eine auch nur ausnahmsweise Umgangnahme von der Verwendung von Stempelzeichen zu Werthpapieren in dem Gesetzentwurf nicht vorgesehen. Mot. 1881. (Drucks. Nr. 59 S. 27.)

3. Zu §. 3 des Gesetzes.

a) Die Strafandrohung gegen diejenigen, welche auf unversteuerte stempelpflichtige Werthpapier Zahlung leisten, bezieht sich nur auf **Zahlungen, welche auf das betreffende Werthpapier selbst geleistet werden,** nicht auch auf den Fall der Einlösung der demselben beigefügten Kupons.

Es ist nicht überflüssig, die Betheiligten durch die Strafandrohung im zweiten Absatze des § 3 auf die Unzulässigkeit der dort bezeichneten Manipulationen besonders aufmerksam zu machen, auch wenn die Strafbarkeit schon aus dem ersten Absatze des Paragraphen folgt.

Daß durch die **Hingabe fremder Effekten** zur

bloßen Verwahrung,*) oder die Zurücknahme aus solcher die Stempelpflichtigkeit nicht begründet wird, bedarf kaum der Erwähnung. Mot. 1881. (Drucks. 59 S. 27.)

b) Im §. 3 glaubte die Kommission, den zweiten Absatz der Regierungsvorlage sowie im dritten Absatz die Worte „oder an dem unrichtigen Vermerk des Tages der Ausstellung“ streichen zu sollen, da im Tarif nach dem Kommissionsvorschlage die Ausgabe des Papiers anstatt der Ausstellung desselben für die Stempelpflichtigkeit maßgebend sein soll. Im Uebrigen wurde zwar bei diesem Paragraphen der allgemeine Ausdruck „oder in anderer Eigenschaft“ im dritten Absatze bemängelt; nachdem jedoch auf die verschiedenartige Thätigkeit der Bankhäuser bei den Emissionen, welche eine genauere Präzisirung des Ausdrucks unthunlich erscheinen lasse, hingewiesen und konstatirt worden, daß sich der Ausdruck auf Bedienstete, welche nur die Aufträge ihrer Vorgesetzten ausführen, nicht beziehen könne, wurde der erhobene Widerspruch zurückgezogen. Die Anfrage eines Mitgliedes, ob die Aufgabe eines Werthpapiers zur Post, welches ins Ausland gehe, als eine Ausgabe oder Aushändigung im Sinne des Gesetzes zu betrachten sei, wurde seitens der Vertreter der Regierung

*) Ueber die Verpflichtung eines Kaufmanns bei Hingabe von Werthpapieren an einen Dritten zum Zweck der Verwahrung vgl. § 8 des Bank-Depotgesetzes v. 5. Juli 1896 und über die Pflichten des Verwahrers § 1 a. a. O.

mit dem Bemerken verneint, daß, wenn die Aufgabe an einen ausländischen Käufer durch die Post und nicht z. B. an einen Bevollmächtigten oder Agenten des Empfängers im Inlande erfolgt, die Stempelung nicht erforderlich sei. Darnach wurde der §. 3 genehmigt. K.Ber. 1881. (Drucks. Nr. 162 S. 8.)

c) Wegen der Anschaffung ausländischer Werthpapiere im Ausland und deren spätere Einbringung in das Inland s. Mot. pp. zu Anm. zu Tarif Nr. 1 und 2 (Nr. 31 dieses Abschn.) und wegen des Ausdrucks „ausgeben" s. Mot. zu Nr. 1b, 2b des Tarifs (Nr. 28 dieses Abschn.)

4. Zu §. 4 des Gesetzes.

a) Diese Bestimmung bezweckt, den Behörden die Kontrole der vollständigen Erfüllung der Stempelpflicht, namentlich auch in Bezug auf die successiven Einzahlungen bei Interimsscheinen, zu erleichtern. Dieselbe ist auf inländische Werthpapiere beschränkt, da bei ausländischen nach der Natur der Sache eine Kontrole auf dem bezeichneten Wege doch nur in sehr ungenügendem Maße erzielt werden könnte. Mot. 1881. (Drucks. Nr. 59 S. 27.)

b) Der §. 4 Absatz 2 des Gesetzes schreibt in seiner bisherigen Fassung vor, daß, wer stempelpflichtige inländische Werthpapiere, welche von einem früheren als dem Zeitpunkte des Inkrafttretens des Gesetzes, — also dem 1. Oktober 1881 — datirt sind, nach diesem Zeitpunkte ausgiebt, jedes Stück mit einem Vermerk zu versehen hat, aus welchem ersichtlich ist, daß die

Ausgabe nach dem Inkrafttreten des Gesetzes erfolgt ist. Gegen die Beibehaltung dieser Vorschrift besteht das formelle Bedenken, daß die darin enthaltene Zeitbestimmung — Tag des Inkrafttretens des Gesetzes — hier den 1. Oktober 1881, an anderen Stellen des neu zu redigirenden Gesetzes — den 1. April 1894 bedeuten würde. Die Vorschrift, die schon für das frühere Gesetz entbehrlich war, wird es jetzt in noch höherem Maße, da die vor dem 1. April 1894 (nach dem 1. Oktober 1881) ausgegebenen Papiere durch den gesetzlichen Stempel gekennzeichnet werden. Nicht ausgegebene Papiere, die von einem früheren Zeitpunkt als dem 1. Oktober 1881 datirt sind, dürften kaum mehr vorhanden sein. Sollten wirklich noch derartige Papiere unter Täuschung der Steuerbehörde nach dem 1. April 1894 ausgegeben werden, so würde diese Zuwiderhandlung schon nach §. 3 des Gesetzes strafbar sein. Mot. 1894. (Druckf. Nr. 52 S. 14) und K.Ber. 1881 (Druckf. Nr. 162 S. 89.)

5. Zu §. 5 des Gesetzes.

a) Die Vorschrift in Absatz 2, wonach von den auf die betreffenden Effekten selbst gesetzten Uebertragungsvermerken (Indossamenten, Cessionen rc.) von den einzelnen Bundesstaaten keine Stempelabgabe erhoben werden darf, bezieht sich nicht auch auf solche Vermerke, wodurch derlei Effekten außer oder wieder in Kurs gesetzt werden (Vinkulirungen, Devinkulirungen). Mot. 1881. (Druckf. Nr. 59 S. 27.)

b) Nach §. 5 Absatz 1 sollen die der Reichsstempelsteuer unterworfenen Werthpapiere in den einzelnen

Bundesstaaten keiner weiteren Stempelabgabe unterliegen. Die Fassung „in den einzelnen Bundesstaaten" (statt: von denselben) wurde aufrecht erhalten, nachdem darauf hingewiesen, daß nicht blos Abgaben, welche von Bundesstaaten, sondern auch solche, welche von anderen in einzelnen Bundesstaaten dazu Berechtigten erhoben würden, zur Frage ständen. Im Uebrigen wurde von einem Mitgliede darauf aufmerksam gemacht, daß der Absatz 1 des §. 5 nur eine nochmalige Stempelabgabe für die Werthpapiere selbst ausschließe; in Bayern z. B. bestehe eine Steuer für das Statut der Aktiengesellschaften; bleibe die Fassung der Vorlage bei Bestand, so trete eine Doppelbesteuerung ein, einmal eine Besteuerung des Statuts seitens des Bundesstaats, und zweitens eine Besteuerung der Aktien seitens des Reiches. Es wurde daher der Antrag gestellt, im ersten Absatz des §. 5 hinter „Werthpapiere" die Worte einzuschalten:

„sowie die Gesellschaftsverträge über Begründung von Aktiengesellschaften, deren Aktien oder Aktienantheile der Reichsstempelsteuer unterworfen sind".

Zur Begründung dieses Antrages wurde noch hervorgehoben, daß der ganze Absatz 1 hinfällig werde, wenn man den Einzelstaaten gestatte, in anderer Form noch andere Steuern neben der Reichssteuer auf Aktien zu legen. Dem gegenüber wurde geltend gemacht, daß das Eingreifen in die landesgesetzliche Besteuerung nicht über das nothwendige Maß auszudehnen sei; die Steuer auf das Statut sei eine besondere Gebühr für die Bildung der Gesellschaften und die dabei sich vollziehende Mutation von Vermögenswerthen, welche mit dem Emissionsstempel auf Aktien nichts zu thun habe. K.Ber. 1881. (Drucks. Nr. 162 S. 9.)

6. Zu §. 6 des Gesetzes.

a) In der Kommission wurde bemängelt, daß die in den Nrn. 1, 2 und 3 des Tarifs aufgenommenen Bestimmungen, durch welche alle vor dem 1. Juli 1881 ausgegebenen inländischen Werthpapiere und die vor diesem Zeitpunkt auf dieselben geleisteten Einzahlungen von der in Vorschlag gebrachten Erhöhung der Steuer befreit bleiben sollten und alle vor dem Inkrafttreten dieses Gesetzes mit dem Reichsstempel versehenen ausländischen Werthpapiere und die vor diesem Zeitpunkt auf solche Papiere geleisteten Zahlungen nach dem Gesetz vom 1. Juli 1881 zu beurtheilen seien, die Uebersichtlichkeit erschwerten und das diesen Bestimmungen zu Grunde liegende Prinzip schwer erkennen ließen. Es genüge, durch eine allgemeine Bestimmung in dem Gesetz selbst zum Ausdruck zu bringen, daß alle vor dem Inkrafttreten dieses Gesetzes ausgegebenen bezw. soweit ausländische Papiere in Frage kämen, mit dem Reichsstempel versehenen Werthpapiere und die vor diesem Zeitpunkt auf solche Papiere geleisteten Zahlungen nach dem Gesetze vom 1. Juli 1881 zu beurtheilen sein.

Ebenso könne die Absicht des Gesetzes, die Ausstellung von Werthpapieren dann steuerfrei zu lassen, wenn dieselbe lediglich zum Umtausch erfolgt sei, vorausgesetzt, daß die zum Umtausch gelangenden Stücke oder die Interimsscheine nach Maßgabe der zur Zeit der geleisteten Zahlungen geltenden gesetzlichen Bestimmungen ordnungsmäßig versteuert seien, in einfacherer Weise, als dieses in der Vorlage geschehen sei, zum Ausdruck gebracht werden und empfehle es sich auch diese Bestimmung nicht in dem Tarif, wo dieselbe drei Mal wiederholt werden müßte, sondern in einem neuen Paragraphen des Gesetzes zu treffen. K.Ber. 1894. (Drucks. Nr. 266 S. 3.)

b) Während nach dem geltenden Stempelgesetz Renten- und Schuldverschreibungen, welche nur zum Zweck des Umtausches — also ohne Veränderung des durch die zurückzuziehenden Stücke beurkundeten Rechtsverhältnisses — ausgegeben werden, steuerfrei bleiben können, ist eine gleiche Bestimmung für die Aktien bisher nicht getroffen. Eine solche liegt jedoch in der Billigkeit und Inhalts mehrerer, beim Bundesrath verhandelter Fälle, in welchen den Gesuchen um Steuerbefreiung nach Lage des Gesetzes keine Folge gegeben werden konnte, auch im Bedürfniß. Mot. 1894. (Drucks. Nr. 52 S. 13.)

c. In den Reichstagsverhandlungen wurde über die Auslegung des Abs. 2 des §. 6 — Sten.-Ber. 1894 S. 2283 — Folgendes erörtert:

Abg. Dr. B.: Es heißt in dem Absatz:

Werthpapiere, welche lediglich zum Zwecke des Umtausches u. s. w.

Es ist nun die Frage, ob unter diese Steuerfreiheit auf Grund dieses Passus ein Umtausch bisher steuerfreier Aktien auch dann fällt, wenn die Appoints nicht dieselben sind, wie sie bisher waren. Es liegt mir z. B. der Fall vor, daß die Aktien des Schaffhausenschen Bankvereins zu Cöln von 1892 umgetauscht werden können, 20 Stück zu 450 Mark gegen 9 Stück zu 1000 Mark, also insgesammt zu demselben Nominalbetrag wie bisher, nur mit anderen Appoints. Die Frage ist nun: ist ein derartiger Umtausch auf Grund dieses Absatzes 2 des §. 5a [jetzt §. 6 d. G.] steuerfrei oder nicht? Ich würde für eine entsprechende Beantwortung dankbar sein.

Bevollmächtigter zum Bundesrath, Dr. Graf von Posadowsky-Wehner: M. H., die jetzige Fassung des Gesetzes ist nur eine Erweiterung des bisherigen Tarifs. Nach dem bisherigen Tarif waren bekanntlich alle inländischen Renten und Schuldverschreibungen, welche nur zu dem Zweck des Umtausches ausgestellt werden, sofern den Kontrollvorschriften des Bundesraths genügt wurde, von der Umsatzsteuer befreit; jetzt ist diese Bestimmung auf alle Effekten ausgedehnt. Die bisherige Ausführung dieser Vorschrift war indessen die, daß es stets Stücke in denselben Appoints sein mußten, und diese Auffassung wird auch bei der jetzigen Redaktion des Gesetzes aufrecht erhalten werden, und zwar aus dem sehr nahe liegenden Grunde, weil die verschiedenen Appoints unter Umständen ganz verschiedenen Kurs haben und deshalb bei dem Umsatz in der That verschieden bewerthet werden. Aus diesem Grunde haben bisher die verbündeten Regierungen es für gerechtfertigt gehalten, in den Fällen, wo die Appoints des Umtausches nicht mit den getauschten Stücken übereinstimmen, von neuem die Umsatzsteuer zu erheben.

7. Zu § 7 des Gesetzes.

a) Eine Gattung von Geschäften bietet besondere Schwierigkeiten in der Weise, daß es bei ihr schwer erkennbar ist, ob der Abschluß des Geschäfts im Inlande oder im Auslande stattgefunden.

Es sind das Geschäfte zwischen Abwesenden, von denen der eine im Inlande, der andere im Auslande wohnt. Wenn ein Geschäft zwischen Abwesenden regelmäßig an dem Orte als abgeschlossen gilt, wo die Annahmeerklärung erfolgt ist, so ist zu berücksichtigen, daß bei Geschäften durch Korrespondenz sich Angebot und Annahme keineswegs immer in einfachen Formen vollziehen, häufig selbst für richterliche Entscheidungen der Ort des Abschlusses eines Geschäfts schwer erkennbar ist. Der steuerpflichtige Kontrahent muß aber für seine Steuerpflicht ein einfaches Kriterium haben und es ist besser, eine Anzahl von Geschäften von der Steuer auszunehmen, als den Steuerpflichtigen fortgesetzten Zweifeln auszusetzen. Um diesen Erwägungen zu entsprechen, sollen alle Geschäfte, welche zwischen einem Orte des Inlandes und einem Orte des Auslandes durch Korrespondenz, sei es brieflich, sei es durch Telegramme oder

Boten, abgeschlossen werden, hinsichtlich der Besteuerung als im Auslande abgeschlossen angesehen werden.

b) Da die steuerpflichtigen Geschäfte zum weitaus überwiegenden Theile unter Kaufleuten (Art. 4, Art. 271 und 272 des Handelsgesetzbuches) abgeschlossen werden, erschien es zweckmäßig, in dem Gesetze die allgemeine Bestimmung des Handelsgesetzbuches ausdrücklich aufzunehmen, daß bei Kaufleuten für die Frage, ob sie als im Inlande oder im Auslande wohnhaft anzusehen sind, in erster Linie der Sitz ihrer Handelsniederlassung maßgebend sei. Wenn durch diese Bestimmung auch nicht jeder Zweifel gelöst wird, so bleibt doch für das in diesen Paragraphen gesetzte Merkmal nur die geringe Zahl von zweifelhaften Fällen übrig, wo die thatsächlichen Verhältnisse die Bestimmung des Wohnortes schwierig machen. Daß, wenn eine Person einen Wohnsitz im Inlande und im Auslande habe, dieselbe als im Inlande wohnhaft zu betrachten sei, wurde als selbstverständlich angesehen, ebenso wie wenn der Inhaber einer inländischen und ausländischen Handelsniederlassung Geschäfte abschließe, bei welchen er sich ausdrücklich als Inhaber beider Firmen bezeichne.

Die vorstehenden Erwägungen bestimmten die Kommission zur Annahme dieses Paragraphen mit großer Mehrheit, nachdem eine eingehende Diskussion die verschiedenen Gesichtspunkte erörtert, und in zweiter Lesung zur Aufnahme der Bestimmung:

„Bei kaufmännischen Firmen entscheidet für die

Frage des Wohnorts der Sitz der Handelsniederlassung, welche das Geschäft abgeschlossen hat,“ geführt hatte.

Die Erwähnung der Handelsniederlassung erscheine — wie noch besonders hervorgehoben wurde — nothwendig um jeden Zweifel darüber auszuschließen, daß auch bei der Steuerpflicht nicht der Wohnort entscheidend sei bei Firmen, welche eine Handelsniederlassung besitzen, sondern der Sitz der letzteren. Um den Fall, wo mehrere Handelsniederlassungen derselben Firma bestehen, deutlicher zu machen. wurde der Zusatz beschlossen, „welche das Geschäft abgeschlossen hat“. K.Ber. 1885 (Drucks. Nr. 286 S. 28.)

8. Zu §. 8 des Gesetzes.

a) Im ersten Absatze wird die Frage entschieden, wann der Geschäftsabschluß als erfolgt anzusehen ist in dem Falle, wo dem Geschäfte Nebenbestimmungen beigefügt werden, welche die Erfüllung überhaupt oder den Umfang der Erfüllung zweifelhaft machen. Zu den ersteren gehören alle unter einer Bedingung abgeschlossenen Geschäfte, mag es sich um eine Suspensiv- oder Resolutiv-, um eine Potestativ- oder eigentliche Bedingung handeln; zu den letzteren alle alternativen Verpflichtungen und sogenannte Nochgeschäfte, bei denen ein Mehr oder Weniger der bedungenen Lieferung in das freie Ermessen des einen Kontrahenten gestellt werde. Alle diese Geschäftsabschlüsse sollen als steuerpflichtig gelten.

Daß für alle im Börsengeschäfte üblichen Geschäfte der obigen Art, wie Prämiengeschäfte, Stellage oder aus beiden kombinirte Geschäfte, ebenso für Nochgeschäfte, die Steuer nach dem Werthe zu berechnen sei, welcher der höchste sei, der sich bei der Erfüllung ergeben könne, folge aus der Steuerpficht des Geschäftsabschlusses.

Die Kommission trat diesen Ausführungen bei, und nahm gegen den Widerspruch eines Mitgliedes den Absatz 1, der als Antrag in zweiter Lesung eingebracht war, mit großer Mehrheit an.

b) Der Absatz 2 trifft Bestimmung über die Steuerpflicht der Verabredungen, durch welche die Erfüllung eines abgabepflichtigen Geschäfts verschoben wird. Die vorgeschlagene Bestimmung will die einfache Fristverlängerung für die Ausführung einer Leistung nicht besteuern, da hier ein neues Geschäft nicht geschlossen werde, wie das ja civilrechtlich feststehe. Dagegen sollen alle Prolongationen der Steuer unterworfen sein, welche sich dadurch als neue Anschaffungsgeschäfte darstellen, daß die Bestimmungen des Vertrags verändert oder für die Befristung ein Entgelt entrichtet werde.

Die Kommission war mit diesem Gedanken einverstanden, und trat auch der Auffassung bei, daß diese häufig vorkommenden Fälle im Gesetze ausdrücklich zu erwähnen seien. K.Ber. 1885. (Drucks. Nr. 286 S. 29.)

Es ist in der Kommission die Ansicht gewesen, daß das Entgelt ganz allgemein zu verstehen sei, sowohl als Entgelt für den Prolongationsakt, als auch wenn das Entgelt in veränderter, erhöhter Verzinsung seinen Grund hat. Man kann aber zweifelhaft sein, ob dieses zweite Geschäft, wenn es veränderte Bedingungen auch nur in Bezug auf den Satz der Zinsen enthält, an und für sich nicht als ein neues Geschäft aufzufassen sein wird. Das war wenigstens die Ansicht der Kommission, daß ein solches Geschäft schon aus dem Umstande, weil es veränderte Bedingungen sind, als neues Geschäft aufgefaßt werden müßte. Reichstagsvhdlg. 1885. Sten.-Ber. S. 2563.

c) Der Absatz 3 ist bestimmt, die Frage zu entscheiden, ob die Abwickelung des von einem Kommissionär mit einem Dritten abgeschlossenen Geschäfts zwischen ihm und seinem Kommittenten ein steuerpflichtiges Geschäft darstellt oder nicht. Artikel 376 Absatz 3 des Handelsgesetzbuches*) bestimmt:

> „Macht der Kommissionär nicht zugleich mit der Anzeige über die Ausführung des Auftrages eine andere Person als Käufer oder Verkäufer namhaft, so ist der Kommittent befugt, den Kommissionär selbst als Käufer oder Verkäufer in Anspruch zu nehmen.“

---

*) Der art. 376 des H.G.B. ist durch die §§ 71 bis 74 des Börsenges. v. 22. Juni 1896 ersetzt. Der § 71 l. c. beschränkt das Selbsteintrittsrecht des Kommissionärs auf solche Werthpapiere, bei denen ein Börsen- oder Marktpreis amtlich festgestellt wird.

Macht der Kommittent von dieser Befugniß Gebrauch, so liegt unzweifelhaft ein Anschaffungsgeschäft zwischen ihm und dem Kommissionär vor, andernfalls aber nicht, da dann der Kommissionär nach Art. 361 lediglich verpflichtet ist, dem Kommittenten über das mit dem Dritten abgeschlossene Geschäft Rechenschaft zu geben und ihm dasjenige zu leisten, was er aus dem Geschäft zu fordern hat. Die Steuerpflicht ist hiernach von dem Entschluß des Kommittenten abhängig und ins Ungewisse gestellt, woraus sich für die Praxis erhebliche Unzuträglichkeiten ergeben müssen. Thatsächlich liegen die Verhältnisse aber so, daß der Kommissionär regelmäßig und mit verschwindenden Ausnahmen von dem ihm nach Art. 376 Abs. 1 des Handelsgesetzbuchs zustehenden Rechte, die Kommission als Selbstkontrahent auszuführen, Gebrauch macht. Der vorausgesetzte Fall, daß es sich um die Abwickelung eines mit einem Dritten für Rechnung des Kommittenten abgeschlossenen Geschäfts handle, ist deshalb von keiner wesentlichen praktischen Bedeutung. Der Kommissionär steht sowohl dem Dritten als seinem Kommittenten regelmäßig als Kontrahent für eigene Rechnung gegenüber. Es entspricht dieser Sachlage und erscheint — im Interesse der Steuersicherheit — nothwendig, das Geschäft zwischen dem Kommissionär und dem Kommittenten ohne weitere Unterscheidung der Steuerpflicht zu unterwerfen. Für gewisse Ausnahmsfälle ist im §. 11a (jetzt §. 12) Abs. 2 Vorsorge getroffen. K.Ber. 1885. (Drucks. Nr. 286 S. 31.)

d) Aus den Reichstagsverhandlungen 1885 zu §. 8 Abs. 4 — Sten.-Ber. S. 2648. Abg. Dr. G.: In der Eingabe, die in den Händen der Herren sich befindet, von Seiten der Aeltesten der Kaufmannschaft von Berlin und einer Reihe von Handelskammern an den Bundesrath, da finden Sie in Bezug auf die Geschäfte, die „an Aufgabe" geschlossen werden, folgenden Passus:

> Der Kommissionsbericht sagt auf Seite 32, daß diese Auftragannahme seitens des Vermittlers noch nicht den Abschluß des Anschaffungsgeschäfts bildet, letzteres erst durch die Bezeichnung des Gegenkontrahenten, sei es eines Dritten oder des Vermittlers selbst, abgeschlossen werde. Er konstatirt aber in unmittelbarem Abschluß daran eine abweichende Auffassung, nach welcher der Abschluß des Geschäfts bereits in der Uebernahme des Auftrages liege, und die spätere Meldung des an Stelle des Vermittlers tretenden definitiven Gegenkontrahenten einen abgabefreien Akt bilden würde. Letztere Ansicht trägt den Anschauungen des Handelsstandes mehr Rechnung, als die erstere.

M. H., diese Divergenz der Ansichten in der Kommission ist in dem Berichte konstatirt, und wir schlagen Ihnen jetzt vor, dieselbe zu lösen in dem Sinne der Antragsteller durch den gestellten Antrag, wie er ihnen vorliegt. Ich bitte Sie deshalb, denselben anzunehmen.

Abg. B.: M. H., ich erkenne gerne an, daß der Vorschlag, wie er jetzt in dem Paragraphen als Absatz 4 gemacht wird, den Anschauungen des Handelsstandes mehr Rechnung trägt. Aber ich möchte gerne noch einen Zweifel dabei ausgeschlossen wissen. Wenn jetzt gesagt wird: die Annahme eines Auftrags, „vorbehaltlich der Aufgabe, ein Geschäft zum Abschluß zu bringen", ist der steuerpflichtige Akt, und die Steuerpflicht ruht auf ihm und braucht dann bei Ablieferung der Aufgabe nicht noch einmal erfüllt zu werden, vorausgesetzt, daß die Aufgabe innerhalb 24 Stunden oder vielmehr innerhalb des nächsten Werktages abgeliefert wird, — so kann hier der weitere Zweifel entstehen: ist der Vermittler, welcher in der Position dieses Paragraphen sich befindet, nun, während er die Aufgabe sucht, dadurch, daß er mit der Aufgabefirma vereinbart, ich will Dich dem ersten Kontrahenten aufgeben, wieder ein neues Geschäft eingegangen, hat er nunmehr zwei Geschäfte zu versteuern, oder ist, wie ich den jetzigen Antrag verstehe, das Geschäft doch nur als ein einheitliches zu versteuern? Wenn mir das bejaht wird, — und die Gestikulationen des Herrn Antragstellers Dr. G. sprechen dafür, — dann möchte ich daran noch die Frage knüpfen, die ich schon bei der zweiten Lesung aufgeworfen habe. M. H., setzen Sie sich den Fall, ich habe als ein unvereidigter solcher Vermittler**) mich verbindlich gemacht, daß ich jemandem eine Aufgabe als Käufer für ein Geschäft zum

---

**) Vgl. über die Kursmakler jetzt §§ 30 ff. des Börsengeſ. v. 22. Juli 1896 und die vom Minister für Handel und Gewerbe am 4. Dez. 1896 festgesetzte Makler-Ordnung für die Kursmakler an der Berliner Börse.

Kurse von 100 liefern würde. Ich gehe dann und suche einen, der zu 100 kaufen wird, finde aber nur einen, der zu 99 kauft. Der Verlust, der für mich daraus entsteht, die Differenz von 1 Mark, die ich bezahlen muß, ist mir nicht so viel werth, daß ich deshalb das Geschäft nicht zu Stande kommen ließe. Ich mache es also so, daß ich sage, ich verzichte auf einen Theil der Kurtage oder auf die ganze Kurtage oder lasse zu 99 abnehmen, und ich werde die Differenz anderweitig vergüten.

Ich bin immer noch trotz der entgegenstehenden Erklärung, die der Herr Abgeordnete Dr. G. in der zweiten Lesung abgegeben hat, der Ueberzeugung, daß ein solches Geschäft sich immer als ein Vermittelungsgeschäft charakterisirt und nicht in zwei selbstständige Geschäfte sich auflöst. Das möchte ich zur Wahrung der künftigen Interpretation gewahrt wissen.

Abg. Dr. G.: Ich kann, m. H., dem Herrn Abg. B. nur eine Antwort geben in dem Sinne, wie die Antragsteller ihren Antrag aufgefaßt haben, und da muß ich bestätigen, daß wir nicht gemeint haben, daß das Suchen eines Maklers nach einem Manne, der die Aufgabe annimmt, nach einem Gegenkontrahenten, das Ermitteln desselben und das Engagement desselben in irgend einer Weise als ein besonderes, abgabepflichtiges Geschäft angesehen werden könnte. Ich glaube, daß das in der Natur der Sache liegt.

Aber die zweite Frage, die Herr B. an mich gerichtet hat, — da muß ich ihm sagen: Das ist eine rein thatsächliche Frage, da kommt es darauf an, wie der Fall liegt; er kann in seinem Sinne entschieden werden und auch gegen ihn. Es kommt hier strikt auf die Form des Geschäftes an, das abgeschlossen wird. Handelt der A mit B zu 99 und B mit C zu 100, dann ist das nicht dasselbe Geschäft, wohl aber, wenn beide zu 99 handeln und nun zwischen B und C aus irgend einem Motiv noch eine Vergütung eintritt, eine Maklergebühr und dergleichen mehr; es kommt nicht darauf an, welches die Motive des Geschäftsabschlusses sind. So kann die Sache allein festgestellt werden.

Ich wiederhole noch einmal: Es ist eine Frage, die man durch einen Rechtsgrundsatz, den man im Gesetz ausspricht, meiner Ansicht nach in keiner Weise entscheiden kann, sondern es entscheidet sich das lediglich und allein nach den Voraussetzungen des einzelnen thatsächlichen Falles.

9. Zu §. 9 des Gesetzes.

a) Vermittler eines Geschäfts könne sowohl der Kommissionär als der Makler*) sein, hier lasse sich ein Unterschied schwer feststellen, denn der Kommissionär könne ebenso gut ein Geschäft vermitteln, als es im eigenen Namen abschließen, und ebenso trete der Makler in den meisten Fällen als Kontrahent im eigenen Namen**) ein. Bei den Maklerbanken sei das Regel, auch der Einzelmakler und der Pfuschmakler handle meist

*) Vgl. Note ** in Abschn. II Anm. 8 litt. d.
**) Vgl. Note * in Abschn. II Anm. 8 litt. c.

als Selbstkontrahent, alle diese schließen fest ab „an Aufgabe", woraus für sie die feste Verpflichtung entstehe, entweder binnen kurzer Frist einen Gegenkontrahenten zu bezeichnen oder selbst für das Geschäft zu haften. Dagegen wurde für die Bestimmung des Entwurfs angeführt, daß die Frage über die Stellung der Makler zu den Kommissionären hier weder zu normiren sei, noch überhaupt in Betracht komme. Das Gesetz unterstelle ein durch einen Vermittler zu Stande gekommenes Geschäft und dieses sei in jedem Falle durch die Bezeichnung der Person des Kontrahenten leicht zu erkennen Es komme nicht darauf an, wie das Geschäft sich möglicherweise habe gestalten können, sondern wie es sich bei dem Abschlusse wirklich gestaltet habe.

Die Bezeichnung „Vermittler" habe die Subkommission gerade mit Rücksicht darauf gewählt, daß man den Vorgang seiner rechtlichen Natur nach, nicht nach der nebensächlichen persönlichen Qualifikation des Vermittlers habe bezeichnen wollen. Die verschiedenen Börsenplätze hätten Makler, Kommissionäre, Agenten, es kämen Pfuschmakler in Betracht, Maklerbanken, die alle eben so oft ein Geschäft vermittelten, als sie es auf eigene Rechnung machten. Ob bei einem abgeschlossenen konkreten Geschäfte Jemand als Vermittler oder Kontrahent eingetreten sei, das sei nie zweifelhaft, und darum sei der gewählte Ausdruck zutreffend und dem Handelsgesetzbuch entsprechend.

Wenn ein Makler ein Geschäft abschließe „an Aufgabe", so sei dies die Annahme des Auftrages, für ein

Anschaffungsgeschäft den Kontrahenten binnen einer bestimmten kurzen Frist zu bezeichnen oder für das Geschäft zu haften. Diese Auftragannahme bilde noch nicht den Abschluß des Annahmegeschäfts, sondern dieses werde erst mit der vorbehaltenen Erklärung, welche die Bezeichnung des Gegenkontrahenten — sei es eines Dritten oder des Vermittlers selbst — enthalte, und die Annahme dieser Aufgabe abgeschlossen.

Von anderer Seite wurde die Ansicht geltend gemacht, daß, wenn der Makler „an Aufgabe" abgeschlossen, hier ein abgabepflichtiges, weil vollständig abgeschlossenes Anschaffungsgeschäft vorliege, der Makler bezeichne sich damit selbst als Kontrahent und könne sich der Leistung nur durch Bezeichnung eines geeigneten Gegenkontrahenten entziehen. Darüber könne man einverstanden sein, daß die vorbehaltene Bezeichnung des Gegenkontrahenten nicht ein neues Anschaffungsgeschäft enthalte und im Effekte bliebe es sich gleich, welcher Auffassung man sich anschließe, da der Makler jedenfalls innerhalb der Zeit der Steuerverwendung eine definitive Schlußnote, welche ihn oder einen Dritten als Gegenkontrahenten bezeichne, ausstellen müsse.

Daß sich Unzuträglichkeiten aus diesem Verhältnisse entwickelten, sei schon um deswillen nicht zu fürchten, weil der Makler nach den bestehenden Usancen seine definitive Erklärung noch an demselben Tage abzugeben verpflichtet sei.

Noch wurde die Frage einer Erörterung unterzogen, ob im Gesetze darüber Vorsorge zu treffen sei, wenn für jeden Kontrahenten ein Vermittler aufgetreten, das Geschäft also durch zwei Vermittler zu Stande gekommen sei. Man glaubte hiervon absehen zu können und es der Einigung der Vermittler überlassen zu müssen, wer von ihnen oder ob beide die Schlußnote ausstellen, beide hafteten für die Abgabe als Gesammtschuldner und jeder von ihnen sei responsabel und könne sich nicht auf den anderen berufen, die Steuerbehörde habe die Wahl, an welchen der Vermittler sie sich halten wolle. K.Ber. 1885 (Drucks. Nr. 286, S. 32,33.)

b) Bei der zweiten Berathung im Reichstage äußerte sich der Berichterstatter der Kommission wie folgt (Sten.-Ber. Bd. 2 S. 2563): Die Kommission ist davon ausgegangen, daß es zu vermeiden wäre, Ausdrücke zu gebrauchen, wie „Kommissionär", „Makler" und dergleichen, weil gerade diese Herren sich nicht mehr immer, und vielleicht nur in den allerwenigsten Fällen, mit der eigentlichen Vermittelung der Geschäfte abgeben, sondern das Geschäft propre betreiben.

c) Ziffer 4 wurde in zweiter Lesung zuzusetzen beschlossen, da es der Natur der Sache entspräche, den Kommissionär in erster Linie steuerpflichtig zu machen, weil er beim Abwickelungsgeschäft seinem Kommittenten gegenüber allein in der Lage sei, die Schlußnote auszustellen, meist der Abschluß des Abwickelungsgeschäfts mit der Ertheilung der Schlußnote zusammenfalle, indem Annahme und Ausführung des Auftrags zugleich dem Kommittenten angezeigt werde. K.Ber. 1885 (Drucks. Nr. 286 S. 33.)

d) Ziffer 5 stellt die Regel dar, welche außerhalb der besonderen Fälle der Ziffer 1 bis 4 den Veräußerer in die erste Linie rückt.

Wenn die Bestimmung des Antrags der Subkommission gestrichen wurde — „bei Tauschgeschäften aber jeder Kontrahent zum halben Betrage" — so geschah dies aus der Erwägung, daß man für die kaum vorkommenden Fälle des Tauschvertrages eine besondere Vorsorge nicht zu treffen habe, beide Kontrahenten seien unter Gesammthaft abgabepflichtig, jeder habe als Veräußerer für die Ausstellung der Schlußnote Sorge zu tragen und beide seien in der Lage, eine Schlußnote gemeinschaftlich auszustellen.

Es war darüber kein Dissens, daß die Regelung der Abgabepflicht nicht die Frage berühre, wem nach den Vorschriften des materiellen Rechts schließlich die Abgabe zur Last falle. Das Steuergesetz habe überhaupt in die Vorschriften des Civilrechts nicht einzugreifen, hier seien die verschiedenartigen rechtlichen Beziehungen der Kontrahenten unter einander und zu dritten Personen maßgebend, es könne sich um Verpflichtungen aus Kauf, Auftrag, handeln, es könne namentlich vertragsmäßig festgestellt werden, wem die Abgabe schließlich zur Last fallen solle.

Nur insofern wurde eine Ausnahme anerkannt, als in Folge der Verpflichtung, welche dem Vermittler durch das Gesetz auferlegt wird, in erster Linie für die Abgabe zu haften, es angemessen erscheine, dem Vermittler, abgesehen von seinen civilrechtlichen Beziehungen zu den

Kontrahenten, hier gegen beide Kontrahenten nach seiner Wahl einen Ersatzanspruch gesetzlich zuzugestehen. Aus diesem Grunde wurde der Absatz 3 in die Gesetzesvorlage aufgenommen. K.Ber. 1885 (Drucks. Nr. 286 S. 33.)

e) Bei der dritten Berathung im Reichstage erklärte der Berichterstatter der Kommission Folgendes (Sten.-Ber. Bd. 4 S. 2563): Es ist der Zweifel erhoben worden, ob, wenn bei einer Revision sich Schlußnoten vorfinden, welche zwar richtig ausgestellt und richtig besteuert sind, aber nicht von derjenigen Person, welche die zunächst berechtigte ist, sondern von einem der Kontrahenten oder dem Vermittler, also der als Theilnehmer am Geschäfte für die Steuer solidarisch mithaftet, ob in einem solchen Falle eine richtige Besteuerung stattgefunden hat, oder ob die Steuerbehörde sagen könnte: der zunächst Verpflichtete ist derjenige, der besteuern mußte, und da dieser seine Verbindlichkeit nicht erfüllt hat, können wir ihn zur Verantwortung ziehen und nochmalige Besteuerung verlangen.

M. H., es hat in dieser Richtung den gemeinschaftlichen Antragstellern ein Antrag vorgelegen des Inhalts:

> Die im §. 9 Absatz 1, §. 10 und §. 11 Absatz 1 und 2 festgesetzten Verpflichtungen fallen weg, wenn und soweit die Abgabe von einer Person, welche an dem Geschäfte als Vermittler oder Kontrahent betheiligt, indessen zur Entrichtung der Abgabe überhaupt nicht zunächst verpflichtet ist, nach Maßgabe der Bestimmungen im §. 10 Absatz 1 und 2

und innerhalb der daselbst festgesetzten Frist entrichtet worden ist.

Dieser Antrag ist aber nicht gestellt worden, weil wir alle dahin einig und einverstanden waren, daß, wenn einer der Kontrahenten oder Vermittler, die im Geschäft begriffen sind, auch wenn er nicht der Nächstverpflichtete ist, die richtige Ausstellung und die richtige Besteuerung der Schlußnote vorgenommen hat, — daß dann der Zunächstverpfichtete von seiner Verpflichtung liberirt sei.

Sollte dem aus dem Hause nicht widersprochen werden, und auch sonst kein Widerspruch erfolgen, so darf ich wohl im Interesse der Vermeidung einer solchen irrthümlichen Auslegung seitens der Steuerbehörden konstatiren, daß es auch die Ansicht des Hauses ist, es verstehe sich ganz von selbst, daß durch ein solches Verfahren der zunächst Verpflichtete von seiner Stempelpflicht befreit ist."

10. Zu §. 10 des Gesetzes.

In zweiter Lesung wurde — — beantragt, mindestens für den zur Entrichtung der Abgabe zunächst Verpflichteten ausdrücklich ein Verbot der Ausgabe unversteuerter Schlußnoten auszusprechen. Es wurde hierfür geltend gemacht, daß es zu großen Inkonvenienzen führen müsse, wenn man es gestatte, daß neben den Schlußnoten, welche mit dem Stempel zu versehen seien, noch solche ausgestellt würden, die ungestempelt seien und damit den ersteren der Charakter eines Stempelscheines gegeben würde. Für die Kontrole sei eine solche Licenz ganz unzulässig, denn wenn man die Ausgabe doppelter Schlußnoten zulasse, so wäre die Steuerbehörde geradezu in die Unmöglichkeit versetzt, Kontraventionen zu verfolgen und festzustellen, ob neben der ungestempelten noch eine gestempelte Schlußnote vorhanden sei. Für den Verkehr entstehe daraus eine Belästigung nicht, denn es sei nach wie vor gestattet, Notizen über Geschäftsabschlüsse zu machen, zu vergleichen und die Schlußnote in ordnungsmäßiger Weise gestempelt binnen der Frist von drei Tagen abzusenden. Dementsprechend wurde in der Kommission beschlossen, diesem Antrage beizutreten und dem §. 10 als vierten Absatz zuzusetzen:

> „Der zur Entrichtung der Abgabe zunächst Verpflichtete darf unversteuerte Schlußnoten nicht ausstellen und aus der Hand geben."

Zu dem zweiten Absatze wurde noch der Fall erörtert, wie es zu halten, wenn auf der einen Seite ein Kontrahent und auf der anderen eine Mehrzahl von Kontrahenten ständen, und in der Kommission der Ansicht beigetreten, daß, wenn die Mehrzahl der Kontrahenten gemeinschaftlich handelten, mithin pro rata am Geschäfte betheiligt seien, eine Schlußnote ausgestellt werde, wenn aber die Kontrahenten selbstständig zu verschiedenen Quantitäten betheiligt seien, ebensoviel verschiedene Geschäfte vorlägen, für deren jedes eine besondere Schlußnote auszustellen sei. K.Ber. 1885. (Drucks. Nr. 286 S. 34.)

11. Zu §. 11 des Gesetzes.

Diese Vorschrift regelt das Verfahren, wenn der zunächst Verpflichtete die Abgabe ganz oder zum Theil nicht entrichtet hat und die Pflicht zur Ausstellung der gestempelten Schlußnote auf den anderen verpflichteten Gesammtschuldner der Abgabe übergeht.

Der Absatz 3 giebt dem, welcher im obigem Falle die Abgabe entrichtet hat, das Recht, dieselbe zurückzufordern, wenn er nachweist, z. B. durch Vorlage der gestempelten Schlußnote, daß der zuerst Verpflichtete die Abgabe rechtzeitig entrichtet hat. Die Frage, ob dieses Rückforderungsrecht auch im Rechtswege geltend gemacht werden könne, der im §. 22a (jetzt §. 33) allgemein zugelassen ist, oder ob die Verfolgung dieses Anspruches dem Verwaltungswege zu überweisen sei, wurde im letzteren Sinne entschieden, weil es sich in diesen Fällen, wenn sie streitig werden, meist um einen Beweis handle, der mehr nach Gründen billigen Ermessens als nach strengeren richterlichen Erwägungen zu beurtheilen sei. Es wurde hiernach in zweiter Lesung der Antrag angenommen, dem Schlusse zuzusetzen: „Die Entscheidung erfolgt im Verwaltungswege." K.Ber. 1885. (Drucks. Nr. 286 S. 34.) Vgl. auch Abschn. II. Anm. 9 litt. e.

12. Zu §. 12 des Gesetzes.

a) Es werden zwei Fälle behandelt, welche Ausnahmen von den Vorschriften über die Ausstellung der Schlußnoten begründen.

Der Absatz 1 enthält die in dem Antrage des Dr. A. enthaltene Bestimmung, wonach über mehrere Geschäfte eine Schlußnote ausgestellt werden darf, und bietet für die regelmäßige Ausführung von Aufträgen derselben Kunden dem Bankier eine wesentliche Erleichterung.

Daß der vorliegende Fall in seinen Voraussetzungen mit dem Verbot des Zerlegens desselben größeren Geschäfts in eine Mehrzahl von kleineren abgabefreien (§. 8) (jetzt Tarif 4 Befr. 1 Abs. 2) nicht zusammenfällt, bedarf keiner Ausführung. K.Ber. 1885. (Drucks. Nr. 286 S. 35.)

b) In den Reichstagsverhandlungen — Sten.Ber. 1885 S. 2649 — wurde von den Abg. von B. und Gen. der Antrag gestellt: hinter den Worten „insofern letztere" ein zuschalten „demselben Steuersatze unterliegen und".

Diesen Antrag begründet Abg. Dr. G.: M. H., dieser Antrag ist eigentlich wesentlich redaktioneller Natur. In der Sache selbst wird kein Zweifel sein bei den Herren, daß man nicht ein Geschäft über Effekten und ein Geschäft über Weizen in denselben Schlußschein fassen kann. Um das auszuschließen und im Gesetz zu präzisiren, schlage ich mit den übrigen Antragstellern Ihnen vor, den Zusatz zu machen: „Demselben Steuersatze unterliegen". Das heißt, es können nur solche Geschäfte, die entweder dem Steuersatz zu $^1/_{10}$ oder dem zu $^2/_{10}$ pro Mille unterliegen, jedesmal in einem gemeinschaftlichen Schlußschein zusammengefaßt werden.

c) Der zweite Absatz beabsichtigt eine Vorschrift zu geben, welche dem Bankier die Möglichkeit gewährt, das Abwickelungsgeschäft mit seinem Kunden, der ihm eine an einem dritten Platze auszuführende Kommission gegeben, ohne weitere Steuerentrichtung zu vollziehen.

Hierzu heißt es in den Motiven 1894, Drucks. Nr. 52 S. 15: Eine Rücksichtnahme auf die geschäftliche Stellung der Provinzialbanken erscheint allerdings geboten. Diese Banken, welche in ihrem Kreise wegen ihrer Bekanntschaft mit den persönlichen und sonstigen Verhältnissen ihres Kundenkreises das am Ort bestehende geschäftliche Kreditbedürfniß zweckmäßiger und billiger befriedigen können, als entfernte Geldinstitute, sind dadurch benachtheiligt, daß sie sich für die Erledigung der Aufträge ihrer Kundschaft bei Ankauf von Werthpapieren u. s. w. der Vermittelung der an den Börsenplätzen befindlichen Bankhäuser zu bedienen genöthigt sind und daß für die so vermittelte Anschaffung der Stempel in Höhe des einmaligen Betrages mehr zu entrichten ist, als dies bei einer von einem Kommissionär an einem Börsenplatze direkt vermittelten Anschaffung der Fall sein würde.

Das jetzt geltende Gesetz (also das von 1885) sucht den berechtigten Interessen der Provinzialbankiers durch die Bestimmung im §. 12 Absatz 2 entgegenzukommen. Wird danach bei Kommissionsgeschäften für einen auswärtigen Kommittenten, welcher seinerseits als Kommissionär eines Dritten handelt, die Schlußnote mit dem Zusatze „in Kommission" ausgestellt, so bleibt das Abwickelungsgeschäft zwischen ihm und seinem Kommittenten von der Abgabe befreit, wenn er die Schlußnote spätestens am ersten Werktage nach dem Empfang unter Beifügung des Namens seines Kommittenten an den letzteren absendet.

Von dieser an sich zur Gleichstellung der Provinzialbankiers mit den Kommissionären der Börsenplätze ausreichenden Bestimmung ist bisher deshalb wenig Gebrauch gemacht worden, weil die ersteren Anstand nehmen, durch Weitergabe der von ihrem hauptstädtischen Geschäftsfreunde empfangenen Originalschlußnoten ihre Geschäftsverbindungen aufzudecken und ihre Kunden dadurch zur Anknüpfung direkten Verkehrs mit den hauptstädtischen Bankiers anzuregen.

Nach der im Entwurf vorgeschlagenen neuen Fassung des §. 12 Absatz 2 soll es genügen, wenn der Kommissionär, der die Schlußnote über das erste Anschaffungsgeschäft in Händen hat, die Note über das Abwickelungsgeschäft mit einem entsprechenden Vermerk versieht. Der Provinzialbankier dürfte in der Folge keinen Anstand mehr nehmen, von der Befreiungsvorschrift Gebrauch zu machen. Auch das fiskalische Interesse erscheint dabei hinreichend gewahrt, indem das Vorhandensein der von dem Provinzialbankier zurückbehaltenden Hälfte der steuerfrei ausgestellten Schlußnote eine ähnliche Handhabe für die Aufdeckung etwaiger Stempeldefraudationen bietet, wie das Vorhandensein der im Original weiter gegebenen Schlußnote bei dem Kunden des Provinzialbankiers.

Diese von den verbündeten Regierungen für den Provinzialbankier vorgeschlagenen Erleichterungen fanden allseitig in der Kommission Zustimmung. Von einer Seite wurde jedoch darauf hingewiesen, daß durch diesen Vorschlag der von der Vorlage beabsichtigte Zweck nicht erreicht und den Interessen der Provinzialbankiers nicht Genüge geleistet würde, weil §. 8 des Gesetzes [von 1885] vorschriebe, daß, wenn zwischen denselben Kontrahenten an einem Tage zu gleichen Vertragsbestimmungen mehrere Geschäfte über Gegenstände derselben Art ohne Vermittler oder durch denselben Vermittler abgeschlossen würden, diese Geschäfte in Anbetracht der Besteuerung als ein Geschäft anzusehen seien. Diese Bestimmung hindere den hauptstädtischen Bankier, über die von dem Provinzialbankier ertheilten einzelnen Aufträge besondere Schlußnoten auszustellen; demgemäß könnte auch der Provinzialbankier, wenn ihm von dem hauptstädtischen Bankier entsprechend der Bestimmung im §. 8 [des Ges. von 1885] nur eine Schlußnote über sämmtliche Geschäfte derselben Art ausgestellt würde, die geforderte Bescheinigung, daß sich eine versteuerte, über denselben Gegenstand, oder dieselbe Menge, oder denselben Preis lautende Schlußnote in seinen Händen befinde, nicht ausgestellt werden. Es wurde demgemäß beantragt, die Bestimmung im §. 8 zu streichen, zumal dieselbe nach dem gegenwärtigen Gesetzentwurf, durch welchen die Abstufungen bei der Umsatzsteuer auf volle 10 Tausend Mark beseitigt und nur solche auf Eintausend Mark nachgelassen wären, eine erhebliche praktische Bedeutung nicht mehr habe. Es sei nur nöthig, Fürsorge zu treffen, daß nicht mit Rücksicht darauf, daß Geschäfte unter

600 Mark einer Umsatzsteuer überhaupt nicht unterlägen, größere Geschäfte in eine Anzahl von solchen kleineren Geschäften zerlegt würden. Um dieses zu verhindern, empfehle es sich, der Befreiung Nr. 1 der Tarifnummer 4 folgenden Zusatz zu geben:

— Folgt der Wortlaut der jetzigen Tarifnummer 4, Befreiung Nr. 1. —

Die Kommission schloß sich diesen Ausführungen an und nahm die Anträge auf Streichung des §. 8 und auf Hinzufügung der vorerwähnten Bestimmung zu Nr. 1 der Befreiungen an. K.Ber. 1894 (Drucks. Nr. 266 S. 18).

d) Von einer Seite wurde ferner der Antrag gestellt, in der ersten Zeile des Absatzes 2 des §. 12 das Wort „auswärtige" zu streichen, und zur Begründung desselben darauf hingewiesen, daß es prinzipiell doch keinen Unterschied machen könnte, ob der Kommittent auswärts oder am Börsenplatze selbst wohnhaft sei.

Diesem Antrage gegenüber wurde bemerkt, daß derselbe auf einer Verkennung des Zwecks der Bestimmungen in Absatz 2 des §. 12 beruhe. Es liege auf der Hand, daß der außerhalb eines Börsenplatzes wohnende Kommittent in steuerlicher Beziehung ungünstiger stände, wie der am Börsenplatz wohnende, wenn er sich wegen Besorgung seiner Aufträge an einen Bankier wenden müsse, der die Aufträge nicht selbst ausführen könne, sondern die Ausführung einem am Börsenplatze befindlichen Bankier übertragen müsse. Diese Nachtheile bezwecke der Absatz 2 des §. 12 auszugleichen. Es sei deshalb **durchaus gerechtfertigt, seine Anwendung auf die auswärtigen Kommittenten zu beschränken.** Der vom Antragsteller erwähnte Fall, daß, **wenn der am Börsenplatze wohnhafte Bankier die ihm aufgetragenen Geschäfte nicht an dem Börsenplatze seines Wohnortes, sondern an einem andern Börsenplatze ausführen lassen müsse,** ein solches Geschäft mit einer doppelten Steuer belastet sei, wurde als nicht zutreffend bezeichnet. Würde in einem solchen Falle an einer auswärtigen Börse das Geschäft ausgeführt, so fände die Begünstigung des Absatz 2 des § 12 ebenfalls Anwendung, unabhängig davon, ob derjenige, welcher dem ersteren Bankier den Auftrag ertheilt, an dem Wohnort desselben oder auswärts wohne. Nach diesen Darlegungen wurde der Antrag zurückgezogen. K.Ber. 1884 (Drucks. Nr. 266 S. 18).

e) Eine weitere Erleichterung der Steuerpflichtigen bezweckt der neue Absatz 3 zu §. 12 bezüglich des **Reportgeschäfts**. Hierzu heißt es in den Motiven 1894: Es ist aus Interessenkreisen lebhaft darüber Klage geführt worden, daß das Report- beziehungsweise Deportgeschäft nach dem gegenwärtigen Stande der Rechtsprechung als zweifaches Kaufgeschäft (Kauf- oder Verkauf für diesen und Rückverkauf oder Rückkauf für den nächsten Ultimo) dem doppelten Umsatzstempel unterliegt, während andere, den gleichen Zweck verfolgende Geschäfte nur einer einmaligen Besteuerung unterworfen sind.

Die steuerliche Behandlung des Reportgeschäfts als

nur eines Geschäfts erscheint durch den einheitlichen Charakter der zu Grunde liegenden wirthschaftlichen Transaktion gerechtfertigt und würde überdies für die praktische Handhabung des Gesetzes insofern von Vortheil sein, als dadurch den Zweifeln über die Unterscheidung der nur einfach stempelpflichtigen uneigentlichen Lombardgeschäfte von den Reportgeschäften ein Ende gemacht werden würde. Die von dieser Erleichterung zu erwartende Einbuße am Ertrage der Stempelabgaben dürfte nicht sehr hoch zu schätzen sein, da der Verkehr unter der Herrschaft der gegenwärtigen Auslegung des Gesetzes bereits in großem Umfange zu dem Aushülfsmittel gegriffen hat, das Reportgeschäft in die Form eines eigentlichen oder uneigentlichen Lombardgeschäfts oder eines Darlehns in gedecktem Kontokurrent einzukleiden.

Auch das französische Gesetz vom 28. April d. J. belegt nach Artikel 28 a. E. die Reportgeschäfte nur mit der Hälfte des Schlußscheinstempels, und für Oesterreich, dessen Gesetzgebung und Praxis in dem Kostgeschäfte ein Darlehn, gedeckt durch die zu Pfand gegebenen Papiere, sieht, kommt eine Doppelbesteuerung dieser Geschäfte überhaupt nicht in Frage. Mot. 1894 (Drucks. Nr. 52 S. 15).

In der Kommission 1894 (Drucks. Nr. 206 S. 18/19) wurde hierzu der Antrag gestellt, diese Begünstigung des Reportgeschäftes nur auf solche Geschäfte zu beschränken, welche in fest verzinslichen Werthpapieren abgeschlossen würden, dagegen den Reportgeschäften über nicht verzinsliche Effekten diese Begünstigung zu versagen.

Zur Begründung dieses Antrages wurde ausgeführt, daß eine Erleichterung des Reportgeschäftes immer mehr und mehr zu einer Zentralisirung der großen Kapitalien an den großen Börsenplätzen führe, und demgemäß das Kapital der inländischen Gewerbethätigkeit entzöge. Aber auch hiervon abgesehen, müsse man eine Unterscheidung zwischen fest verzinslichen und nicht fest verzinslichen Werthpapieren machen. Bei den nicht fest verzinslichen Werthpapieren handle es sich häufig um so erhebliche Kursschwankungen, daß die Reportgeschäfte in solchen sehr wohl die doppelte Steuer würden tragen können.

Von anderer Seite wurde dieser Auffassung widersprochen und darauf hingewiesen, daß die Aufnahme dieser Bestimmung in das Gesetz sich schon deshalb aus Billigkeitsrücksichten empfehle, weil einzelne Börsen, insbesondere die von Frankfurt a. M. und Hamburg, bereits gegenwärtig die Reportgeschäfte in die Form von Lombardgeschäften gekleidet und demgemäß der doppelten Besteuerung entzogen hätten. Es sei unbillig, die Berliner Börse, welche aus Rücksichten des Abrechnungsverkehrs und der Buchführung die Reportgeschäfte als zwei Geschäfte behandle, ungünstiger zu stellen und demgemäß ihre Reportgeschäfte mit der doppelten Steuer zu belasten. Es sei aber auch aus wirthschaftlichen Gründen durchaus richtig, die Reportgeschäfte nur als ein Geschäft anzusehen, denn es handle sich thatsächlich bei diesen Geschäften entweder um die Gewährung von Darlehen oder um Prolongation eines abgeschlossenen Geschäfts, in beiden Fällen also nur um ein Geschäft. Die Kommission schloß sich diesen Gründen an, lehnte den Antrag, die im Absatz 3 vorgesehene Begünstigung auf solche Geschäfte zu beschränken, welche über fest verzinsliche Werthpapiere abgeschlossen seien, ab und nahm mit großer Majorität den Absatz 3 des §. 12 nach der Regierungsvorlage mit der Maßgabe an, daß die Worte „über Effekten und Waaren" durch die Worte „im Tarif Nr. 4 bezeichnete Gegenstände" ersetzt werden sollten.

13. Zu §. 13 des Gesetzes.

a) Es war der Antrag gestellt, dem §. 12 folgenden Zusatz zu geben:

„Uneigentliche Leihgeschäfte, sowie Tauschgeschäfte, werden nicht als abgabepflichtige Anschaffungsgeschäfte angesehen, wenn dieselben ohne Ausbedingung eines Entgelts, Aufgeldes oder einer sonstigen Leistung abgeschlossen werden."

Dieser Antrag wurde wie folgt begründet: Es käme im kaufmännischen Verkehr nicht selten vor, daß die Kunden eines Bankiers gewisse *Wünsche bezüglich der Zinstermine oder der Größe des Appoints der von ihnen zu erwerbenden Werthpapiere* hätten, auf deren Berücksichtigung die Bankiers, welche die Geschäfte an der Börse ausführten, seitens der Börsenverkäufer nicht rechnen könnten. So z. B. wünsche ein Kapitalist, dessen Werthpapiere mit Kupons vom 1. Januar und 1. Juli versehen seien, Papiere mit Kupons vom 1. April und 1. Oktober zu erwerben, oder es gebrauche Jemand Werthpapiere bestimmter Appoints, vielleicht zum Zwecke der Kautionsbestellung u. s. w. In allen diesen Fällen hätte sich der Gebrauch herausgebildet, daß diejenigen Bankiers oder Makler, welche gerade solche Stücke besäßen, dieselben dem Bankier, der sie brauche, gern zur Verfügung stellten, um denselben in den Stand zu setzen, die Wünsche seiner Kunden zu befriedigen. Diese Gefälligkeitsgeschäfte mit einer Steuer zu belegen, sei eine Unbilligkeit, wenn für dieselben nicht das geringste Entgelt geleistet würde. Das Gleiche sei der Fall bei uneigentlichen Leihgeschäften. Auch hier käme es nicht selten vor, daß Kunden von Bankiers die Werthpapiere früher zu erhalten wünschten, als bei Ausführung ihrer Aufträge an den inländischen und ausländischen Börsen möglich wäre. In diesen Fällen erhielten die betreffenden Bankiers, wenn sie die Stücke nicht selbst hätten, dieselben von größeren Bankiers geliehen, ohne daß hierfür eine Gegenleistung gewährt würde; es sei deshalb unbillig, diese Geschäfte mit einer Steuer zu belegen.

Von anderer Seite wurde diesem Antrage widersprochen und darauf hingewiesen, daß man wohl in den seltensten Fällen von einem ganz unentgeltlichen Tausch- oder uneigentlichen Leihgeschäft sprechen könnte. Der Kaufmann pflege selten oder nie etwas ohne Entschädigung zu leisten, und auch in den dargelegten Fällen bestehe die Entschädigung mindestens darin, daß derjenige, der heute eine Gefälligkeit erwiese, darauf rechnete, daß ihm die gleiche Gefälligkeit ein ander Mal erwiesen würde. Außerdem sei die Möglichkeit nicht ausgeschlossen, daß die uneigentlichen Leihgeschäfte dann, wenn der Zinsfuß der betreffenden Werthpapiere sich mit dem zur Zeit geltenden Reportsatz decke, zu Reportgeschäften benutzt würden. Es sei außerdem nöthig, wenn Werthpapiere mit verschiedenen Zinsterminen gegen einander ausgetauscht würden, eine Ausgleichung der sich aus der Verschiedenheit der Zinstermine ergebenden Zinsbeträge in baarem Gelde vorzunehmen, was auch zu einer gewissen Entschädigung führen könnte.

In der zweiten Lesung wurde der Antrag in etwas veränderter Form wieder aufgenommen, jedoch mit der Einschränkung, daß die uneigentlichen Leihgeschäfte nur dann von der Besteuerung befreit werden sollten, wenn die Frist für die Rücklieferung der Werthpapiere auf längstens eine Woche festgesetzt würde.

Die Vertreter der verbündeten Regierungen erklärten, daß hiermit die Bedenken, daß die uneigentlichen Leihgeschäfte zu Reportzwecken ausgenutzt werden könnten, als erledigt angesehen werden müßten, stellten jedoch zur Erwägung, ob es nicht ausreiche und sich empfehle, für uneigentliche Leihgeschäfte der bezeichneten Art lediglich die bisherigen Steuersätze festzusetzen. Dieselben würden dann mit den gleichen Sätzen wie bisher besteuert werden, und würde sich dadurch der durch den Antrag andernfalls herbeigeführte Steuerausfall wesentlich vermindern.

Die Kommission glaubte jedoch, dieser letzteren Anregung keine Folge geben zu sollen, indem sie der Ansicht war, daß diese Leihgeschäfte ganz überwiegend den kleineren Bankiers zu Gute kämen, während die größeren Bankiers viel eher in der Lage wären, aus ihren Beständen die Wünsche der Kunden befriedigen zu können. Unter diesen Umständen und mit Rücksicht auf die ganz unerhebliche finanzielle Bedeutung des Antrages glaubte die Kommission sich für eine völlige Steuerfreiheit der erwähnten Tauschgeschäfte und unentgeltlichen Leihgeschäfte entschließen zu sollen und nahm den gestellten Antrag in der aus dem Gesetz ersichtlichen Fassung als §. 13 an. K.Ber. 1894. (Drucks. Nr. 266 S. 19.)

b) Es herrschte Einverständniß darüber, daß die Baarausgleichung der Zinsdifferenzen beim Tausch von Stücken mit verschiedenen Zinsterminen als anderweite Gegenleistung im Sinne des ersten Satzes nicht anzusehen sei. K.Ber. 1894. (Drucks. Nr. 266 S. 20.)

14. Zu §. 18 des Gesetzes.

Es handelt sich hierbei um zwei verschiedene Gegenstände der Besteuerung, das unter Tarifnummer 4 fallende Schriftstück und den landesgesetzlich besteuerten Solennitätsakt. In dem Ausdruck „Beglaubigungen" sind die verschiedenen Bezeichnungen der landesgesetzlichen Tarife (beglaubigte Abschriften, Auszüge u. s. w.) zusammengefaßt. Mot. 1881. (Drucks. Nr. 59 S. 33.)

15. Zu §§. 19, 20, 21 des Gesetzes.

a) Einer besonderen Strafbestimmung wegen Ausstellung ungestempelter Schlußnoten seitens des zur Entrichtung der Abgabe zunächst Verpflichteten (§ 10 Abs. 4) glaubte die Kommission entbehren zu können; eine solche falle unter die allgemeine Ordnungsstrafe des §. 23 [jetzt §. 34]. Finde sich eine ungestempelte Schlußnote, so sei der Aussteller jedenfalls der Ordnungsstrafe verfallen, und müsse nachweisen, daß eine gestempelte Schlußnote vorhanden sei; erbringe er diesen Nachweis nicht, dann unterliege er der Strafe des §. 11g [jetzt §. 19].

Die Feststellung des Strafmaßes führte zu ausführlichen Erörterungen.

Zunächst müsse man sich vergegenwärtigen, daß §. 23 [jetzt §. 34] Abs. 2 ergänzend eintrete mit der dort festgestellten Ordnungsstrafe für den Fall, daß sich aus den Umständen ergebe, daß eine Steuerhinterziehung nicht habe eintreten können oder nicht beabsichtigt worden sei.

Dem Antrage einzufügen „von dem Steuerpflichtigen nicht beabsichtigt worden sei", wurde lebhaft widersprochen, denn damit werde die Erkennung einer Strafe wegen Hinterziehung der Steuer in fast allen Fällen illusorisch gemacht, wo die Steuerentrichtung einem Handelsgehülfen überlassen worden, was ja meist zu geschehen pflege. Die Bestimmung sei objektiv zu verstehen, es müsse ein Versehen vorliegen, von dem, welcher die Handlung zur Versteuerung ausführte, und nur in diesem Falle trete die Ordnungsstrafe ein. Die Kommission schloß sich dieser Ausführung an und lehnte den Antrag ab.

Die Minimalstrafe von 20 M. entspricht den Bestimmungen in §. 3 des Gesetzes. Ergänzend wurde für den Fall, daß der Betrag der hinterzogenen Abgabe nicht zu ermitteln, die Strafe von 20 M. bis zu einem Maximum von 5000 M. festgestellt. Es wurde hier die Nothwendigkeit einer sehr empfindlichen Geldstrafe damit gerechtfertigt, daß es sich in diesen Fällen vielfach nicht allein um ein fortgesetztes doloses Verfahren, sondern auch um sehr hohe Steuerbeträge handeln werde.

Dagegen war die Kommission der Ansicht, daß die Unterlassung der Aufbewahrung der Schlußnote und die versäumte Notirung des Maklers Vergehen von so verschiedener Strafwürdigkeit enthalten könnten, daß das Strafmaß von der einfachen Ordnungsstrafe von 3 Mark bis zur Maximalstrafe von 5000 Mark eintreten könne, und daß man hier die Verschiedenheit des Falles zu würdigen dem Richter überlassen müsse. Es wurde hervorgehoben, welcher Unterschied zwischen dem Nichtaufbewahren einer einzelnen Schlußnote aus Unachtsamkeit und der absichtlichen Beseitigung aller Schlußnoten zwecks Verbergung von Steuerhinterziehungen bestehe. Aus gleicher Erwägung sei die wiederholte Verletzung dieser Vorschriften nicht unter die Strafe des Rückfalles zu subsumiren, vielmehr auch hier die Wiederholung nur als ein für die Strafausmessung durch den Richter in Betracht kommendes Moment anzusehen. Darüber, daß eventuell neben den Strafbestimmungen des §. 11i [jetzt §. 21] diejenige des § 11g [jetzt §. 19] einzutreten habe, bestand in der Kommission Einverständniß.

Die Festsetzung einer besonderen Rückfallsstrafe

erachtete die Kommission mit Rücksicht auf die Leichtigkeit der Hinterziehung der Abgabe für erforderlich.

Gegen die Höhe der Rückfallsstrafe sowie gegen das Prinzip derselben wurde aus der Mitte der Kommission Widerspruch erhoben und beantragt, durch den Zusatz von „vorsätzlich“ vor „zuwiderhandelt“ dem Gedanken Ausdruck zu geben, daß nur wiederholte vorsätzliche Zuwiderhandlung die Anwendung der Rückfallsstrafe begründen dürfe. Es wurde darauf hingewiesen, daß es für den Kaufmannsstand eine schwer empfundene Schädigung seines Ansehens und seiner Ehre sein würde, wenn man die Geschäftsherren für jede Kontravention gegen die Steuergesetze verantwortlich mache, während die letztere regelmäßig durch einen Handlungsgehülfen verübt sei; man müsse nur den mit Strafe belegen, welcher selbst gegen das Steuergesetz gefehlt habe, nicht aber den unschuldigen Geschäftsherrn, der höchstens für die Zahlung der Strafe haftbar gemacht werden könne, nach dem Gesetze könne der Geschäftsherr wegen Rückfall gestraft werden, der nur das Unglück gehabt, von zwei Handlungskommis hintereinander betrogen worden zu sein.

Dem gegenüber wurde hervorgehoben, daß die Stempelgesetze zur Vornahme einer Handlung verpflichteten, deren Unterlassung eine Steuerkontravention bilde und mit Strafe belegt werde. Man könne doch nur denjenigen zu einer Handlung zwingen, der steuerpflichtig sei, das sei nur der Kontrahent und folglich nur der Geschäftsherr und nicht der Kommis, der gar nicht steuerpflichtig sei.

Das Leben habe in vielen Geschäftszweigen die Nothwendigkeit statuirt, daß gewisse Geschäftsfunktionen Gehülfen überlassen würden, wie z. B. bei den Rechtsanwälten und Notaren, niemals aber werde man in diesen Fällen die Verantwortlichkeit für die Erfüllung der Dienstpflicht, Steuerpflicht u. dergl. dem Geschäftsherrn abnehmen und auf den Gehülfen übertragen. K.Ber. 1885. (Drucks. Nr. 286 S. 36.)

b) Das Unternehmen einer Stempelhinterziehung liegt nach der veränderter Fassung des §. 12 Absatz 2 nicht bloß bei Zuwiderhandlungen gegen die im §. 19 des Gesetzes bezeichneten Bestimmungen (§. 10 Absatz 1 und 2, §. 11 Absatz 1 und 2 und §. 15), sondern auch dann vor, wenn ohne das Vorhandensein der Voraussetzung des § 12 Absatz 2 der Kommissionär eine von ihm ausgestellte ungestempelte Schlußnote mit dem Vermerk versieht, daß sich eine über denselben Betrag u. s. w. lautende versteuerte Note in seinen Händen befindet.

Die Vorschrift des §. 19 hat daher einen Zusatz erhalten, welcher die wahrheitswidrige Abgabe jenes Vermerks den sonstigen mit der Strafe der Einbeziehung bedrohten Gesetzesverletzungen gleichstellt. Es ist hierbei wie bei den anderen Hinterziehungen für den strafbaren Thatbestand an sich ohne Einfluß, ob demselben eine defraudatorische Absicht zu Grunde liegt oder nicht; ergiebt sich jedoch aus den Umständen, daß eine Steuerhinterziehung nicht beabsichtigt gewesen ist, so tritt auch hier die Bestimmung des §. 34 Absatz 2 ein, wonach in solchem Falle nur eine Ordnungsstrafe gemäß Absatz 1 daselbst zu verhängen ist. Mot. 1894. (Drucks. Nr. 52 S. 16.)

16. Zu §§. 22, 23 des Gesetzes.

Die Abgabe wird nur als Urkundenstempel von den Loosen oder sonstigen Ausweisen über den abgeschlossenen Lotterievertrag, nicht auch, wie z. B. nach dem österreichischen Tarif, von den Gewinnen zu erheben sein.

Mit den Verbotsgesetzen der Bundesstaaten tritt die Besteuerung der Loose nicht in Widerspruch. Wo das Lotterieunternehmen genehmigt oder zugelassen ist, wird die Steuerentrichtung bewirkt werden. Ein Recht, die versteuerten Loose in Gebieten abzusetzen, wo ein Verbotsgesetz entgegensteht, wird dadurch nicht erlangt.

Von der Besteuerung dürfen auch die Ausspielungen lokaler Natur nicht ausgeschlossen werden. Dieselben sind nach ihrer rechtlichen und wirthschaftlichen Bedeutung so wenig von der Geldlotterie verschieden, daß eine verschiedene steuerliche Behandlung nicht begründet erscheint. Mot. 1881. (Drucks. Nr. 59 S. 43, 44.)

Die Abgabe hat bei inländischen Loosen der Unternehmer vorzulegen, dem es überlassen bleibt, sie in dem Preise der Loose wieder einzuziehen. Dadurch gestaltet sich die Erhebung einfach. Die Bestimmung, daß die Zahlung der Abgabe im Voraus zu erfolgen habe, ist erforderlich, um den Eingang derselben unabhängig von dem Erfolge der Ausspielung und von anderen Zufällen sicherzustellen. Lotterieunternehmern, welche nicht im Besitz der baaren Mittel zur Vorauszahlung der Abgabe sind, kann gegen Sicherstellung, und bei zweifelloser Sicherheit auch ohne jene ein Aufschub gewährt werden. Mot. 1881. (Druckf Nr. 59. S. 44, 45.)

17. Zu §. 24 des Gesetzes.

Bei ausländischen Loosen muß sowohl der Einbringer, als auch der Empfänger für die Entrichtung der Abgabe verantwortlich gemacht werden. Mot. 1881. (Druckf. Nr. 59 S. 44, 45.)

18. Zu §. 25 des Gesetzes.

Die Verwendung von Stempelmarken zu den Loosen würde mit Weitläufigkeiten und Unzuträglichkeiten, insbesondere in Bezug auf ihre Entwerthung verknüpft sein. Der Entwurf schlägt daher an deren Stelle die baare Einzahlung der Abgabe vor. Dem Bundesrath soll jedoch die Entscheidung der Frage vorbehalten bleiben, ob und in welcher Weise eine Anwendung von Stempelzeichen in anderer Form als in der Verwendung von Stempelmarken zu den Loosen stattzufinden habe. Mot. 1881 ebendas.

19. Zu §. 27 des Gesetzes.

Dem Unternehmer einen Rechtsanspruch auf Rückzahlung des entrichteten Abgabenbetrages zu gewähren, erscheint nicht räthlich, da die Rückerstattung der Steuer seitens des Unternehmers an die einzelnen Spieler sich einer sicheren Kontrolle in der Regel entziehen würde. Die Würdigung der Frage, ob im einzelnen Falle Billigkeitsgründe für eine Rückerstattung der Steuer sprechen, bleibt zweckmäßig der obersten Landes-Finanzbehörde überlassen.

Eine Rückerstattung der Steuer für einzelne nicht abgesetzte Loose zuzulassen, liegt kein Grund vor. Mot. 1881 ebendas.

20. Zu §. 28 des Gesetzes.

Die Vorschriften über die Besteuerung der Loose von Staatslotterien enthalten insofern eine Abweichung von den bezüglich der übrigen Loose getroffenen Bestimmungen, als die Entrichtung der Abgabe nicht schon vor der Ausgabe der Loose, sondern erst nach dem Schluß der Ziehung durch die Lotterieverwaltungen zu bewirken ist. Gerechtfertigt wird diese Sonderbestimmung durch den Umstand, daß die auf gewinnende Vollloose zu leistenden Rückvergütungen von dem Betrag der abgabepflichtigen Summe in Abzug zu bringen sind, die Festsetzung des Steuerbetrages daher erst nach stattgehabter Ziehung erfolgen kann. Abgabepflichtig ist, hiervon abgesehen, der Gesammterlös des Loosverkaufs ohne Abzug der Verwaltungskosten, jedoch mit Ausschluß der Freiloose.

Von besonderen Kontrolbestimmungen konnte Umgang genommen und auch von der Anwendung von Stempelzeichen abgesehen werden, da bei vom Staate unterhaltenen und von Staatsbeamten geleiteten und überwachten Unternehmungen die Gefahr einer Steuerhinterziehung ausgeschlossen ist. Mot. 1881 ebendas.

21. Zu § 34 des Gesetzes.

Zuwiderhandlungen gegen das Gesetz oder die Ausführungsvorschriften, die mit keiner besonderen Strafe belegt sind, unterliegen bisher einer Ordnungsstrafe von 3 bis 30 Mark. Diese Begrenzung der Strafbefugniß erscheint nach beiden Seiten hin zu eng. Während auf der einen Seite die Gewährung der Möglichkeit, mit der Ordnungsstrafe in geeigneten Fällen höher hinaufzugehen, im Bedürfniß liegt, ist es auf der anderen Seite erwünscht, daß bei unbedeutenden Formverletzungen die Strafe noch weiter, als es bis jetzt zulässig ist, ermäßigt werden kann Mot. 1894. (Drucks. Nr. 52 S. 23.)

22. Zu §. 35 des Gesetzes.

Die Frage des Rückfalles glaubte man nicht besonders ordnen zu müssen, da es sich von selbst verstehe, daß eine einmalige Verurtheilung des gesammtverhafteten Mitschuldigen eine genügende Voraussetzung biete, bei weiterer Steuerhinterziehung den Rückfall zu begründen, auch bei der individuell zu verhängenden Rückfallsstrafe von einem Korrealverhältnisse nicht wohl die Rede sein könne.

Dagegen war man der Ansicht, auf eine umfassende prinzipielle Regelung der Frage verzichten und nur die

Fälle herausgreifen zu sollen, welche sich als die weitaus häufigsten darstellen.

In zweiter Lesung beschloß die Kommission jedoch, dem angeregten Gedanken einen weiteren legislatorischen Ausdruck zu geben und machte den Zusatz:

> Ebenso ist in anderen Fällen zu verfahren, in denen bei einem Geschäfte mehrere Personen als Vertreter desselben Kontrahenten oder als gemeinschaftliche Kontrahenten betheiligt sind.

Zur Vermeidung von Zweifeln wurde noch in einem zweiten Absatze zu sagen beschlossen:

> Auf die Verhängung der im §. 11h [jetzt §. 20] vorgeschriebenen Rückfallsstrafe finden diese Bestimmungen keine Anwendung. K.Ber. 1885. (Drucks. Nr. 286 S. 39.)

23. Zu §. 39 des Gesetzes.

a) Die Verstärkung der Mittel zur Ueberwachung der Abgabenentrichtung bezüglich der in den Abschnitten I bis V des Tarifs behandelten Abgaben ist wünschenswerth. Der Einfluß der zahlreichen ehrenwerthen Mitglieder des Handelsstandes genügt nicht, um den Eingang der Abgaben sicher zu stellen. Die Wirkung der Androhung hoher Strafen wird abgeschwächt, wenn die Gefahr der Entdeckung der strafbaren Handlung gering ist. Diese Gefahr für weite Verkehrskreise zu erhöhen, namentlich aber die regelmäßige Entrichtung der Abgabe sichern und zur Gewohnheit der Handeltreibenden machen zu helfen, indem die Säumigen erinnert, Irrthümer berichtigt, nöthigenfalls aber auch üblem Willen entgegengetreten wird, wird die vorgeschlagene Einführung steueramtlicher Revisionen des Geschäftsbetriebs bezüglich der Beobachtung des Stempelgesetzes die besten Dienste leisten. Die finanziellen Ergebnisse und der allgemeine Inhalt und Verlauf der Geschäftsführung muß veröffentlicht werden. Von den Einzelheiten derselben erhalten verschiedene Personen als Beauftragte der Aktionäre, als Revisoren u. dergl. Kenntniß. Die Geschäftsführung dieser Institute gehört also in gewissem Maße der Oeffentlichkeit an. Um so weniger wird es Bedenken begegnen, daß auch ein zur Amtsverschwiegenheit verpflichteter Beamter von einem Theil des Geschäftsbetriebes Einsicht nimmt. Andere, insbesondere alle von einzelnen Personen oder mehreren Gesellschaftern betriebenen Geschäfte sollen einer Revision nicht unterliegen.

Die vorgeschlagene Maßregel wird die Leiter der betroffenen Unternehmungen in dem Bestreben unterstützen, die gewissenhafte Beachtung des Stempelgesetzes in ihren Geschäftskreisen durchzuführen Der bedeutende Einfluß der in Rede stehenden Institute wird dazu beitragen, Hinterziehungen der Abgabe auch mit dem Makel einer Verletzung guter geschäftlicher Sitte zu belegen. Durch die Revisionen werden endlich die Steuerpflichtigen auch über Zweifel wegen der Anwendung des Gesetzes im einzelnen Falle aufgeklärt werden.

Andere Gesetzgebungen, beispielsweise auch die englische, knüpfen Rechtsnachtheile an die Nichtentrichtung der Stempelabgaben von Schriftstücken der in Rede stehenden Art, erkennen also die Nothwendigkeit weit schärferer Zwangsmittel neben der Strafandrohung an. Muß auf die Einführung solcher Mittel im Bundesgebiet verzichtet werden, so erscheint doch die Einführung eines Revisionsrechts in der vorgeschlagenen mäßigen Begrenzung unumgänglich. Mot. 1881. (Drucks. Nr. 59 S. 46.)

b) Nach der Absicht der verbündeten Regierungen kann und wird der Paragraph nicht so aufgefaßt werden, daß durch die einfache Erklärung, es sind keine stempelpflichtigen Stücke da, der betreffende Beamte abgewiesen werden kann. Sten.-Ber. 1881 S. 1695.

c) Die Fassung des jetzt Gesetz gewordenen §. 39 Abs. 2 wurde in der zweiten Lesung beschlossen. Es heißt darüber im K.Ber. 1894, Drucks. Nr. 266 S. 22:

Das bestehende Gesetz mache die Revisionspflicht mit Unrecht davon abhängig, ob die in §. 38 [jetzt §. 39] bezeichneten Gesellschaften und Anstalten „Bank-, Kredit- und Versicherungsgeschäfte" betrieben. Die Revisionspflicht könne vielmehr nur davon abhängig gemacht werden, ob diese Gesellschaften und Anstalten in großem Umfange, d. h. gewerbsmäßig abgabepflichtige Geschäfte vermittelten oder abschlössen. Bei dieser Einschränkung würden die zahlreichen kleinen Kreditgenossenschaften, namentlich auch alle Raiffeisenschen Genossenschaften, von der Revisionspflicht befreit, was entschieden gerechtfertigt sei, da diese Genossenschaften nur ganz ausnahmsweise abgabepflichtige

Geschäfte abschlössen. Wenn dagegen Genossenschaften oder Gesellschaften mit beschränkter Haftung in großem Umfange abgabepflichtige Geschäfte betrieben oder vermittelten, so sei es gerechtfertigt, auch auf sie die Revisionspflicht auszudehnen. Bei diesen Revisionen sei den Steuerbeamten auch die Möglichkeit gegeben, sich davon zu überzeugen, daß die Werthpapiere, welche zum Gegenstand abgabepflichtiger Geschäfte gemacht worden seien, durch Verwendung des vorgeschriebenen Stempels ordnungsmäßig versteuert seien, und etwaige Verfehlungen hiergegen zu ahnden. Die vorgeschlagene Vorschrift genüge demgemäß durchaus den steuerlichen Bedürfnissen.

24. Zu §. 41 des Gesetzes.

Der Abs. 1 giebt den Handelsvorständen das Recht, Sachverständige zu ernennen für die Fälle, für welche eine reglementare Vorschrift des Bundesraths die Zuziehung von solchen bei der administrativen Straffestsetzung vorschreibt.

Abs. 2 ertheilt den Handelsvorständen die Befugnisse zum Erlaß reglementarischer Anordnung zwecks Durchführung des Gesetzes und Sicherung der Abgabeentrichtung.

Es wurde hierzu ausgeführt, daß von Seiten des Handelsstandes der größte Werth darauf gelegt werden müsse, daß die berufenen Vertreter desselben sowohl bei der Beurtheilung einzelner Fälle, wo es sich darum handle, schwierige Verhältnisse zu erkennen und auf die

Auffassung der Geschäftskreise zurückzugehen, mitwirkten, um eine den Handelsverhältnissen entsprechende Anwendung des Gesetzes zu sichern, als insbesondere auch durch Erlaß von allgemeinen Vorschriften, welche die besonderen Verhältnisse, Handelsgewohnheiten und Usancen jedes Platzes berücksichtigen, der Verwendung der Steuer leichtere Wege bahnten und den Verkehr vor Hemmungen bewahrten. Diesen Ausführungen wurde von der Kommission beigetreten und namentlich darauf hingewiesen, daß diese Einwirkung der Handelsvorstände geeignet sei, allen Schwierigkeiten entgegenzutreten, die sich bei der Begrenzung des Kreises der börsenmäßig gehandelten Waaren, bei Bestimmung der Geschäfte, welche unter Zugrundelegung von Usancen einer Börse abgeschlossen werden, ergeben könnten. K.Ber. 1885. (Drucks. Nr. 286 S. 41.)

25. Zu §. 43 des Gesetzes.

Es wurde noch von einer Seite hervorgehoben, daß die in §. 30 des Gesetzes [vom 1. Juli 1881, jetzt § 43] für den Reichsfiskus vorgesehene Abgabenfreiheit es nothwendig mache, gesetzliche Vorsorge für die in Tarifnummer 4 bezeichnete Abgabe zu treffen, wenn man nicht vorziehe, die Abgabenfreiheit des Reichsfiskus in dieser Beziehung überhaupt aufzuheben. Es wurde demgemäß der Antrag gestellt:

> in §. 30 al. 1 des Gesetzes [jetzt §. 43] nach den Worten „durch dieses Gesetz“ einzuschalten: „Tarifnummer 1, 2, 3“.

Die Kommission nahm den Antrag an, weil man glaubte, damit die einfachste und auch den Reichsfiskus nicht schädigende Lösung herbeizuführen. K.Ber. 1885. (Druckſ. Nr. 286 S. 41.)

26. Zu Nr. 1a und b des Tarifs.

Inwiefern auch Quittungsbogen dem fraglichen Werthstempel unterliegen, hängt davon ab, ob sie nach der Art der Ausstellung unter den Begriff der Interimsscheine zu subsumiren sind oder nicht.

Dieselben in dem Tarif neben den Interimsscheinen noch besonders zu erwähnen, wurde nicht für geboten erachtet.

Daß bei weiteren Einzahlungen auf Interimsscheine die Steuer nur insoweit zu entrichten ist, als der Steuerpflicht nicht bereits früher genügt wurde, bedarf bei der Fassung des Entwurfs wohl kaum der besonderen Erläuterung. Mot. 1881. (Druckſ. Nr. 59 S. 26.)

27. Zu Tarif Nr. 1. Befreiungen.

a) Abg. Dr. H.: Damit der Paragraph allen Bedenken Rechnung trägt, welche von gegnerischer Seite erhoben sind, und damit das Gesetz nicht eine Bestimmung aufnimmt, die später zu Unzuträglichkeiten führen kann, stelle ich hiermit den Antrag, daß wir im ersten Absatz vor den Worten „gemeinnützigen Zwecken" hinzufügen „ausschließlich". Ich erkläre mich weiter mit dem Antrage des Herrn Vorredners einverstanden, daß wir in der zweiten Linie Alinea 2 das Wörtchen

„auch" hinzufügen. Dann ist, glaube ich, derjenige Zweifel, der von Seiten der Regierungsbank hervorgehoben wurde, und sind wenigstens die Bedenken beseitigt, die ich mit Bezug auf Alinea 2 hätte.

Bevollmächtigter zum Bundesrath, Dr. Graf v. P.: M. H., mir ist diese Diskussion, die sich jetzt an diesen Paragraphen angeknüpft hat, sehr erwünscht, weil sie eine sehr wichtige Grundlage für die Interpretation der Befreiungsbestimmungen seitens des Bundesraths bieten wird. Ich nehme also an, daß nach der Intention des Herrn Abg. H. unter dem Begriff „gemeinnützigen Zwecken dienende Anstalten" nur solche zu verstehen sind, die Zwecken des Allgemeinwohls dienen sollen und nicht Zwecken des Erwerbs als solchen.

Abg. Dr. H.: Ich will bestätigen, daß die Auffassung des Herrn Grafen P. durchaus meiner Auffassung und dem Sinn meines Antrags entspricht.

Abg. G.: Ich kann mich mit dem Antrag des Herrn Abgeordneten H. und dem anderen Antrag, der hier gestellt worden ist, vollständig einverstanden erklären und betrachte die Sache damit auch für mich als erledigt. (Sten.-Ber. 1894, S. 2270.)

b) Es müsse unbedingt daran festgehalten werden, daß die Veranstaltungen, denen die Steuerfreiheit gewährt würde, ausschließlich den minder begüterten Volksklassen, zu denen man aber nicht allein die arbeitende Bevölkerung, sondern auch den kleinen Bauer und den kleinen Gewerbetreibenden rechnen müsse, zu Gute kommen. K.Ber. 1894. (Drucks. Nr. 266 S. 5.)

28. Zu Nr. 1b und 2b des Tarifs.

Die Ausdrücke „aushändigen" und „ausgeben" in der Tarifnummer 2 und im §. 3 des Gesetzes sollen sowohl das „Ausgeben (Emittiren)", als das „Uebergeben, Einhändigen" umfassen. Mot. 1881. (Drucks. Nr. 59 S. 27.)

29. Zu Nr. 2a und b des Tarifs.

Bezüglich der Besteuerung der übrigen inländischen Werthpapiere außer den Aktien, sowie namentlich bezüglich der Besteuerung der sämmtlichen ausländischen Papiere gingen die Ansichten in der Kommission weit auseinander. Einverstanden war man jedoch darin, daß bei inländischen Renten- und Schuldverschreibungen die in der Regierungsvorlage enthaltene Beschränkung der Stempelpflichtigkeit auf solche Papiere, welche auf den Inhaber lauten, nicht gerechtfertigt erscheine. Es wurde darauf hingewiesen, daß kein Grund vorliege, die auf den Namen lautenden, durch Blanko-Zession oder Indossament übertragbaren Werthpapiere dieser Art von der Besteuerung auszuschließen, und daß, wenn die Regierungsvorlage bei Bestand bleibe, bei neuen Emissionen voraussichtlich vielfach, um der Steuer zu entgehen, die Form von auf Namen lautenden, in blanco übertragbaren Papieren gewählt werden würde, wodurch der finanzielle Ertrag der Steuer erheblich geschmälert werden würde. Es erscheine daher richtiger, ebenso wie bei den ausländischen Papieren, alle inländischen, für den Handelsverkehr bestimmten Renten- und Schuldverschreibungen mit der Abgabe zu belegen, auch um jeden Zweifel auszuschließen, die sog. Partialobligationen noch ausdrücklich mit zu erwähnen. Seitens der Vertreter der Regierung wurden zwar gegen diese Erweiterung Bedenken geltend gemacht, namentlich dahin, daß die Fassung zu unbestimmt sei und in der Anwendung zu Zweifeln Anlaß geben könne; man könne z. B. auch die kaufmännischen Verpflichtungsscheine über Geld aus Art. 301 des Handelsgesetzbuches unter diese Fassung subsumiren, was doch gewiß nicht die Absicht sei. Dem gegenüber wurde jedoch hervorgehoben, daß die vorgeschlagene Fassung: „Inländische, für den Handelsverkehr bestimmte Renten- und Schuldverschreibungen" zu Mißdeutungen nicht wohl Veranlassung geben könne, daß speziell die nach Art 301 des Handelsgesetzbuches*) umlaufsfähigen Papiere von dieser Fassung nicht getroffen werden könnten, weil dieselben nicht für den Handels-

*) Der Art. 301 des Allg. D. H.G.B. lautet:

Art. 301. Anweisungen und Verpflichtungsscheine, welche von Kaufleuten über Leistungen von Geld oder einer Quantität vertretbarer Sachen oder Werthpapiere ausgestellt sind, ohne daß darin die Verpflichtung zur Leistung von einer Gegenleistung abhängig gemacht ist, können durch Indossament übertragen werden, wenn sie an Order lauten.

verkehr bestimmt seien, sondern nur möglicherweise für denselben verwendet werden könnten und daß die Auslegung des Gesetzes ja in den Händen der Regierung liege, welche eine derartige, von keiner Seite beabsichtigte Ausdehnung leicht werde verhindern können. Demgemäß genehmigte die Kommission die Erweiterung auf alle inländischen, für den Handelsverkehr bestimmten Renten- und Schuldverschreibungen. K.Ber. 1881. (Drucks. Nr. 162 S. 23.)

30. Zu Nr. 2 des Tarifs. Befreiungen.

a) Durch die Befreiungen zu Nr. 1 sollen auch die Schuldverschreibungen der ausschließlich für Rechnung der Bundesstaaten verwalteten Anstalten der Steuerpflicht entzogen werden. Mot. 1881. (Drucks. Nr 59 S. 26.)

b) Die Befreiungsbestimmung sub 2 ist auf den Antrag der Kommission des Reichstages von letzterem angenommen worden. Der bezügliche Passus des Kommissions-Berichts 1881 (Drucks. Nr. 162 S. 7) lautet: Unter die Befreiungen von der Abgabe der Nr. 2 des Tarifs wurden (nach den Beschlüssen der Kommission) in zweiter Lesung sub 2 auch die auf Grund des Reichs-

---

Zur Gültigkeit der Urkunde oder des Indossaments ist nicht erforderlich, daß sie die Angabe des Verpflichtungsgrundes oder das Empfangsbekenntniß der Valuta enthalten.

Wer eine solche Anweisung acceptirt hat, ist demjenigen, zu dessen Gunsten sie ausgestellt oder an welchen sie indossirt ist, zur Erfüllung verpflichtet.

gesetzes vom 8. Juni 1871) abgestempelten ausländischen Inhaberpapiere mit Prämien aufgenommen. Die Kommission ging bei dieser Befreiung davon aus, daß die fraglichen Papiere durch die bereits erfolgte Abstempelung die Umlaufsfähigkeit im Inlande erlangt hätten, daß diese Papiere sich namentlich im Besitze kleinerer Leute, denen man Kenntniß der Stempelgesetzgebung nicht zumuthen könne, befänden und daß eine Verpflichtung dieser Besitzer, die oft nur geringe Beträge repräsentirenden Loospapiere nochmals zur Stempelung einzureichen, wenn sie nicht harter Bestrafung ausgesetzt sein wollen, zu großen und ungerechtfertigten Härten führen würde. Sie glaubte, aus diesen Erwägungen den Ausführungen der Regierungsvertreter kein Gewicht beilegen zu können, welche dahin gingen, daß durch die in dem Gesetze vom 8. Juni 1871 angeordnete Abstempelung und Entrichtung einer Kontrolgebühr die ausländischen Prämienpapiere nur eine Ausnahme von dem allgemeinen Verbot, also lediglich die Gleichstellung mit anderen ausländischen Werthpapieren beim Umlauf im Bundesgebiet erlangt haben, und daß deshalb eine allgemeine, den letzteren auferlegte Abgabe auch die abgestempelten fremden Inhaberpapiere mit Prämien treffen müsse.

31. Zu Anmerkung zu Tarif Nr. 1 und 2.

a) Es wurde der Antrag gestellt, die ausländischen Aktien und Aktienantheilsscheine auch dann der inländischen Besteuerung zu unterwerfen, wenn sie im Inlande erworben oder besessen würden.

Zur Begründung dieses Antrages wurde ausgeführt daß, wenn bei inländischen Aktienunternehmungen die Steuer von dem ganzen Aktienkapital erhoben würde, unabhängig davon, ob die Aktien Gegenstand des Verkehrs geworden seien oder würden, es nicht gerechtfertigt sei, die Besteuerung der ausländischen Werthpapiere nur dann eintreten zu lassen, wenn sie im Inlande ausgehändigt oder zum Gegenstande eines Rechtsgeschäfts gemacht würden. Diese Steuer charakterisire sich als eine Besteuerung des mobilen Kapitals; es sei also durchaus gerechtfertigt und geboten, daß das inländische Kapital nicht erst dann, wenn die ausländischen Werthpapiere zum Gegenstand eines Rechtsgeschäfts im Inlande gemacht würden, sondern allgemein von dieser Steuer betroffen würden wenn diese Werthpapiere von Inländern zum Zwecke der Kapitalsanlage erworben und besessen würden. Es wäre geradezu eine Begünstigung der Anlage in ausländischen Werthen, wenn die Besteuerung derselben in der in der Vorlage vorgesehenen Weise begrenzt würde, da jeder Großkapitalist sich in der Lage befände, die ausländischen Werthpapiere dadurch der Besteuerung zu entziehen, daß er die Aushändigung derselben im Auslande bewirken lasse. Auch der Begriff der steuerpflichtigen Aushändigung sei wenig klar und habe in der Praxis eine verschiedene Auslegung ererfahren. Während die Preußische Regierung und die Regierung von Elsaß-Lothringen auf dem Standpunkt ständen, daß die Uebersendung ausländischer Werthpapiere durch die Post als eine steuerpflichtige Aushändigung anzusehen sei, weil nach den postalischen Bestimmungen der Versender vor der Aushändigung an den Adressaten über die Sendung frei verfügen könne, und demgemäß die Aushändigung als im Inlande vollzogen anzusehen sei, ständen andere der Verbündeten Regierungen auf dem entgegengesetzten Standpunkt und unterwürfen die mit der Post eingehenden ausländischen Werthpapiere nicht der Besteuerung Es sei geboten, diese Zweifel in der Auslegung des Begriffs „Aushändigung" zu beseitigen. Außerdem könne es nicht für gerechtfertigt erachtet werden, daß, wenn die Aushändigung, sei es an den Eigenthümer der Werthpapiere selbst, oder an einen von ihm in's Ausland geschickten Boten, im Auslande erfolge, die ausländischen Werthpapiere der inländischen Steuer nicht unterworfen würden. Hierin liege eine Begünstigung des Großkapitals, welches oft Geschäfte in solchem Umfange mache, daß sich die Abholung der ausländischen Werthpapiere aus dem Auslande für sie lohne.

Diese Anträge wurden von den Vertretern der Verbündeten Regierungen sowohl, wie auch aus der Mitte der Kommission bekämpft. Zur Rechtfertigung der Regierungsvorlage und der durch dieselbe der Besteuerung ausländischer Werthpapiere gezogenen Grenzen wurde ausgeführt, daß diese Steuer sich nicht als eine Emissionssteuer, sondern als eine Verkehrssteuer charakterisire, und daß es demgemäß gerechtfertigt sei, die Unterwerfung unter die Steuer davon abhängig zu machen, daß die ausländischen Werthpapiere im Inlande zum Gegenstand eines Rechtsgeschäfts gemacht würden. Was den Begriff der steuerpflichtigen Aushändigung anlange, so genüge hierfür nicht, daß im Inland eine mechanische Uebertragung der Werthpapiere von einer Hand in die andere stattfinde, wie solche durch den Boten, welcher die Werthpapiere aus dem Auslande abgeholt und sie im Inlande dem Eigenthümer übergeben habe, oder durch Post- und Eisenbahnbeamte bei der Uebergabe der durch ihre Vermittelung ausgelieferten Sendungen oder Gepäckstücke bewirkt werde; es sei vielmehr die Aushändigung im Inlande nur dann steuerpflichtig, wenn dieselbe auf Grund eines abgeschlossenen Rechtsgeschäfts und mit rechtlichen Wirkungen geschehe. So ließen die Verhandlungen über das Gesetz vom 1. Juli 1881 keinen Zweifel darüber, daß die im Inlande in Verwahrung gegebenen ausländischen Werthpapiere der inländischen Steuer nicht zu unterwerfen seien, weil hierin eine Aushändigung mit rechtlichen Wirkungen nicht erblickt werden könne, wonach auch ausnahmslos verfahren worden sei. Gegen die beantragte Erweiterung der Steuerpflicht sei auch namentlich das Bedenken zu erheben, daß dann die von Ausländern, die sich in Deutschland vorübergehend aufhielten, oder, aus dem Auslande angezogen, hier ihren Wohnsitz nähmen, besessenen ausländischen Werthpapiere der Besteuerung unterworfen würden. Hierdurch würden wohlhabende Ausländer, wenn nicht an der beabsichtigten Niederlassung im Inlande gehindert, so doch veranlaßt, ihre ausländischen Werthpapiere im Auslande zu belassen.

Die Mehrheit der Kommission nahm in erster Lesung den Antrag, daß auch die im Inlande „besessenen" ausländischen Werthpapiere der Steuer zu unterwerfen seien, an, behielt sich jedoch vor, in der zweiten Lesung diesem Beschluß eine solche Fassung zu geben, daß die letzteren Bedenken dadurch ihre Erledigung fänden.

Bei der zweiten Lesung wurde demgemäß diese Frage nochmals einer eingehenden Erörterung unterzogen, die durch Annahme des Antrages: als Anmerkung zu Tarifnummer 1 und 2 folgende Bestimmungen hinzufügen:

[folgt der Wortlaut der Gesetz gewordenen Anmerkung]

ihren Abschluß fand.

Bei dieser Erörterung wurden im Allgemeinen die bei der ersten Lesung hervorgehobenen Gesichtspunkte wiederholt. Es wurde jedoch von den Vertretern der Verbündeten Regierungen als sehr wünschenswerth bezeichnet, daß die über den Begriff der steuerpflichtigen Aushändigung in der Praxis hervorgetretenen Meinungsverschiedenheiten durch eine anderweite Fassung der Bestimmung beseitigt würden. Von einzelnen Mitgliedern der Kommission wurde dagegen die von der Preußischen und Elsaß-Lothringischen Regierung dem Begriff der steuerpflichtigen Aushändigung gegebene Erweiterung als unberechtigt bezeichnet und bestritten, daß aus der falschen Auslegung an sich klarer Bestimmungen des Gesetzes seitens einzelner Bundesregierungen ein Grund zu der beantragten Erweiterung der Steuerpflicht entnommen werden könnte.

Die Kommission schloß sich diesen letzteren Erwägungen nicht an, hielt es vielmehr in Uebereinstimmung mit den Vertretern der Verbündeten Regierungen für zweckmäßig, die über den Begriff der steuerpflichtigen Aushändigung hervorgetretenen Zweifel zu beseitigen und stimmte auch der vorgeschlagenen Erweiterung der Steuerpflicht zu, indem sie sich den von den Antragstellern hierfür geltend gemachten Gründen im Allgemeinen anschloß.

Zur Begründung des Antrages war noch ausgeführt, daß sich derselbe eng an das geltende Gesetz anschließe, welches bereits Anschaffungsgeschäfte, die von einem im Inlande wohnhaften Kontrahenten im Auslande abgeschlossen würden, der Umsatzsteuer unterwerfe. Dieser Bestimmung liege die Auffassung zu Grunde, daß die durch ein solches Geschäft erworbenen ausländischen Werthpapiere als in den inländischen Geschäftsverkehr übergegangen anzusehen seien. Es sei demgemäß eine berechtigte und nothwendige Konsequenz, die auf diese Weise erworbenen ausländischen Werthpapiere auch der Effektensteuer zu unterwerfen, wenn sie in Folge dieses Geschäfts ins Inland gelangten. Hierbei müsse es als gleichgültig angesehen werden, ob in diesem Falle die Werthpapiere dem im Inlande wohnhaften Kontrahenten aus dem Auslande übersandt oder von ihm oder einem Vertreter aus dem Auslande abgeholt würden. Allerdings könne ja nicht verhindert werden, daß der inländische Erwerber ausländischer Werthpapiere dieselben im Auslande belasse, um sie der inländischen Steuer zu entziehen, und würde namentlich das Großkapital dieses in vielen Fällen thun, besonders dann, wenn es die ausländischen Werthpapiere nicht dauernd besitzen wollte, sondern mit der Möglichkeit oder gar Wahrscheinlichkeit rechnen müßte, dieselben wieder im Auslande zu veräußern. Obwohl es von mehreren Seiten als eine in hohem Maße unerwünschte Folge des Antrages bezeichnet wurde, daß die Annahme desselben dahin führen würde, in großem Umfange die im Auslande erworbenen ausländischen Werthpapiere im Auslande zu belassen, wodurch die Geschäfte der inländischen Eigenthümer dieser Werthpapiere erschwert würden, weil sie dieselben nicht jeden Augenblick zur Verfügung hätten und außerdem im Auslande nicht unerhebliche Gebühren für die Aufbewahrung würden bezahlen müssen, wurde der Antrag doch mit großer Majorität angenommen.

Hierbei wurde das allseitige Einverständniß darüber konstatirt, daß nach wie vor ausländische Werthpapiere der inländischen Besteuerung nicht unterlägen, wenn dieselben, ohne im Uebrigen Gegenstand des inländischen Verkehrs zu werden, nur im Inlande in Verwahrung gegeben würden.

Die Kommission beschloß, da die gleichen Gründe, welche für die Erweiterung des Begriffs der steuerpflichtigen Aushändigung bei ausländischen Aktien und Aktienantheilscheinen vorlägen, auch bei Renten und Schuldverschreibungen ausländischer Staaten,

Korporationen, Aktiengesellschaften oder industrieller Unternehmungen und sonstiger für den Handelsverkehr bestimmter ausländischer Renten und Schuldverschreibungen Platz griffen (Nr. 2b), diese Erweiterung auch auf die zuletzt genannten Papiere auszudehnen und die von ihr beschlossene Bestimmung demgemäß als Anmerkung zu den Tarifnummern 1 und 2 aufzunehmen. K.Ber. 1894. (Drucks. Nr. 266 S. 2, 3.)

b) Die Anmerkung ist bestimmt, eine Lücke des Gesetzes auszufüllen.

Nach Ziffer 1 der vom Bundesrath unterm 25. September 1885 beschlossenen allgemeinen Anweisung zur Anwendung des Reichsstempelgesetzes sind Genußscheine und ähnliche zum Bezuge eines Antheils an dem zur Vertheilung gelangenden Reingewinn einer Aktienunternehmung berechtigende Werthpapiere, wenn sie dem Eigenthümer oder Inhaber einen verhältnißmäßigen Antheil an dem Vermögen der Gesellschaft gewähren, wie Aktien oder Aktienantheilscheine, sonst aber wie Schuldverschreibungen zu besteuern, und es ist als Kapitalwerth der Schuldverschreibungen der 25fache Betrag der durchschnittlichen Jahresrente, eventuell der Kurswerth und, falls ein solcher nicht besteht, der Schätzungswerth anzusehen.

Da die Praxis des Reichsgerichts neuerdings dahin geht, daß als Aktien nur solche Genußscheine angesehen werden dürfen, deren Inhaber einen Antheil an dem Grundkapital (Einlagekapital) der Gesellschaft und Stimmrecht in den Generalversammlungen haben, wird der Aktienstempel für Genußscheine kaum noch in irgend einem Falle zu fordern sein. Aber auch der Schuldverschreibungsstempel wird sich gemäß der Vorschrift in der letzten Spalte des Tarifs nur für diejenigen Schriftstücke berechnen lassen, in denen entweder ein in Zahlen genau bestimmter Kapitalbetrag oder eine in Zahlen genau bestimmte Rente angegeben ist. Denn die in der Anweisung eventuell getroffene Bestimmung, daß als Kapitalwerth der 25fache Betrag der durchschnittlichen Jahresrente oder der Kurs- oder Schätzungswerth zu gelten habe, ist auch um deswillen kaum durchführbar, weil die Versteuerung wenigstens der inländischen Genußscheine noch vor deren Ausgabe geschehen soll, alsdann aber (soweit nicht etwa früher ausgegebene gleiche Genußscheine schon im Umlauf sind), von einer durchschnittlichen Jahresrente noch nicht die Rede sein kann, ein Kurswerth meistens noch nicht besteht und der Schätzungswerth gewöhnlich ein ganz unsicherer ist.

Bei einer Steuer, welche den ganzen einheimischen Verkehr in Werthpapieren erfassen will, erscheint es grundsätzlich nicht gerechtfertigt, solche Papiere, welche, wenn auch keinen Anspruch auf eine bestimmte Rente oder einen bestimmten Kapitalbetrag, so doch eine Theilnahme an den Nutzungen einer Aktienunternehmung beziehungsweise an dem im Fall der Liquidation der Gesellschaft noch vorhandenen Vermögen gewähren, von der Abgabe frei zu lassen. Es dürfte sich deshalb empfehlen, für alle Genußscheine, die weder als Aktien noch als

Schuldverschreibungen angesprochen werden können, einen festen Steuersatz einzuführen. K.Ber. 1894. (Drucks. Nr. 52 S. 13.)

32. Zu Nr. 3 des Tarifs.

Die unter dieser Tarifnummer enthaltenen Bestimmungen sind erst auf Antrag der Kommission des Reichstages und Beschluß des letzteren hinzugetreten. — K.Ber. 1881. (Drucks. Nr. 162 S. 78): Für die Nr. 3 des Tarifs lagen in zweiter Lesung zwei verschiedene Fassungen vor, einmal die aus der Zusammenstellung ersichtliche (d. i. die jetzt im Gesetz enthaltene), sodann die folgende:

„Inländische für den Handelsverkehr bestimmte Renten- und Schuldverschreibungen (auch Partialobligationen), sowie Interimsscheine über Einzahlungen auf diese Werthpapiere, wenn durch solche Urkunden Provinzen, Kreise, Kommunen, Kreditanstalten für die Beleihung ländlichen oder städtischen Grundbesitzes oder Transportgesellschaften als Schuldner verpflichtet werden."

Diese weiter gehende Fassung, welche auch die nicht staatlich genehmigten, sowie die auf Namen lautenden, in blanco übertragbaren Papiere der fraglichen Gattung an der Vergünstigung der niedrigeren Besteuerung theilnehmen lassen will, wurde jedoch mit 11 gegen 10 Stimmen abgelehnt und die aus der Kommissionsvorlage ersichtliche Fassung acceptirt.

33. Zu Nr. 4a des Tarifs.

Die Kommission war der Ansicht, daß die in der

Vorlage der Subkommission nach dem Antrage Dr. A. und Genossen aufgezählten Geschäftsformen, Kauf, Verkauf, Rückkauf, Tausch, Lieferung, sämmtlich unter die Anschaffungsgeschäfte zu begreifen seien, und man einigte sich dahin, diese einzelne Spezies zu streichen und sich in Anlehnung an das Handelsgesetzbuch Art. 271*) darauf zu beschränken, als abgabepflichtige Geschäfte Kauf- und sonstige Anschaffungsgeschäfte zu bezeichnen. Ein Antrag, statt dessen „Anschaffungs- und Veräußerungsgeschäfte" zu sagen, fand keine Zustimmung.

Verkauf, Rückkauf, Lieferung seien Geschäfte, welche unter dem allgemeinen Ausdruck Kauf zweifellos begriffen seien, und ihre besondere Aufführung könne nur zu Mißverständnissen Veranlassung geben. Das Tauschgeschäft, obwohl dasselbe zweifellos ein Anschaffungsgeschäft sei, trete für den Kreis der hier in Betracht kommenden Geschäfte so sehr in den Hintergrund, daß es nicht angezeigt erscheine, dasselbe besonders hervorzuheben.

Auch darüber herrschte einstimmige Ansicht in der Kommission:

---

*) In Art. 271 des Handelsgesetzb. heißt es:

„Handelsgeschäfte sind:

1) der Kauf oder die anderweite Anschaffung von Waaren oder anderen beweglichen Sachen, von Staatspapieren, Aktien oder anderen für den Handelsverkehr bestimmten Werthpapieren, um dieselben weiter zu veräußern;" 2c. 2c.

1. daß das vorliegende Gesetz in keiner Weise in das materielle Handelsrecht mit irgend einer Vorschrift oder Definition eingreifen wolle und könne, daß es sich vielmehr nur um Angabe von Merkmalen handle, welche die Steuerpflicht des Geschäfts leicht erkennen lassen. Alle Bestimmungen bezögen sich nur auf das Gebiet der Besteuerung;

2. darüber, daß bei der Steuerpflicht es lediglich auf die Geschäftsform ankomme, in welche das Geschäft von den Kontrahenten gekleidet werde.

Vor allem müsse man die Berücksichtigung der weiteren Absicht, welche der Geschäftsschließende im Auge habe, der Motive, aus denen ein Geschäft abgeschlossen werde, gänzlich bei Seite lassen; es sei beispielsweise ganz gleichgültig, ob bei dem Kauf- oder Verkaufgeschäft die Absicht zu Grunde liege, damit ein Darlehn zu erhalten oder eine Spekulation auf die Kursdifferenzen zu begründen, oder ob ein Kauf von Wechseln und Banknoten stattfinde, um damit eine Zahlung im Sinne der Tilgung einer Verbindlichkeit zu machen oder dieselbe anderweit gewinnbringend zu veräußern. Wolle man das Motiv für das Geschäft hier entscheiden lassen, was auch schon bei der rechtlichen Beurtheilung eines Vertrages unzulässig sei, so werde man ein meist äußerlich gar nicht erkennbares Merkmal für die Steuerpflicht herstellen oder vielmehr jedes Merkmal beseitigen.

Unter Anschaffungsgeschäft verstehe man nach den Entscheidungen des Reichsgerichts jedes auf den Erwerb von Eigenthum an beweglichen Sachen gerichtetete entgeltliche Vertragsgeschäft. Unter das Anschaffungsgeschäft fielen daher auch alle diejenigen sogenannten unbenannten Verträge, welche nicht die Merkmale des Kaufes in sich schließen, bei welchen aber auf der einen Seite die Verpflichtung zur Uebertragung beweglicher Gegenstände, auf der anderen Seite die Verpflichtung zu einer Leistung begründet werde, die nicht in der Zahlung eines Preises bestehe. Es seien ferner hierher zu rechnen der Tausch, die freiwillige Annahme an Zahlungsstatt.

Es wurde hierbei von anderer Seite hervorgehoben, daß der Umfang und Begriff des Anschaffungsgeschäfts immerhin ein ungewisser sei, daß es schwer zu erkennen sei, ob gewisse Geschäfte hierherzubeziehen, und es werde damit für den Geschäftsmann häufig zweifelhaft sein, welche Art des Geschäftes von der Steuerbehörde als Anschaffungsgeschäft aufgefaßt werde. Es böten sich als solche zweifelhaften Geschäfte z. B. das Skontroverfahren im Liquidationsbüreau, der Lombardverkehr, die Leihgeschäfte, der Checkverkehr, der Verkehr der Giroeffektenbanken. Dem wurde entgegnet, daß, wie im Handelsverkehr jeden, namentlich den aus thatsächlichen Verhältnissen entstehenden Schwierigkeiten und Zweifeln durch das vollkommenste Handelsgesetz nicht vorgebeugt werden könne, man darauf verzichten müsse, auch für die Steuerpflicht in jedem einzelnen Falle allen und jeden Zweifel durch die Fassung des Gesetzes auszuschließen, man müsse, da der Begriff des Anschaffungsgeschäfts ein im Handelsrechte und im

Geschäftsleben unbegrenzter sei, eine verständige Anwendung dieses Begriffs auf die einzelnen Fälle voraussetzen und dann noch entstehende Zweifel durch Richterspruch lösen lassen. Was speziell die einzelnen Geschäfte angehe, welche hier als Beispiel namhaft gemacht seien, so müsse man bei allen verneinen, daß sie unter den Begriff des Anschaffungsgeschäfts fielen.

Was insbesondere die sogenannte Skontrirung angehe, so trete bei derselben kein Anschaffungsgeschäft ein.

Aehnlich wie das Liquidationsverfahren in der Skontrirung eine gemeinschaftliche Lösung abgabepflichtiger Geschäfte nicht ein Anschaffungsgeschäft darstelle — ebenso enthalte die Uebertragung im Effektengiro an sich nur eine Form der Erfüllung der dieser vorangegangenen Geschäftsabschlüsse, aber kein Anschaffungsgeschäft für sich Die vorangehenden Geschäftsabschlüsse können steuerpflichtig sein, die Form der Lösung durch Uebertragung sei es nicht.

Dasselbe gelte vom Check und beide Geschäftsformen halte man als solche nicht für Anschaffungsgeschäfte.

Lombard- und sonstige Leihgeschäfte würden nur unter Voraussetzung als Anschaffungsgeschäfte zu betrachten sein, daß sie sogenannte uneigentliche seien, bei denen die Befugniß zur Veräußerung des Pfandes von vornherein bei dem Geschäftsabschlusse normirt sei. (Vgl. jetzt §. 13 d. G.)

In Betreff des Tauschgeschäftes wurde insbesondere hervorgehoben, daß dasselbe für die hier als abgabepflichtig bezeichneten Objekte kaum in Betracht komme. Das Geschäft vollziehe sich bei verschiedenartigen Effekten und müsse sich vollziehen in der Form von zwei Kaufgeschäften, das bedinge die Natur der Sache und im Geschäftsverkehr werde stets so verfahren, auch von dem Bankier stets Provision, Kurtage ꝛc. von jedem Geschäfte berechnet. Auch der Tausch, in Effekten derselben Art, Umtausch von großen in kleinere Stücke und umgekehrt, von Stücken des einen Zinstermins, in solche des andern, finden selten im Geschäftsverkehr statt; wo er stattfinde, liege ein Anschaffungsgeschäft vor und folglich Abgabenpflicht. Der Billigkeit eines einzelnen Falles wegen könne man hier eine Ausnahme nicht zulassen, man müsse sogar so weit gehen, Tauschgeschäfte obiger Art, wenn sie auch nur aus Gefälligkeit vollzogen würden, als abgabepflichtige Anschaffungsgeschäfte zu bezeichnen. — Vgl. jetzt §. 13 d. G. und Anm. 13 dieses Abschnittes.

Auch darüber war die Kommission derselben Ansicht, daß durch den Begriff des Anschaffungsgeschäfts alle Geschäfte ausgeschlossen seien, welche einen bloßen Auftrag zur Vornahme einer Handlung enthielten. Als Beispiel wurde der einfache Auftrag zum Inkasso eines ausländischen Wechsels im Auslande bezeichnet.

Daß Zahlungen in ausländischen Banknoten und Geldsorten im Auslande, wo sie Geld seien, nicht unter die Anschaffungsgeschäfte fielen, wurde als selbstverständlich angesehen. K.Ber. 1885. (Drucks. Nr. 286 S. 14 ff.)

34. Zu Tarif Nr. 4a Abs. 1.

a) Soweit bisher bei Errichtung einer Aktiengesellschaft die Aktien auf Grund vorheriger Zeichnung zugetheilt oder von den Gründern übernommen, oder in andern Fällen Werthpapiere dem ersten Erwerber ausgeliefert wurden, ist in der Praxis der Gerichte und der Verwaltungsbehörden übereinstimmend das Vorliegen eines stempelpflichtigen Anschaffungsgeschäfts angenommen worden.

Neuerdings haben jedoch bezüglich der bei der Simultangründung (Artikel 209d des Handelsgesetzbuchs) erfolgenden Uebernahme sämmtlicher Aktien durch die Gründer die vereinigten Civilsenate des Reichsgerichts dahin entschieden, daß dieselbe ein Anschaffungsgeschäft gemäß Position 4a 2 des Tarifs nicht darstelle. Die Entscheidung, welche von dem handelsrechtlichen Begriff der Anschaffung als des abgeleiteten entgeltlichen Erwerbs beweglicher Sachen zu Eigenthum mittelst Rechtsgeschäfts unter Lebenden ausgeht, vermißt bei der Simultangründung in Ansehung der Aktien das Vorliegen einer Veräußerung auf der einen Seite, ohne welche eine solche Anschaffung auf der andern Seite nicht denkbar ist.

Hierdurch ist das Fortbestehen der bisherigen steuerpflichtigen Praxis in dem in Rede stehenden wie in rechtlich ähnlichen Fällen in Frage gestellt. Andererseits aber läßt sich nicht verkennen, daß — von den angedeuteten formalen Rechtsbedenken abgesehen — es sich hierbei um wirthschaftliche Vorgänge handelt, die ihrem Wesen nach, da sie börsenmäßige Werthe dem Verkehr zuführen, unter das Gesetz, das die Umsätze solcher Werthe besteuern will, gezogen werden müssen, und die außerdem die Abgabe tragen können. Ihre Freilassung von der Steuer würde überdies einen nicht unerheblichen Ausfall für die Reichskasse bedeuten.

Der Entwurf sucht die Abgabenentrichtung in solchen Fällen auch ferner zu sichern, indem er jene Vorgänge in Ansehung der Steuerpflicht den Anschaffungsgeschäften gleichstellt. Auf die Begriffsbestimmung des Anschaffungsgeschäfts, wie sie sich in der Rechtsprechung allmählig herausgebildet hat, bleibt diese Vorschrift ohne Einfluß. Mot. 1894. (Drucks. Nr. 52 S. 14.)

b) In der Kommission wurde von einer Seite beantragt, den in der Regierungsvorlage enthaltenen Zusatz zu Tarif Nr. 4a 2 — den jetzt im Gesetz stehenden Abs. 1 zu Tarif 4a 2 — zu streichen, und dabei bemerkt, daß die Aufnahme dieser Bestimmung bezwecke, der Judikatur des Reichsgerichts entgegenzutreten, welche die bei Errichtung einer Aktiengesellschaft stattfindende Uebernahme der Aktien durch die Begründer nicht für ein steuerpflichtiges Anschaffungsgeschäft erklärt habe. Diese Auffassung des Reichsgerichts müsse entschieden als eine durchaus berechtigte bezeichnet werden. Wenn jemand seine eigene Fabrik in eine Aktiengesellschaft umwandle und diese Aktien im eigenen Besitz behalte, so würde doch kein verständiger Mann an ein steuerpflichtiges Anschaffungsgeschäft denken können. Ebensowenig sei dieses der Fall, wenn eine Fabrik sich im Mitbesitz Mehrerer befinde, und die Miteigenthümer zum Zwecke der Erbauseinandersetzung die Anlage in eine Aktiengesellschaft umwandelten, und die Aktien unter sich nach Verhältniß der den Einzelnen an dem Unternehmen zustehenden Eigenthumsrechte vertheilten. Nicht anders lägen die Fälle bei der Uebernahme der Aktien durch die Gründer; diese erwürben zunächst das Eigenthum an dem zu gründenden und in eine Aktiengesellschaft umzuwandelnden Unternehmen, würden dadurch Miteigenthümer an demselben, und wenn sie dann die Aktien unter sich nach Verhältniß des Miteigenthums vertheilen, so könne darin ein steuerpflichtiges Anschaffungsgeschäft nicht gefunden werden. Dagegen sei es zweifellos, daß, wenn bei Errichtung einer Aktiengesellschaft oder Kommanditgesellschaft auf Aktien die Zutheilung der Aktien auf Grund vorhergehender Zeichnung erfolge, also die Aktien in das Eigenthum eines Anderen übergingen, ein steuerpflichtiges Anschaffungsgeschäft vorliege. Dieses würde auch voraussichtlich von dem Reichsgericht anerkannt werden, welches noch nicht in die Lage gekommen sei, hierüber eine Entscheidung zu treffen. Die vorgeschlagene neue Bestimmung sei also in ihrem ersten Theile überflüssig, in ihrem zweiten Theile unrichtig.

Diese Ausführungen wurden unter Wiederholung der in der Vorlage angeführten Gründe von den Vertretern der verbündeten Regierungen bekämpft, und wurde darauf hingewiesen, daß auch ihres Erachtens die Zutheilung der Aktien auf Grund vorausgegangener Zeichnung bei Errichtung einer Aktiengesellschaft zweifellos als steuerpflichtiges Anschaffungsgeschäft anzusehen sei, daß es sich jedoch empfehle, durch die vorgeschlagene Bestimmung diese Frage gesetzgeberisch zu entscheiden, um eine etwaige anderweite Auslegung seitens der Gerichtsbehörden unmöglich zu machen.

Nach diesen Darlegungen wurde der Antrag auf Streichung der vorgeschlagenen Bestimmung abgelehnt und die Bestimmung selbst angenommen. K.Ber. 1894. (Drucks. Nr. 266 S. 11. 12.)

35. Zu Tarif 4a Ermäßigung.

Besonders wurde das Arbitragegeschäft als dasjenige bezeichnet, welches einer höheren Besteuerung nicht unterzogen werden könne, ohne dasselbe in erheblicher Weise zu schädigen, während es für den internationalen Verkehr nicht allein von Nutzen, sondern absolut unentbehrlich sei.

Durch die Arbitrage werde die Ausgleichung der großartigen Verbindlichkeiten ermöglicht, welche von Nation zu Nation erständen. Amerika — um ein Beispiel anzuführen — verkaufe seine Ernten mehrere Monate früher, als es seine Einkäufe in Europa mache. Dadurch entständen große Verbindlichkeiten nach Amerika, und folgeweise eine gesteigerte Nachfrage nach Zahlungsmitteln für Amerika. Die Arbitrage erfülle diese Aufgabe, indem sie durch das Fondsgeschäft Effekten als Zahlungsmittel verwende, oft nicht direkt, sondern über andere europäische Plätze. Würde die Thätigkeit der Arbitrage auf diesem Gebiete der internationalen Operationen durch eine prozentuale Besteuerung lahm gelegt, so trete die Nothwendigkeit der Baarzahlung früher und damit die erhöhte Gefahr eines unverhältnißmäßig hohen Abflusses des deutschen Goldbestandes ein. K. Ber. 1885. (Drucks. Nr. 286. S. 4.) Der durch die Arbitrage vermittelte große Verkehr in Wechseln, Effekten und Edelmetallen zwischen den verschiedenen Börsenplätzen Europas vollziehe sich regelmäßig in der Form der Meta-Contis. Ein hiesiges Bankgeschäft verbinde sich mit einem auswärtigen zu einer gemeinschaftlichen Aktion, bei welcher der Reingewinn getheilt werde. Daraus ergebe sich, daß alle Geschäfte, welche das im Auslande befindliche Bankhaus im Auslande abschließe, von der Steuer völlig befreit blieben, nur die inländischen Transaktionen der ganzen Steuer, die zwischen einem Orte des Inlands und einem Orte des Auslands erfolgenden Abschlüsse, soweit sie durch Korrespondenz erfolge, was meistens der Fall, der halben Steuer unterworfen würden. K.Ber. 1885. (Drucks. Nr. 286 S. 7.)

Ueber das Wesen der Arbitrage wurde weiter in den Reichstagssitzungen verhandelt. Daraus wird hier erwähnt: Es äußern sich:

Abg. v. W.: M. H., was ist denn aber eigentlich Arbitrage? Arbitrage ist doch weiter nichts als ein Verkauf- oder Kaufgeschäft in Wechseln, Effekten oder Waaren zwischen zwei verschiedenen Börsenplätzen, und die Grundlage der Arbitragegeschäfte besteht darin, die Kursdifferenz zwischen den verschiedenen Bankplätzen auszunützen. Was nun der Zweck eines solchen Arbitragegeschäfts ist, — ja, m. H., das kann man dem Geschäft in der

Form, wie es der Steuerbehörde vorliegt oder zur Besteuerung kommt, nicht ansehen Das Arbitragegeschäft kann ein ganz einfaches Tagesspekulationsgeschäft sein, in dem die Kursdifferenz zwischen hier und London oder einem anderen Börsenplatze gewonnen werden soll; es kann aber — und das ist ja die wirthschaftliche Bedeutung des Arbitragegeschäfts — auch ein Geschäft sein, welches zur Vermittelung von Zahlungen dient, die sonst in baarem Gelde gemacht werden müßten, wenn die disponiblen Wechsel für das betreffende Land nicht ausreichen, wohin die Zahlungen übermittelt werden sollen. Sten.-Ber. 1885 S 2523.

Abg. Dr. B.: Wenn heute in England der Wechsel auf Deutschland fällt und dadurch die Engländer Veranlassung haben, Forderungen auf Deutschland herüberzuschicken nach Berlin, so müssen die Deutschen sich ausrechnen, welche Arten von Wechseln sie am besten dagegen herüberschicken, und sie finden beispielsweise, daß sie mit Wechseln auf Paris die nach Deutschland von London gekommenen Wechsel aufs vortheilhafteste bezahlen. Das ist die einfache Wechselarbitrage. Sten.-Ber. 1885 S. 2537.

Abg. N.: Nun hat dieses Arbitragegeschäft doch den Zweck, Kursunterschiede, welche zu gleicher Zeit an verschiedenen Orten bei demselben Papier hervortreten, auszugleichen, gewissermaßen das Angebot und die Nachfrage auf dem ganzen Weltmarkt zu zentralisiren, dadurch einen Weltmarktpreis herzustellen und den Preis zu emanzipiren von etwaigen Koterien und Verbindungen, die an den einzelnen Börsen denselben zu beherrschen versuchen.

M. H., das Arbitragegeschäft hat weiter den Zweck, Zahlungen in Baarmitteln oder in Wechseln zu ersparen durch zeitweise Hergabe von Effekten. Sten.-Ber. 1894 S. 280. Und endlich

der Berichterstatter (Sten.-Ber. 1894 S. 305): Unter Arbitragegeschäfte verstehe ich nicht solche Geschäfte, bei denen in Folge von Aufträgen der Kommittenten auswärts Käufe und Verkäufe stattfinden, bei denen also die Abgaben auf die Käufer und Verkäufer übertragen werden können, sondern Arbitragegeschäfte sind solche, bei denen ein kommissionsweiser Auftrag zu Verkauf und Ankauf nicht vorliegt und An- und Verkauf lediglich zum Zweck der Ausgleichung der Kurse bewirkt wird. Ich glaube nun, es ließe sich ganz gut machen, daß man für diejenigen Personen, welche sich als Arbitrageure bezeichnen, eine erschwerte Kontrole in Bezug auf ihre Buchführung einführt und für diejenigen Geschäfte dieser Personen, die abgeschlossen werden zum Zweck des Ausgleichs von Kursdifferenzen verschiedener Börsen und nicht auf Grund von Aufträgen, eine Erleichterung in Bezug auf den Stempel gewährt. In diesem Umfange würde ich mich vollkommen für die Begünstigung der Arbitrage aussprechen.

36. Zu Nr. 4 B des Tarifs.

a) Es würde — — zu weit führen, wollte man — — — alle Anschaffungsgeschäfte über Waaren von der Steuer freilassen. Eine gewisse Kategorie steht ihrem Wesen nach so sehr auf der Grenze zwischen dem Umsatze des mobilen Kapitals und dem Waarenhandel, daß man dieselben der Steuerpflicht unterwerfen muß. Es sind dies die Geschäfte über solche Waaren, welche auf den Börsen gehandelt werden. Wenn auch ein Theil dieser Geschäfte dem wirklichen Waarenverkehr dient, so verfolgt eine nicht geringe Anzahl derselben ausschließlich den Zweck der Spekulation oder des Gewinnes.*) Eine Unterscheidung des einzelnen Geschäftes nach der einen oder anderen Tendenz läßt sich nicht erkennen, es ist daher die ganze Kategorie weit mehr unter das Geld- als unter das Waarengeschäft zu rechnen, sie repräsentirt mehr einen Umsatz von Werthen als von Waaren.

Muß man konsequenter Weise diese Geschäfte der Abgabepflicht unterwerfen, so bedarf es einer Umgrenzung nach zwei Richtungen, einmal indem das Geschäft selbst näher bestimmt und von anderen Geschäften gleicher Art unterschieden wird und sodann indem der Gegenstand des Geschäftes, die Menge von Sachen und Waaren, ein leicht unterscheidbares Merkmal enthält.

Was die erstere Qualifikation anbetrifft, so sind die Anschaffungsgeschäfte hierher zu beziehen, welche auf Grund von Usancen einer Börse abgeschlossen werden

— — —

*) Vgl. Note 188a in Abschn. I zu Tarifnummer 4b.

Bekanntlich ist diese Bestimmung in früheren Stadien der Verhandlungen über diese Materie als unzutreffend und ungenau bestritten worden und auch jetzt sind in in der Kommission Bedenken erhoben, man müsse erst definiren, was Börse sei,*) ehe die Usancen einer Börse zu erkennen seien. Dagegen ist zu erwidern, daß im Kreise der Geschäftsleute Jedermann weiß, was ein unter Börsenusancen abgeschlossenes Geschäft ist, und daß die Erkennbarkeit in der That keine Schwierigkeiten macht. Die Verhältnisse haben sich dem Bedürfnisse folgend mit Nothwendigkeit entwickelt. Die Geschäfte, wie sie heute abgeschlossen werden, müssen theils der absoluten Sicherheit, theils der unbeschränkten Uebertragbarkeit, theils der Herstellung eines Kurses wegen, unter ganz gleichen Bedingungen abgeschlossen werden. Diese Bedingungen haben sich auf Grund der bestehenden Uebung — Usance — gebildet und sind in der Mehrzahl der Börsenplätze zusammengestellt und veröffentlicht, so für Berlin, für Frankfurt, für Hamburg u. s. w.

Die börsenmäßigen Waarengeschäfte werden daher meist entweder ausdrücklich unter Bezug auf die Börsenusancen geschlossen, wie beispielsweise die Schlußzettel der Berliner Makler ergeben, oder sie werden in einer Form abgeschlossen, welche von den Usancen selbst geschaffen sind, wie die Fixgeschäfte, Prämien- und Stellagegeschäfte, Termingeschäfte, welche sämmtlich ein-

*) Vgl. Note 189a in Abschn. I zu Tarifnummer 4b.

zelne Arten von Anschaffungsgeschäften nach Börsenusancen darstellen. Aber auch, wo weder das Eine noch das Andere der Fall ist, wo namentlich nach den statutarischen Bestimmungen der Börsenvorstände die Usancen Mangels anderweiter Abrede zwischen den Kontrahenten ohne Weiteres für das Geschäft maßgebend sind, kann ein Zweifel über diese letztere Thatsache bei den Betheiligten nicht bestehen. Allen, welche derartige Geschäfte machen, muß man die Kenntniß der Börsenusancen ohne Weiteres zuschreiben und es ist ihnen daher ein Merkmal für die Steuerpflicht gegeben, welches untrüglich ist.

Fügt man dieser Begrenzung aber die zweite zu, daß es sich nur um Geschäfte handelt, welche einen bestimmten Kreis von Waaren umfassen, nämlich diejenigen, welche börsenmäßig gehandelt werden, so ist der Kreis der steuerpflichtigen Geschäfte nach allen Seiten hin begrenzt. Das natürliche Merkmal für Waaren, welche börsenmäßig gehandelt werden, bietet der Umstand, ob diese Waare einen anerkannten Terminpreis hat, d. h. ob sie im Kurszettel, der nicht nothwendig ein amtlicher sein muß,*) auf einen bestimmten Termin notirt ist. Daß sich der Kreis der börsenmäßig gehandelten Waaren verschieben, erweitern und verengern kann,**) das macht keinen Unterschied, denn es ist jede Veränderung sofort erkennbar und in den

*) Vgl. Anm. 192a in Abschn. I zu Tarifnummer 4 Spalte „Berechnung der Stempelabgaben".

**) Vgl. Note 188b in Abschn. I zu Tarifnummer 4b.

meisten Fällen ohne Weiteres aus den Kursnotirungen ersichtlich.

Wenn hiergegen eingewendet wird, daß die an Waarenbörsen unter weniger entwickelten Formen und weniger feststehenden Usancen abgeschlossenen Geschäfte von der Steuer nicht getroffen würden, so ist das kein Einwand, sondern mit dem Antrage bestimmt gewollt. Nicht das soll entscheidend sein, was sich Börse nennt und ob das Geschäft in dieser Versammlung abgeschlossen ist, sondern vielmehr der Umstand, daß es nach den feststehenden Usancen einer Börse abgeschlossen ist.

Hierbei muß hervorgehoben werden, daß der Nachdruck auf den Worten liegt: „nach den Usancen einer Börse". Damit ist es keineswegs nothwendig, daß das Geschäft an der Börse oder an einem Börsenplatze abgeschlossen, vielmehr fällt jedes Geschäft hierher, es mag abgeschlossen sein, wo es will, wenn es nur nach den Usancen einer Börse abgeschlossen ist. Wer in Hamburg nach den Usancen der Pariser Börse Zucker kauft, schließt auf Grund der Usancen der Börse in Paris ab, und dies Geschäft ist steuerpflichtig, denn Zucker wird in Paris börsenmäßig gehandelt. Das Geschäft muß selbstverständlich nach den Usancen einer bestimmten Börse abgeschlossen sein und ist demgemäß ein Geschäft nicht darauf zu prüfen, ob es den Usancen irgend einer Börse der Welt entspricht, sondern ob diese Usancen ausdrücklich in Bezug genommen oder sich aus dem Geschäfte im Uebrigen ergeben.

Von den Antragstellern wurde hervorgehoben, — —. Die Einwendungen gegen die Erkennbarkeit der Merkmale der Steuerpflicht des Gesetzes seien nicht stichhaltig, nachdem man nach zwei Seiten hin Begrenzungen aufgestellt. Die Gattungen der Waaren, welche einen Terminpreis haben, seien nicht zahlreich und dem handelnden Publikum sehr wohl bekannt. In Berlin werden notirt Getreide, Spiritus, Oel und Oelsaaten, Mais, feuchte Stärke ꝛc, in Paris Zucker, in Glasgow Eisen, in Havre Kaffee ꝛc. Jeder, welcher in diesen Waaren ein Geschäft mache, habe zu prüfen, ob er ein solches unter Zugrundelegung von Usancen einer Börse abschließe, und zwar einer bestimmten Börse. Letzteres werde entweder durch ausdrückliche Bezugnahme auf die Usancen einer Börse, oder durch die Art des Geschäfts und die Erfüllungsart erkennbar, so daß es in allen Fällen bei Ausstellung der Schlußnote dem Vertragschließenden klar sei, ob er ein steuerpflichtiges Geschäft abschließe, auch für die Steuerbehörden seien die unterscheidenden Merkmale genügend. Das Lokogeschäft könne man nicht ausnehmen, denn auch dieses sei eine durch Börsenusancen begrenzte Geschäftsform.

Die Kommission schloß sich den vorstehenden Ausführungen der Antragsteller an und erhob deren Antrag zum Beschluß. K.Ber. 1885. (Drucks. Nr. 286 S. 22 ff.)

b) Im Reichstage äußerte sich bei der zweiten Berathung der Berichterstatter der Kommission wie folgt: (Sten.-Ber. 1885 Bd. 4 S. 2557): Nun, m. H., möchte ich aber doch aus den Verhandlungen der Kommission eine Erklärung abgeben, über deren Tragweite ich mir vollständig bewußt bin. Es ist das meiner Ansicht nach eine nicht unwichtige Erklärung, insofern man bei der Interpretation der Gesetze, die aus dem Hause hervorgehen, keine Motive hat, und dann häufig die Erklärungen der Berichterstatter bei der Interpretation des Gesetzes seitens des Richters herbeigezogen werden. Allein, ich muß doch konstatiren —, daß die Kommission ihrerseits einig war, daß unter diesen hier in Frage stehenden Geschäften, die unter Zugrundelegung der Usance einer Börse abgeschlossen werden, zu verstehen seien solche Geschäfte, welche am Orte der Börse zu erfüllen sind, welche den Börsenbedingungen entsprechen, und zwar in Bezug der Qualität der Waare dahin, daß eine börsenmäßige Qualität der Waare geliefert wird, in Betreff der Art und der Zeit der Erfüllung, in Betreff der Börsenexekution, der sich die Börsenkontrahenten unterwerfen, in Betreff der Erfüllungsbedingungen, insbesondere der Begutachtung der Lieferung durch Sachverständige und der Entscheidung der Streitfälle durch Schiedsrichter.

M. H., Sie sehen also, daß sich die Kommission bewußt war, daß sie ganz bestimmte Bedingungen den Geschäften zu Grunde legen wollte, Bedingungen, von denen sich übrigens jeder überzeugen kann, der die Sammlungen der Vorschriften der Berliner oder einer sonstigen Produktenbörse zur Hand nimmt, und worüber er nicht in Zweifel sein kann. Nun fragt es sich: unter welchen Voraussetzungen soll ein dergestalt abgeschlossenes Geschäft der Steuer unterworfen werden? unter welchen soll es als ein solches gelten, welches nach Börsenusance abgeschlossen ist? Und da war die Kommission wiederum einverstanden, daß dies entweder durch eine ausdrückliche Erklärung der Parteien geschehen sollte: wir handeln auf Grundlage der Usance z. B. der Berliner Börse; oder aber, daß die Parteien eine Geschäftsform wählten, wie beispielsweise im Fixgeschäft, Termingeschäft, welches selbst Produkt der Usance der Börse ist, durch dessen Gebrauch also die Kontrahenten freiwillig erklären, daß sie sich der Börsenusance unterwerfen. Die Kommission ging dabei von dem Grundsatze aus, daß es in den freien Willen jedes Kontrahenten gestellt sei, ob er unter Börsenusance handeln wollte, oder ob er ein einfaches Lieferungsgeschäft auf Zeit abschließen wollte. Die Kommission war aber allerdings der Ansicht, daß sie keineswegs bei den Verkäufen der eigenen Produkte den Eigenthümer und Gutsbesitzer beschränken wollte in seiner Freiheit, nach Börsenusance zu handeln.

Nun, m. H., wurde noch ausdrücklich bei den Berathungen erklärt, ein einfaches Lieferungsgeschäft von Produkten, also von solchen Sachen, die auch börsenmäßig gehandelt werden, wie Spiritus, Getreide und dergleichen mehr, auf Zeit bedinge keineswegs die Zugrundelegung der Börsenusance; auch die Festsetzung eines Preises, wie das häufig geschieht, bei solchen Verkäufen mit Rücksicht auf bestehende Börsenpreise, z. B. wenn ein Gutsbesitzer verkauft ein Thaler billiger, als die Notirung in Breslau ist, so gilt das auch nicht als Unterwerfung des Geschäfts unter die Börsenusance, sondern es bleibt ein einfaches Lieferungsgeschäft auf Zeit, das, wenn es nicht erfüllt wird, vor den Gerichten ausgetragen wird, was eben ganz und gar nicht den Börsenbedingungen unterworfen ist und folgeweise auch steuerfrei bleibt.

37. Zu Tarif Nr. 4. Spalte Berechnung.

a) Abg. M.: Durch den Wegfall des §. 8 des bestehenden Gesetzes ist es möglich geworden, die Umsatzbeträge so zu theilen, daß ein großer Theil des Umsatzstempels umgangen werden kann. Um diese Umgehung zu verhindern, habe ich den Antrag eingebracht, nicht die vollen Tausend, sondern die angefangenen Tausend, oder wie wir besser sagen wollen, „1000 Mark oder einen Bruchtheil dieses Betrages" zu besteuern. Meines Erachtens liegt darin gar keine Unbilligkeit. Wir haben sonst in dem Gesetz überall die Steuer zu berechnen von dem angefangenen Tausend oder von den angefangenen Hundert. Der ganze Effektenstempel ist überall gerechnet vom angefangenen Betrage, niemals vom vollen Betrage; er läßt also niemals die über eine runde Summe hinausgehenden Beträge frei. Warum soll nun der Umsatzstempel die Mehrbeträge freilassen? Es würde das nur dahin führen, daß, wie ich bereits angedeutet habe, ein erheblicher Theil dieser Stempel überhaupt verloren gehen würde. Ich glaube, daß schon das jetzt bestehende Gesetz, das in dieser Hinsicht noch größte Fazilitäten gewährt, dazu gedient hat, den Umsatzstempel immer mehr zu drücken, und dadurch wird auch der eigentliche Rückgang des Ertrages aus dem Umsatzstempel zu erklären sein. Der Umsatzstempel ist im letzten Jahre ferner zurückgegangen, obschon sich die Börsengeschäfte im allgemeinen gehoben haben; wir sehen sogar in den Monaten Januar, Februar, März dieses Jahres einen weiteren Rückgang, während wir auf der anderen Seite doch immer von sehr lebhaften Börsen und sehr starken Umsätzen in den Börsenorganen hören. Um nun diese — ich möchte nicht sagen Umgehungen, sondern: Verminderungen der Umsatzgebühr wenigstens in etwas zu lindern, um es nicht dahin kommen zu lassen, daß allmählich die Hälfte ausfällt dadurch, daß man nur kleine Schlußnoten im Werthe von 1900 bis 1950 Mark macht, die nur mit 1000 Mk. zu versteuern sind, haben wir vorgeschlagen, die angefangenen Tausend gerade so zu versteuern wie die vollen Tausend, wie es beim Effektenstempel auch geschieht. Es wird dadurch die Befreiung der kleinen Umsätze bis zu 600 Mark nicht beseitigt; diese bleibt nach wie vor bestehen. Sten.-Ber. 1894 S. 1969.

b) Abg. Dr. R.: Alle diese Papiere, welche wesentlich

dienen zur Anlage für kleinere Leute, welche Ersparnisse gemacht haben, — diese Papiere will ich schützen dadurch, daß, wenn der Kurs über pari steht, sie den Stempel nur vom Nominalbetrag zahlen sollen; steht der Kurs darunter, so zahlen sie den Stempel nur für den Kurswerth, wie es in meinem Antrag zum Ausdruck gebracht ist. Sten.-Ber. 1894 S. 1971.

38. Zu Tarif Nr. 4. Befreiungen 1

vgl. Anm. 12 litt. C. dieses Abschnittes.

39. Zu Tarif Nr. 4. Befreiungen 2.

a) Nicht auf dem Gebiete des Reichsstempels, sondern auf dem des Landesstempels bewegt sich die in Ziffer 2 der Befreiungen vorgesehene Abänderung, welche die bisherige Anmerkung zu Tarifnummer 4 in einschränkender Fassung wiedergiebt. Die Auslegung, welche die Rechtsprechung des Reichsgerichts der Anmerkung gegeben, hat dahin geführt, daß alle Verträge mit Produzenten über die von diesen hergestellten und erzeugten Waaren, auch wenn die letzteren nicht zu den börsenmäßig gehandelten gehörten, z. B. Mauersteine, Kleidungsstücke u. s. w., als von jeglicher Stempelabgabe befreit erachtet werden mußten. Durch diese Auslegung ist dem Landesstempel in verschiedenen Bundesstaaten eine Reihe von Lieferungsverträgen entzogen, an deren Befreiung bei Erlaß jener Bestimmung von keiner Seite gedacht worden ist. Es erscheint wünschenswerth, der Landesgesetzgebung bezüglich der

Besteuerung dieser Verträge wiederum freie Hand zu geben.

Die vorliegend gewählte Fassung der Vorschrift, wonach die im Tarif bezeichnete Abgabe nicht erhoben werden soll, falls die Waaren, welche Gegenstand eines nach Nr. 4b stempelpflichtigen Geschäfts sind, von einem der Vertragschließenden im Inlande erzeugt oder hergestellt worden, dürfte einer Wiederkehr der obengedachten Auslegung vorbeugen.

Uebrigens würde die Klarstellung, daß Verträge der Produzenten über Waaren, welche nicht börsenmäßig gehandelt werden, nicht allgemeine Steuerfreiheit genießen, nicht zur Folge haben, daß die älteren landesgesetzlichen Steuervorschriften für diese Verträge wieder aufleben. Nachdem durch die Rechtsprechung des Reichsgerichts festgestellt ist, daß derartige landesgesetzliche Vorschriften, welche durch Reichsgesetz einmal außer Kraft gesetzt sind, bei Aenderung dieses Gesetzes nicht ohne Weiteres wieder in Geltung treten, wird es eventuell des Erlasses neuer landesgesetzlicher Bestimmungen bedürfen, falls eine Besteuerung der von den Produzenten geschlossenen Verträge eintreten soll. Mot. 1894. (Drucks. Nr. 52 S. 14.)

b) Abg. G.: Das gegenwärtige Gesetz [von 1885] enthält in einer Anmerkung die Bestimmung, daß Anschaffungsgeschäfte über Waaren, welche von einem Vertragschließenden im Inlande erzeugt oder hergestellt sind, steuerfrei sind. Dieser Anmerkung hat das Reichsgesetz die Auslegung gegeben, daß auch alle landesgesetzlichen Bestimmungen über die Besteuerung dieser Geschäfte aufgehoben seien, und daß demgemäß auch diese Geschäfte von den Landessteuern befreit seien. Aeußerungen in der Presse, welche die Beschlüsse der Kommission kritisiren, veranlassen mich, hiermit ausdrücklich festzustellen, daß meines Erachtens, nachdem das Reichsgesetz den Landesstempel für diese Geschäfte als durch die Reichsgesetze für beseitigt erklärt hat, es eines ausdrücklichen Aktes der Landesgesetzgebung bedürfen würde, wenn der frühere oder ein anderer Landesstempel für diese Geschäfte wieder zur Einführung gelangen solle, daß also nicht einfach durch die Beseitigung der Anmerkung auf dem Wege der Gesetzgebung und die Reprobirung der Auffassung des Reichsgerichts durch die Gesetzgebung die landesgesetzlichen Bestimmungen, die vor Erlaß jener im Jahre 1885 beschlossenen Anmerkung bestanden haben, wieder in Kraft treten. Ich wollte diesen Punkt nur feststellen, um hier Gelegenheit zu geben, eine abweichende Ansicht zu geben. Geschieht dies nicht, so wird angenommen werden können, daß die von mir ausgesprochene Ansicht allseitig Zustimmung gefunden hat. Sten.-Ber. 1894 S. 1981.

40. Zu Tarif Nr. 4. Befreiungen 3.

Wie nach der bisherigen Praxis soll auch fernerhin die Ausreichung von Werthpapieren an deren ersten Erwerber als stempelpflichtiges Anschaffungsgeschäft behandelt werden. Die Bestimmung begreift auch die Fälle in sich, in welchen seitens der Landschaften, Landeskultur-Rentenbanken und kommunalen Kreditinstitute nach den für diese Anstalten gegebenen besonderen Vorschriften dem Kreditnehmer die Valuta des Darlehns nicht in baarem Gelde, sondern in Obligationen ausgehändigt wird. Eine Besteuerung dieser Hingabe der Papiere als eines Umsatzes derselben wird aber von den Darlehnsnehmern nicht ohne Grund deshalb als Härte angesehen, weil ihre Absicht in erster Linie nicht auf die Anschaffung von Werthpapieren, sondern auf die Erlangung baaren Geldes gerichtet ist, und sie, um letzteren Zweck zu erreichen, die angeschafften Papiere mittelst stempelpflichtigen Geschäfts weiterzubegeben, die tarifmäßige Abgabe also zweimal zu entrichten gezwungen sind.

Ein ähnliches Verfahren für die Darlehnsgewährung besteht auch bei anderen, nicht staatlich bestellten Grundkreditanstalten, insbesondere bei verschiedenen süddeutschen Hypothekenbanken.

Bezüglich aller dieser Anstalten wird es sich zur Vermeidung einer außerhalb der Tendenz des Gesetzes liegenden mehrfachen Belastung des Darlehnsschuldners empfehlen, das Geschäft, mittelst dessen die von den Anstalten ausgegebenen, die Darlehnsvaluta darstellenden Effekten seitens des Kreditnehmers angeschafft werden, von der Steuerpflicht auszunehmen. Mot. 1894. (Drucks. Nr. 52 S. 15.)

41. Zu Tarif Nr. 4. Befreiungen 4.

Darüber, daß Geschäfte, deren Erfüllungstermin von der Bestimmung eines der Kontrahenten abhängt, sich auch dann, wenn sie gemäß dieser Bestimmung noch am Tage des Geschäftsabschlusses zu erfüllen sind, nicht als Kontantgeschäfte charakterisiren, herrschte allseitiges Einverständniß. K.Ber. 1885. (Drucks. Nr. 286 S. 20.)

42. Zu Tarif Nr. 4. Befreiungen 5.

Diese Befreiungsvorschrift ist in der Kommission hinzugefügt. Zur Begründung des darauf gerichteten Antrages wurde ausgeführt, daß sich in letzter Zeit ein Geschäftsverkehr entwickelt habe, welcher sich die Versicherung gegen die durch die Auslosung über Pari stehender Werthpapiere für das Privatpublikum entstehenden Verluste zur Aufgabe gestellt habe. Die Entwickelung dieses namentlich für die kleineren Kapitalisten sehr nützlichen Verkehrs würde dadurch erschwert, daß nach dem Wortlaut des bisherigen Gesetzes die Steuer von dem gesammten Nominalbetrage der gegen Auslosung versicherten Werthpapiere erhoben werden müsse, obwohl nur ein geringer Theil derselben zur Auslosung und demgemäß zum Umtausch gegen andere gleichartige Werthpapiere gelange. Es sei aber unbillig, daß, wenn Jemand seinen Besitz von vielleicht 10000 Mk. in wenig Prozent über Pari stehenden Obligationen industrieller Unternehmungen gegen die Verluste sichern wolle, welche ihm dadurch entständen, daß einzelne dieser Papiere ausgeloost und dann nur mit Pari eingelöst würden, den ganzen Betrag von 10000 Mk. zu versteuern, da anzunehmen sei, daß nur ein geringer Theil der versicherten Werthpapiere, ja in manchen Fällen vielleicht gar keine zur Ausloosung gelangten. Es sei deshalb durch Rücksichten der Billigkeit geboten, namentlich, da diese Versicherung vorzugsweise von dem kleinen Kapital gewählt würde, die Steuer auf denjenigen Betrag der Werthpapiere zu beschränken, welcher in der That ausgeloost und durch andere Stücke ersetzt würde. K.Ber. 1894. (Drucks. Nr. 266 S. 16.)

43. Zu Tarif Nr. 5.

a) Gegenstand der Steuer bilden nur Loose öffentlich veranstalteter Ausspielungen: beispielsweise aber fallen Loose von Ausspielungen geschlossener Kreise oder Vereine, deren Absatz auf die Mitglieder beschränkt ist, nicht unter das Gesetz.

Bei inländischen Ausspielungen soll der planmäßige Gesammtpreis der Loose, ohne Rücksicht darauf, ob sie zum Absatz im Bundesgebiet oder zum Vertrieb ins Ausland bestimmt sind, der Berechnung zu Grunde gelegt werden, bei ausländischen Ausspielungen dagegen der Preis der einzelnen Loose, wie sie in das Bundesgebiet eingeführt werden . . .

Um Zweifeln vorzubeugen, ist schließlich zu bemerken, daß Loose der Prämienanleihen nicht als Lotterieloose zu betrachten und daher den Bestimmungen dieses Gesetzes nicht unterworfen sind. Mot. 1881 (Drucks. Nr. 59 S. 44).

b) Bei der Berathung der Besteuerung der Loose wurde auch die **Frage des Totalisators und der Wetteinsätze bei öffentlich veranstalteten Pferderennen** einer eingehenden Erörterung unterzogen.

Von der einen Seite wurde auf das Verderbliche gerade dieser Art des Spiels hingewiesen. Dasselbe fordere zahllose Opfer und ruinire viele Existenzen und zwar nicht bloß aus den begüterten Volksklassen. Im Gegentheil gerade an den Wetten bei Pferderennen betheiligten sich erfahrungsgemäß viele kleine Leute, die oft durch diese Betheiligung ruinirt würden. Von anderer Seite wurde darauf hingewiesen, daß durch die Einrichtung des Totalisators diese Wetten in viel solidere Bahnen gelenkt und ihnen im Allgemeinen der ruinöse Charakter genommen sei. Es hätte sich auch hier der alte Erfahrungssatz bestätigt, daß, wenn man dem im Publikum vorhandenen Spielbedürfniß Gelegenheit gäbe, sich unter amtlicher Kontrole in mäßigem Umfange zu bethätigen, dieses zu einer Verminderung der Ausschreitungen führe. So sei in Folge der Einrichtung des Totalisators die für das Publikum ungleich verderblichere Buchmacherei erheblich zurückgedrängt, in manchen Orten sogar völlig beseitigt worden. Vor Einrichtung des Totalisators seien die Bestrafungen wegen unberechtigter Buchmacherei sehr zahlreich gewesen, wogegen dieselben nach Einrichtung des Totalisators fast ganz verschwunden seien. Während beim Totalisator die Gewinne, welche auf die einzelnen Einsätze entfielen, durch mechanische Einrichtung berechnet würden, und große Einsätze schon deshalb ausgeschlossen seien, weil damit der Wettende die Chancen seines Verlustes erheblich erhöhe, ohne gleichzeitig seine Gewinnchancen zu vermehren, so sei mit der Buchmacherei der Nachtheil verbunden, daß dieselbe es ermögliche, lange vor Beginn der Rennen auf alle Pferde, welche zu dem Rennen genannt seien, Einsätze zu machen, und daß die Buchmacher ohne weitere Kontrole diejenigen Beträge bezeichneten, zu denen sie Wetten auf die einzelnen Pferde annähmen. Bei dieser Einrichtung seien dem Leichtsinn keine Grenzen gesetzt, und es käme deshalb bei ihr ungleich häufiger vor, daß leichtsinnige Personen, auch solche der minder bemittelten Bevölkerungsklassen, ruinirt würden. Den Totalisator und die durch denselben erzielten Einnahmen könne die Pferdezucht nicht entbehren, da nicht gehofft werden dürfe, daß der Staat diese Ausfälle aus eigenen Mitteln zu ersetzen geneigt sein würde. K.Ber. 1894. (Drucks. Nr 266 S. 17.)

c) Lotterien bis zum Betrage von 100 Mark will der Entwurf vom Stempel gänzlich befreien; es trifft dies hauptsächlich theils die bei Jahrmärkten und öffentlichen Volksbelustigungen üblichen Ausspielungen geringwerthiger Gegenstände, theils die Verloosungen von Handarbeiten ꝛc., die bedürftigen Personen zuweilen von den Behörden gestattet werden

Für die Freilassung sprechen nicht nur Billigkeitsgründe, sondern namentlich in Ansehung der Jahrmarktslotterien auch der Umstand, daß der Ertrag derselben in keinem Verhältniß steht zu dem bei der Erhebung der Abgabe in Thätigkeit tretenden Verwaltungsapparat.

d) Ein weiterer Abänderungsvorschlag betrifft die Wohlthätigkeitslotterien, die bisher der Abgabe nicht unterlagen. Letztere Ausnahme ist seiner Zeit, während die Regierungen die unterschiedlose Freilassung aller Ausspielungen bis zum Betrage von 1000 Mark vorgeschlagen hatten, durch den Reichstag in das Gesetz aufgenommen worden. Wenn hierbei der berechtigte Wunsch vorwaltete, diejenigen Beträge, welche, sei es auch in Form des Preises für ein Lotterieloos, zu milden Zwecken gegeben würden, mit keinerlei Steuer zu belegen, so haben die inzwischen gemachten Erfahrungen gelehrt, daß die bisherige Begünstigung dieser Lotterien weit über den ursprünglichen Zweck des Gesetzgebers hinausgeht. Aeußerungen des Mildthätigkeitssinnes liegen ersichtlich nur bei der Betheiligung an solchen Ausspielungen vor, die sich, wie z. B. die aus Anlaß von Weihnachtsbescheerungen für bedürftige Kinder oder in Verbindung mit Bazaren zur Unterstützung von Nothleidenden und Kranken 2c. veranstalteten, auf eine bestimmte Oertlichkeit oder einen bestimmten Personenkreis beschränken. Bei weiterer Ausdehnung der Verloosung tritt bei Theilnehmern der Charakter der Mildthätigkeit mehr zurück und vollends ist dies der Fall bei den großen mitunter über das ganze Reich verbreiteten Lotterien mit erheblichen Gewinnen in Geld oder Edelmetall, die sich zum Vertriebe ihrer Loose eine Reihe an dem Erlöse zu betheiligender Agenten, meist gewerbsmäßiger Händler, bedienen. Abgesehen von dem Unternehmer der Ausspielung ist in solchen Fällen die Absicht der daran interessirten Personen, hauptsächlich der Käufer der Loose, vorzugsweise auf Gewinn gerichtet, und während auf der einen Seite es für die letzteren ohne Belang sein wird, ob sie für die Gewinnchancen einige Hunderttheile des Loospreises mehr zahlen oder nicht, liegt auf der anderen Seite für den Gesetzgeber kein Grund vor, zur Begünstigung dieser Sucht nach mühelosem Gelderwerb noch besondere Ausnahmebestimmungen zu treffen

Die Beschränkung auf die Ausspielungen zu ausschließlich mildthätigen Zwecken entspricht der bisherigen Auslegung des Gesetzes durch die Verwaltungsbehörden. Aus dieser Einschränkung ergiebt sich die Stempelpflicht von Lotterien zu anderen, insbesondere zu gemeinnützigen Unternehmungen; dagegen soll die Stempelbefreiung nicht dadurch ausgeschlossen werden, daß die Ausspielung für eine Veranstaltung erfolgt, bei welcher neben dem Unterstützungszweck auch noch die Uebernahme von Leistungen gegen Entgelt beabsichtigt ist, wenn nur der Ertrag der Ausspielung selbst lediglich dem Unterstützungszweck zugewendet wird. Mot. 1894 (Drucks. Nr. 52 S. 16.)

III. Abschnitt,

enthaltend Verfügungen und Erlasse der Verwaltungsbehörden, insbesondere des Königlich Preußischen Finanz-Ministeriums, sowie Entscheidungen der Gerichte, vorzüglich solche des Reichsgerichts.

Zu §. 1 des Gesetzes.

1. Das Reichsstempelgesetz bestimmt in seinem §. 1 und in dem zu ihm gehörigen Tarife, daß die in demselben unter 1, 2, 3, 5 bezeichneten Urkunden, sowie die daselbst unter 4 bezeichneten Geschäfte den vorgeschriebenen Abgaben unterliegen sollen, und es bringt hiermit zum Ausdrucke, daß diese Steuer durch das bloße Vorhandensein der betreffenden Urkunden, nicht aber durch die gewollte Handlung derjenigen Personen begründet werden soll, welchen die Berichtigung der Steuer auferlegt ist. R.G.E. I. Str.S. v. 5. Nov. 1891. (Entsch. Bd. 22 S. 194.)

2. Für die Stempelpflichtigkeit einer Urkunde ist es unerheblich, ob die Interessenten sich der rechtlichen

Qualifikation des beurkundeten Geschäfts bewußt gewesen sind, vielmehr entscheidend, ob bei objektiver Beurtheilung des Inhalts der Urkunde in derselben alle essentiellen Merkmale eines der Stempelsteuer unterliegenden Geschäfts Ausdruck gefunden haben. R.G.E. IV. C.S. v. 19. Jan. 1891. (C.Bl. S. 103.)

Zu §. 2 des Gesetzes und Ausf.-Vorschr. A Nr. 2 bis 8.

3. F.M.R. v. 22. Okt. 1881 III 14427: Bei Rückgabe der Anlagen werden Ew. ꝛc. ermächtigt, die Formulare zu den Pfandbriefen des Danziger Hypotheken-Vereins in Danzig sowie der westpreußischen General-Landschaft und der Neuen Landschaft in Marienwerder auf Antrag schon vor Ausfertigung der Pfandbriefe gegen Entrichtung der tarifmäßigen Abgabe in Vorrath abstempeln zu lassen, sofern in den Formularen der Betrag des Nennwerthes, die Seriennummer (Littera), Nummer und der Ausstellungsort, sowie die für die Anwendbarkeit des Tarifsatzes maßgebenden Theile des Textes, in einer, nachträgliche Veränderungen ausschließenden Art bezeichnet sind, oder doch der Ausstellungsort nach erfolgter Verwendung der Formulare angezeigt wird.

Unter gleichen Bedingungen ermächtige ich Sie, auch die Abstempelung von Formularen zu den Obligationen anderer ähnlicher Institute zuzulassen, sofern keinerlei Bedenken obwalten.

4. Cirk.-Verf. des F.M. v. 4. Nov. 1881 III 15021 (C.B. S. 410, 411): Anmeldungsformulare zur Abstempelung inländischer und ausländischer Werthpapiere nach den Mustern a und b zur Ziffer 2. a [jetzt Ziffer 2] der Ausführungsvorschriften zum Reichsstempelgesetz können auf Antrag der Steuerpflichtigen unentgeltlich verabfolgt werden, wenn jeder einzelne sich auf die Forderung zweier Bogen von jedem Formular beschränkt. Werden von einem Formular größere Mengen verlangt, so ist, wie bisher für das Formular c, für je acht Bogen und weniger der Betrag von 10 Pf. seitens des Entnehmers zu entrichten. Die hieraus entspringenden Einnahmen sind als außerordentliche in der Rechnung von den indirekten Steuern nachzuweisen.

Zu §. 3 des Gesetzes.

5. Die Vorschrift im ersten Satze des §. 3 des R.St.G. unterwirft nur diejenigen ausländischen Werthpapiere der in den Tarif-Nummern 1 – 3 bezeichneten Art der Reichsstempelpflicht, die vom 1. Mai 1894 ab in der im Gesetz angegebenen Weise in das Inland eingebracht werden. Hierbei macht es keinen Unterschied, ob das die Einbringung bedingende Geschäft schon vor dem 1 Mai 1894 oder später abgeschlossen ist, weil, wie die Entstehungsgeschichte der beregten Gesetzesvorschrift ergiebt (cfr. K.Ber. Nr. 266 der Drucks. des Reichstags S. 3), der die Steuerpflicht begründende Akt in den hier in Betracht kommenden Fällen nicht sowohl das im Auslande geschlossene Geschäft, als

vielmehr das Einbringen der Werthpapiere ins Inland ist. Verf. des P.St.D. zu B. v. 29. April 1894. St. 512.

6. Die Hingabe noch nicht mit dem Reichsstempel versehener Italienischer Werthpapiere an eine inländische Coupons-Einlösungsstelle allein zu dem Zwecke, als Legitimation für den inländischen Eigenthümer zu dienen, macht eine Versteuerung nicht erforderlich, vorausgesetzt, daß dieselben Stücke in völlig unveränderter Weise wieder an den bisherigen Eigenthümer zurückgeliefert werden. Verf. des P.St D. zu B. v. 4. Okt. 1893. St. 3077.

7. Der Umtausch der jetzt im Umlauf befindlichen Obligationen der russischen ersten Prämien-Anleihe vom Jahre 1864 gegen die von der russischen Regierung auszugebenden neuen Stücke gleichen Inhalts, die nur zum besseren Schutz gegen Fälschungen auf Papier anderer Art gedruckt oder sonst äußerlich anders ausgestattet sind, als ein Geschäft unter Lebenden im Sinne des §. 3 des Reichsstempelgesetzes vom 27. April 1894 nicht anzusehen ist, da durch den Umtausch in keiner Weise eine Aenderung des Rechtsverhältnisses eintritt. Das mit dem Umtausch am hiesigen Platze beauftragte hiesige Bankhaus A. ist daher befugt, auch solche Obligationen der genannten Anleihe, die weder auf Grund des Gesetzes vom 8. Juni 1871, noch auf Grund des Reichsstempelgesetzes zur Abstempelung gelangt sind, entgegen zu nehmen und dafür die neuen Stücke ebenfalls ohne Entrichtung der Stempelabgabe

nach Tarifnummer 2 des Reichsstempelgesetzes auszuliefern. F.M.E. v. 25. Jan. 1895 III. 1041. Vgl. Anm. 30 dieses Abschn.

8. Bei Umwandlung einer Fabrik in eine Aktiengesellschaft und Vertheilung der Aktien unter die ehemaligen Geschäftsinhaber muß die Verwendung des Reichsstempels für erforderlich erachtet werden, bevor die Vertheilung der Aktien geschieht, da in einer solchen Vertheilung unter die bisherigen Geschäftsinhaber ein „Ausgeben" der Aktien im Sinne des §. 3 des Reichsstempelgesetzes gefunden werden muß. F.M.E. v. 30. Jan. 1883 III 1079. (Kühnemann S. 436)

9. Vollgezahlte, vor dem 1. Oktober 1881 von den Zeichnern bei dem mit der Aushändigung von dem Emittenten beauftragten Bankhause nicht abgehobene Aktien gelten als nicht ausgegeben. F.M.E. v. 3. Dez. 1881 III. 16522.

10. Die Ertheilung einer Vollmacht zum Verkaufe von Werthpapieren ist nicht als ein „damit gemachtes Geschäft unter Lebenden" im Sinne des §. 3 des Reichsstempelgesetzes anzusehen. Erk. des R.G. (1) v. 20. Okt. 1884 (Entsch. in Straff. Bd. 11 S. 171)[1]. Vgl. Anm. 140 dieses Abschn.

1. Aus den Entscheidungsgründen: Nach richtiger Auslegung des §. 3 liegt ein mit einem Werthpapier gemachtes Geschäft unter Lebenden im Sinne dieses § nur vor, wenn durch das Rechtsgeschäft auf

einen anderen irgend ein Recht an dem Werthpapier oder auf dasselbe, sei es auch nur ein Zurückbehaltungsrecht, übertragen wird. Für diese Beschränkung spricht zunächst der dargelegte Zweck des Gesetzes, sodann die Fassung des §. 3. In diesem werden nicht die Rechtsgeschäfte, welche sich auf die in Frage stehenden Werthpapiere beziehen, im allgemeinen angeführt. Vielmehr wird erst nach der Ausgabe, Veräußerung und Verpfändung dieser Papiere der Fall erwähnt, daß jemand „ein anderes Rechtsgeschäft unter Lebenden damit macht". Schon daraus läßt sich erkennen, daß, abgesehen von den besonders erwähnten Zahlungen, welche ein anderes Geschäft voraussetzen, nur solche Rechtsgeschäfte der Abgabe unterworfen werden sollten, welche eine Verfügung über das Papier selbst enthalten, sei es, daß das Eigenthum an demselben auf einen anderen übertragen wird, sei es, daß diesem andere Rechte an dem Papier eingeräumt werden. Die Auffassung wird aber durch die Motive zu §. 3 des Gesetzes bestätigt, in welchen bezüglich der Hinterlegung von Werthpapieren bemerkt wurde, es bedürfe kaum der Erwähnung, daß durch die Hingabe fremder Effekten zur bloßen Verwahrung oder die Zurücknahme aus solcher die Stempelpflichtigkeit nicht begründet werde. Aus dieser Bemerkung ergiebt sich, daß nicht alle Rechtsgeschäfte, welche sich auf die im Tarif angeführten Werthpapiere beziehen, der Stempelabgabe unterliegen, sondern nur solche Geschäfte, welche in ähnlicher Weise wie die Veräußerung oder Verpfändung wirken, indem durch sie ein Recht an dem in Frage stehenden Werthpapier übertragen wird. Zu diesen Geschäften gehört aber die zu einer Veräußerung ermächtigende Vollmacht nicht. Weder eine Vollmacht, welche im allgemeinen die Befugniß gewährt, die zum Vermögen des Vollmachtgebers gehörigen Werthpapiere zu veräußern, noch eine solche, welche sich auf einzelne, genau bezeichnete Papiere bezieht, fällt unter die Vorschrift des §. 3.

11. Die im § 3 Abs. 2 des Reichsstempelgesetzes verhängte Strafe trifft nicht bloß den Veräußerer, Verpfänder und dergleichen des Werthpapiers, sondern auch den ihm gegenüber stehenden Kontrahenten, den Nehmer, Erwerber, Pfandnehmer u. s. w. des Werthpapiers, denn die Vorschrift in Abs. 1 des §. 3 hat den Abschluß eines die Ausgabe, Veräußerung u. s. w. des Werthpapiers mit sich bringenden zweiseitigen Rechtsgeschäfts (Vertrages) zur Voraussetzung. R.G.E. v. 13./20. April 1896. Entsch. i. Straff. Bd. 28. S. 359 ff.

12. Die mehreren Kontravenienten haften für Stempelabgabe solidarisch, d. h. einer für alle und alle für einen. Die Steuerbehörde hat die Wahl, von welchem der Kontravenienten sie den hinterzogenen Stempel einziehen will. Während die Stempelstrafe so oft bezahlt wird, als schuldige Kontrahenten vorhanden sind, ist der eigentliche Stempel, die Steuer, nur einmal fällig. R.G.E. v. 29. Okt. 81. (Rechtspr. Bd. 3 S. 666.) (Kleinloff.)

12a. Zu §. 3 d. G. siehe auch die Anm. 21, 120 Note 17, 140, 141, 145 lit. b und 152 dieses Abschn.

Zu §. 4 des Gesetzes.

13. Unter „Auflegung zur Zeichnung“ und „unter Emission“ in §. 4 des Reichsstempelges. ist jede Veranstaltung zu verstehen, welche bezweckt und zu bewirken geeignet ist, daß der Werthbetrag stempelpflichtiger inländischer Werthpapiere innerhalb eines bestimmten oder unbestimmten Personenkreises auf dem Wege schriftlicher Verpflichtung zu dessen Einzahlung aufgebracht wird. Auch die Auflegung von Aktien behufs deren Uebernahme durch die Gründer einer noch in der Gründung begriffenen Aktiengesellschaft verpflichtet zur Anzeige an die Steuerbehörde nach §. 4. a. a. O. — Die Verhängung der Ordnungsstrafe nach §. 4 Abs. 3 a. a. O. [jetzt Abs. 2.] erfordert nicht die Feststellung von dolus oder culpa lata. Erk. d. R.G. (2) v. 12. Juni 1888 (Entsch. i. Strafs. Bd. 17 S. 431).

14. Als Emittent ist nicht lediglich derjenige anzusehen, welcher das Papier ausgiebt, sondern es wird mit dieser Bezeichnung schon derjenige getroffen, welcher die Ausgabe beabsichtigt, zur Aufbringung des Werthbetrages irgend welche Veranstaltung trifft, sei dies öffentlich oder im geschlossenen Kreise. Unter den Begriff der Emission fällt jede Veranstaltung behufs Aufbringung des Aktienkapitals. So verschieden die Formen sein können, in denen die Veranstaltungen hervortreten, so wenig erscheint es ausgeschlossen, daß gleichzeitig oder nacheinander von verschiedenen Personen eine unter jenen Begriff fallende Thätigkeit entwickelt werden kann. Die Verurtheilung der Vorstandsmitglieder anlangend, liegt allerdings die Anzeigepflicht des §. 4 auch in dem Falle, wo zu weiteren Einzahlungen aufgefordert wird, „dem Emittenten" ob, und es erscheint nicht zweifellos, ob mit diesem unter allen Umständen derjenige identisch sein muß, von welchem die Aufforderung ausgeht. In vorliegendem

Falle ist diese Identität aber vorhanden. R.G.E. v. 20. Febr. 1894. Entsch. i. Str.S. Bd. 25 S. 145. Jurist. Wochenschr. S. 169.

15. Es ist an der Auffassung festzuhalten, daß auch in denjenigen Fällen, in welchen die auszugebenden Werthpapiere ohne förmliche Zeichnung allmählig freihändig verkauft werden sollen, vor Beginn des Verkaufs die im §. 4 Abs. 1 des Reichsstempelgesetzes vorgeschriebene Anzeige bei der Steuerbehörde gemacht werden muß. F.M.R. v. 15. Juni 1887 III 6985.

16. Die bloße Einberufung der General-Versammlung einer Aktiengesellschaft zur Beschlußfassung über Erhöhung des Grundkapitals durch Ausgabe neuer Aktien begründet noch nicht die Verpflichtung zur Anzeige an die Steuerbehörde nach §. 4 des Reichsstempelges. Diese Verpflichtung entsteht erst mit der bez. Beschlußfassung der Generalversammlung selbst. Erk. d. R.G. (4) v. 3. Okt. 1890 (D.R.Anz. 1890 S. 562, Entsch. i. Strafs. Bd. S. 90).

Zu §. 5 des Gesetzes.

17. Der Reichsstempel und der Landesstempel haben keine Berührung miteinander und schließen sich einander nicht aus, soweit nicht das Gesetz etwas darüber

bestimmt. Der §. 5 allein enthält eine solche Bestimmung. Hierdurch ist das Verbot ausgesprochen, unter der Herrschaft des Reichsstempelgesetzes die von diesem betroffenen Papiere noch zu einem Landesstempel heranzuziehen, nicht aber ist geboten, die in einem früheren Zeitpunkt gesetzlich erhobenen Landesstempel ganz oder zum Theil auf die Reichsstempel anzurechnen oder die letzteren durch die Zahlung der Landesstempel ganz oder zum Theil als gedeckt oder wegfallend anzusehen. R.G.E. v. 26. Nov. 1885 (Umschau 1886 S. 82.). Es handelte sich um die Stempelpflichtigkeit der vor dem 1. Okt. 1881 ausgegebenen Aktien-Interimsscheine hinsichtlich der nach diesem Zeitpunkte geleisteten Einzahlungen. (Kleinloff.)

18. Die Vorschrift im §. 5 Abs. 2 des Reichsstempelgesetzes findet auf Uebertragungsvermerke keine Anwendung, welche auf inländische, vor dem Inkrafttreten des gedachten Gesetzes ausgegebene Aktien gesetzt werden. F.M.R. v. 21. Dez. 1881 III 17132 (C.B. 1882 S. 6, 7). Siehe auch Anm. 67 dieses Abschn.

19. Von einer verschiedenen Behandlung des Voll- und des Blanko-Indossaments kann keine Rede sein, weil beide zur Beurkundung von Geschäften derselben Kategorie dienen. Das Moment, daß das Indossament nicht an und für sich einen modus acquirendi bilde und erst durch die Uebergabe der Urkunde zum Rechtsgeschäft werde, ist ohne Bedeutung, weil es nur

darauf ankommt, daß die Urkunde, um deren Besteuerung es sich handelt, ein Rechtsgeschäft enthält, und daß das Rechtsgeschäft durch Klage verfolgt werden kann. R.G.E. IV. C.S. v. 2. Nov. 1885 (J.M.Bl. 1886 S. 106). Vgl. Anm. 67 dieses Abschn.

Zu §. 6 des Gesetzes und Ausf.-Vorschr. A. Nr. 10 und 11.

20. Der Bundesrath hat in der Sitzung vom 9. Juli 1894, §. 412 der Protokolle, beschlossen, daß inländische, vor dem 1. Mai 1894 vorschriftsmäßig versteuerte Werthpapiere einer weiteren Abgabe nicht unterliegen.

Nach diesem Beschlusse ist von einer weiteren Besteuerung inländischer, vor dem 1. Mai 1894 nach Maßgabe der damaligen Gesetzgebung versteuerter Werthpapiere selbst dann abzusehen, falls diese erst nach dem Inkrafttreten des neuen Reichsstempelgesetzes zur Ausgabe gelangen.

Dabei bemerke ich, daß der Beschluß des Bundesraths auch auf solche vor dem 1. Mai 1894 versteuerte Urkunden anzuwenden ist, die zur Zeit der Versteuerung noch nicht vollständig, aber doch in allen für die Steuerberechnung maßgebenden Theilen ausgefüllt waren, und Versteuerung daher nach der Verfügung vom 22. Oktober 1881 III 14427 [vgl. Abschn. III Nr. 3] zulässig war. F.M.E. v. 13. Juli 1894 III 8803. C.Bl. S. 419.

21. Nach §. 6 des Reichsstempelgesetzes unterliegen die vor dem Inkrafttreten dieses Gesetzes ausgestellten, noch nicht mit dem Reichsstempel versehenen ausländischen Werthpapiere, wenn sie innerhalb sechs Monaten nach diesem Zeitpunkte zur Stempelung vorgelegt werden, der Versteuerung nach dem Gesetze vom 1. Juli 1881. Nach §. 6 der Ausführungsbestimmungen 10 zum §. 6 Abs. 1 gilt als Tag der Ausstellung das auf dem ausländischen Werthpapiere hierfür angegebene Datum. Da nun auf den hier in Rede stehenden russischen Obligationen ein Ausstellungsdatum nicht, wohl aber ein rother Stempel mit der angeblichen Bedeutung „Mai des Jahres 1894" vorhanden ist, so muß dieser Vermerk für die Steuerverwaltung als Zeitangabe der Ausstellung angesehen werden. Die Obligationen sind daher mit 6 pCt. nach Nr. 2b des Tarifs zu versteuern. Sollte der oben gedachte Stempelvermerk nicht die Zeitangabe der Ausgabe darstellen, so würde dennoch die Versteuerung der Obligationen mit 6 pCt. zu erfolgen haben, weil die Vergünstigung der Versteuerung nach dem Gesetz vom 1. Juli 1881 nur denjenigen ausländischen Werthpapieren gewährt werden soll, welche den für die Kontrole der Versteuerung gegebenen Vorschriften entsprechen. Dies ist aber beziehentlich der in Rede stehenden Obligationen beim Fehlen des Datums der Ausstellung nicht der Fall. Verf. d. P.St.D. zu B. v. 2. Juni 1894. St. 1158.

22. Dem Bankhause erwidere ich, daß das anbei zurückfolgende Werthpapier nach dem Absatz 2 des §. 6 Reichsstempelgesetzes steuerfrei sein würde, wenn dasselbe lediglich zum Zwecke des Umtausches, d. h. behufs Erneuerung der Urkunde ohne Verwendung des ursprünglichen Rechtsverhältnisses ausgestellt ist, der Umtausch hier nach dem 1. Mai 1894 erfolgt, und die sonstigen Erfordernisse der angezogenen Bestimmung erfüllt werden.

Trifft dies nicht zu, so bleibt für die Versteuerung der dritte Satz des §. 6 entscheidend, das heißt es kommt für die Versteuerung des Werthpapiers der Zeitpunkt der Ausgabe in Betracht, der aus dem mir überreichten Stücke nicht ersichtlich ist. Verf. d. P.St.D. zu B. v. 20. Juli 1894. St. 2181.

23. Die Certifikate der limitirten George und May Goldminen-Gesellschaft in Südafrika sind als Aktien zu versteuern. Die vor dem Inkrafttreten des Reichsstempelgesetzes ausgestellten Certifikate sind nur nach dem früheren Satz zur Versteuerung zu ziehen, falls sie innerhalb 6 Monaten nach dem angegebenen Zeitpunkt zur Stempelung vorgelegt werden (§. 6 Abs. 1 d. Ges). Sofern die Certifikate über mehrere Aktien lauten, ist der Aktienstempel unter Berücksichtigung des gesetzlich dafür angeordneten Mindestbetrages so viele Male zu verwenden, als Aktien durch das Certifikat dargestellt werden. Die Certifikate sind auch dann als ausländische Aktien anzusehen, wenn sie im Inlande von Bevollmächtigten der ausländischen Gesellschaft ausgestellt werden.

Wenn an Stelle eines Certifikats ein oder mehrere andere Certifikate ausgestellt werden, die sich von dem früheren nur dadurch unterscheiden, daß in ihnen eine andere Person als Aktionär namhaft gemacht ist, wogegen das Rechtsverhältniß im Uebrigen unverändert bleibt, sind die neuen Certifikate auf Grund des §. 6 Abs. 2 des Reichsstempelgesetzes stempelfrei zu lassen, sofern der Nachweis geführt wird, daß das frühere Certifikat seiner Zeit richtig versteuert, für ein auf mehrere Aktien lautendes Certifikat also der Aktienstempel in dem mehrmaligen Betrage bezahlt ist. Erforderlichenfalls ist das früher zu wenig Erhobene nachzuerheben. F.M.E. v. 5. Juli 1894 III 9175.

24. Die im §. 6 des Reichsstempelgesetzes getroffene Bestimmung, daß die nach dem Inkrafttreten des Gesetzes ausgegebenen inländischen Werthpapiere in Ansehung der vorher geleisteten Zahlungen noch nach dem früheren Gesetz zu beurtheilen seien, kann auf Aktien, auf welche andere als durch Baarzahlung zu leistende Einlagen gemacht werden, nur dann Anwendung finden, wenn diese Einlagen, soweit sie in körperlichen Sachen bestehen, schon vor dem Inkrafttreten des Gesetzes (d. 1. Mai d. Js.) in das Eigenthum der Aktiengesellschaft übergegangen sind; denn insoweit die Aktienerwerber anstatt der Zahlung baaren Geldes andere Einlagen zu machen haben, kann nur die Uebertragung des Eigenthums an den einzubringenden Gegenständen den Geldzahlungen, durch welche die Aktiengesellschaft das Eigenthum an dem gezahlten Gelde erwirbt, gleich geachtet werden.

Da nun das Eigenthum an den zu dem Vermögen der bisherigen Handelsgesellschaft C. und G. gehörigen Grundstücken zu A. und B. erst nach dem 1. Mai d. Js. durch Auflassung an die Aktiengesellschaft übertragen ist, so kann für denjenigen Theil der Aktien, der als Entgelt für diese Grundstücke und die mit ihnen etwa in fester Verbindung stehenden und daher einen Theil der Grundstücke bildenden Maschinen anzusehen ist, die Versteuerung nach dem früheren Steuersatze nicht zugelassen werden; vielmehr muß für den hierauf entfallenden Theil der Aktien die im Gesetz vom 27. April d. Js. vorgeschriebene Steuer von 1 v. H. bezahlt werden. Dagegen ist für denjenigen Theil der Aktien, der als Entgelt für das sonstige in die Aktiengesellschaft eingebrachte Vermögen der bisherigen Handelsgesellschaft C. und G. (die etwa nicht in fester Verbindung mit den Gebäuden stehenden Maschinen, die Utensilien, Vorräthe und Materialien, die halbfertigen und fertigen Fabrikate, die ausstehenden Forderungen) zu betrachten ist, nur eine Steuer von 5 vom Tausend zu entrichten, da ich anerkenne, daß durch die Bestimmung des §. 28 des Gesellschaftsvertrags, wonach die offene Handelsgesellschaft C. und G. ihr gesammtes Vermögen nach dem Stande vom 1. Januar d. Js. in die Aktiengesellschaft einbringt und die Geschäftsnutzungen und Lasten von diesem Tage ab für Rechnung der Aktiengesellschaft gehen, der Uebergang des Besitzes und mithin auch des Eigenthums an den beweglichen Sachen, sowie gleichzeitig der Uebergang der ausstehenden Forderungen auf die Aktiengesellschaft eingetreten ist. F.M.E. v. 11. Nov. 1894 III 15071.

25. In dem Urtheil des sechsten Civilsenats des Reichsgerichts vom 16. Dezbr. 1895, Bd. 36 S. 91[2]) ist ausgesprochen, daß Aktien, bei welchen durch Stempelaufdruck oder ähnliche Manipulationen eine Veränderung des in ihnen beurkundeten Rechtsverhältnisses herbeigeführt wird, der Stempelabgabe von neuem unterliegen, wobei ausgeführt ist, daß für die Entscheidung dieser Frage eine neue Grundlage durch die Bestimmung des §. 6 Abs. 2 des Reichsstempelgesetzes vom 27. April 1894 geschaffen sei und deshalb auf die einschlagende frühere Rechtsprechung des Reichsgerichts nicht eingegangen zu werden brauche.

Die gleichmäßige Anwendung dieses Grundsatzes auf Renten und Schuldverschreibungen unterliegt keinem Bedenken, und es ist nach Maßgabe der Entscheidungsgründe und der darin in Bezug genommenen Abhandlung zulässig, die sämmtlichen Werthpapiere nunmehr bei Veränderungen im Wege des Aufdrucks in allen in Ziffer 11 Abs. 2 der Ausführungsvorschriften zum Reichsstempelgesetz gedachten Fällen, z. B. also auch dann der Stempelabgabe zu unterwerfen, wenn der Zinsfuß durch einen Vermerk auf den alten Stücken herabgesetzt wird. Einer ausdrücklichen Aufhebung des in dieser Hinsicht auf Grund der früheren Bestimmungen des Reichsstempelgesetzes vom $\frac{\text{1. Juli 1881}}{\text{29. Mai 1885}}$ ergangenen Beschlusses des Bundesraths vom 19. November 1886, §. 561 der Protokolle — mitgetheilt durch die Verfügung vom 15. Dezbr. 1886 III 14638 — bedarf es nicht, weil nach den Ausführungen des Reichsgerichts dieser Beschluß, der in die Ausführungsvorschriften vom 27. April 1894 auch nicht mitaufgenommen ist, durch §. 6 Abs. 2 des gegenwärtigen Gesetzes seine Bedeutung verloren hat. F.M.E. v. 3. Mai 1896 III 6272. C.Bl. S. 287. Vgl. Anm. 125 dieses Abschn.

2. Entscheidungsgründe des vorgedachten Urtheils v. 16. Dez. 1895.

Mit der Klage sind 2620 Mk. zurückverlangt worden, welche die Klägerin an Stempelabgabe für in „Vorzugs-Aktien" und bezw. „Stamm-Prioritäts-Aktien" umgewandelte Vorrechts-Aktien und Stamm-Aktien*) unter Vorbehalt der Rückforderung bezahlt hat. Die Umwandlung ist durch einen auf die betreffenden Aktien gesetzten entsprechenden Stempelaufdruck vollzogen worden, nachdem von Seiten der betreffenden Aktionäre gewisse Baareinzahlungen erfolgt waren. Durch diese

*) Eine frühere Entscheidung des Reichsgerichts vom 7. Januar 1895, betreffend Umwandlung von Prioritäts-Aktien in Stamm-Aktien durch Aufdruckung eines Vermerks s. C.Bl. 1895 S. 60/61.

Zahlungen ist jedoch der Nominalbetrag der in Rede stehenden Aktien nicht erhöht worden; der Nominalbetrag des Grundkapitals der Gesellschaft im Ganzen ist gleichzeitig mittelst Kassirung eines Theiles der nicht umgewandelten Aktien sogar herabgesetzt worden. Nur die Rechtsstellung der Inhaber der umgewandelten Aktien im Verhältnisse zu denen der nicht umgewandelten Aktien ist verändert worden, indem den ersteren eine bevorzugte Stellung bei der Dividendenvertheilung und außerdem ein eventuelles Recht auf spätere Rückerstattung jener Baareinzahlungen beigelegt ist, über welches ihnen übrigens besondere „Nachzahlungsscheine" ausgestellt sind. Auf Grund dieser Sachlage hat die Klägerin gemeint, daß die fraglichen Aktien durch jenen Stempelaufdruck nicht etwa zu neuen Aktien-Urkunden im Sinne des Reichsstempelgesetzes vom 27. April 1894 geworden seien, von welchen als neu ausgegebenen abermals die dort verordnete Urkundenstempelabgabe zu entrichten gewesen wäre.

Die dieser Auffassung entgegengesetzte Entscheidung des Berufungsgerichtes ist jedoch mit Unrecht von der Klägerin als rechtsirrig angegriffen worden. Daran ist jedenfalls festzuhalten, daß die Stempelpflicht nicht dadurch umgangen werden kann, daß die Herstellung neuer Aktien-Urkunden von abweichendem Inhalte ersetzt wird durch Veränderung des Inhaltes der bisherigen Aktien-Urkunden mittelst Abstempelung oder ähnlicher Manipulationen; vielmehr haben in einem solchen Falle die inhaltlich veränderten Aktien als neue Aktien im Sinne des Stempelgesetzes zu gelten; vgl. Entscheidungen des Reichsgerichts in Civilsachen, Bd. 18. S. 53 f. und Bd. 21 S. 25 ff. Es fragt sich nur, welche Art von Inhalt einer Aktien-Urkunde im Sinne des Reichsstempelgesetzes als wesentlich angesehen werden muß. Diese Frage ist vom Ober-Landesgericht mit Recht dahin beantwortet worden, daß Alles, wodurch in der Urkunde das Rechtsverhältniß des Aktionärs näher bestimmt wird, zu diesem wesentlichen Inhalte gehört. Ob das in den Entscheidungen in Civilsachen, Bd. 21 S. 25 ff., abgedruckte Urtheil des vierten Civilsenates des Reichsgerichtes diesen Begriff ganz eben so weit ausdehnt, mag bezweifelt werden; jedenfalls ist dort ein dem jetzt vorliegenden völlig entsprechender Fall eben so entschieden worden. Im Uebrigen braucht auf die hier einschlagende frühere Rechtsprechung des Reichsgerichtes, soweit sie sich auf das Reichsstempelgesetz in den Fassungen von 1881 und 1885 bezieht, jetzt überhaupt nicht genauer eingegangen zu werden. Denn für die zur Entscheidung stehende Frage ist, wie in dem zu dieser Sache vom Landgericht erlassenen Urtheile und von Schäfer in der Monatsschrift für Aktienrecht, Bd. 4 S. 69 ff., mit Recht hervorgehoben ist, eine neue Grundlage gewonnen in der Bestimmung des §. 6 Abs. 2 des Reichsstempelgesetzes vom 27. April 1894. Dort heißt es:

„Werthpapiere, welche lediglich zum Zweck des Umtausches, das heißt behufs Erneuerung der Urkunde ohne Veränderung des ursprünglichen Rechtsverhältnisses, ausgestellt worden sind, bleiben steuerfrei, wenn die zum Umtausch gelangenden Stücke ordnungsmäßig versteuert oder steuerfrei sind und den vom Bundesrath zu erlassenden Kontrolvorschriften genügt worden ist."

Freilich fand sich eine ähnliche Vorschrift, wenn auch nicht auf Aktien ausgedehnt, so doch für die stempelpflichtigen Arten der Renten- und Schuldverschreibungen bereits in den Reichsstempelgesetzen von 1881 und 1885 im „Tarif" unter 1, 2, cc und 3, b; aber gerade die jetzt erheblichen Worte: „Das heißt behufs Erneuerung der Urkunde ohne Veränderung des ursprünglichen Rechtsverhältnisses“, fehlten dort. Allerdings beschränkten auch damals schon die vom Bundesrathe erlassenen Kontrolvorschriften den steuerfreien Umtausch in derselben Weise; aber der Inhalt dieser Vorschriften stand ganz im Ermessen des Bundesrathes, und es konnte sich fragen, ob der Bundesrath durch den Sinn des Gesetzes gerade genöthigt gewesen wäre, eine solche Strenge walten zu lassen. Jetzt sagt das Gesetz unzweideutig, daß in seinem Sinne von einem bloßen „Umtausche“ nur die Rede sein könne, wenn durch den Inhalt der neu auszugebenden Urkunden an dem ursprünglichen Rechtsverhältnisse Nichts verändert werde, und zugleich fehlt es an jedem innern Grunde, weshalb die steuerfreie Neuausgabe auf den Fall dieses reinen „Umtausches“ gesetzlich beschränkt sein sollte, wenn mittelst Umstempelung das in der Urkunde bezeichnete Rechtsverhältniß irgend wie verändert werden könnte, ohne daß deswegen die Urkunde als eine neue im Sinne des Stempelgesetzes gälte.

Aus diesen Gründen war die Revision zurückzuweisen.

26. In der Verfügung vom 3. Mai d. Js. III. 6272 [s. vorstehend] ist ausgesprochen, daß Aktien sowie Renten- und Schuldverschreibungen, bei welchen durch Stempelaufdruck oder ähnliche Manipulationen eine Veränderung des in ihnen beurkundeten Rechtsverhältnisses herbeigeführt wird, der Stempelabgabe von neuem unterliegen. Infolge einer Anregung des Herrn Reichskanzlers mache ich darauf aufmerksam, daß die erneute Stempelpflichtigkeit hiernach insbesondere

auch durch Stempelaufdrücke begründet wird, welche die Zusammenlegung von Aktien aus Anlaß der Herabsetzung des Grundkapitals, sei es mit oder ohne Aenderung des Nennbetrags und mit oder ohne Einräumung eines Vorrechts für die zusammengelegten Aktien, ferner solche, welche die Stellung eines Inhaberpapiers auf Namen oder eines Namenpapiers auf Inhaber beurkunden. Ich mache ferner darauf aufmerksam, daß denjenigen vor dem Inkrafttreten des Reichsstempelgesetzes vom 27. April 1894 ausgestellten, noch nicht mit dem Reichsstempel versehenen ausländischen Werthpapieren, welche später mit einem ihr Rechtsverhältniß verändernden Aufdruck versehen sind, die Vergünstigung des §. 6 Abs. 1 letzter Satz des Gesetzes zu versagen, und auf sie der höhere, für ausländische Werthpapiere bestimmte Stempelsatz anzuwenden ist, wenn aus dem Aufdruck sich unzweifelhaft ergiebt, daß er erst nach dem Inkrafttreten des gedachten Gesetzes angebracht worden ist. F.M.E. v. 9. Juni 1896 III 8113. C.Bl. S. 351.

27. Durch die nach Inkrafttreten des Reichsstempelgesetzes mittels Stempelaufdrucks erfolgende Stellung der alten Schweizerischen Eisenbahn-Inhaberaktien auf Namen wird eine Veränderung des in den Aktien beurkundeten Rechtsverhältnisses beurkundet. In einem solchen Fall aber haben die inhaltlich veränderten Aktien als neue Aktien im Sinne des Stempelgesetzes zu gelten. Der Fall liegt daher derart, daß unter der

Herrschaft des R.St.G. neue Schweizerische Eisenbahnaktienurkunden ausgestellt werden, die um deswillen, sofern nach dieser Ausstellung, also nach Anbringung des erwähnten Vermerks ein in dem Tarif zum Reichsstempelgesetz vorgesehener, die Abgabepflicht begründender Akt mit ihnen vorgenommen wird, der Versteuerung als neue Aktien, und zwar nach dem für ausländische Aktien bestimmten höheren Stempelsatz von $1^1/_2$ f. d. H. bedürfen.

Daß die alten Aktien bereits mit dem Reichsstempel versehen waren, ist hierbei unerheblich, da der Grund der Steuerpflichtigkeit die Ausstellung einer neuen Urkunde ist. Ein Gegensatz zwischen bereits versteuerten und noch unversteuerten Werthpapieren hinsichtlich der Abgabepflicht an sich hat im letzten Satz des Finanz-Ministerial-Erlasses vom 9. Juni 1896 [s. vorstehend] nicht geschaffen werden sollen, vielmehr hat hier nur zum Ausdruck gebracht werden sollen, daß bisher unversteuerte Werthpapiere, bezüglich deren nach dem Inkrafttreten des R.St.G. eine Veränderung des Rechtsverhältnisses eingetreten ist, nicht der Begünstigung des niedrigeren Abgabesatzes nach §. 6 Absatz 1 letzter Satz theilhaftig sein sollen, wodurch eben nur die nach dem Gesetze allein gerechtfertigte Folge geschaffen wird, daß sowohl versteuerte als auch nicht versteuerte ausländische Werthpapiere die unter der Herrschaft des neuen Gesetzes in neue Werthpapiere umgewandelt sind, gleichmäßig dem ordentlichen Satz für ausländische Werthpapiere, unterliegen. Verf. d. P.St.D. zu B. v. 4. Aug. 1896. St. 2758.

28. In denjenigen Fällen, in denen bei Herabsetzung des Grundkapitals einer Aktiengesellschaft ein Theil der Aktien aus dem Verkehr gezogen und vernichtet wird, die übrigen Aktien dagegen mit einem entsprechenden Vermerk versehen werden, ist für die mit diesem Vermerk versehenen Aktien der Aktienstempel von neuem zu erheben. Die Aktie stellt ein quotenweises Antheilsrecht des Aktionärs an dem Vermögen und dem Reingewinn der Aktiengesellschaft dar und muß im Hinblick auf die Veränderung, welche die Vernichtung eines Theils der Aktien für die übrig bleibenden Aktien nach sich zieht und welche auf diesen durch Aufdruck beurkundet wird, die Schaffung neuer, der Reichsstempelabgabe unterliegender Stücke angenommen werden. Dieselbe Auffassung liegt dem Erkenntniß des dritten Civilsenats des Reichsgerichts vom 7. Juni 1895 (Jurist. Wochenschr. S. 389, Anm. 124 dieses Abschn.) zu Grunde.

In Fällen der bezeichneten Art ist daher der Aktienstempel und mithin auch der Anschaffungsstempel von neuem zu entrichten, sofern der Stempelaufdruck einen solchen Inhalt hat, daß er den Sachverhalt, wenigstens einigermaßen, erkennen läßt.

Die hiernach bisher unerhoben gebliebenen Stempelbeträge wollen Sie nachfordern lassen. F.M.E. v. 11. Okt. 1896 III 13684.

29. Ich kann mich nicht für ermächtigt erachten, die am 10. Januar 1894 von dem hiesigen Hauptsteueramt für inländische Gegenstände mit 43 Mark erhobene Reichsstempelabgabe für 5000 Dollars 5 pCt. San Louis und San Francisco Bonds, die an Stelle anderer, in Ihrem Besitz befindlicher, jedoch durch Feuer vernichteter, mit deutschem Reichsstempel versehener Stücke gleicher Art ausgestellt worden sind, zurückzahlen zu lassen, da das damals in Kraft befindliche Reichsstempelgesetz vom $\frac{\text{1. Juli 1881}}{\text{3. Juni 1885}}$ (Tarifnummer 2 Befreiungsvorschrift bb) nur den **inländischen** Renten und Schuldverschreibungen, die nur zu dem Zweck des Umtauschs ausgestellt werden, Befreiung vom Stempel gewährt und eine Ausdehnung dieser Befreiung auf andere Fälle nicht zulässig ist.

Durch §. 6 Abs. 2 des neuen Reichsstempelgesetzes vom 27. April 1894 ist diesem Befreiungsgrund eine weitere Ausdehnung gegeben; es erscheint indeß nicht statthaft, diese erweiternde Bestimmung auf Fälle anzuwenden, die schon vor dem Inkrafttreten des neuen Gesetzes durch Entrichtung der Steuer erledigt sind. F.M.E. v. 1. Okt. 1894 III 13154.

30. Die kaiserlich russische Regierung beabsichtigt, die im Umlauf befindlichen Obligationen der russischen ersten Staatsprämienanleihe vom Jahre 1864 bei Gelegenheit der jetzt erforderlichen Erneuerung der Zinsscheine gegen neue Obligationen umzutauschen. Die neuen Obligationen sollen denselben Inhalt haben wie die alten; auf den Umtausch findet daher die Bestimmung des §. 6 Abs. 2 des Reichsstempelgesetzes Anwendung, so daß, insoweit die alten Stücke mit dem Reichsstempel nach den Gesetzen vom 1. Juli 1881 oder 27. April 1894 versehen waren, die neuen Stücke unentgeltlich mit einem entsprechenden Stempel zu versehen sind.

Da die Ausgabe der neuen Stücke erst nach Einziehung der alten beginnen soll, so ist es den Betheiligten unmöglich, die alten und die neuen Stücke gleichzeitig bei der Steuerbehörde vorzulegen. Nach Ziffer 11 Abs. 3 in Verbindung mit Ziff. 7 Abs. 3 der Ausführungsvorschriften zum Reichsstempelgesetz erscheint es zulässig, daß die alten Stücke vorher vorgelegt werden und es empfiehlt sich, hierbei in der Art zu verfahren, daß der Steuerbehörde zugleich mit den alten Stücken ein Verzeichniß vorgelegt wird, worin die einzelnen Stücke nach Serie und Nummer aufgeführt stehen, daß dieses Verzeichniß von der Steuerbehörde geprüft, als richtig bescheinigt und in Gewahrsam der Steuerbehörde zurückbehalten wird, die alten Stücke aber, nachdem der Stempel durch schwarzen Ueberdruck vernichtet ist, dem Einlieferer zurückgegeben werden. Die später einzuliefernden neuen Stücke werden dann abgabenfrei abgestempelt, insoweit sie mit dem bei der Steuerbehörde zurückgebliebenen Verzeichniß übereinstimmen.

Es ist noch in Frage gekommen, mit welchem Stempel die neuen Stücke zu versehen sind. Die alten Stücke tragen theils den in dem Reichsstempelgesetz vom 1. Juli

1881 vorgeschriebenen Ausnahmestempel von 10 Pf, theils den in diesem Gesetz festgesetzten regelmäßigen Stempel von Zwei vom Tausend; ein Theil wird möglicherweise auch nach §. 6 des Reichsstempelgesetzes vom 27. April 1894 mit dem Stempel Vier vom Tausend versehen sein. Mit dem Herrn Reichskanzler bin ich darin einverstanden, daß die im Umtausch gegen gestempelte Stücke neu ausgegebenen Obligationen ohne Rücksicht darauf, mit welchem Stempel die alten Stücke versehen waren, mit dem jetzt für ausländische Schuldverschreibungen geltenden Reichsstempel Sechs vom Tausend, ohne Abgabenentrichtung abzustempeln sind.

Es erscheint unbedenklich, die neuen Stücke auch dann zur Abstempelung zuzulassen, wenn die Versteuerung der alten Stücke bei einem anderen Amte oder in einem anderen Bundesstaat geschehen sein sollte. F.M.E. v. 31. Jan. 1895 III 1425. Vgl. Anm. 7 dieses Abschn.

31. Zu § 6 d. G. siehe auch die Anm 7, 159, 186 und 187 dieses Abschn.

Zu §. 7 des Gesetzes.

32. Erk. d. R.G. (IV) v. 30. Sept. 1886 (Entsch. i. Civils Bd. 18 S. 25):

1. „Im Inlande abgeschlossen" im Sinne des §. 6 Abs. 1 [jetzt §. 7] des Reichsstempelges. ist jedes Geschäft, bei welchem diejenigen Erklärungen, durch die es schließlich perfekt geworden ist, zwischen zwei im Inlande befindlichen Personen ausgewechselt worden sind, gleichviel, ob diese dabei ihren eigenen Willen erklärt

oder nur als Boten anderer, im Auslande wohnhafter Personen fungirt haben. Dementsprechend sind „durch Korrespondenz zwischen einem Orte des Inlandes und einem Orte des Auslandes zu Stande gekommen" im Sinne des Abs. 3 nur solche Geschäfte, bei deren Abschluß die Korrespondenz zwischen Ausland und Inland direkt zwischen den Kontrahenten bezw. den für sie etwa fungirenden Vertretern geführt worden ist, nicht etwa blos zwischen einem der Kontrahenten und seinem Boten.[3])

3. Der (in Hamburg befindliche) Kläger hatte das fragliche Geschäft als Agent Liverpooler Verkäufer mit Hamburger Käufern vermittelt. Die Hamburger Käufer und die Liverpooler Verkäufer hatten nicht direkt mit einander über das Geschäft korrespondirt, sondern die briefliche Korrespondenz hatte nur zwischen dem Kläger und dem von ihm als Agenten geschäftlich vertretenen Liverpooler Hause stattgefunden; das Geschäft selbst aber mittels in Hamburg ausgetauschter mündlicher Erklärungen des Klägers und der Käufer abgeschlossen worden. Der Klageanspruch, welcher auf die Behauptung gegründet war, daß das Geschäft nicht unter §. 6 [jetzt §. 7] Abs. 1, sondern unter §. 6 [jetzt §. 7] Abs. 3 a. a. O. falle und daher nach §. 6 [jetzt §. 7] Abs. 2 daselbst zu besteuern sei, wurde durch die obige Entscheidung abgewiesen.

Zu §. 8 des Gesetzes.

33. Die Vereinbarung unter Ziffer 2 der Bedingungen über die Lombardgeschäfte der Sparkasse, wonach diese bei nicht rechtzeitiger Zurückzahlung des Darlehns oder wenn die Zinsen rückständig bleiben, berechtigt aber nicht verpflichtet ist, das bestellte Unterpfand entweder zu verkaufen oder selbst anzukaufen und sich daraus für Kapital, Zinsen und Kosten bezahlt zu machen, enthält, insoweit dadurch der Sparkasse die Berechtigung zum Selbstankauf des Unterpfandes eingeräumt wird, ein bedingtes Anschaffungsgeschäft. Daß die Einräumung dieser Befugniß den wesentlichen Inhalt des Pfandrechts nicht ändert, sondern nur die Ausübung des der Pfandgläubigerin zustehenden Veräußerungsrechts modifizirt, steht der Annahme eines reichsstempelpflichtigen Anschaffungsgeschäftes nicht entgegen. F.M.E. v. 10. Okt. 1893 III 10402.

34. Die Bestimmung im §. 3 des Vertrags, wonach die Bank zu A. die von der Bank zu B. an Stelle vierprozentiger Pfandbriefe auszugebenden 30½ Millionen Mark 3½prozentiger Pfandbriefe der Serien IX, X, XI und XV für den Nennwerth zu übernehmen hat, insoweit nicht die bisherigen Inhaber auf die Zinsherabsetzung sich einlassen, ist als ein bedingtes Anschaffungsgeschäft über den vollen Betrag von 30½ Millionen Mark anzusehen und demgemäß zu versteuern. Denn für den immerhin möglichen Fall, daß kein einziger der bisherigen Pfandbriefinhaber auf die Zinsherabsetzung eingegangen wäre, hätte die Bank zu A. das Recht und die Pflicht gehabt, die sämmtlichen 30½ Millionen 3½prozentiger Pfandbriefe für den Nennwerth zu erwerben; unter der angegebenen Bedingung war also ein Geschäft über 30½ Millionen Mark zwischen der Bank zu A. und der Bank zu B. zustande gekommen. Hiermit steht auch das Erkenntniß des Kammergerichts vom 4. Mai 1894,[1]) bei welchem die Klägerin sich beruhigt hat, im Einklang, indem es in Ansehung eines wesentlich gleichliegenden Vertrags dort heißt:

Die Klägerin vertritt dem gegenüber die Ansicht, daß die Voraussetzung, von welcher die Lieferung der Uebernahme der vorangegebenen Beträge von Pfandbriefen abhängig gemacht worden, keine eigentliche Bedingung, sondern eine sogenannte conditio juris sei, weil sie das Existentwerden des Kaufgegenstandes betreffe und daß daher die in Frage stehenden Geschäfte in Wahrheit unbedingte seien, deren Gegenstand nur zur Zeit ihres Abschlusses noch nicht habe bestimmt werden können. Dieser Ansicht vermag sich das Berufungsgericht jedoch nicht anzuschließen. Wäre das Existentwerden des Kaufgegenstandes zur Voraussetzung gemacht, so würde allerdings eine conditio juris vorliegen. Das Existentwerden des Kaufgegenstandes war jedoch bei den hier in Frage stehenden Geschäften sicher und ist auch von den vertragschließenden Parteien als gewiß angesehen worden. Ungewiß war nur, wie viel von dem Kaufgegenstande anderweitig durch den Umtausch der ausgeloosten Pfandbriefe und durch Verkauf zum Minimalkurse von 98½ vor dem für die Uebernahme seitens des Konsortiums bestimmten Termine zur Verwendung kommen würde und wenn von diesen künftigen ungewissen Ereignissen die Wirkung der geschlossenen Verträge abhängig gemacht wurde, so war damit den vereinbarten Rechtsgeschäften eine eigentliche Bedingung beigefügt und sonach die Voraussetzung des ersten Satzes des §. 7 (jetzt §. 8) des Reichsstempelgesetzes gegeben."

Das von der Bank zu A. angezogene Erkenntniß des Reichsgerichts vom 24. Okt. 1892 (Entscheidungen in Civilsachen Band 30 S. 9. Jurist. Wochenschr. 1893 S. 30) beruht auf der Auslegung des damals abgeschlossenen Vertrags. In einem früheren Fall (Entscheidungen Band 20 S. 8), — s. Anm. 170 dieses Abschn. — welcher mit dem jetzt vorliegenden in so fern sich deckt, als auch damals ein Konsortium sich verpflichtet hatte, alle diejenigen Pfandbriefe, welche nicht zur Konvertirung eingereicht werden würden, für eigene Rechnung einzulösen, hat das Reichsgericht es gebilligt, daß das Berufungsgericht hierin ein bedingtes Anschaffungsgeschäft über den Gesammtbetrag gefunden hat.

Die Bank zu A. muß ich daher ersuchen, die fehlenden Stempel sowohl für ihr Geschäft mit der Bank zu B. als für ihre Geschäfte mit den Unterbetheiligten nachzubringen und die geschehene Nachbringung dem hiesigen Herrn Provinzial-Steuer-Direktor nachzuweisen. F.M.E. v. 25. Nov. 1895 III 16578. Vgl. Anm. 170 dieses Abschn. nebst Note 26.

4. Aus den Urtheilsgründen: In Art. 1 ist ausgesprochen, daß die Kredit-Gesellschaft mit der Konversion ihrer 5prozentigen Pfandbriefe in $4^1/_2$prozentige Pfandbriefe vorgehen wolle.

In Art. 5. verpflichtet sich das Konsortium, der Gesellschaft die zur Ausführung dieser Operation erforderlich werdenden Mittel bis auf einen Nominalbetrag von 56000000 Rubel Pfandbriefe zu gewähren, während die Gesellschaft in Art. 5 und 6 erklärt, daß sie mit Auslosung der mit zur Konvertirung bestimmten 56000000 Rubel 5prozentiger Pfandbriefe noch außer der gewöhnlichen halbjährlichen Ausloosung vorgehen und unmitelbar darauf den Besitzern der ausgeloosten Pfandbriefe den Umtausch in die neu auszugebenden 4½ prozentiger Pfandbriefe anbieten werde.

In Art. 11 behält sich die Gesellschaft das Recht vor, die zum Zweck der Ausloosung der 56000000 herausgekommenen 4½prozentigen Pfandbriefe bis zu einem bestimmten Termine zu einem bestimmten Kurse freihändig zu verkaufen.

In Art. 14 verpflichtet sich das Konsortium, den ganzen Theil der 4½prozentigen Pfandbriefe, welcher von den 56000000 zur Konvertirung bestimmten nicht durch den Umtausch in Anspruch genommen oder durch die Gesellschaft verkauft werden würde („toute la partie de lettres de gage 4½%, qui sur les 56000000 destinés à la conversion obligatore, n'aura pas été absorbée par l'echange contre titres présentés et declarés avec cautionnement ou bien encore vendue par le Crédit Foncier"), für eigene Rechnung zu übernehmen.

Der Uebernahmepreis ist in Art. 14 bestimmt.

Streitig ist nur, ob auf die in den Schlußscheinen bezeichneten Geschäfte der §. 8 Abs. 1 oder der §. 16 cit. Gesetzes zur Anwendung zu bringen ist.

Diese Frage aber ist mit dem ersten Richter im Sinne der ersten Alternative zu entscheiden.

Zur Zeit des Abschlusses des Vertrages vom $\frac{\text{22. Februar}}{\text{6. März}}$ 1893 nämlich **bestand offenbar die**

Möglichkeit, daß in Folge einer ungünstigen Gestaltung der allgemeinen Verhältnisse oder der Verhältnisse der Gesellschaft die in Aussicht genommene Konvertirung vollständig mißlingen, also keiner der Besitzer der 5prozentigen Pfandbriefe sich zum Umtausche in $4^1/_2$prozentige Pfandbriefe bestimmen lassen und die Gesellschaft auch nicht im Stande sein würde, von den neuauszugebenden $4^1/_2$prozentigen Pfandbriefen einen Theil zu dem bestimmten Minimalkurse zu verkaufen. Daß nun auch diese Möglichkeit, wenn auch noch so entfernt, von den vertragschließenden Parteien bei Abschluß des Vertrages vorausgesetzt worden ist, ergeben die vorausgeführten Vertragsbestimmungen, in welchen als Grenze der Verpflichtung des Konsortiums der Nominalbetrag der 56 000 000 Rubel Pfandbriefe angegeben ist. Demgemäß ist der Vertrag dahin auszulegen, daß das Konsortium sich der Gesellschaft gegenüber verpflichtet hat, die zum Zweck der Konvertirung auszugebenden 56 000 000 Rubel $4^1/_2$prozentige Pfandbriefe für den Fall, daß ein Umtausch oder Verkauf nicht stattfände, zum vollen Betrage, für den Fall aber, daß ein Theil derselben zum Umtausch gegen ausgelooste $4^1/_2$prozentige Pfandbriefe verwendet, oder von der Gesellschaft verkauft würde, zu dem dann noch verbleibenden Restbetrage gegen Zahlung des nach Art. 14 des Vertrages zu berechnenden Kaufpreises für eigene Rechnung zu übernehmen, also zu Eigenthum zu erwerben. In gleicher Weise sind auch die in den Schlußscheinen bezeichneten Geschäfte, für welche die streitigen Stempelbeträge erfordert worden sind, dahin auszulegen, daß bei gänzlicher Erfolglosigkeit des im Art. 6 des Vertrages vom $\frac{\text{22. Februar}}{\text{6. März}}$ 1893 bezeichneten Anerbietens und der auf Verkauf zum Minimalkurse von $98^1/_2$% gerichteten Bemühungen der Gesellschaft der nach der Höhe der Betheiligung bezw. Unterbetheiligung zu berechnende Theilbetrag der 56000000 Rubel 4½ prozentiger Pfandbriefe, andernfalls aber nur der in gleicher Weise zu berechnende Theilbetrag des nach Umtausch und Verkauf verbleibenden Restbetrages dieser Pfandbriefe geliefert und übernommen werden solle.

Hieraus folgt, daß zwischen der Klägerin und ihren Mitkontrahenten Anschaffungsgeschäfte unter der mehrfach erwähnten Bedingung abgeschlossen worden sind, daß ein Umtausch nicht stattfinden und die Gesellschaft zu dem festgesetzten Minimalkurse Nichts verkaufe.

Solche bedingte Geschäfte aber gelten nach §. 8 Abs. 1 cit. Gesetzes in Betreff der Abgabepflicht als unbedingte, und es erscheint daher in den hier in Betracht kommenden Fällen die Anwendung des §. 16 cit. Gesetzes ausgeschlossen, vielmehr die Berechnung der Abgaben nach dem Werthe der vorangegebenen Gegenstände, wie sie Seitens der Beklagten gefordert worden, gesetzlich begründet. (vgl. Entscheidungen des Reichsgerichts Bd. 20 Seite 8 ff. 13 und 14.)

Der Ansicht der Klägerin, für welche sie sich allerdings auf das Urtheil des Reichsgerichts vom 24. Okt. 1892 VI. 154. 92 (Jurist. Wochenschr. 1893 Seite 29 Nr. 54, Entsch. Bd. 30 S. 9), berufen kann, vermag sich das Berufungsgericht jedoch nicht anzuschließen. Wäre das Existentwerden des Kaufgegenstandes zur Voraussetzung gemacht, so würde allerdings eine conditio juris vorliegen. Das Existentwerden des Kaufgegenstandes war jedoch bei den hier in Frage stehenden Geschäften sicher und ist auch von den vertragsschließenden Parteien als gewiß angesehen worden. Ungewiß war nur, wieviel von dem Kaufgegenstande anderweitig durch den Umtausch der ausgeloosten Pfandbriefe und durch Verkauf zum Minimalkurse von 98½ Prozent vor dem für die Uebernahme Seitens des Konsortiums bestimmten Termine zur Verwendung kommen würde, und wenn von diesen künftigen ungewissen Ereignissen die Wirkung der geschlossenen Verträge abhängig gemacht wurde, so war damit den vereinbarten Rechtsgeschäften eine eigentliche Bedingung beigefügt, und sonach die Voraussetzung des ersten Satzes von §. 8 cit. Reichsstempelgesetz gegeben.

35. Zu mit je 1 Mark Stempel versehenen Schlußscheinen über sog. Nochgeschäfte, welche noch unter der Herrschaft des Reichsstempelges. v. 1. Juli 1881 geschlossen wurden, war im März 1885 bei der Landwirthschaftlichen Bank zu Berlin monirt worden, daß in jedem Schlußschein je zwei Kaufgeschäfte, ein unbedingtes und ein bedingtes, beurkundet und daß deshalb je zwei Mark Stempel erforderlich seien. Durch F.M.R. v. 11. Jan. 1886 III 219 wurde jener Auffassung beigetreten und zugleich, mit Rücksicht auf das inzwischen in Kraft getretene neue Reichsstempelgesetz, bestimmt: Für die Zukunft ist in Fällen dieser Art nach §. 7 [jetzt §. 8] Abs. 1 des Reichsstempelges. zu verfahren, wonach, wenn einem Kontrahenten die Befugniß eingeräumt ist, innerhalb bestimmter Grenzen den Umfang der Lieferung zu bestimmen, die Abgabe nach dem höchstmöglichen Werth des Gegenstandes des Geschäfts zu berechnen ist. Vgl. Anm. 204 dieses Abschn.

36. In nachstehenden Schreiben der Klägerin an die Gesellschaft in A. vom 20. Juni 1891 und 19. Oktober 1891, sowie in dem nachstehenden Antwortschreiben der Klägerin an die Bank in B. vom 6. Juli 1891

a) Brief vom 20. Juni 1891:

„Wir theilen Ihnen ergebenst mit, daß wir Sie

für am 22. cr. abzunehmende Mk. 1 350 000 4 %
Pfandbriefe von 1890

à 101,80	Mk. 1 374 300
+ Zinsen 82/4 %	„ 12 300
	Mk. 1 386 600
3 % Vergütung	„ 4 500
Val.: 22. cr.	Mk. 1 382 550

erkannt haben, welchen Betrag wir Ihnen laut Abmachung bis ultimo Juni cr. mit 2 1/2 % verzinsen;"

b) Brief vom 19 Oktober 1891:

„Wir theilen Ihnen ergebenst mit, daß wir Sie für übernommene Mk. 500 000 - 4 % — 1890 Pfandbriefe

Interimsscheine von 1891 à 101	Mk. 505 000,—
Zinsen 15/10 15 Tage . . .	„ 833,30
	Mk. 505 833,30
3 % Bonifikation . . .	„ 1 500,—
	Mk. 504 333,30
+ 3 % Zinsen von 15/10—30/11	„ 1 891,25
Val. 30. November	Mk. 506 224,55

erkannt haben und werden Ihnen diesen Betrag am 30. November zahlen; über die Stücke behalten wir uns Disposition vor und zeichnen;"

c) Brief vom 6. Juli 1891:

„Wir besitzen Ihr Geehrtes vom 4. cr. und werden Ihnen Ihr Guthaben auf Separat-Konto im Betrage von Mk. 742 666,65 bis 31. cr. mit 3 % verzinsen;"

dann folgendes Schreiben der Bank in B. an die Klägerin vom 4. Juli 1891:

„Im Besitze Ihres geehrten Gestrigen überlassen wir Ihnen unser Guthaben aus der Uebernahme unserer 4 %tigen Pfandbriefe Abtheilung VI von . . . . 742 666,65 Mark auf Separat-Konto gegen 3 % Zinsen bis ultimo cr.

Von Ihren sonstigen Mittheilungen Kenntniß nehmend zeichnen wir"

sind die Merkmale einer Schuldverschreibung gefunden und vom Werth des Gegenstandes 1/12 Prozent Stempel gefordert.

Klägerin hat die Stempelpflichtigkeit wegen der den Briefen zu Grunde liegenden Anschaffungsgeschäfte, zu denen der Reichsstempel verwendet sei, und die deshalb mit einem Landesstempel nicht mehr belegt werden dürften, bestritten.

Das Reichsgericht sieht in den Briefen Abmachungen der Betheiligten, durch welche die Erfüllung der vorgängigen Anschaffungsgeschäfte auf Seiten des Käufers gegen Entgeld auf einen späteren Termin verschoben werde, indem die Zahlung des Kaufpreises dem Käufer gegen Zwischenzinsen zu einem späteren, als dem gesetzlichen Termine, nachgelassen sei. Darnach beträfen die Briefe Verabredungen, die nach §. 8 Abs. 2 d. R.St.G.

selbst wieder abgabepflichtige Geschäfte seien; angesichts dieses Inhalts aber fielen sie unter §. 18 d. R.St.G., wobei es nicht zweifelhaft sei, daß zu den nach Tarif Nr. 4 abgabepflichtigen Geschäften auch Prolongationsgeschäfte im Sinne des §. 8 Abs. 2 zu rechnen seien. Hierbei wird noch auf ein früheres Urtheil des Reichsgerichts vom 11. Juli 1889 in Sachen der Berliner Handelsgesellschaft wider den Fiskus (IV 160/89) verwiesen, in dem ausgesprochen sei, daß Schriftstücke über die Prolongation von Anschaffungsgeschäften dem Landesstempel entzogen seien. (R.G.E. v. 9. Juli 1894 IV 54/94. Jurist. Wochenschr. S. 462.)

36a. Die Klägerin hat der Firma A. von ultimo April bis ultimo Mai 100 Stück Türken-Tabak-Aktien über je 200 Fr. zu dem alten Kurse von 222,95 % prolongirt. Kaufpreis wie Verkaufpreis betrug 35 672 Mk. Ein Report oder Deport ist nicht verabredet, jedoch sollten die Stückzinsen für die Zeit der Prolongation der Klägerin zu Gute kommen Klägerin hat das Geschäft als Reportgeschäft gebucht In der R.G.E. v. 14. Jan. 1897 IV 219/96 ist ausgesprochen, daß im Wesen eines jeden Handelsgeschäfts liege, daß es des Gewinnes wegen gemacht werde, so daß sich ohne Weiteres die Vermuthung aufdränge, daß bei dem zu dem gleichen Liquidationskurse und ohne Report oder Deport abgeschlossenen Prolongationsgeschäft der Bezug der Stückzinsen den Entgelt für die hinausgeschobene Erfüllung des Geschäfts habe bilden sollen. Zur näheren thatsächlichen Feststellung dieses

Punktes ist das Urtheil in die Berufungsinstanz zurückverwiesen. (Jurist. Wochenschr. 1897 S. 116.)

37. Die Steuerpflicht für das Abwickelungsgeschäft zwischen dem Kommissionär und dem Kommittenten im Sinne des §. 8 Abs. 3 des Reichsstempelgesetzes greift nur in dem Falle Platz, wenn ersterer das Hauptgeschäft als Kommissionär im Sinne des Artikel 360 Handelsgesetzbuchs, also gewerbsmäßig im eigenen Namen für Rechnung des Auftraggebers geschlossen hat. Erk. des R.Ger. (4) v. 11. April 1890 (Entsch. i. Strafs. Bd. 10 S. 364.)[5])

5. Aus den Entscheidungsgründen: In der Sache selbst handelte es sich um die Auslegung des im §. 8 Abs. 3 des Reichsstempelgesetzes gebrauchten Ausdruckes „Kommissionär“. Wie festgestellt ist, hat der Mitangeklagte T. an den Mitangeklagten H. am 30. Januar 1886 10000 Rubel Orientanleihe lieferbar ultimo März 1886 gekauft und von diesen 10000 Rubeln, welche er noch nicht geliefert hatte, 5000 Rubel an W. im Auftrage des H. aber im eigenen Namen, laut Schlußnote vom 6. März gleichfalls ultimo März lieferbar, weiterverkauft. Beide Geschäfte sind versteuert, die Steuerpflichtigkeit des Abwickelungsgeschäftes zwischen T. und H. bezüglich der weiterverkauften 5000 Rubel wird von dem Berufungsrichter in Abrede gestellt, weil T. bei den Geschäften nicht als Kommissionär im Sinne des Artikel 360 Handelsgesetzbuchs fungirt habe. Die Revision dagegen behauptet, das Abwickelungsgeschäft sei nach §. 8 Abs. 3 des Stempelgesetzes zu versteuern, weil dafür nicht die persönliche Qualifikation des T., sondern der Umstand, daß objektiv ein Kommissionsgeschäft vorliege, maßgebend sei. Der Auffassung des Berufungs-

richters ist jedoch beizutreten. Denn da das Gesetz bei dem Worte „Kommissionär" ausdrücklich den Artikel 360 Handelsgesetzbuchs allegirt, so will es die Steuerpflicht für das Abwickelungsgeschäft zwischen dem Kommissionär und dem Kommittenten offenbar nur in dem Fall konstituiren, wenn ersterer das Hauptgeschäft als Kommissionär im Sinne des Artikels 360, also gewerbsmäßig im eigenen Namen für Rechnung des Auftraggebers geschlossen hat. Unter die Bestimmungen des Tit. 3 Buch 4 des Handelsgesetzbuchs „vom Kommissionsgeschäft" fallen nach Artikel 360 und 378 das. nur solche Handelsgeschäfte, die von Kommissionären gewerbsmäßig oder von Kaufleuten außerhalb ihres gewöhnlichen Handelsbetriebes im eigenen Namen für Rechnung des Auftraggebers abgeschlossen sind. Hat also der Beauftragte ein Handelsgeschäft zwar in eigenem Namen für Rechnung seines Auftraggebers geschlossen, ist aber weder in Folge eines gewerbsmäßigen Betriebes solcher Geschäfte, noch in Folge eines sonstigen Handelsbetriebes Kaufmann, so können nur die Regeln des Mandats zur Anwendung kommen. Dieser Fall liegt hier vor, da nicht für erwiesen erachtet ist, daß der Mitangeklagte T. gewerbsmäßig Kommissionsgeschäfte betreibt und er in seiner Eigenschaft als Börsenmakler nach Artikel 66 ff. a. a. O. auch nicht als Kaufmann anzusehen ist. Er erscheint daher nicht als kaufmännischer Kommissionär, sondern als gewöhnlicher Vermittler, und die zwischen ihm und seinem Auftraggeber vorzunehmende Abrechnung nicht als ein Abwickelungsgeschäft im Sinne des citirten §. 8 Abs. 3 2c.

38. Nicht bei einem jeden Abschluß unter eigenem Namen, aber für fremde Rechnung ist der Abschließende als ein Kommissionär zu betrachten, sondern nur dann, wenn es sich um die Ausführung des ihm von einem Dritten ertheilten Auftrags handelt.

Dementsprechend hat der Verwalter eines Mündelvermögens, der unter seinem Namen für dieses Vermögen Werthpapiere ankauft oder verkauft, lediglich über dieses Geschäft selbst, nicht aber auch über ein Abwickelungsgeschäft eine Schlußnote auszustellen und zu versteuern.

In derselben Weise ist der Fall zu beurtheilen, wenn der alleinige Inhaber einer Firma für Rechnung seines Privatvermögens unter dem Namen seiner Firma ein Geschäft abschließt; desgleichen der Fall, wenn der alleinige persönlich haftende Gesellschafter einer Kommanditgesellschaft für Rechnung seines Privatvermögens unter dem Namen seiner Firma Werthpapiere kauft oder verkauft.

Auch wenn die Firma aus mehreren zur Geschäftsführung berufenen Theilhabern besteht und der einzelne Theilhaber, welcher ein Geschäft für Rechnung seines Privatvermögens abschließt, zugleich derjenige ist, welcher dessen Abschluß Namens der Firma vornimmt, so hat derselbe ein abgabepflichtiges Abwickelungsgeschäft nicht zu versteuern. Andererseits ist die Möglichkeit allerdings nicht ausgeschlossen, daß der Theilhaber als Auftraggeber seiner Firma gegenübertritt, in welchem Falle zwischen dieser und ihrem Theilhaber ein gleiches Verhältniß besteht, wie zwischen Kommittent und Kommissionär und eine entsprechende Versteuerung vorzunehmen ist. Die Entscheidung darüber, ob die eine oder die andere Sachlage vorliege, kann nur nach Prüfung der Umstände des einzelnen Falles erfolgen. F.M.R. v. 15. Juni 1887 III 6965.

39. Die Vorschrift des §. 7 [jetzt 8] Abs. 3 des R.St.G., wonach bei einem Anschaffungsgeschäft, welches von einem Kommissionär (Art. 360 H.G.B.) abgeschlossen ist, die Abgabe sowohl für das Geschäft zwischen dem Kommissionär und dem Dritten, als auch für das Abwickelungsgeschäft zwischen dem Kommissionär und dem Kommittenten zu entrichten ist, findet nach einem Urt. des R.G. v. 18. Novbr. 1889 (Reichsanz. 1890 Nr. 15) keine Anwendung, wenn der vom Kommittenten beauftragte Kommissionär lediglich als Bevollmächtigter Namens seines Kommittenten das Anschaffungsgeschäft mit dem Dritten abschließt. In diesem Falle liegt nur ein stempelpflichtiges Anschaffungsgeschäft vor. (Kleinloff.)

40. Die Bestimmung unter 10 der Anweisung des Bundesraths zur Ausführung des Reichsstempelgesetzes bezieht sich nur auf den Fall, wenn unter mehreren Firmen eine Meta-Geschäftsverbindung bereits „besteht", in welchem Fall die Abrechnungen zwischen den Metisten über die von einem derselben auf eigenen Namen, aber für gemeinschaftliche Rechnung der Metisten abgeschlossenen Geschäfte nicht als Abwickelungsgeschäfte zwischen Kommissionär und Kommittenten angesehen werden sollen. Dagegen bezieht die Bestimmung sich nicht auf Verträge, durch welche eine Gemeinschaft zwischen mehreren Firmen erst neu begründet wird. F.M.R. v. 6. Mai 1886 III 5495.

41. Bei Verkäufen von Schatzanweisungen, welche durch die Reichsbank für Rechnung des

Reichs an Dritte erfolgen, liegt ein stempelpflichtiges Abwickelungsgeschäft zwischen der Reichsbank und der, eine Geschäftsabtheilung derselben bildenden Reichshauptkasse im Sinne des §. 7 Abs. 3 [jetzt §. 8] des Reichsstempelgesetzes nicht vor. Zur Beseitigung jeden Zweifels hat der Reichskanzler das Reichsbank-Direktorium ersucht, dafür Sorge zu tragen, daß in Zukunft in den über Verkäufe der bezeichneten Art auszustellenden Schlußnoten, den thatsächlichen Verhältnissen entsprechend, die Reichshauptkasse und der Dritte als Kontrahenten aufgeführt werden. F.M.R. v. 8. Dezbr. 1885 III 15211.

42. Die Bestimmung des §. 8 Abs. 4 des Reichsstempelgesetzes vom 27. April d. J., wonach bei Geschäften an Aufgabe die Bezeichnung des definitiven Gegenkontrahenten (der Aufgabe) steuerfrei ist, wenn sie spätestens am folgenden Werktage gemacht wird, bezieht sich zunächst nur auf den Fall, wenn der später bezeichnete definitive Gegenkontrahent (die sog. Aufgabe) in das Geschäft so eintritt, wie es von vornherein geschlossen war, wogegen, wenn der Preis geändert wird, von dem bloßen Eintritt eines Dritten in ein vorher abgeschlossenes Geschäft nicht mehr die Rede sein kann, sondern ein neues Geschäft vorliegt. Nur aus Billigkeitsrücksichten hat der Bundesrath im Anschluß an die bei der Verhandlung im Reichstage gemachten Bemerkungen nachgegeben, daß die Aufgabe auch dann als steuerfrei angesehen werde, wenn sie zu einem anderen Kurse als dem in dem angenommenen Auftrage bestimmten erfolgt und der Auftragnehmer die Differenz erstattet. Dies darf indeß nicht auf solche Fälle ausgedehnt werden, in denen es dem Auftragnehmer gelingt, einen Dritten (die Aufgabe) zu einem für die Gegenpartei günstigeren Kurse zu gewinnen, und der Unterschied dem Auftragnehmer zu Gute kommt, also ihm von dem Auftraggeber ersetzt wird. Der Auftragnehmer tritt in solchen Fällen aus der Stellung eines Maklers oder Vermittlers heraus und macht ein zweites Geschäft, und zwar zu seinen eigenen Gunsten, indem er die gekauften Papiere theurer verkauft, oder die verkauften Papiere billiger einkauft und diesen Preisunterschied für sich behält. In Fällen dieser Art ist die Erhebung eines zweiten Anschaffungsstempels nicht allein rechtlich begründet, sondern kann auch nicht als unbillig bezeichnet werden, da der Kursgewinn mindestens $^1/_{10}$ vom Hundert zu betragen pflegt, also den Betrag des Anschaffungsstempels ($^2/_{10}$ vom Tausend) nicht unerheblich übersteigt! In gleicher Weise wird nach der eingezogenen Erkundigung auch in Hamburg verfahren. Ihrem Antrage, daß in solchen Fällen von der Erhebung des zweiten Stempels abgesehen werden möge, vermag ich daher keine Folge zu geben. F.M.E. v. 17. Sept. 1894 III 11921.

42a. Zu §. 8 d. G. siehe auch die Anm. 170 Ziffer 2, 174, 190 Note 32, 191 Ziffer 3, 205, sowie 44 und 191.

Zu §§. 9 bis 11 des Gesetzes und Ausf.-Vorschr. A 12 und 16 bis 23.

43. „**Vermittler**“ im Sinne der §. 9, 10, 11 des

Gesetzes ist ein jeder, der durch eine auf Herbeiführung der Willenseinigung der Kontrahenten abzielende selbstständige Thätigkeit zu diesem Ergebnisse mitgewirkt hat. Er kann daneben als Bote beim Abschlusse des Geschäfts fungirt haben, braucht dies indessen keineswegs. Obwohl andererseits der Vermittler in der Regel nicht zugleich Vertreter eines der beiden Kontrahenten beim Abschlusse des Geschäfts zu sein pflegt, so kann er doch auch schließlich von dem einen mit Vollmacht zum Abschlusse versehen worden sein.[6]) R.G.E. v. 30. Sept. 1886. (C.S. Bd. 18 S. 25.)

6. Aus den Entscheidungsgründen: In Wirklichkeit hat es also für den vorliegenden Fall bei der thatsächlichen Angabe des Klägers selbst, daß er „Vermittler" des Geschäfts gewesen sei, unter jeder Voraussetzung sein Verwenden zu behalten, gleichviel ob man annehmen müßte, daß er nur als Bote oder als Bevollmächtigter des Liverpooler Hauses fungirt habe. Dann schließt freilich der Umstand, daß in der Schlußnote der Kläger nicht als Vermittler genannt ist, eine Uebertretung des §. 10 des Gesetzes in sich, ändert aber im übrigen nichts an der Sachlage. Der Kläger war als inländischer Vermittler in der That nach §. 9 Nr. 1 des Gesetzes jedenfalls in erster Reihe zur Entrichtung der Abgabe verpflichtet.

44. Ein Vermittler, welcher über zwei verschiedene Geschäftsaufträge — Kauf- und Verkaufsauftrag — ein und derselben Person nur eine Schlußnote ausstellt, worin diese Person als Käufer und zugleich als Verkäufer bezeichnet wird, verstößt gegen §. 10 des Reichsstempelgesetzes und ist wegen

Steuerhinterziehung zu bestrafen. Erk. des Kammerger., Straffenat, v. 12. Juli 1888 (S. 26 88 / Str. 1581).[7])

7. Dem vereid. Fondsmakler Pr. war von Heinrich K. der Auftrag zum Verkauf von 15000 Mk. Mecklenburger Eisenbahnaktien zum Kurse von 180¼ Prozent und zugleich der Auftrag zum Ankauf von 15000 Mk. der gleichen Aktien zum Kurse von 178 Prozent ertheilt worden. Er stellte zur Abwickelung dieser beiden Geschäftsaufträge nur einen — übrigens richtig versteuerten — Schlußschein von Heinrich K. an Heinrich K. über 15000 Mark Mecklenburger Eisenbahnaktien zum Kurse von 178 Prozent aus. Deshalb wegen Stempelhinterziehung angeklagt, wurde er in erster Instanz freigesprochen, aber in der Berufungsinstanz wegen Uebertretung des §. 10 des Reichsstempelges. zu Strafe verurtheilt.

In den Entscheidungsgründen des Berufungsurtheils heißt es: Der Angeklagte hat . . . schon darin gefehlt, daß er den Kurs im Schlußschein von Heinrich K. an Heinrich K. zu 178 Prozent angegeben hat, während der Verkauf zum Kurse von 180¼ Prozent stattgehabt hat. Er durfte aber überhaupt einen Schlußschein nicht über ein Geschäft ausstellen, welches juristisch ein Unding ist. Niemand kann von sich selbst eine Sache kaufen. „Das Kaufgeschäft ist ein Vertrag, wodurch der eine Kontrahent zur Abtretung des Eigenthums einer Sache und der andere zur Erlegung einer bestimmten Geldsumme dafür sich verpflichtet", bestimmt der §. 1 Tit. 11 Th. I A.L.R. Das Gesetz setzt also zum Begriff des Kaufvertrages wesentlich zwei Kontrahenten voraus, von denen der eine das Eigenthum einer Sache abzutreten, der andere den Kaufpreis zu entrichten hat, und schließt damit von selbst den Verkauf einer Sache an den Verkäufer selbst aus. Das Handelsgesetzbuch aber, welchem der hier in Rede stehende Kaufvertrag unterliegt, giebt nur Einzelbestimmungen über den Kauf, während es die Begriffsbestimmung dem Landesrechte überläßt (cfr. Puchelt, Kommentar Anm. 1 zu Art. 337 H.G.B.). Die landesrechtliche Definition des Kaufgeschäftes ist deshalb auch hier maßgebend. Ein Geschäft von Heinrich K. an Heinrich K. konnte der Angeklagte deshalb als etwas Unmögliches nicht vermitteln. Es blieben ihm nur zwei Möglichkeiten. Entweder er trat als Selbstkontrahent in das Geschäft ein und hatte dann die Schlußscheine auszustellen von Heinrich K. an Pr. und von Pr. an Heinrich K. Wenn der Angeklagte hiergegen einwendet, daß er mit Rücksicht auf Art. 69 Nr. 1 H.G.B. hierzu nicht berechtigt gewesen sei, so ist dies zwar richtig; allein der trotz der Vorschrift des H.G.B. erfolgte Eintritt des Maklers in das Geschäft macht das Geschäft nach ausdrücklicher Gesetzesvorschrift nicht ungültig. Oder aber, wenn der Angeklagte eben mit Rücksicht auf Art. 69 H.G.B. als Selbstkontrahent nicht eintreten wollte, so mußte er zwei Schlußscheine ausstellen, die lauteten von Heinrich K. an Aufgabe und von Aufgabe an Heinrich K. Die Ausstellung ist in §. 8 Al. 4 des R.St.G. ausdrücklich als statthaft und zugleich abgabepflichtig vorgesehen. Nur in einer dieser beiden Arten aber durfte der Angeklagte vorgehen, da er nicht, um den Stempel seinem Auftrageber zu ersparen, einen Schlußschein über ein juristisch unmögliches Geschäft ausstellen konnte und durfte.

Die von dem Angeklagten eingelegte Revision wurde vom Kammerger. durch obiges Erkentniß auf Grund der „thatsächlichen Feststellungen des Berufungsrichters, welche rechtsirrthümliche Auffassungen nicht erkennen lassen", zurückgewiesen.

45. Es ist nicht für zulässig zu erachten, die mehreren Kauf- und Verkaufsgeschäfte, welche von einem Bankhause an dem nämlichen Tage

für einen und denselben Kunden gemacht werden, in einer Schlußnote als ein Tauschgeschäft zu beurkunden und demgemäß nur nach dem höheren der getauschten Gesammtwerthe zu versteuern. Es muß vielmehr über jedes einzelne solcher Kauf- und Verkaufsgeschäfte eine besondere Schlußnote aufgestellt werden, es sei denn, daß hinsichtlich einzelner Kaufgeschäfte oder hinsichtlich einzelner Verkaufsgeschäfte von der Vergünstigung des §. 12 Abs. 1 des Reichsstempelabgabengesetzes Gebrauch gemacht werden kann. Verf. des P.St.D. zu Berlin v. 23. Okt. 1885 Nr. 21849.

46. Nach §. 10 des Reichsstempelges. müssen beide Schlußnotenhälften übereinstimmen; es ist daher unstatthaft, wenn bei einem durch zwei Makler vermittelten Geschäfte auf der einen Schlußnotenhälfte nur der Name des einen und auf der anderen der Name des anderen Vermittlers angegeben ist. Erk. d. R.G. (2) v. 14. Juni 1889[8]) (C.B. 1889 S. 355).

8. In den Entscheidungsgründen heißt es: Die Schlußnote ist doppelt auf einem vorher gestempelten oder mit den erforderlichen Stempelmarken zu versehenden Formular auszustellen, von dem je eine Hälfte für jeden der beiden Kontrahenten bestimmt ist. Die nähere Einrichtung der Schlußnote ergiebt das Muster d zu den Ausführungsbestimmungen. Daraus ergiebt sich unzweifelhaft, daß die Schlußnoten-Hälften mit einander übereinstimmen müssen. Diese Uebereinstimmung fehlt im vorliegenden Falle und zwar in einem vom Gesetz für wesentlich erklärten Punkte, da jede Hälfte einen anderen Vermittler namhaft macht. Allerdings spricht §. 9 des Gesetzes nur vom Abschlusse des Geschäftes

durch einen Vermittler. Offenbar hat aber eine Vermittelung von Geschäften durch mehrere Vermittler weder ausgeschlossen, noch durch Stempelfreiheit begünstigt werden sollen. Auch für einen solchen Fall galten also die Vorschriften über Ausstellung der Schlußnote. Diese ist daher auch in Fällen der vorliegenden Art in zwei übereinstimmenden Exemplaren auszustellen. Es läßt sich auch nicht behaupten, daß das im vorliegenden Falle von den zwei Maklern eingeschlagene Verfahren den Zwecken des Gesetzes in gleichem Maße entspreche, wie die Uebereinstimmung der Schlußnoten-Hälften. Denn jenes Verfahren erschwert die nach §§. 39, 40 des Gesetzes nöthige Kontrole, da es den Schein erwecken kann, daß jeder der Makler ein anderes Geschäft vermittelt habe. Diese Auffassung findet in der Entstehungsgeschichte des Gesetzes eine jeden Zweifel ausschließende Bestätigung.

47. **Im Falle der bei Errichtung einer Aktiengesellschaft stattfindenden Uebernahme der Aktien durch die Gründer sind die Schlußnoten im Hinblick auf das Erk. d. R.G. v. 2. Juni 1890 (Entsch. i. C.S. Bd. 26 S. 34, R.Anzeigerbeil. 1890 S. 444) von den Gründern auszufertigen — und zwar zwischen dem Leiter des Konsortiums und den übrigen Gründern, nicht zwischen dem Leiter und der neu gegründeten Gesellschaft — und nach dem vollen Betrage des Uebernahmepreises, nicht etwa blos nach der ersten Einzahlung zu versteuern, weil im Sinne des §. 9 des Reichsstempelges. die Gründer als die Veräußerer anzusehen sind. Die Entrichtung der Abgabe muß innerhalb der in §. 10 Abs. 2 d. Ges. vorgesehenen Frist nach dem Geschäftsabschlusse, mithin spätestens am dritten Tage nach dem Tage der Aktienübernahme, er-**

folgen. Die [Eintragung der Aktiengesellschaft in das Handelsregister ist, da das Gesetz lediglich den Geschäftsabschluß und zwar auch den bedingten Geschäftsabschluß besteuert, unerheblich. Verf. d. P.St D. z. B. v. 7. und 10. Nov. 1894. St. 4036 u. 4140.

48. Die Kassation der auf den mir vorgelegten Schlußnoten vom 2. und 3. Oktober haftenden Reichsstempelmarken kann ich als den Ausführungsbestimmungen 12b Abs. 3 [jetzt Ziffer 17 Abs. 3] entsprechend nicht erachten. Es ist hier vielmehr ausdrücklich bestimmt, daß prinzipaliter die Firma oder der Name des Ausstellers der Schlußnote auf jeder Hälfte der Marke ganz stehen, daß es event. aber auch für genügend angesehen werden soll, wenn nur ein Theil der Firma oder des Namens auf der halben Marke selbst steht, der andere Theil der Firma oder des Namens aber über die Marke hinaus entweder auf einen Theil des Formulars oder auf eine zweite, auf derselben Seite des Formulars haftende Marke oder endlich auf beide, d. h. die zweite Marke und einen Theil des Formulars hinüberreicht. Nur so sind die letzten Worte des Absatzes „oder auf beide hinüberreicht" zu interpretiren. Da hiernach und nach Abs. 6 derselben Ausführungsbestimmungen die auf den Schlußnoten vom 2. und 3. Oktober d. Js. befindlichen Marken als verwendet nicht angesehen werden können, so müssen diese Schlußnoten noch nachträglich mit gehörig kassirten Marken versehen werden. In dieser Richtung muß ich Ihnen anheimgeben, als Zweitverpflichtete (§. 9 Abs. 2 d. Ges.) die ordnungsmäßige Kassation von Marken

in der Ihnen nach §. 11 zustehenden Frist auf den anbei zurückerfolgenden Schlußnoten herbeizuführen und mir nachzuweisen, oder über dieselben Geschäfte andere Schlußnoten anfertigen und zu denselben die gehörigen Stempel ordnungsmäßig kassiren zu lassen, und die zu den Schlußnoten kassirten Marken unter Vorlegung der alten und neuen Schlußnoten zur Erstattung zu liquidiren. Verf. d. P.St.D. i. B. v. 12. Okt. 1885.

49. Mit Rücksicht auf die Vorschrift unter 12b [jetzt Nr. 17] (Abs. 5) der Ausführungsbestimmungen, wonach es zulässig ist, bei Verwendung von Reichsstempelmarken zu Schlußnoten den vorgeschriebenen Entwerthungsvermerk ganz oder theilweise durch Stempelaufdruck herzustellen, ist nichts dagegen zu erinnern, wenn der Tag der Entwerthung durch Handschrift eingetragen, der übrige Theil des Entwerthungsdatums aber durch Aufdruck bewirkt wird. Wenn an der bezeichneten Stelle der Ausführungsbestimmungen weiter vorgeschrieben ist, daß bei gänzlicher oder theilweiser Herstellung des Entwerthungsvermerks durch Stempelaufdruck das Datum nicht an der durch den Vordruck bezeichneten Stelle zu stehen braucht, jedoch in seinem ganzen Umfang vollständig auf jeder einzelnen halben Marke aufgedruckt sein muß, so ist hierbei auf das Wort „aufgedruckt" ein entscheidendes Gewicht nicht zu legen, vielmehr hat durch diese Vorschrift nur gesagt werden sollen, daß das Datum in seinem ganzen Umfang auf jeder Markenhälfte selbst sich befinden müsse. F.M.R. v. 18. Aug. 1887 III 8962.

50. Nach Absatz 12c [jetzt Nr. 18] der Ausführungsbestimmungen haben die Privatformulare zu Schlußnoten dem Muster d in sofern zu entsprechen, als sie, gleich diesem, aus zwei demnächst zu trennenden gleichen Theilen bestehen müssen; im Uebrigen ist, übereinstimmend mit §. 10 Abs. 1 d. Ges., lediglich bestimmt, daß jeder dieser Theile einen Vordruck mindestens für die Angabe des Namens und des Wohnorts des Vermittlers und der Kontrahenten, des Gegenstandes und der Bedingungen des Geschäfts, insbesondere des Preises, sowie der Zeit der Lieferung zu enthalten habe, wogegen eine besondere Angabe des Werths des Gegenstandes nicht angeordnet ist. In dem amtlichen Schlußnoten-Formular nach Muster d der Ausführungsbestimmungen findet sich allerdings, neben dem Vordruck für die Angabe des Gegenstandes des Geschäfts und des Preises oder Kurses, ein Vordruck für die Angabe des Werths des Gegenstandes. Da indeß der Werth schon aus den vorhergehenden Angaben sich berechnen läßt, so muß es für genügend erachtet werden, wenn derselbe bei dem betreffenden Vordruck in den amtlichen Schlußnoten-Formularen annähernd, entsprechend den für die Steuerberechnung geltenden Abstufungen angegeben wird. F.M.R. v. 15. Nov. 1885 III 14176.

51. Nach einer Mittheilung des Herrn Reichskanzlers wird die Reichsdruckerei für die Abstempelung von Privatformularen zu Schlußnoten folgende Kostenbeträge in Rechnung stellen:

1. bei Mengen bis zu 400 Stück von einem und demselben Steuerbetrage für je 100 Stück 2 M., wobei für überschießende Stücke der Preis nach vollen Hundert zur Berechnung gelangt,
2. bei Mengen über 400 Stück von einem und demselben Steuerbetrage für die ersten 400 Stück 8 M., für jedes volle oder angefangene Hundert mehr 1 M.

Cirk.-Verf. d. F.M. v. 26. Okt. 1885 III 13325.

52. Der N. N. lasse ich die Anlagen des Schreibens mit dem Anheimstellen wieder zugehen, die Stempelmarken entweder selbst zu entwerthen oder dies durch das Königliche Hauptsteueramt für inländische Gegenstände hier bewirken zu lassen.

Nach der Ausführungsvorschrift Nr. 17 Abs. 3 zum Reichsstempelgesetz ist die Firma oder der Name des Ausstellers der Schlußnote auf jeder Hälfte der einzelnen Marke niederzuschreiben. Dem aber steht nichts entgegen, daß die N. N. die Schlußnote ausstellt und die Marken allein in der gewöhnlichen vorgeschriebenen Weise entwerthet. Soweit Sie auch im einzelnen Fall hierzu nicht der zunächst oder allein Verpflichtete sein sollten, so würde die Ausstellung durch Sie doch die übrigen Verpflichteten von ihrer Verpflichtung befreien. — Sten.-Ber. d. Reichstags v. 1885 Bd. 4 S. 2563. — Dazu kommt, daß im vorliegenden Falle jeder der Gründer solidarisch verpflichtet ist, die Versteuerung des Anschaffungsgeschäfts zu bewirken. Auch nehme ich an, daß die N. N. das geschäftsführende Mitglied des Gründerkonsortiums und als solches die Ausstellung der Schlußnoten bewirkt hat.

Im Uebrigen ist die zuständige Steuerbehörde nach Nr. 18 Abs. 4 der gedachten Ausführungsvorschrift allgemein zur Entwerthung berechtigt und auch verpflichtet, nicht etwa blos für den im F.M.R. v. 19. Okt. 1885 III 13031 erwähnten Fall der unter Vorbehalt stattfindenden Zahlung der Abgabe. Verf. d. P.St.D. z. B. v. 15. Jan. 1896. St. 5545.

Zu §. 12 des Gesetzes.

53. Der Zusatz „in Kommission" in Schlußnoten über reichsstempelpflichtige Gesetze darf nach dem Zusammenhange der §§. 10 und 12 des Reichsstempelges. in Verbindung mit der Vorgeschichte des letztgedachten Paragraphen nur dann angewandt werden, wenn dem Bankhause, welches die Schlußnoten ausstellt, von seinem (auswärtigen) Auftraggeber — meistens einem sog. Provinzialbankier — mitgetheilt worden ist, daß er den Auftrag als Kommissionär eines Dritten ertheile. Dagegen macht es keinen Unterschied, ob der Auftraggeber diese Mittheilung in jedem einzelnen Falle wiederholt, oder ob er dem Bankhause, welches er zur Ausführung seiner Aufträge benutzen will, ein für alle Mal erklärt, daß er alle Aufträge, welche er demselben werde zugehen lassen, — falls er nicht in Einzelfällen das Gegentheil ausdrücklich angebe, — als Kommissionär

Dritter ertheile, und daß daher alle für ihn bestimmten Schlußnoten, abgesehen von dem erwähnten Ausnahmefall, mit dem Zusatze „in Kommission" zu versehen seien. F.M.E v. 6. Mai 1887 III 5076. Vgl. auch Anm. 207 dieses Abschn.

54. Nach §. 12 Abs. 2 des Reichsstempelges. ist das Abwickelungsgeschäft zwischen dem sog. Provinzialbankier und dessen Auftraggeber nur dann von der Abgabe befreit, wenn der Provinzialbankier die von ihm auszustellende Schlußnote mit dem Vermerk versieht, daß sich eine versteuerte über denselben Betrag oder dieselbe Menge und denselben Preis lautende Schlußnote in seinen Händen befinde. Hiernach kann ich es nicht für statthaft erachten, daß der Provinzialbankier in die von ihm auszustellende Schlußnote den Preis der gehandelten Werthpapiere um den für Provision und Courtage üblichen Betrag höher einsetzt, da dann eine Uebereinstimmung der Preise in beiden Schlußnoten nicht vorhanden sein würde.

Die Ausstellung einer stempelfreien Schlußnote Seitens des Provinzialbankiers ist auch dann zulässig, wenn der Bankier am Hauptbankplatze (der sog. hauptstädtische Bankier), von dem er die Werthpapiere bezieht, diese aus eigenen Beständen entnimmt, da der Kommissionär nach Artikel 376 des Handelsgesetzbuchs*) berechtigt ist, in das von ihm auszuführende Geschäft selbst

*) Siehe Note * bei Anm. 8 litt. c. in Abschn. II.

als Verkäufer oder Käufer einzutreten. F.M.E. v. 14. Okt. 1894 III 13868.

55. Die Bestimmung des §. 12 Abs. 2 des Reichsstempelgesetzes, wonach das Abwickelungsgeschäft zwischen dem Kommissionär und dem Kommittenten unter den dort angegebenen Bedingungen vom Reichsstempel befreit bleibt, — wenn sie auch hauptsächlich im Interesse der Provinzialbankiers getroffen ist — findet doch sowohl ihrem Wortlaut als ihrer Absicht nach auch auf diejenigen Fälle Anwendung, in denen ein Bankier eines Hauptbörsenplatzes den von einem Kunden ihm aufgetragenen Verkauf oder Ankauf von Werthpapieren durch einen Bankier an einem anderen Hauptbörsenplatz ausführen läßt. (Vgl. Sten.-Bericht über die Verhandlungen des Reichstags für 1893/94, Anlagen Bd. II S. 1294 zweite Spalte.) F.M.E. v. 23. April 1895 III 5997.

56. Die erleichternde Bestimmung des §. 12 Abs. 2 des Reichsstempelgesetzes findet keine Anwendung, wenn der inländische Kommissionär den ihm ertheilten Auftrag von einem ausländischen Kommissionär ausführen läßt. F.M.E. v. 9. Sept. 1896 III 12738.

56a. Zu §. 12 d. G. siehe auch die Anm. 45 und 207 dieses Abschn.

Zu §. 13 des Gesetzes.

57. Der Begriff der Tauschgeschäfte im Sinne der Ziffer 2 der vom Bundesrath am 25. September

1885 beschlossenen allgemeinen Anweisung zur Ausführung des Reichsstempelgesetzes ist nicht auf die im §. 13 Abs. 1 des Reichsstempelgesetzes vom 27. April d. J. erwähnten Fälle beschränkt, in denen verschiedene Abschnitte oder Stücke mit verschiedenen Zinsterminen von Werthpapieren derselben Gattung ohne anderweite Gegenleistung Zug um Zug ausgetauscht werden. Ein Tauschgeschäft kann vielmehr auch in der Art vorkommen, daß Werthpapiere verschiedener Gattung gegen einander ausgetauscht werden. Auch steht es dem Begriff des Tauschgeschäfts nicht entgegen, daß die ausgetauschten Werthpapiere einen verschiedenen Werth haben und zur Ausgleichung dieses Werthunterschieds ein Entgelt baar hinzugezahlt wird. Im übrigen kommt es auf die Umstände des Einzelfalles an, ob der Abschluß eines Tauschgeschäfts oder zweier Kaufgeschäfte als von den Betheiligten beabsichtigt anzusehen ist. F.M.E. v. 3. Nov. 1894 III 14923.

58. Es kann nicht für zulässig erachtet werden, das von den Betheiligten selbst als Tausch bezeichnete Rechtsgeschäft im Widerspruch hiermit in zwei Kaufgeschäfte aufzulösen und demgemäß den Stempel für zwei Anschaffungsgeschäfte zu fordern. Der Umstand, daß die vertauschten Effekten in der Schlußnote zu einem bestimmten Werthe angesetzt sind, berechtigt noch nicht zu der Annahme, daß die Absicht der Betheiligten auf den Abschluß zweier Kaufgeschäfte gerichtet gewesen sei, da die Beifügung der Kurswerthe auch die Bedeutung haben kann, die zur

Ausgleichung des Unterschieds in dem Werth der vertauschten Gegenstände von dem einen der Kontrahenten hinzuzuzahlenden Widerlage zu bestimmen. Hiernach ist auf das abgeschlossene Geschäft die Bestimmung unter 2 der allgemeinen Anweisung, betreffend die Anwendung des Reichsstempelgesetzes, anzuwenden, wonach Tauschgeschäfte der Abgabe als ein Anschaffungsgeschäft und zwar, wenn der Werth der beiderseitigen Leistungen ein verschiedener ist, nach dem höheren dieser Werthe unterliegen. F.M.E. v. 18. Sept. 1886 III 11259.

59. In denjenigen Fällen, in denen ein uneigentliches Leihgeschäft auf Grund des §. 13 Abs. 2 des Reichsstempelges. ohne Ausbedingung eines Entgelts und unter Festsetzung einer Rücklieferungsfrist von längstens einer Woche steuerfrei abgeschlossen, durch spätere Vereinbarung aber die Rücklieferungsfrist in der Art verlängert wird, daß sie im Ganzen den Zeitraum von einer Woche übersteigt, wandelt sich durch diese Fristerstreckung das Geschäft nachträglich in ein stempelpflichtiges um und ist demgemäß eine gestempelte Schlußnote auszustellen. Hierbei kann es auch keinen Unterschied machen, wenn die Betheiligten die Form wählen, das alte Geschäft als abgewickelt zu buchen und ein neues Geschäft wiederum mit einer Woche Rücklieferungsfrist zu vereinbaren, da ein derartiges Abkommen, falls nicht besondere Umstände zu einer anderen Beurtheilung nöthigen, als Verlängerung des alten Geschäfts aufzufassen ist. F.M.E. v. 27. Juni 1895 III 9587. C.Bl. S. 205.

Zu §§. 14 bis 17 des Gesetzes.

60. Der Zweck des §. 13 [jetzt 14] des Gesetzes ist die geordnete und übersichtliche Aufbewahrung der Schlußnoten. Die Schlußnoten sind daher von demjenigen zu numeriren, der sie aufzubewahren hat. Der Aussteller numerirt seine Hälfte, der Empfänger die seinige, auch wenn sie bereits numerirt ist. In diesem Falle erhalten die Schlußnoten entsprechende neue Nummern. F.M.E. v. 10. März 1886. (Kleinloff.)

61. Die in §. 13 [jetzt §. 14] vorgeschriebene Numerirung von Schlußnoten kann in verschiedenen Serien nach dem Bedürfniß des Geschäftsbetriebes vorgenommen werden.

Die Nummer ist auf diejenige Hälfte der Schlußnote zu setzen, welche als Belag bei dem betreffenden Bankhause zurückbleibt.

Die Nummernfolge darf während der Aufbewahrungsfrist nach bestimmten Zeitabschnitten unterbrochen werden. Verf. d. P.St.D. zu Berlin v. 2. Okt. 1885 Nr. 20225.

62. Stempelpflichtigen, deren Bedarf an amtlich gestempelten Schlußnotenformularen voraussichtlich einen Steuerwerth von jährlich wenigstens 1000 M. erreicht, darf gegen vollständige Sicherheit Kredit gewährt werden:

Die zu kreditirenden Abgabenbeträge

a) für gekaufte gestempelte Formulare zu Schlußnoten,

b) für die Herstellung gestempelter Formulare zu Schlußnoten mittelst Abstempelung von Marken durch die Steuerstelle,

c) für die Stempelung von Privatformularen durch die Reichsdruckerei,

müssen, im Einzelfalle einer Abfertigung, zusammen mindestens 50 M. ergeben.

Die kreditirten Beträge sind bis zum 25. Tage des dritten auf den Monat der Anschreibung folgenden Monats einzuzahlen.

Im Uebrigen finden auf die Behandlung des Kredits die wegen der Zollkredite schon ergangenen und noch zu treffenden Bestimmungen sinngemäße Anwendung.

Die hiernach von den Kreditnehmern zu erfüllenden Bedingungen einer Kreditbewilligung sind mit dem ausdrücklichen Bemerken, daß Reichsstempelmarken nicht auf Kredit verabfolgt werden, in geeigneter Weise zur Kenntniß des betheiligten Publikums zu bringen. Cirk.-Verf. d. F.M. v. 26. Sept. 1885 III 11926.

63. Zu § 16 d. Ges. siehe auch die Anm. 34 Note 4 und 170 Ziff 2 dieses Abschn.

Zu §. 18 des Gesetzes.

64. Der §. 17 [jetzt §. 18] des R.St.G. spricht nicht eine Befreiung in dem Sinne aus, daß dasselbe wirthschaftliche Geschäft überhaupt nur einmal besteuert werden und jedes durch das besteuerte Geschäft veranlaßte Rechtsgeschäft steuerfrei bleiben soll; es kommt vielmehr darauf an, ob in einem Falle, wo ein Urkunden-

stempel neben einem Anschaffungsstempel in Frage steht, das betreffende Schriftstück ein Anschaffungsgeschäft oder ein anderes Rechtsgeschäft beurkundet. R.G.E. v. 17. Jan. 1895. Entsch. B. 34 S. 137. Jurist. Wochenschr. S. 129. Vgl. auch R.G.E. IV v. 3. Dez. 1888.

65. Der Erhebung des Landesstempels und Reichsstempels neben einander steht die Vorschrift des §. 17 [jetzt §. 18] des Reichsstempelgesetzes nicht entgegen, wenn die betreffende Urkunde zwei verschiedene Geschäfte enthält, von denen das eine den Landes- und das andere den Reichsstempel erfordert. F.M.R. v. 18. Juni 1891 III 9377.

66. Im §. 17 [jetzt §. 18] des Reichsstempelgesetzes ist der Ausdruck „Schriftstücke über solche Geschäfte" allgemein zu verstehen und drückt dasselbe aus, was das Gesetz von 1881 im §. 11[9]) bestimmt hatte. Erk. des R.G. (IV 160/89) v. 11. Juli 1889.[9a])

9. Der §. 11 des Reichsstempelges. v. 1. Juli 1881 (R.G.B. S. 185) lautete:

§. 11. Im übrigen unterliegen die unter Nummer 4 des Tarifs bezeichneten stempelpflichtigen Schriftstücke in den einzelnen Bundesstaaten keiner weiteren Stempelabgabe (Taxe, Sportel u. s. w.).

9a. Die Klägerin hatte im Okt. 1887 gewisse Aktien zur Zeichnung aufgelegt und hierbei von den Subscribenten Kaution gefordert. Darauf waren elf Briefe eingegangen, in denen von den Subscribenten die geforderte Kaution bestellt wurde, und zwar waren entweder Briefe und Gelder zusammen eingegangen, die Briefe mit dem Vermerk, das beigefügte Geld solle als Pfand dienen; oder in den Briefen waren bei der Klägerin befindliche Depots verpfändet worden; oder es waren besonders gesandte Gelder ausdrücklich als die gewünschte Kaution bezeichnet worden. In allen elf Fällen war eine Zutheilung auf die Subscription erfolgt. Die darüber ausgefertigten Schlußscheine waren vorschriftsmäßig versteuert. Es hatte aber der Beklagte auch noch für die in den elf Briefen enthaltenen Kautionsbestellungen den Stempel für „Kautionsinstrumente" in Gemäßheit des Tarifs zum Preuß. Stempelges. v. 7. März 1882 gefordert. In dem darüber entstandenen Civilprozesse hatten die beiden Vorinstanzen die Klage abgewiesen, indem sie die in den elf Briefen enthaltenen Verpfändungserklärungen als Kautionsinstrumente im gedachten Sinne ansahen. Das Reichsgericht erachtete, indem es obigen Satz aussprach, die eingelegte Revision für begründet und verurtheilte den Fiskus zur Rückzahlung der erhobenen Landesstempelbeträge.

In den Entscheidungsgründen heißt es u. A.: Die Tarifnummer 4 des Gesetzes von 1881 führt unter der Kategorie „Schlußnoten" und den gleichbedeutenden Bezeichnungen allgemein sonstige von einem oder mehreren Kontrahenten, Maklern oder Unterhändlern ausgestellte Schriftstücke über den Abschluß oder die Prolongation oder die Bedingungen des Abschlusses oder der Prolongation eines Kauf-, Tausch- oder Lieferungsgeschäfts auf. Das Gesetz hat hiermit ausdrücklich jedes Schriftstück über irgend eine Bedingung des Geschäfts dem Reichsstempel unterworfen und damit (§. 11) der Landesgesetzgebung entzogen, aus dem klar vorliegenden Grunde, weil es sich hier überall um einen und denselben Gegenstand der Besteuerung handelt. . . . . . . „Ein Schriftstück „über das Geschäft" bleibt aber das Schriftstück auch dann, wenn darin der eine Kontrahent sich der künftigen Erfüllung der Verbindlichkeit des anderen aus dem bezüglichen Rechtsgeschäfte versichert (§. 178 des Allgemeinen Landrechts Theil 1 Titel 14).

67. Zu Uebertragungsvermerken auf Aktien, die vor dem 1. Oktober 1881 als dem Tage des Inkrafttretens des Reichsstempelgesetzes vom 1. Juli dess. Jahres ausgegeben sind, ist in Uebereinstimmung mit der Verfügung vom 21. Dez. 1881 III. 17132 — oben Anm. 18 — und den reichsgerichtlichen Erkenntnissen vom 2. Nov. 1885 — oben Anm. 19 — und 11. Jan. 1886 (Justizministerialblatt 1886 S. 106 und 257) der Cessionsstempel für erforderlich zu erachten. Die Bestimmung des §. 17 [jetzt §. 18] des Reichsstempelgesetzes steht der Erhebung dieses Stempels nicht entgegen, da bei dem Anschaffungsgeschäft die Uebernahme der Verpflichtung zur Uebertragung des in dem Werthpapier verbrieften Rechts (das sog. pactum de cedendo) die Gegenleistung bildet, die Erfüllung dieser Verpflichtung — die wirkliche Uebertragung (entsprechend der Uebergabe bei beweglichen Sachen) — aber hiervon verschieden ist und der auf der Urkunde hinzugefügte Uebertragungsvermerk (die Cession) daher nicht als ein Schriftstück über das Anschaffungsgeschäft betrachtet werden kann. F.M.E. v. 23. März 1893 III. 3614.

68. F.M.R vom 21. September 1886 III. 11196. Dem pp. erwidre ich, wie ich der Auffassung des Herrn Provinzial-Steuer-Direktors dahin beitrete, daß zu denjenigen Cessionen und Indossamenten, welche auf die vor dem 1. Oktober 1881 ausgegebenen, auf Namen lautenden Aktien gesetzt werden, auch für die Zukunft der Landesstempel fällig wird. Daneben ist die Aktiengesellschaft für verpflichtet zu

erachten, über die Uebertragung solcher Aktien nach dem 1. Oktober 1881 eine mit dem Reichsstempel nach Nr. 4 A des Tarifs zum Reichsstempelgesetze versehene Schlußnote auszustellen.

69. Die nach dem vorgelegten Formular ausgestellten Urkunden, in welchen die Kautionssucher ihren Anspruch auf demnächstige Rückgabe einer mit Preußischen Staatspapieren bestellten Amtskaution an die Kautionsgesellschaft zum Eigenthum abtreten, unterliegen dem in der Tarifstelle 2 des Stempelsteuergesetzes vom 31. Juli 1895 vorgeschriebenen Stempel für Abtretung von Rechten, da dieses Gesetz die frühere Vorschrift, nach welcher die Cessionen öffentlicher Papiere stempelfrei waren, nicht aufrecht erhalten hat. Ferner erfordert die amtliche Beglaubigung der Unterschrift nach der Tarifstelle 77 den Zeugnißstempel von 1,50 Mark, wenn die beglaubigende Behörde zur Unterschriftsbeglaubigung zuständig ist, die Beglaubigung also insbesondere von Gerichten oder Notaren erfolgt.

Außerdem läßt die Urkunde erkennen, daß hinsichtlich der Uebertragung des Eigenthums der Staatspapiere zwischen dem Kautionssucher und der Kautionsgesellschaft ein Anschaffungsgeschäft zu Stande gekommen ist, indem der Cedent bekennt, von der Cessionarin die Valuta baar gezahlt erhalten zu haben und die Behörde, bei welcher die Kaution hinterlegt ist, ersucht wird, den Besitz der Werthpapiere im Namen der Kautionsgesellschaft fortzusetzen. Dieses Anschaffungsgeschäft ist ein selbstständiges und von der Abtretungserklärung als reinem Formakt verschiedenes Rechtsgeschäft, für welches nach der Tarifstelle 4a des Reichsstempelgesetzes die Reichsstempelabgabe zu entrichten ist, sofern nicht die Befreiungsvorschrift unter 1 der Tarifstelle 4 Anwendung findet. F.M.E. v. 20. Aug. 1896 III 11333.

70. Die beiden Verträge zwischen dem Rentner S. und seinen zwei verheiratheten Töchtern erfordern neben dem nach dem Reichsstempelgesetz erforderlichen Anschaffungsstempel auch noch den Leibrentenvertragsstempel von 1 v. H. des Werths der bedungenen Leibrente. Denn da in beiden Verträgen bemerkt ist, daß die Verschließenden, um dem §. 608 Th. I. Tit. 11 A.L.R. zu genügen, sich dahin geeinigt haben, die von dem S. als Gegenwerth für die versprochene Leibrente hingegebenen Werthpapiere auf einen Werth von 30 000 Mark anzuschlagen, können die Verträge im Hinblick auf die erwähnte Gesetzesvorschrift nur dahin verstanden werden, daß

a) der S. für 30 000 Mark eine Leibrente kauft, und
b) anstatt der 30 000 Mark gewisse Werthpapiere in Zahlung gegeben werden. Hiernach bedurften die Verträge
   zu a des Leibrentenstempels und
   zu b des Anschaffungsstempels von $^{2}/_{10}$ vom Tausend.

F.M.E. v. 27. Mai 1896 III 7465.

71. Die wesentliche Voraussetzung der Fusion ist nach Art. 215 Abs. 4 H.G.B., daß eine Aktiengesellschaft ihr Vermögen und ihre Schulden an eine andere Aktiengesellschaft gegen Gewährung von Aktien der letzteren überträgt. Hier handelt es sich also um ein einheitliches untrennbares Geschäft, und wenn dieses Geschäft nach Tarifnummer 4 abgabepflichtig ist, so folgt aus §. 17 [jetzt §. 18], daß dasselbe Geschäft, sowie das darüber ausgestellte Schriftstück nicht noch außerdem dem Kaufstempel unterworfen sein kann. R.G.E. v. 21. März 1894. Jurist. Wochenschr. S. 204. Entsch. Bd 33 S. 40.

72. Verf. des P.St.D. in D. v. 15. Okt. 1885 (C.B. 1886 S. 46, 47): Die Bestimmung unter d im §. 9 des Reichsstempelges. vom 1. Juli 1881, wonach Auktionen und Auktionsprotokolle von der Reichsstempelabgabe ausgeschlossen waren, ist in dem neuen Reichsstempelgesetz nicht enthalten. Dagegen findet sich im §. 17 des letzteren [jetzt §. 18 d. R.St.G. v. 27. April 1894] die Bestimmung, daß Geschäfte, welche nach Tarifnummer 4 abgabepflichtig sind 2c., sowie Schriftstücke über solche Geschäfte in den einzelnen Bundesstaaten keinen Stempelabgaben unterworfen sind. Nur wenn diese Schriftstücke gerichtlich oder notariell aufgenommen werden, so unterliegen sie neben der in der Tarifnummer 4 für das Geschäft vorgeschriebenen Abgabe den in den Landesgesetzen für gerichtliche oder notarielle Aufnahmen und Beglaubigungen etwa vorgeschriebenen Stempeln. Daraus ergiebt sich, daß die über die Versteigerung von Werthpapieren der in der neuen Tarifnummer 4 bezeichneten Art etwa aufgenommenen

Protokolle der Landesstempelabgabe fortan nicht mehr unterliegen, daß dagegen von den zu den Anschaffunggeschäften gehörigen Käufen und Verkäufen im Wege der Versteigerung die in jener Tarifnummer angeordnete Reichsstempelabgabe zu erheben ist.

72a. Zu §. 18 d. Ges. siehe auch die Anm. 17, 18, 36 und 169 dieses Abschn.

Zu §§. 22 bis 27 des Gesetzes und Ausf.-Vorschr. A Nr. 29 bis 39.

73. Die Veranstaltung einer Lotterie liegt vor, wenn Jemand mit mehreren Personen in ein derartiges Vertragsverhältniß treten will, daß er sich verpflichtet, bei Eintritt eines ungewissen, wesentlich vom Zufall abhängigen Ereignisses den oder einem Theile der Gegenkontrahenten einen bestimmten Gewinn zu gewähren, während die letzteren unbedingt eine bestimmte Summe Geldes, den Einsatz, zu zahlen haben. Dies hat der Angeklagte nach den Feststellungen des Urtheils nicht gethan. Er hat sich in den von ihm an andere Personen versandten Prospekten vielmehr nur erboten, von 12 näher bezeichneten Prämienanleihen jedesmal vor der Gewinnziehung ein in der Serie gezogenes Loos für diejenigen zu erwerben, welche der von ihm zu gründenden Gesellschaft beitreten würden. Er hat diesem Angebote entsprechend gehandelt, indem er für die beigetretenen Gesellschafter ein Loos erwarb, es für sie aufbewahrte

und ihnen mittheilte, daß sie das der Nummer nach näher bestimmte Loos zu einem bestimmten Antheile als Miteigenthum erworben haben. Die hierauf gegründete Annahme des Gerichts, daß der Angeklagte sich nicht verpflichtet habe, auf eigene Rechnung den Betrag des auf ein bestimmtes Loos fallenden Gewinnes auszuzahlen, daß er vielmehr diejenigen, welche auf seine Offerte eingingen, zu Miteigenthümern der Loose habe machen wollen und nach Erwerb der Loose auch gemacht habe und daß er deshalb keine Lotterie veranstaltet habe, verstößt gegen keine Rechtsnorm. Namentlich ist es unerheblich, daß der Angeklagte die Aufgeforderten zu Miteigenthümern von 12 Loosen verschiedener Kategorien machen und daß er die Loose erst im Laufe des der Betheiligung des Einzelnen folgenden Jahres erwerben wollte. Denn er übernahm dadurch immer nur die Verpflichtung, ein Loos jeder Anleihe für die Theilnehmer zu erwerben. Diese wurden durch den Erwerb Miteigenthümer der Loose und dadurch auch des auf die Loose fallenden Gewinnes, während sie durch die Annahme der Offerte einen persönlichen Anspruch auf Zahlung des Gewinnes gegen den Angeklagten nicht erwarben. R.G.E. v. 8. April 1895. Jurist. Wochenschr. Nr. 29.

74. **Unter einer Ausspielung** im Sinne des Gesetzes ist jedes nach Absatz einer bestimmten Anzahl Spielausweise für sich abgeschlossene und auf den Kreis der Inhaber dieser Ausweise beschränkte Ausspielen eines oder mehrerer Gewinne anzusehen, nicht die Gesammtheit der von

dem nämlichen Unternehmern auf dem nämlichen Jahrmarkt oder bei der nämlichen Volksbelustigung vorgenommenen, auf der nämlichen obrigkeitlichen Erlaubniß beruhenden Ausspielungen. F.M.E. v. 25. März 1895 III 4390. C.Bl. S. 75.

75. Dadurch, daß eine Ausspielung ohne obrigkeitliche Erlaubniß öffentlich veranstaltet wird, wird die Anwendung des Reichsstempelgesetzes nicht ausgeschlossen. Erk. d. R.Ger. (3) v. 9. Juni 1884 (Entsch. i. Straff. Bd. 11 S. 9).

76. Die von der Verwaltung des Totalisators ausgegebenen Tickets beurkunden gemäß dem übereinstimmenden Willen ihres Ausstellers (der Verwaltung des Totalisators) und des Nehmers die Thatsache, daß der Nehmer eine bestimmte Geldsumme als Spieleinsatz an die Verwaltung des Totalisators eingezahlt hat. Die erfolgte Einzahlung dieser Geldsumme und zwar als eines Spieleinsatzes bleibt aber unter allen Umständen, also selbst wenn derartige Spiele nicht erlaubt oder sogar verboten sind, eine rechtserhebliche Thatsache, da sie geeignet ist — unter Umständen in Verbindung mit anderen Thatsachen — die Entstehung oder Aufrechterhaltung eines dem Rechtsgebiete angehörenden Verhältnisses zu begründen oder darzulegen. Denn sie ist, sei es nun für die rechtliche Entwindung des in dem Besitze dieser Geldsumme enthaltenen Vermögensbestandtheiles oder für das unanfechtbare Behalten dieses Vermögensobjektes von wesentlicher und zwar rechtlicher Bedeutung, mag nach bestehenden gesetzlichen Vorschriften ein Rückforderungsrecht gegeben oder ausgeschlossen oder durch besondere Vorschrift des Partikularrechts der Spieleinsatz dem Fiskus für verfallen erklärt sein, und demzufolge muß auch den diese rechtserhebliche Thatsache verbriefenden Tickets die Eigenschaft rechtsverbindlicher Privaturkunden zugesprochen werden. R.G.E. v. 6./10. Dez. 1894. Jurist. Wochenschr. 1895 S 24.

77. Die Ausgabe von Loosantheilscheinen ist als Veranstaltung einer selbstständigen Lotterie nicht anzusehen, wenn der Käufer der Antheilscheine Miteigenthümer der in den letzteren bezeichneten Loose wird.

Nach dem festgestellten Sachverhalt war der Angeklagte thatsächlich im Besitz der auf den Antheilscheinen vermerkten 100 Originalloose, und es war auch die Erklärung auf den vom Angeklagten ausgegebenen Antheilscheinen: „Inhaber dieses ist Mitbesitzer der unten verzeichneten 100 Originalloose" keine leere Floskel, sondern sie enthielt die ernstlich gemeinte Erklärung des Angeklagten, daß er die Loose fortan für die Käufer in Gewahrsam halten werde. Hiernach kann die Annahme, daß die Käufer der Antheilscheine das Miteigenthum an den Originalloosen erworben hätten, nicht für rechtsirrthümlich erachtet werden. Die Annahme des ersten Richters, daß der Angeklagte keine Lotterie veranstaltet habe, mithin weder des Vergehens gegen §. 286 des R.St.G.B. noch einer Zuwiderhandlung gegen das Reichsstempelgesetz schuldig sei, steht im Einklang mit den vom Reichsgericht anerkannten Rechtsgrundsätzen. R.G.E. v. 3. Mai 1892. Meckl. Amtsbl. S. 614 (Schlag).

78. Da es nach Ihrer mündlichen Erklärung ungewiß ist, ob Sie die in Aussicht genommenen Loose sämmtlich werden absetzen können, so finde ich nichts dagegen zu erinnern, daß Sie zunächst nur einen Theil der Loose unter Entrichtung der darauf fallenden Stempelsteuer zur Abstempelung vorlegen. Auch kann nach den bestehenden Grundsätzen eine bereits bezahlte Lotterie-Stempelsteuer mit diesseitiger Genehmigung verhältnißmäßig erstattet werden, wenn nachgewiesen wird, daß ein Theil der Loose unverkauft geblieben ist, an der Ausspielung keinen Theil genommen hat und Zahl und Werth der Gewinne entsprechend ermäßigt worden sind. F.M.R. v. 20. Jan. 1886 III 649.

79. F.M.R. v. 14. März 1882 III 3052. (C.Bl. S. 67): Unter den vorgetragenen Umständen erkläre ich mich damit einverstanden, daß die Loose der mit Genehmigung des Herrn Oberpräsidenten der dortigen Provinz durch den Handwerkerverein in S. zu veranstaltenden Lotterie als stempelpflichtig behandelt werden. Eine Verloosung zu mildthätigen Zwecken liegt nicht vor, wenn auch der Ueberschuß des Lotterie-Unternehmens, dessen nächster Zweck darin besteht, den Absatz der Gegenstände einer gewerblichen Ausstellung im Interesse der Aussteller zu fördern, einer Kranken- und Unterstützungskasse zugeführt werden soll.

79 a. Für die Loose der von dem Wiesbadener Vereine vom rothen Kreuz zu veranstaltenden Ausspielung zum Zwecke der Erbauung eines Vereinshauses kann Stempelfreiheit nicht gewährt werden, da der Verein auch zahlungsfähigen Kranken Pflege und Beistand angedeihen läßt. F.M.R. v. 5. Jan. 1886 III 16253.

79 b. Wie diesseits wiederholt entschieden worden ist, liegt eine Ausspielung zu mildthätigen Zwecken im Sinne der Befreiungs-Vorschrift zu der genannten Tarifnummer nur dann vor, wenn der Ertrag der Ausspielung zur Unterstützung Bedürftiger verwandt werden soll. In dem Bescheide des Herrn Provinzial-Steuer-Direktors wird aber mit Recht darauf hingewiesen, daß nach dem Statut der Pensionskasse jede dem Verein angehörige Künstlerin, welche der Kasse beitritt und das Eintrittsgeld sowie die Jahresbeiträge entrichtet, ein Recht auf Pension aus der Kasse erlangt, gleichviel ob sie bedürftig ist oder nicht. Zum Erlaß einer gesetzlich fälligen Reichs-Stempelabgabe bin ich nicht ermächtigt. F.M.E. v. 20. Jan. 1886 III 649.

80. Dem Stift kann Befreiung von der Stempelabgabe für die beabsichtigte Verloosung nicht zugestanden werden.

Nach §. 1 des vorgelegten Entwurfs der Satzungen besteht der Zweck des zu errichtenden Stifts darin, den Lebensabend unversorgter Töchter und Wittwen evangelischen Glaubens aller Stände der Provinz sorgenlos zu gestalten und außerdem alleinstehenden Personen weiblichen Geschlechts jeden Alters gegen eine Pension vorübergehend Zufluchtsort und Heimathhaus zu sein. Nach §§. 2 und 7 der Satzungen werden drei familienartig gesonderte Klassen von Stiftsinsassinnen unterschieden und zwar in der Art, daß von den auf Lebenszeit Eintretenden ein Eintrittsgeld in der ersten Klasse von 6000, in der zweiten Klasse von 4000 und in der dritten Klasse von 2000 Mark, und daß ferner für vorübergehend aufzunehmende Pensionärinnen eine tägliche Pension in der ersten Klasse von 3 Mark, in der zweiten Klasse von 1 Mark 50 Pf., in der dritten Klasse von 75 Pf. zu entrichten ist. Hiernach können wenigstens die Stiftinsassinnen erster und zweiter Klasse als hülfsbedürftig nicht betrachtet werden, da sie an Eintrittsgeld oder Pension nicht unerhebliche Beträge zu zahlen haben und die ihnen dafür zu Theil werdenden Leistungen über dasjenige hinausgehen, was zur Beseitigung der Noth erforderlich wäre. F M.E. v. 31. Okt. 1893 III 13717.

81. Das Ferienheim nimmt — außer armen Personen — auch Berliner Stadtmissionare und deren Familien kostenfrei und andere Gäste gegen Bezahlung auf; ein ausschließlich mildthätiger Zweck liegt also nicht vor. Hiernach kann die Befreiungsvorschrift zur Tarifnummer 5 des Reichsstempelgesetzes nicht zur Anwendung kommen; zu einer Herabsetzung der Steuer auf die Hälfte bin ich nicht ermächtigt. Sollte ein Theil der Loose unabgesetzt bleiben und an der Verloosung nicht theilnehmen, auch der Gesammtwerth der Gewinne entsprechend herabgesetzt werden, so kann nach Nr. 38 der

Ausführungsvorschriften zum Reichsstempelgesetz die Rückzahlung der Steuer für die unabgesetzt gebliebenen Loose beantragt werden. F.M.E. v. 18. Dez. 1894 III 16931.

82. Cirk.-Verf. d. F.M. v. 21. Jan. 1882 III 499: Ew. rc. ermächtige ich, darüber zu befinden, ob von der Abstempelung der abgabenfreien Loose für die in Nr. 14 Alinea 3 [jetzt Nr. 33 Abs. 3] der Ausführungsvorschriften bezeichneten Waaren-Verloosungen auf Grund dieser Vorschrift im einzelnen Falle ohne Gefährdung des steuerlichen Interesses abgesehen werden kann. Es bleibt Ihrem Ermessen überlassen, ob bei umfangreichen Verloosungen der gedachten Art die Abstandnahme von der Abstempelung an die Bedingung zu knüpfen sein möchte, daß Ihre die Abstempelung erlassende Verfügung auf Kosten des Unternehmers in der von Ihnen geeignet befundenen Weise publizirt wird.

83. Wenn der Abstempelung von Lotterieloosen mittelst rother Farbe in einzelnen Fällen besondere Gründe entgegen stehen, so können die Loose in schwarzer Farbe abgestempelt werden, namentlich in dem Falle, wenn zu den Loosen Papier von rother Farbe verwendet worden, welches der rothen Stempelfarbe so ähnlich ist, daß bei Anwendung dieser Farbe die Kontrole hinsichtlich der Versteuerung erschwert würde. Cirk.-Verf. d. F.M. v. 18. Sept. 1883. (C.B. S. 223.)

84. Cirk.-Verf. des Min. des Innern vom 23. Juni 1884: Nachdem das Reichsgesetz vom 1. Juli

1881 die „Ausweise über Spielanlagen bei öffentlichen Ausspielungen" einer Reichsstempelabgabe unterworfen hat, ist entsprechend einem Beschlusse des Bundesraths, um den Eingang der Abgabe zu sichern, in meinem Cirkularerlasse vom 10. Januar d. J. — I. A. 9476 — [abgedruckt im Preuß. Min. Blatt für die gesammte innere Verwaltung 1884 S. 21] vereinbart worden,

> daß den auf Jahrmärkten und bei Volksbelustigungen üblichen öffentlichen Ausspielungen geringwerthiger Gegenstände die Genehmigung fortan nur zu ertheilen ist, wenn die Zahl der beabsichtigten Ausspielungen und die Zahl der bei jeder Ausspielung auszugebenden Spielausweise durch einen vorzulegenden Plan festgesetzt ist und die Spielausweise, falls mehrere Ausspielungen beabsichtigt werden, außer ihrer Nummer auch eine Serienbezeichnung tragen.

Bei den Ortspolizeibehörden, welche nach der Allerhöchsten Kabinets-Ordre vom 2. November 1868 zur Genehmigung von Ausspielungen der gedachten Art befugt sind, hat dieser Erlaß mehrfach die Auslegung erfahren, als ob danach die Ausspielungen, bei denen Spielausweise überhaupt nicht ausgegeben werden, von der Genehmigung ausgeschlossen seien. Diese Auslegung beruht auf einem Mißverständniß. Das Reichsgesetz vom 1. Juli 1881 hat eine Stempelabgabe lediglich für eine Reihe von „Urkunden" eingeführt, unter anderen auch für „Ausweise über Spieleinlagen bei öffentlich veranstalteten Ausspielungen" (§. 1, Abschnitt III und Tarifnummer 5 des

Gesetzes), Ausspielungen, bei denen diese Erhebungsform keine Anwendung finden kann, weil Spielausweise nicht ausgegeben werden, sind durch das Gesetz weder der Besteuerung unterworfen noch verboten. Auf Ausspielungen der letzten Art, wie sie bekannterweise auf Jahrmärkten und bei ähnlichen Gelegenheiten vielfach üblich sind (z. B. Auswürfeln von Eßwaaren) kann daher, womit der Herr Finanzminister sich einverstanden erklärt hat, die Vorschrift des Erlasses vom 10. Januar d. Js. nicht bezogen werden.

Die Ortspolizeibehörden werden sich demnach, bevor sie die Genehmigung zu Ausspielungen nach Maßgabe der Allerhöchsten Kabinets-Ordre vom 2. November 1868 ertheilen, zu vergewissern haben, ob der Veranstalter Ausweise über Spieleinlagen auszugeben beabsichtigt. Ist letzteres der Fall, so darf die Genehmigung, auch wenn derselben sonst keine Bedenken entgegenstehen, nur nach Erfüllung der in dem Cirkularerlasse vom 10. Januar d. Js. vorgesehenen Bedingungen ertheilt werden. Andernfalls wird aus dem Umstande allein, daß die beabsichtigten Ausspielungen abgabenfrei erfolgen würden, ein Grund zur Versagung nicht herzuleiten, der Unternehmer aber, welchem die Genehmigung ertheilt wird, auf die Strafvorschriften des Reichsgesetzes vom 1. Juli 1881 hinzuweisen sein. In letzterer Beziehung bemerke ich, daß das Gesetz, abgesehen von der in §. 16 [jetzt §. 26] vorgesehenen Steuerstrafe eine Ordnungsstrafe namentlich auch für den Fall androht, daß nachgewiesenermaßen eine Steuerhinterziehung nicht beabsichtigt worden ist. (§. 23 [jetzt §. 34] Abs. 2.) Es kann unter Umständen zweifelhaft sein, ob die Nummerkarten eines Glücksrades, Lottokarten und ähnliche Bestandtheile des Spielapparats, nach Art der beabsichtigten Ausspielung als „Ausweise über Spieleinlagen" anzusehen sind. Wird von der Ortspolizeibehörde die Genehmigung unter der Annahme ertheilt, daß nach den bezüglichen Mittheilungen des Unternehmers eine Stempelabgabe von demselben nicht zu entrichten ist, so wird hierdurch die Entscheidung der Strafbehörden über die Stempelpflichtigkeit solcher Spielzeichen und die Verwirkung der Steuerstrafe einerseits nicht präjudizirt. Aber auch wenn der Unternehmer in solchem Falle mit einer Steuerstrafe verschont bleiben sollte — indem zu Gunsten desselben angenommen wird, daß er durch die ertheilte Genehmigung und die Auffassung der Ortspolizeibehörde in den Glauben versetzt sei, es bedürfe einer Abgabenentrichtung nicht, und daß er demnach eine Steuerhinterziehung nicht beabsichtigt habe — würde derselbe sich der oben erwähnten Ordnungsstrafe aussetzen.

Schließlich mache ich darauf aufmerksam, daß Personen, welche Waaren im Umherziehen gewerbsmäßig feilbieten, ihre Waaren nach §. 56c der Reichsgewerbeordnung nicht im Wege der Ausspielung absetzen dürfen. Ausnahmen von diesem Verbote können nach der angezogenen Bestimmung von der zuständigen Behörde zugelassen werden, d. h. nach den bezüglichen Bestimmungen unter A I der Ausführungsanweisung vom 29. Dezember 1883: im Geltungsbereiche des Landesverwaltungsgesetzes vom 30. Juli 1883 von dem Regierungspräsidenten, in den übrigen Landestheilen von der Regierungsabtheilung des Innern (Landdrostei). Die Ortspolizeibehörden dürfen daher den bezeichneten Personen (Hausirern) die Genehmigung zu Ausspielungen nur in dem Falle ertheilen, wenn diese sich über die ausnahmsweise gestattete Zulassung des Absatzes ihrer Waaren „mittels Ausspielung" ausweisen.

Ew. ꝛc. ersuche ich ganz ergebenst, die Ortspolizeibehörden Ihres Verwaltungsbezirks hiernach gefälligst mit Anweisung zu versehen.

85. Die auf Märkten, Volksfesten ꝛc. stattfindenden Ausspielungen geringfügiger Art, wobei die Spieler weniger aus Interesse am Gewinn als am Spiel selbst sich betheiligen, unterliegen dem Reichsstempel für Lotterien. Die bei solchen Gelegenheiten an die herangetretenen Theilnehmer ausgegebenen Zettel, welche als Ausweis der Spielbetheiligten nur Nummern ohne eine Empfangsbestätigung oder Verpflichtung enthalten, sind im Sinne des Reichsstempelgesetzes stempelpflichtige Loose. Erk. d. R.G. (3) v. 16. Febr. 1885 (D.R.Anz. ꝛc. v. 4. Mai 1885).

86. Eine Stundung der Abgabe für inländische Loose kann auf Antrag des Unternehmers nur bis längstens zum 25. Tage des letzten Monats desjenigen Quartals, welches dem Quartal unmittelbar folgt, in welchem die Anmeldung der Lotterie oder Ausspielung bei der zuständigen Steuerstelle erfolgt ist, und nur in dem Falle gewährt werden, wenn eine voll-

ständige Sicherstellung des Abgabebetrages stattgefunden hat. Ohne vorherige volle Sicherstellung darf die Genehmigung zum Absatz inländischer Loose vor Entrichtung der Abgabe nicht ertheilt werden.

Zuständig für die Stundung ist die zur Erhebung der Abgabe befugte Steuerstelle ..... Die Art der Sicherheit ist nach den dessfallsigen Vorschriften für den Zollkredit zu beurtheilen. Die Stundung ist auf das thatsächliche Bedürfniß zu beschränken und keinesfalls weiter, als bis vier Wochen vor der Ziehung bez. Ausspielung auszudehnen ꝛc. Cirk.-Verf. des F.M. v. 3. Sept 1881 III 12260.

87. Erk. d. R.G. (1) v. 10. Nov. 1887 (Entsch. i. Straff. Bd. 16 S. 302):

1. Zwischen der Veranstaltung einer öffentlichen Lotterie ohne obrigkeitliche Erlaubniß (§. 286 Strafgesetzb.) und der Defraudation der Reichsstempelabgabe für Lotterieloose (§. 26 R.St.G.) besteht mit Nothwendigkeit keine Idealkonkurrenz.[10])

2. Bei wirklich bestehender Idealkonkurrenz muß nach dem Grundsatz des §. 73 Strafgesetzb.[11]) der §. 286 Strafgesetzb. als dasjenige Gesetz, welches die schwerere Strafe androht, zur Anwendung kommen (weil sich nicht bezweifeln lasse, daß gegenüber einem Gesetze, welches nur Geldstrafe androht, dasjenige Gesetz, welches, sei es auch nur wahlweise, die Zuerkennung von Ge-

fängnißstrafe ermöglicht, die schwerere Strafart enthält).

10. In den Entscheidungsgründen wird ausgeführt: daß es zu einem wirklichen Absatze von Loosen gekommen, sei für die Vollendung des erst gedachten Vergehens nicht erforderlich, wogegen das Delikt der §§. 22 bis 30 Reichsstempelges. nach §. 23 a. a. O. zu seiner Vollendung diesen wirklichen Absatz der Loose voraussetze.

11. Der §. 73 des Strafgesetzb. lautet:

§. 73. Wenn eine und dieselbe Handlung mehrere Strafgesetze verletzt, so kommt nur dasjenige Gesetz, welches die schwerste Strafe, und bei ungleichen Strafarten dasjenige Gesetz, welches die schwerste Strafart androht, zur Anwendung.

88. Der Veranstalter einer Ausspielung, welcher die Versteuerung der Loose derselben unterläßt, ist, falls die Oeffentlichkeit der Ausspielung von ihm nicht beabsichtigt war, aber thatsächlich stattgefunden hat, mit einer Ordnungsstrafe nach §. 34 Abs. 2 des R.St.G. zu bestrafen. Erk. d. R.G. (1) v. 5. Nov. 1891 (D.R.Anz. 1891 Besondere Beilage S. 532).

89. F.M.R. v. 4. Januar 1891 III 17462: Dem Vorstand erwidere ich, daß ich mich außer Stande sehe, die mit 7500 Mark bezahlte Reichsstempelabgabe für die von demselben veranstaltete Verloosung von Kunstgegenständen ganz oder theilweise zurückzahlen zu lassen. Dem hiesigen Herrn Provinzial-Steuer-Direktor muß ich darin beitreten, daß die Verloosung aus dem in seinem Bescheide angegebenen Grunde als eine öffentliche im Sinne der Tarifnummer 5 zum R.St.G. anzusehen ist.

Zur Erstattung der Abgabe für die nicht abgesetzten Loose aber kann ich mich nicht für ermächtigt erachten, da eine Veränderung des Verloosungsplans nicht stattgefunden hat, vielmehr auch die nicht verkauften Loose für Rechnung des Ausstellungsunternehmens an der Verloosung theilgenommen haben. Der menschenfreundliche Zweck der Ausstellung und die Höhe des dabei eingetretenen, aus dem Garantie-Fonds zu deckenden Verlustes geben mir nicht die Berechtigung, zum Nachtheil der Reichskasse auf eine dieser gesetzlich zukommenden Einnahme zu verzichten.

Zu §§. 31 und 32 des Gesetzes u. Ausf.-Vorschr. A. Nr. 40 und 41.

90. Das Berufungsgericht macht mit Recht geltend, daß durch die auf den Antrag vom 1 Januar 1890 erfolgte Rückzahlung des Stempels die am 13. November 1889 geleistete Zahlung mit allen ihren rechtlichen Folgen in beiderseitigem Einverständniß wieder aufgehoben sei und daß eine Entsagung, abgesehen davon, daß sie bezüglich einer öffentlichen Abgabe nicht rechtswirksam hätte erfolgen können, in der Rückzahlung deshalb nicht liege, weil diese nicht in der Absicht, ein Recht aufzugeben, sondern in der Annahme, daß ein solches nicht bestehe, erfolgt sei. R.G.E. IV 9. Jan. 1896. Jurist. Wochenschr. S. 112.

91. Die Bestimmung der Ziffer 27a [jetzt 40] der Ausf.-Vorschr. A zum Reichsstempelgesetz bezieht sich nur auf die im §. 30 [jetzt 31] des Reichsstempelgesetzes angeordnete Erstattung des Werths verdorbener Stempelmaterialien. Außer dieser im Gesetz ausdrücklich vorgesehenen Erstattung verdorbener Reichsstempelmaterialien hat auch noch nach allgemeinen Rechtsgrundsätzen eine Erstattung irrthümlich zu Unrecht verwandter Stempel stattzufinden. F.M.R. v. 8. Mai 1889 III 7225.[12])

12. In dem zum Grunde liegenden Falle handelte es sich um Stempelmarken, welche von einer Bank zu in nicht gehöriger Form ausgestellten, und deshalb nicht gültigen Schlußnoten verwandt worden waren. Diese Stempelmarken wurden durch obiges F.M.R. für erstattungsfähig erklärt, weil „ohne rechtliche Verpflichtung verbraucht".

92. Da nach dem Berichte das Steueramt die Stempelabgabe für die bei ihm zur Abstempelung gelangten drei Stücke der russischen Staatsanleihe vom Jahre 1877 über je fünf Obligationen je mit dem fünffachen Betrage von dem Steuerpflichtigen erhoben hat, so liegt der Fall einer Steuerüberhebung vor, welcher nicht nach den Bestimmungen unter Ziffer 19 [jetzt 40] der Ausführungsvorschriften zu behandeln, sondern durch Rückzahlung des zu Ungebühr erhobenen Abgabebetrages zu erledigen ist.

Ew. ꝛc. wollen demnach den in dem vorgetragenen Falle zu viel erhobenen Stempelbetrag von 1 Mk. 20 Pf. zurückzahlen und denselben unter den „Rückerstattungen für unrichtige Erhebungen" (Nr. 4 der auf dem Titelblatte des Heberegisters vorgedruckten Gebrauchsvorschriften) verrechnen lassen. Auch wollen Sie in etwa noch vorkommenden gleichartigen Fällen dementsprechend verfahren.

Einer Durchstreichung der Stempelabdrücke über die zu viel erhobene Abgabe, oder der Niederschrift eines Erstattungsvermerks auf den Werthpapieren, bedarf es nicht, weil derartige Erstattungen stets nur an den Steuernden, nicht an einen späteren Inhaber eines Werthpapiers, zu leisten sind. F.M.R. v. 12. Sept. 1881 III 12760. (C.Bl. S. 350.)

93. F.M.R v. 15. Okt. 1882 III 13027. Zur Verhütung von Nachtheilen für die Staatskasse ist auch die Quittung über die erlegte Abgabe einzufordern und auf derselben die Erstattung zu vermerken.

94. Für die Folge ist bei der Restitution von Reichsstempelsteuer nach Maßgabe der Ausführungsbestimmungen A Ziffer 27a [jetzt 40] Absatz 6 zum Reichsstempelgesetz die Vernichtung der Stempelzeichen in gleicher Weise zu bescheinigen, wie dies für den Fall der Restitution von preußischer Landes-Stempelsteuer für vor dem Gebrauch verdorbenes Stempelmaterial auf Grund des §. 39 des Stempelges. v. 7. März 1822 [jetzt Dienstvorschrift Nr. 16 v. 14 Febr. 1896 zu § 24 des St.St.G. v. 31. Juli 1895] vorgeschrieben ist. Entscheidung der Ober-Rechnungskammer v. 13. Sept. 1888 J. Nr. 8849 zum Monitum 4 B des Revisions-Protokolls über die Rechnung des Haupt-Steuer-Amts für inländische Gegenstände zu Berlin von den indirekten Steuern für das Etatsjahr 1887/88.

95. Unter den amtlich gestempelten Formularen zu Schlußnoten, welche, wenn sie unbeschädigt sind, auf Antrag der Steuerpflichtigen gegen gestempelte Formulare zu anderen Steuerbeträgen umgetauscht werden dürfen, sind auch die von den Steuerstellen unter Verwendung von Marken hergestellten amtlichen Formulare zu verstehen. Bei der Reichsdruckerei abgestempelte oder von Steuerstellen mit Stempelmarken versehene Privatformulare dürfen von den Steuerstellen nicht zum Umtausch gegen gestempelte amtliche Formulare oder gegen Stempelmarken angenommen werden Cirk.-Verf. des F.M v. 18. Sept. 1885 III 11669 Ziffer 4.

96. Zur Rückerstattung angewiesene Beträge an Spielkartenstempel und an Reichsstempelabgaben, die von dem zum Empfang Berechtigten innerhalb eines Jahres vom Zeitpunkte der Anweisung ab nicht erhoben sind, sind als hineingefallen zu behandeln. Bundesrathsbeschl. v. 11. März 1890. § 148 der Protokolle; F.M.E. v. 30. März 1890 III 4148.

97. F.M.R. v. 3. Dez. 1890 III 13512. Der Vorschrift des §. 31 [jetzt 32] des R.St.G. und den vom Bundesrath zu diesem Gesetz erlassenen Ausführungsvorschriften (A. Nr. 12b a. E. [jetzt Nr. 17 letzter Abs.]) gegenüber, wonach nicht in der vorgeschriebenen Weise verwendete Stempelmarken als nicht verwendet angesehen werden, bin ich nicht ermächtigt, von der nochmaligen Erhebung derjenigen 280 Mark abzusehen, welche im gleichen Betrage zu den drei Schlußnoten vom 28. Mai 1889 in vier bestimmungswidrig entwertheten Stempelmarken beigebracht sind. Auch der Umstand, daß der unrichtigen Kassirung der Marken eine dolose Absicht nicht zu Grunde liegt, vermag die Niederschlagung der nachgeforderten Reichsstempelabgabe nicht zu rechtfertigen, denn das Gesetz macht den Anspruch auf nochmalige Verwendung der Stempelzeichen lediglich von der Thatsache der vorschriftswidrigen Entwerthung der ursprünglich verwendeten Stempelmarken abhängig, einerlei, ob diese auf Absicht oder auf Unkenntniß der bestehenden Bestimmungen und auf Fahrlässigkeit beruht.

Dem Antrage auf Festsetzung einer Ordnungsstrafe läßt sich nicht entsprechen, weil es sich im vorliegenden Falle um ein Strafverfahren überhaupt nicht handelt, sondern die nochmalige Zahlung von Stempelgefällen verlangt wird, deren erstmalige Entrichtung das Gesetz als nicht geschehen ansieht.

97a. Zu §. 32 d. G. siehe auch Anm. 48 dieses Abschn.

Zu §. 33 des Gesetzes.

98. Die Frage der Stempelpflicht kann auch im Wege der Feststellungsklage zum Austrag gebracht werden, insofern deren allgemeine Voraussetzungen nach §. 231 C.P.O. im Einzelfall gegeben sind. R.G.E. v. 24. Febr. 1893. Beil. zum Reichsanz. S. 255 Entsch. Bd. 31 S. 30.

99. Dem Gerichte, bei welchem die Klage auf Feststellung der Nichtverpflichtung zur Zahlung eines Stempels erhoben ist, steht nicht die Befugniß zu, die Einstellung des zur Beitreibung des Stempels anhängigen Verwaltungs-Zwangsverfahrens durch einstweilige Verfügung anzuordnen. R.G.E. IV. C.S. v. 20. März 1890. (Entsch Bd. 25 S. 406)

100. Dadurch, daß der Fiskus berechtigt ist, auf administrativem Wege die Steuer beizutreiben, verändern sich nicht die Grundsätze über die Darlegungspflicht uud die Beweislast, falls die Frage der Steuerpflichtigkeit im Prozeßwege zur Erörterung gelangt. Sache des Fiskus ist es vielmehr, wenn im Wege der Klage eine unter Vorbehalt gezahlte oder im administrativen Verfahren beigetriebene Stempelabgabe zurückgefordert wird, darzulegen und event. zu beweisen, daß die thatsächlichen Voraussetzungen der Stempelpflichtigkeit vorgelegen haben. Urtheil des R.G.E., III. C.S., v. 30. Mai 1890 (Entsch. Bd. 26 S. 56.)

101. In einem Rechtsstreite wegen ungerechtfertigter Erhebung eines Reichsstempelabgabenbetrages ist die Klage auf Zahlung der dem zu Unrecht erhobenen Betrage gleichen Summe gegen den betreffenden Landesfiskus zu richten. Erk. d. R.G. (I) vom 2. Febr 1884 (Entsch. in C.S Bd. 11 S. 65).[13])

Wegen der Frage, ob der Reichsfiskus in einem Prozesse, welcher thatsächlich gegen ihn wegen Zurück-

zahlung eingezogener Reichsstempelabgaben erhoben ist, durch eine Preußische Behörde vertreten werden kann, s. Erk. d. R.G. (IV) v. 9. April 1884 (Entsch. i. C.S. Bd. 11 S. 93), wo diese Frage verneint ist.

13. Aus den Entscheidungsgründen: **Der Fiskus des Bundesstaates [Bremen] ist der richtige Beklagte.** Das folgt aus dem Thatbestande in Verbindung mit folgenden aus der Reichsverfassung mit den sonstigen Reichsfinanzgesetzen, namentlich den Gesetzen über die Zölle und Tabaksteuer (insbesondere dem §. 8 des Reichsgesetzes vom 15. Juli 1879) und §§. 26—29, 32 des Reichsgesetzes vom 1. Juli 1881 [jetzt §§. 38—40] sich ergebenden Normen. Die einzelnen deutschen Bundesstaaten erheben die Reichsstempelabgaben durch ihre Landesbehörden und Beamte, als solche. Der betreffende Bundesstaat wird zunächst Eigenthümer der von seinen Organen erhobenen Reichsstempelabgabenbeträge. Im Verhältnisse zu allen Bundesstaaten erhebt er diese Stempelabgabenbeträge für gemeinschaftliche Rechnung. Nach dem jährlichen Betrage der in allen Bundesstaaten (abzüglich der Steuer-Erlasse, Erstattungen, Erhebungs- und Verwaltungskosten) erhobenen Reichsstempelsteuern berechnet das Reichsschatzamt diejenige Summe, welche auf jeden einzelnen Bundesstaat entfällt nach dem Maßstabe der (ohne Rücksicht auf die Staatsangehörigkeit) in dessen Gebiete ortsanwesenden Bevölkerung, mit welcher der betreffende Bundesstaat zu den Matrikularbeiträgen herangezogen wird 2c. 2c.

Der einzelne Bundesstaat, welcher von dem Abgabepflichtigen durch seine Landesbeamten, im Verhältnisse zu dem Abgabepflichtigen also in seinem, des Bundesstaates, Namen (wenn auch im Verhältnisse zu den anderen Bundesstaaten, bezw. dem Reiche, für gemeinschaftliche Rechnung) den Reichsstempelabgabenbetrag zu Unrecht eingezogen hat, ist dem durch diese Erhebung in seinem Vermögen Verletzten zur Zahlung der Geldsumme, welche dem zu Unrecht erhobenen Betrage der Reichsstempelabgabe gleichsteht, als Vermögensrechtssubjekt verpflichtet.

102. Etwa vorkommende Definitiv-Entscheidungen der Gerichte und insbesondere des Reichsgerichts über die Auslegung und Anwendung dieses Gesetzes sind in Abschrift hierher vorzulegen. Cirk.-Verf. des F.M. v. 25. Juli 1882 III 10119. (C.B. S. 302.) Vgl. Anm. 110 dieses Abschn.

103. Die Steuerstellen sind ermächtigt, in denjenigen Fällen, in welchen die Betheiligten mit Rücksicht auf die Bestimmung des § 32 [jetzt § 33] des Reichsstempelgesetzes Reichsstempelsteuer für Schlußnoten unter Vorbehalt einzahlen wollen, diese Zahlung entgegenzunehmen und entsprechende Stempelmarken zu den Schlußnoten zu kassiren. F.M.R. v. 19. Okt. 1885 III 13031.[14])

14. In Veranlassung dieses Reskripts hat der P.St. Direktor zu Berlin durch Verf. v. 24. Okt. 1885 N. 1565 die Haupt-Steuer-Aemter seines Bezirks darauf aufmerksam gemacht, wie dafür Sorge zu tragen ist, daß sowohl in dem Vorbehalte, wie in den über solche Einzahlungen zu ertheilenden Quittungen die Schlußnoten, auf welche sich solche beziehen, mit hinreichender Deutlichkeit zu bezeichnen sind, so daß in dieser Beziehung keine Zweifel entstehen können.

104. Verf. d. P.St.Dir. zu Berlin v. 20. April 1886 Nr. 7095. Die Einzahlung der nachgeforderten Beträge kann beim hiesigen Königlichen Haupt-Steuer-

Amt für inländische Gegenstände unter Vorbehalt des Rechtsweges gegen Verabfolgung von Reichsstempelmarken stattfinden. Der Vorbehalt würde in einer schriftlichen Anmeldung zu machen sein, welche das Datum des betreffenden Revisionsprotokolls und die Nummern derjenigen Monita, zu deren Erledigung die Einzahlung erfolgt, anzugeben hätte, und welche sodann von dem Haupt-Steuer-Amte mit einer entsprechenden Bescheinigung über die geleistete Einzahlung und die darauf stattgefundene Verabfolgung von Reichsstempelmarken versehen werden würde.[15]) [Vgl. jetzt Ausf.-Vorschr. B Nr. 16 Abs. 4.]

15. Diese Verf. ist dem Haupt-Steuer-Amt für inländ. Gegenstände zu Berlin und zugleich den übrigen Haupt-Steuer-Aemtern der Provinz mit der Anweisung mitgetheilt worden, dem entsprechend auch künftige Fälle zu behandeln, in denen bei einem Ankauf von Reichsstempelmarken, welcher zur Erledigung von Stempelrevisions-Moniten erfolgt, der in §. 32 [jetzt §. 33] des Reichsstempelabgaben-Gesetzes vorgesehene Vorbehalt gemacht werden soll.

Die bezügliche Praxis ist für Berlin und die Provinz Brandenburg noch weiterhin geregelt durch die nachstehende Verf. des P.St.Dir. zu Berlin vom 14. Febr. 1887 Jr.-Nr. 3102: Die hinsichtlich Erklärung des Vorbehalts nach §. 33 Satz 2 des Reichsstempelgesetzes in Beziehung auf die Entrichtung der Abgabe nach Tarifnummer 4 des Gesetzes neuerdings gemachten Erfahrungen lassen eine gleichmäßige Regelung der diesseits in Betreff solcher Erklärungen zu befolgenden Praxis geboten erscheinen, und bestimme ich demgemäß Nachstehendes:

1. Für diejenigen Fälle, in denen bei einem Ankauf von Reichsstempelmarken, welcher zur Erledigung von Revisions-Moniten erfolgt, der im §. 33 des Reichsstempelgesetzes vorgesehene Vorbehalt gemacht werden soll, verbleibt es bei den Bestimmungen meiner Cirkular-Verf. vom 20. April 1886 J.-Nr. 7095 [siehe oben], wonach in der dort näher angegebenen Weise der Vorbehalt in einer der betreffenden Steuerstelle einzureichenden schriftlichen Anmeldung auszusprechen ist.

2. Wenn zur Erledigung von Revisions-Moniten Reichsstempelmarken an den Provinzial-Steuer-Direktor mit der schriftlichen Erklärung eingereicht werden, daß dies unter Vorbehalt des Rechtsweges geschehe, so ist dadurch in Berücksichtigung der Entscheidungsgründe des Urtheils des Reichsgerichts vom 30. Mai 1881 Nr. IV 657/81 und da für die Entrichtung der Reichsstempelabgabe nach Tarifnummer 4 ein anderer Modus als der durch Kassirung von Reichsstempelmarken nicht vorgesehen ist — der Vorbehalt als wirksam gewahrt anzusehen. [Siehe jetzt Ausf.-Vorschr. B Nr. 16 Abs. 4.]

3. Aus denselben Gründen ist das Gleiche anzunehmen, wenn außerhalb der Stempelrevisionen Reichsstempelmarken zu Schlußnoten von den Steuerpflichtigen selbst, verwendet werden und gleichzeitig, d. i. an demselben Tage, an welchem die Kassation dieser Marken erfolgt, an den Provinzial-Steuer-Direktor unter Beifügung von Abschriften der betreffenden Schlußnoten die schriftliche Erklärung gerichtet wird, daß die Entrichtung der Abgabe (Markenverwendung) mit dem Vorbehalt des Rechtsweges erfolge.

Hat der Steuerpflichtige Abschriften der bez. Schlußnoten nicht sogleich beigefügt, so soll es genügen, wenn er dieselben auf diesseitiges Verlangen sofort nachbringt.

Da in den meisten Fällen die bez. schriftliche Erklärung nicht schon am Tage der Markenkassation selbst bei der Provinzial-Steuer-Direktion eingehen wird, so bleibt es der Erwägung im betreffenden Einzelfalle vorbehalten, ob die Erklärung etwa den Umständen nach als verspätet abgegeben anzusehen ist.

4. Wenn außerhalb der Stempelrevision bereits ausgefertigte Schlußnoten den Steuerstellen mit dem Antrage auf Abstempelung gemäß Nr. 12 c. [jetzt Nr. 18] Abs. 2. a. E. und Abs. 4 der Ausführungsvorschriften A unter gleichzeitiger Erklärung des Vorbehalts des Rechtsweges vorgelegt werden, so ist in Gemäßheit des Finanz-Ministerial-Reskripts vom 19. Okt. 1885 — III 1331 — [s. Anm. 103] ebenfalls der Vorbehalt als wirksam gewahrt anzusehen. Es regelt sich das dabei Seitens der Steuerstellen einzuhaltende Verfahren nach meiner Cirkular-Verfügung vom 24. Okt. 1885 [Note 14 zu Anm. 103], worin den Hauptämtern aufgegeben ist, dafür Sorge zu tragen, daß sowohl in dem Vorbehalte, wie in den über die bez. Einzahlungen zu ertheilenden Quittungen die Schlußnoten, auf welche sich solche beziehen, hinreichend deutlich bezeichnet werden, so daß in dieser Hinsicht keine Zweifel entstehen können.

104 a. Im Fall einer **ohne Zwang** geschehenen Entrichtung muß der Vorbehalt **vor** oder **bei** der Zahlung erklärt werden. R.G.E. v. 29. Juni 1896 Entscheid. i. C.S. Bd. 37 S. 121.

Zu §§. 34 bis 37 des Gesetzes.

105. Erk. d. R.G. (1) v. 22. Jan. 1885 (Entsch. i. Strafs. Bd. 11 S. 426). Das auf **strafrechtlichem Irrthum** über die Stempelpflichtigkeit eines Werthpapiers beruhende Fehlen der Hinterziehungsabsicht gemäß §. 23 [jetzt 34] Abs. 2 des Gesetzes, betreffend die Reichsstempelabgaben, schließt die Hinterziehungsstrafe aus.[16]) Aber auch nur bei eventuell beabsichtigter Steuerhinterziehung entfällt das Moment für Festsetzung einer bloßen Ordnungsstrafe. R.G.E. v. 4. April 1895. Jurist. Wochenschr. S. 432. Ebenda ist auch ausgesprochen, daß bei Vergehen gegen den Lotteriestempel die sämmtlichen Comitémitglieder als gemeinschaftliche Kontrahenten anzusehen sind.

16. Aus den Entscheidungsgründen: „Die Absicht, die Steuer zu hinterziehen, wird gleichermaßen ausgeschlossen, mag der Irrthum über das Vorhandensein der Steuerpflicht ein thatsächlicher oder ein strafrechtlicher, ein entschuldbarer oder ein unentschuldbarer sein; und das Gesetz gewährt keinen Anhalt zu der von der Vorinstanz für statthaft erachteten Unterscheidung. Es knüpft vielmehr an das Fehlen der Hinterziehungsabsicht schlechthin den Ausschluß der Defraudationsstrafe und die Verwirkung der bloßen Ordnungsstrafe."

106. Die **Haupt-Zoll- und Haupt-Steuer-Aemter** sind zur **Festsetzung von Ordnungsstrafen** aus §. 23 [jetzt §. 34] Abs. 2 des Reichsstempelgesetzes auch in denjenigen Fällen kompetent, wo die Defraudationsstrafe 150 Mark übersteigen würde.

Die Befugniß der **Hauptamts-Dirigenten zur Niederschlagung von Anklagen** über Straffälle, bei denen es sich um Gefällebeträge von höchstens 3 Mark handelt, findet auch auf Verstöße gegen das Reichsstempelgesetz Anwendung.

Die Provinzial-Steuer-Direktoren mögen indeß zur Verhütung von Mißbräuchen anordnen, daß die Akten, in welchen an Stelle der Defraudationsstrafe nur eine Ordnungsstrafe wegen Verletzung der Vorschriften des Reichsstempelgesetzes festgesetzt ist, sowie die Verhandlungen über Verstöße gegen dieses Gesetz, bei welchen die Hauptamts-Dirigenten die Niederschlagung des Strafverfahrens verfügt haben, ihnen in Zeitabschnitten zur Prüfung eingereicht werden. F.M.R. v 30. Sept. 1882 III 12049. Vgl. auch Anm. 108.

106a. Zu §. 34 d. G siehe auch die Anm. 53, 88 und 109 und zu § 35 d. G. die Anm. 12, 105 und 145 litt b dieses Abschn.

107. Für vorkommende Fälle wird auf die im §. 24 [jetzt §. 36] des Reichsstempelgesetzes angezogenen gesetzlichen Bestimmungen aufmerksam gemacht, ... wonach jede wegen Stempelhinterziehung eingeleitete Untersuchung auch auf betheiligte Angehörige anderer Bundesstaaten ausgedehnt werden kann, die Strafvollstreckung durch Ersuchen der zuständigen Behörden und Beamten des Staats, in dessen Gebiete die Vollstreckungsmaßregel zur Ausführung kommen soll, zu bewirken ist und die Behörden und Beamten der Bundesstaaten zu gegenseitigem Beistande in allen zur Entdeckung oder Bestrafung der Hinterziehung dienlichen gesetzlichen Maßregeln verpflichtet sind. Cirk.-Verf. d. F.M. v. 31. Okt. 1881 III 13431.

108. Die Hauptamts-Dirigenten sind nach den bestehenden Vorschriften für befugt zu erachten, von der Verfolgung solcher Zuwiderhandlungen gegen das Reichsstempelgesetz Abstand zu nehmen, welche lediglich mit einer Ordnungsstrafe zu ahnden sein würden.

Der §. 35 [jetzt 36] des Reichsstempelgesetzes verweist hinsichtlich des administrativen Strafverfahrens auf die Vorschriften der §§. 17, 18 und 19 des Wechselstempelgesetzes vom 10. Juni 1869, in welchem letzteren wiederum auf die Vorschriften über das Verfahren bei Vergehungen gegen die Zollgesetze Bezug genommen ist. Es erscheint daher gerechtfertigt, die auf Vereinbarungen zwischen den Zollvereinsstaaten beruhende Befugniß der Oberinspektoren zur Niederschlagung von Anklageverhandlungen über geringere Formwidrigkeiten (Ordnungswidrigkeiten) auch in Reichsstempelsachen zur Anwendung zu bringen. F.M.R. v. 9. März 1887 III 2436. Vgl. auch Anm. 106.

109. Die Strafverfolgung auch in dem Falle der Verwirklichung einer Ordnungsstrafe nach §. 23 [jetzt §. 34] des Reichsstempelgesetzes verjährt gemäß §. 24 [jetzt §. 36] desselben Gesetzes und §. 17 Abs. 1 des Gesetzes vom 10. Juni 1869, betreffend die Wechselstempelsteuer, mit dem Ablauf von fünf Jahren, von

Begehung der Handlung an gerechnet. Erk. d. R.G. v. 2. Juli 1885 (C.Bl. 1885 S. 328).

110. Alle in Untersuchungssachen wegen Zuwiderhandlung gegen die Gesetze über die indirekten Steuern in der Revisionsinstanz ergehenden gerichtlichen Urtheile sind unter Darstellung des Sachverhältnisses und der Streitpunkte, welche entschieden sind, abschriftlich dem Finanzminister einzureichen. F.M.E. v. 21. März 1892 III 230. Vgl. Anm. 102 dieses Abschn.

Zu §. 39 u. 40 des Gesetzes und Ausf.-Vorschr. B. Nr. 16.

111. Ueber die Voraussetzung für die Pflicht der eingetragenen Genossenschaften und der Gesellschaften m. b. Haftung sich der Prüfung in Bezug auf die Entrichtung der Stempelabgaben zu unterwerfen, vgl. R.G.E. v. 3. Mai 1895. Beil. zum Reichsanz. S. 221. Entsch. i. Str.-S. Bd. 27 S. 200. [Jetzt wegen der Bestimmung in §. 31 Abs 2 des Preuß. St.St.G. v. 31. Juli 1895 bedeutungslos.]

112. Wenn eine Revisionserinnerung ein unversteuert vorgefundenes Werthpapier zum Gegenstande hat, so ist nicht bloß für die Nachforderung der hinterzogenen Stempelabgabe, sondern auch für die Abstempelung des Werthpapiers Sorge zu tragen. Zu diesem Zwecke ist der nachgeforderte Steuerbetrag unter Beifügung einer Abschrift der betreffenden Erinnerung, in welcher das Werthpapier genau bezeichnet sein muß, einem zur Abstempelung von Werthpapieren ermächtigten Hauptamte zur Einziehung mit dem Auftrage zu überweisen, das Werthpapier nach Zahlung des dazu erforderten Steuerbetrages abzustempeln. Handelt es sich um ein nicht genügend versteuertes Werthpapier, so bedarf es einer nochmaligen Abstempelung desselben nur in dem Falle, wenn das Werthpapier nach einem höheren Tarifsatze zu versteuern ist. In diesem Falle ist gegen Nachzahlung der zu wenig entrichtet gewesenen Steuer die Nachstempelung des Werthpapiers mit dem den richtigen Tarifsatz ergebenden Stempel zu bewirken. Die in Folge der Revisionserinnerung erfolgte Abstempelung ist von der beauftragten Steuerstelle auf der Ueberweisungsverfügung zu vermerken. Die revidirte Stelle ist in den vorerwähnten Fällen bei Mittheilung des Revisionsprotokolls zu ersuchen, bei der Zahlung des defektirten Steuerbetrages das betreffende Werthpapier zur Abstempelung vorzulegen oder es dem bezeichneten Hauptamte mit dem defektirten Steuerbetrage portofrei einzusenden.

Erfolgt die Steuerentrichtung unter Vorlegung des Revisionsprotokolls, so hat die Steuerstelle die Quittung unter dieses zu setzen; andernfalls ist das nachversteuerte Werthpapier in der Quittung genau zu bezeichnen. Cirk.-Verf. des F.M. v. 11. März 1883 III 2843.

113. Die in Folge von Stempelrevisionen nachgeforderten Abgabebeträge für Schlußnoten sind fortan nicht mehr den Aemtern zur Baareinziehung zu überweisen, sondern in Reichsstempelmarken zu erheben. Zu diesem Zweck ist bei der Mittheilung des Revisionsprotokolls die revidirte Stelle zu ersuchen, die Abgabensumme der anerkannten Erinnerungen in Reichsstempelmarken einzusenden. Die Vernichtung der letzteren bei der Detektivbehörde erfolgt in derselben Weise, wie die Vernichtung der in Folge von Stempelvisitationen beigebrachten Landesstempelmarken. Cirk.-Verf. des F.M. v. 17. Okt. 1885 III 13196.

114. Im Stempelrevisions-Verfahren nachzufordernde Abgaben für Lotterieloose sind nach Maßgabe der Vorschriften unter 8. 9. 12 der Anweisung vom 31. Okt. 1881 über das Verfahren bei der Aufstellung und Erledigung der Revisionserinnerungen*) und der Bestimmungen der Verf. des F.M. v. 16. März 1882 III 1231*) einem Haupt-Zoll- oder Haupt-Steuer-Amt (in der Regel demjenigen, in dessen Bezirk der Sitz der revidirten Stelle sich befindet) zur Einziehung zu überweisen. Cirk.-Verf. des F.M. v. 31. Okt. 1881 III 13431 u. 17. Okt. 1885 III 13196 [s. die vorige Anm.].

115. Ew. ꝛc. werden hierdurch benachrichtigt, daß die betheiligten Herren Ressort-Minister heute von mir ersucht worden sind, die ihnen unterstellten Behörden ꝛc. auf deren aus §. 28 [jetzt §. 40] des Reichsstempelgesetzes sich ergebenden Obliegenheiten aufmerksam zu machen.

Zugleich werden Sie veranlaßt, die Hauptämter Ihres Dienstbereichs auf die den Beamten der in-

---

*) Hier nicht abgedruckt.

direkten Steuern nach den Bestimmungen in den §§. 24, 27 und 28 [jetzt §§. 36, 39 u. 40] des Gesetzes obliegenden Verpflichtungen zur Aufsicht über die Beobachtung des Gesetzes und zur Rüge entdeckter Hinterziehungen, beziehungsweise zur Einleitung des Strafverfahrens nach den wegen der Zollvergehen bestehenden Vorschriften, hinzuweisen. Cirk.-Verf. des F.M. an die P.St.Direktoren v. 27. Sept. 1881 III 13361 (C.B. S. 374.)

Zu Nr. 1 des Tarifs.

116. Interimsschein ist ein Werthpapier, wie die Aktie selbst, welche er bis zu deren Ausgabe vertritt. Nach seinem Inhalt ergiebt der Interimsschein die Betheiligung an einem Aktienunternehmen, den Betrag der geleisteten Einzahlung und das Recht auf den Bezug der Aktie oder ein Antheilsrecht am Gesellschaftsvermögen. Vgl. Art. 207, 207a, 215c H.G.B. R.G.E. v. 24. Febr. 1893. Entsch. i. C.S. Bd. 22 S. 119.

117. Als Aktien-Interimsschein ist jede Urkunde anzusehen, welche die Betheiligung an einem Aktienunternehmen, den Betrag der geleisteten Einzahlung und das Recht auf den Bezug der Aktie oder ein Antheilsrecht am Gesellschaftsvermögen ergiebt. (Entsch. i. C.S. Bd. 31 S. 30.) Diesen Erfordernissen entspricht die ausgestellte Urkunde, indem darin bescheinigt ist, daß das vom Staate für den Bau einer Eisenbahn von Wittstock nach der Landesgrenze übernommene Aktienkapital von 113 000 M. voll eingezahlt sei, und dann weiter bemerkt wird, daß mit dem Besitz der Urkunde dieselben Rechte verbunden seien, wie mit dem Besitz von 56 Stamm-Aktien und 57 Stamm-Prioritäts-Aktien über je 1000 M., auch der Staat gegen Rückgabe der Urkunde jederzeit die Ausfertigung und Behändigung der gedachten Aktien verlangen könne. Dabei kann es auch keinen Unterschied machen, daß zur Zeit der Ausstellung der Urkunde die übrigen Aktien vielleicht schon ausgestellt und ausgegeben waren, da die auf den Staat entfallenden Aktien, wie aus der Urkunde hervorgeht, noch nicht ausgestellt waren, sondern vorerst durch diese Urkunde vertreten werden sollten. F.M.E. v. 29. Jan. 1896 III 1123.

118. Der von den Aktien zu entrichtende Stempel ist ein Urkundenstempel, welcher bei der ersten Ausgabe der Aktien gelöst werden muß. Unter der ersten Ausgabe der Aktien kann nur verstanden werden, daß Aktien in Verkehr gebracht werden, welche bisher in demselben nicht befindlich gewesen sind. R.G.E. v. 7. Jan. 1895. Beil z. R.Anz. S. 94.

119. Für die Stempelpflichtigkeit der Interimsscheine ist kein anderer Zeitpunkt als der der Einzahlungen maßgebend. Erk. d. R.G. (IV) v. 26. Nov. 1885.

120. Die in der Konstitutivurkunde einer Aktiengesellschaft ohne Ausgabe von Antheils- oder Interimsscheinen niedergelegte Bescheinigung, daß 10 pCt. auf die gezeichneten Aktien eingezahlt worden seien,

unterliegt nicht der Stempelsteuer nach Tarifnummer 1a des R.St.G. Erk. d. R.G. (I) v. 19. Febr. 1883 (Entsch. i. Straff. Bd. 8 S. 34, Bd. 1883 S. 266.)[17])

17. In den Entscheidungsgründen heißt es: Der §. 1 des Gesetzes vom 1. Juli 1881 [auch des R.St.G. vom 27. April 1894] bestimmt ausdrücklich, daß die in dem anliegenden Tarife bezeichneten „Urkunden" nach Maßgabe der nachfolgenden Bestimmungen stempelpflichtig sein sollen und es sind darum unter den sub 1. a des Tarifs ausgeführten Aktien, Aktienantheils*scheinen* und Interims*scheinen* scripturmäßig festgestellte Rechtsverhältnisse zu verstehen. Entsprechend diesem §. 1 setzt denn auch §. 2 des Gesetzes den *Bestand urkundlicher Werthpapiere* voraus, welche zum Zweck der Erledigung der Stempelpflicht der Steuerbehörde vorgelegt werden sollen. Ebenso kann die Bestimmung des §. 3 des Gesetzes, nach welcher nur derjenige bestraft werden soll, welcher, ohne vorher die Verpflichtung zur Versteuerung erfüllt zu haben, die betreffenden Werthpapiere ausgiebt, veräußert, verpfändet oder ein anderes Geschäft unter Lebenden *damit* macht, selbstverständlich nur von urkundlichen Werthpapieren verstanden werden, und es kann sich darum auch der dieser Bestimmung nachfolgende Passus „oder Zahlung *darauf leistet*" nur auf solche urkundliche Werthpapiere beziehen. Endlich ist die Existenz dieser Urkunden die natürliche Voraussetzung für den Handelsverkehr mit Aktien, Aktienantheilsscheinen und Interimsscheinen, welche vorzugsweise mit der Stempelabgabe belastet werden soll. Vorliegend aber handelt es sich nicht um Urkunden der fraglichen Art, sondern um die in der Konstitutivurkunde der Akiengesellschaft niedergelegte Bescheinigung, daß 10 Prozent auf die gezeichneten Aktien eingezahlt worden seien, welche Bescheinigung sich weder als beurkundete Aktienberechtigungen, noch als Aktienantheilsscheine oder Interimsscheine bezeichnen lassen.

121. ꝛc. Prioritätsaktien, welche einen Anspruch auf Gewinnantheil haben, gehören nicht zu den Renten- und Schuldverschreibungen, sie sind als Aktien zu versteuern. Cirk.-Verf. d F.M. v. 27. Aug. 1881 III 12701.

122. Der nach Tarifnummer 1 zum Reichsstempelgesetze zu entrichtende Stempel für die von der Aluminium-Industrie-Aktien-Gesellschaft zu Neuhausen (Schweiz) ausgegebenen Aktien über 1000 Franken, wovon 50 v. H. eingezahlt sind, ist nach dem vollen Nennbetrage von 1000 Franken zu berechnen, da die Urkunden, welche sich selbst als Aktien bezeichnen, nicht als bloße Interimsscheine, sondern als Aktien anzusehen sind, auch die Ausgabe von Inhaberaktien nach geschehener Einzahlung von 50 v. H. des Betrages der Aktien nach schweizerischem Rechte zulässig ist. F.M.E. v. 20. April 1895 III 5813.

123. Durch Umwandlung einer Kommanditgesellschaft auf Aktien in eine reine Aktiengesellschaft wird eine neue Rechtspersönlichkeit ins Leben gerufen und liegt daher, wenn Aktien einer Kommanditgesellschaft auf Aktien durch einen aufgedruckten Vermerk in Aktien einer Aktiengesellschaft umgewandelt werden, hierin die Schaffung neuer Aktien, die von Neuem den Aktienstempel erfordert. F.M.E. v. 11. Dez. 1893 III 15930.

124. Mit den beiden Vorinstanzen ist angenommen worden, daß die nach dem Generalversammlungsbeschlusse vom 28. Juli 1891 geschaffenen Aktien als stempelpflichtige Aktien zu erachten seien. Zunächst ist dem I. R. Recht zu geben, wenn er Gewicht darauf legt, daß durch den genannten Beschluß den binnen drei Wochen zur Abstempelung eingereichten und sofort abgestempelten Aktien ein erhebliches Vorzugsrecht gegenüber den nicht eingereichten und nicht gestempelten Aktien gewährt wurde. Die Neuschaffung von Vorzugsaktien ist, wie das R.G. in Bd. 27 S. 24 ff. Entsch. ausgeführt hat, der Regel nach ein stempelpflichtiger Akt, und die hiernach begründete Stempelpflicht ist dadurch nicht hinweggefallen, daß späterhin dies fragliche Vorzugsrecht außer Kraft getreten ist, auch muß sie, wie das L.G. mit Grund hervorhebt, auf sämmtliche neue Aktien ausgedehnt werden, da die Kl. nicht anzugeben vermocht hat, wie viele Aktien wegen zu später Einreichung des Vorzugsrechts nicht theilhaftig geworden sind. — Uebrigens sind auch die Erwägungen des B.G. für zutreffend anzuerkennen. Zwar sind die früheren Aktien von gleichem Nominalbetrage, wie die neuen, aber wesentlich verschieden sind die Antheilsrechte am Gesellschaftsvermögen, welche mit den beiden Aktiengattungen verknüpft wurden. Denn, da die Zahl der früheren Aktien 700 betrug, während die Zahl der jetzigen sich nur auf 375 beläuft, so ergiebt sich als der auf die alten Aktien fallende Antheil am Vermögen $^1/_{700}$, als Antheil der neuen Aktien $^1/_{375}$. Somit ist trotz des gleichgebliebenen Nominalbetrages der einzelnen Aktien eine erhebliche Veränderung in deren rechtlichen und wirthschaftlichen Beziehungen zum Gesellschaftsvermögen vor sich gegangen, und es hat diese Veränderung dadurch ihren Ausdruck gefunden, daß eine neue Gattung von Aktien kreirt, nämlich Aktien mit dem gestempelten Vermerk „zusammengelegte Aktien" geschaffen wurden, wobei es in Hinsicht auf die Frage der tarifmäßigen Stempelpflichtigkeit gleichgültig erscheinen muß, daß diese Neuschaffung unter Benutzung des alten Aktienpapiers bewerkstelligt wurde. Diese zur Zurückweisung der Revision führenden Erwägungen sind konform mit den in Bd. 18 S. 53 ff. und Bd. 21 S. 24 ff. publizirten Entsch. des R.G., für eine abweichende Auffassung kann sich die Revision nicht auf die reichsgerichtliche Entscheidung vom 16. September 1884 berufen, weil in dem dort zu Grunde liegenden Falle nur der Nominalbetrag der Aktien herabgesetzt, ihr Antheilsrecht aber ganz unverändert belassen wurde. R.G.E. v. 7. Juni 1895. (Jurist. Wochenschr. S. 389.) Vgl. übrigens Anm. Nr. 28 dieses Abschn.

125. Vor Allem stützt das B.G. die Abgabenpflichtigkeit der 2146 abgestempelten alten Aktien darauf, daß ihnen durch die Abstempelung ein „Vorzugsrecht" vor den übrigen Aktien zu 300 Mark beigelegt worden sei. Allerdings hat auch das Reichsgericht (Entsch. in Civils. Bd. 21 S. 25 ff.) sich dahin ausgesprochen, daß ein Stempelaufdruck, der ein der betreffenden Aktie verliehenes Vorzugsrecht erkennbar macht, in Beziehung auf die Urkundenstempelpflicht nach dem Reichsgesetze vom 29. Mai

1885 der Neuausgabe einer Aktie gleichstehe; wie das Gleiche seitdem auch (ebenda, Bd. 36 S. 91 ff.) – Note 2 zu Anm. 25 dieses Abschn. — in Ansehung des Reichsstempelgesetzes vom 27. April 1894 erkannt worden ist. Aber hier liegt ein solcher Fall garnicht vor, da hier andere Aktien zu 300 Mark nicht übrig geblieben sind. Die nicht abgestempelten alten Aktien, 254 an der Zahl, haben nämlich überhaupt aufgehört Aktien zu sein, und zwar sind 240 davon einfach kassirt, nachdem sie mit 60 sodann abgestempelten zugleich in Gruppen von je 5 Aktien zu diesem Zwecke eingereicht waren, und die noch übrigen 14 haben im Sinne des Beschlusses der Generalversammlung vom 28. Dezember 1893 ihre Eigenschaft als Aktien ohne Weiteres verloren, während ihre Inhaber noch das Recht behielten, in der oben dargelegten Weise (nach Maßgabe der Ziffern 5 und 6 jenes Beschlusses) an gewissen Geldbeträgen zu partizipiren.

Fälschlich faßt das B.G. die Sache in Betreff dieser letzteren 14 Aktien so auf, als wären diese einstweilen, nämlich bis der erwähnte Geldbezug stattgefunden hatte, noch Aktien minderen Rechtes verblieben, so daß so lange ihnen gegenüber jene 2146 Aktien mit einem „Vorzugsrechte“ ausgestattet gewesen wären. Es kann hier davon abgesehen werden, daß doch jedenfalls nicht sowohl den 2146 Aktien ein „Vorzugsrecht“ beigelegt, als vielmehr den anderen alten Aktien eine Rechtsminderung zu Theil geworden sein würde. Denn es ist überhaupt rechtsirrig, das mit dem Besitze einer gewissen Urkunde verbundene Recht auf einmaligen Bezug eines noch auszumittelnden Geldbetrages als ein Aktienrecht anzusehen; vgl. Entsch. des R.G. in Civils. Bd. 36. S. 139.

Vom Standpunkte der Verfassung der Aktiengesellschaft aus waren auch die 14 Aktien sofort als ausgeschieden anzusehen, so gut wie die erwähnten 240 Aktien; einen kurzdauernden Zwischenzustand der Verfassung, in welchem neben jenen 2146 Aktien zu 300 Mark noch 14 Aktien minderen Rechtes zu 300 Mark innerhalb der Gesellschaft existirt hätten, hat es nicht gegeben. Mit nicht geringerem Rechte hätte man auch gegenüber jenen anderen 240 kassirten Aktien den 2146 Aktien ein „Vorzugsrecht" zuschreiben können.

Das in dem angefochtenen Erkenntnisse angeführte Urtheil des III. C.S. des R.G. (Reg. III 67/95) kann jenem deshalb nicht zur Stütze dienen, weil aus dem letzteren Urtheile über den damals der Entscheidung zu Grunde liegenden Sachverhalt nichts Sicheres zu entnehmen ist. Nun hat freilich das B.G. zur Begründung seiner Entscheidung auch darauf hingewiesen, daß in Folge des Generalversammlungsbeschlusses vom 28. Dezember 1893 sich die Gesammtzahl der eine Stimme gebenden Aktien vermindert und andererseits der Betrag des Grundkapitals erhöht habe, und daß der verhältnißmäßige Antheil jeder einzelnen alten Aktie am Vermögen und am Gewinn und Verlust der Gesellschaft ein geringerer geworden sei. Unzweifelhaft sind dies lauter Umstände, welche, wie eigentlich jede Statutenänderung, eine Aenderung des Rechtsverhältnisses der betreffenden Aktionäre in sich schließen; in diesem Sinne hätte das O.L.G. ihnen auch noch den Umstand hinzufügen können, daß das Stimmenverhältniß sich zu Gunsten dieser Aktionäre im Verhältnisse zu ihrem Quotenantheile am Grundkapitale sogar noch mehr verändert hat, als ohne Rücksicht hierauf.

Es hat nun auch das R.G. wenigstens auf Grund des R.St.G. v. 27. April 1894 sich bereits dahin ausgesprochen (Entsch. in C.S., Bd. 36 S. 91 ff.) — Note 2 zu Anm. 25 dieses Abschn. — daß nach §. 6 Abs. 2 dieses Gesetzes jede Veränderung des Rechtsverhältnisses des Aktionärs, welche durch einen Stempelaufdruck auf der Aktie erkennbar gemacht wird, die letztere von Neuem der Stempelabgabenpflicht unterwerfe. Ob dies auch schon nach dem R.Ges. v. 29. Mai 1885, das für diese Sache maßgebend ist, anzunehmen sein möchte, könnte jedoch schon als zweifelhaft erscheinen; vgl. Entsch. des R.G. in C.S. Bd. 21 S. 25 ff., wo sich jedenfalls ein so weit gehender Satz noch nicht aufgestellt findet. Indessen dies bedarf hier keiner Entscheidung; denn die Abgabenpflicht entsteht doch selbst auf dem Boden des Gesetzes vom 27. April 1894 immer nur dadurch, daß die fragliche „Aenderung des Rechtsverhältnisses" in einem besonderen Stempelaufdrucke auf der Aktie, durch welchen die Ausgabe einer neuen Aktie mit dem veränderten Inhalt erspart wird, zum Ausdruck gelangt. Ohnedies würde man es nicht mehr mit einem Urkundenstempel, sondern mit einer auf die Statutenänderung als solche gelegten Abgabe zu thun haben. Im vorliegenden Falle ist nun aber der Stempelaufdruck „Der Control-beamte" gar nicht dazu bestimmt, irgend eine Veränderung des Rechtsverhältnisses des einzelnen Aktionärs erkennbar zu machen, wie dies allerdings dann der Fall ist, wenn der Ausdruck zur Unterscheidung der mit einem Vorzugsrechte bewidmeten von den desselben entbehrenden Aktien dient; sondern er hat nur die Bedeutung, diejenigen Aktien zu 300 Mark kenntlich zu machen, welche noch gültig geblieben sind zum Unterschiede von denjenigen, welche, wenn sie nicht körperlich zerstört sein sollten, jedenfalls nicht mehr als Aktien der Gesellschaft gelten sollen. Daher ist auch der jetzt in Rede stehende Grund nicht geeignet, die klageabweisende Entscheidung des O.L.G. zu halten. — Auch hier wieder ist nicht anzunehmen, daß das oben angeführte Reichsgerichtsurtheil zur Sache III 67/95 entgegenstehe; denn auch in dieser Hinsicht ist der dort beurtheilte Sachverhalt nicht deutlich erkennbar. Auch ist die angefochtene Entscheidung nicht etwa in Höhe von 90 Mark, nämlich wegen der 60 auf Grund der „Zusammenlegung" mit 240 andern Aktien abgestempelten Aktien, aus dem insoweit und noch in Ansehung anderer Aktien, über die die thatsächlichen Angaben inzwischen in der Berufungsinstanz berichtigt worden sind, vom L.G. geltend gemachten Grunde aufrecht zu halten, daß diese 60 Aktien „die Rechte anderer Aktien in sich aufgenommen haben".

Denn diese Betrachtungsweise ist ganz abwegig; es

kommt hier vielmehr nur äußerlich auf die Aktien als Urkunden an, und in dieser Hinsicht liegt die Sache einfach so, daß die 60 Aktien unverändert fortbestehen, während die 240 als Aktien zu existiren aufgehört haben; vgl. übrigens auch Staub, H.G.B. (Aufl. 3 u. 4) zu Art. 248, §. 13 (Zusatz 3), S. 622. R.G.E. v. 29. Juni 1896. Jur. Wochenschr. S. 441. Entsch. i. C.S. Bd. 37 S. 119 ff.

126. Certifikate folgenden — in das Deutsche übertragenen — Inhalts:

„Hiermit wird bescheinigt, daß N. N. zu Berlin der eingetragene Eigenthümer ist von fünf Aktien zu je 1 Pfund Sterling Nr. 12121 bis 12125 der The Meyer & Co. Charlton Gold Mining Co. Limited, welche den Artikeln des Gesellschaftsvertrages und den Regeln und Regulativen der Gesellschaft unterliegen"

sind als ausländische Aktien zu erachten und hat deren Versteuerung mit 50 Pf. — nach dem früheren Gesetz v. 29. Mai 1885 — von jeder einzelnen der in den Certifikaten erwähnten Aktien von 1 Pfund Sterling zu erfolgen. R.G.E. IV v. 23. Jan. 1896. Entsch. Bd. 36 S. 154. Jur. Wochenschr. S. 179.[17a])

17a. Aus den Entscheidungsgründen: Das Kammergericht ist nach eingehender Prüfung der Statutsvorschriften der Gesellschaft zu der Ansicht gelangt, daß die Certifikate als Bescheinigungen über das Antheilsrecht der Aktionäre am gesammten Gesellschaftsvermögen zu erachten seien, dazu bestimmt, diesem Antheilsrechte den urkundlichen Ausdruck zu geben. Klägerin habe Aktien im Sinne des Antheils am Gesellschaftsvermögen und Aktien im Sinne des zur Beurkundung des Antheilsrechts ausgestellten Werthpapiers verwechselt. Mit der Bezeichnung „Shares" seien Aktien im ersteren Sinne und mit der ganzen Bezeichnung „Certifikate of Shares" Aktien im letzteren Sinne gemeint, nicht aber bloße Bescheinigungen über das Recht auf Bezug von Aktien im letzteren Sinne. Die Certifikate seien daher diejenigen Werthpapiere, in denen sich die Antheilsrechte der Aktionäre am Gesellschaftsvermögen verkörperten und somit als ausländische Aktien der Tarifposition Ib des Ges. v. 29. Mai 1885 unterworfen.

Da das Gesellschaftskapital in gleiche Aktien von je 1 Pfund Sterling, welche untheilbar seien, getheilt seien, Aktien über höhere Beträge nicht ausgestellt würden, der Certifikatinhaber das Recht habe, statt eines Certifikats fünf Certifikate über je eine Aktie von 1 Lstrl. zu verlangen, so folge hieraus, daß in einem derartigen Certifikate so viel selbständige Beurkundungen je eines Antheilsrechts verbunden seien, als die Zahl der Antheile betrage, über welche die Urkunde laute. Dem Wesen des Urkundenstempels widerspreche es keineswegs, wenn in einer Urkunde mehrere Beurkundungen zusammengefaßt würden, deren jede besonders der Stempelsteuer unterliege. Wäre das Gesellschaftskapital in ungleiche Aktien zerlegt, so würde jedes Certifikat über einen dieser ungleichen Antheile nur als ein Stück zu versteuern sein. Mit Recht habe der Beklagte daher von jeder der mehreren in einem Certifikat beurkundeten Aktien den Mindestbetrag des Stempels von 0,50 Mk. erfordert. Das R.G. ist lediglich den Rechtsausführungen des B.G. beigetreten.

126a. Dem Urtheil des R.G. v. 14. Jan. 1897 IV 219/96 lag eine Urkunde über 10 Aktien über je 100 Rubel mit dem Vermerk, daß das Aktienkapital in

X Aktien, jede zu 100 Rubel, getheilt sei, zu Grunde. Das Urtheil führt aus, daß die Urkunde so viele Aktien, d. h. das Mitgliedsrecht des Aktionärs verbriefende Urkunden darstelle, als darin zusammengefaßt seien. Der Versteuerung unterliege daher nicht die Gesammturkunde als solche, sondern die Beurkundung jedes einzelnen in dieser Urkunde dem Aktionär verbrieften Mitgliedsrechts an der Aktiengesellschaft. Auf den Einwand der Klägerin, daß eine Abzweigung der einzelnen Aktien von den Urkunden rechtlich unzulässig sei, bemerkt das Reichsgericht, daß eine rechtliche Untheilbarkeit der Urkunde nicht vorliege; eine etwa übliche geschäftliche Behandlung derselben als einer Einheit sei ohne Erheblichkeit. Vgl. auch Entsch. i. C.S. Bd. 36 S. 160.

127. In der Prozeßsache der Handlung F. wider den Steuerfiskus stand die Frage zur Entscheidung, ob

a) die Aktiencertifikate der Kanada-Pacific-Eisenbahn-Gesellschaft Aktien im Sinne des Reichsstempelgesetzes sind,

b) ob auf die Verstempelung dieser vom 23. August 1894 datirten und zur Versteuerung in der Zeit vom 21. September bis 30. Oktober 1894 verstempelten Certifikate der Steuersatz des Gesetzes vom 1. Juli 1881 ($^1/_2$ pCt.) oder der des Gesetzes vom 27. April 1894 ($1^1/_2$ pCt.) Anwendung zu finden hatte.

Das Reichsgericht hat in dem Urtheil vom 15. Mai 1896, in dem es der Ansicht des Berufgerichts beigetreten ist, die erstere Frage bejaht, weil die Certifikate am Kopf die Bezeichnung „Shares ten" „zehn Aktien" trügen, auch ihr Inhalt ergebe, daß sie die Natur der Aktien hätten, denn es werde darin bezeugt, daß J. L. der Inhaber von zehn vollgezahlten Aktien sei und daß deren Uebertragung „nur gegen Auslieferung dieses Certifikates" zulässig wäre; da sie ferner alle erforderlichen Unterschriften trügen und bei Ausstellung eines jeden Certifikates statutenmäßig das ältere über dasselbe Antheilsrecht lautende Papier vernichtet würde, so ergäben sie den Uebergang von Antheilsrechten an dem Vermögen der im Jahre 1882 gegründeten Aktiengesellschaft auf einen neuen Erwerber, J. L., jedoch seien sie nicht bloße Beweismittel für die erfolgte Uebertragung des Aktienrechts, sondern die einzigen, Vermögenswerthe repräsentirenden Träger des Aktienrechts, die einzigen, den Inhaber nach außen hin legitimirenden und für den Verkehr bestimmten, über das Antheilsrecht am Gesellschaftsvermögen vorhandenen Papiere. Solche Papiere aber seien Aktien und zwar hier Namensaktien — cfr. auch die Entscheidung des Reichsgerichts vom 23. Januar 1896 [cfr. vorstehende Anm.].

Hinsichtlich der zweiten Frage ist entschieden, daß diese Aktien nach dem Gesetz vom Jahre 1894 abzustempeln seien, weil sie nicht als vor dem 1. Mai 1894 ausgestellte Werthpapiere zu betrachten wären. Klägerin hatte geltend gemacht, daß das auf den Certifikaten befindliche Datum des 23. August 1894 nicht das Ausstellungsdatum, sondern das Datum des Uebergangs auf den augenblicklichen Besitzer sei, und daß sämmtliche Certifikate vor und im Jahre 1882 ausgegeben seien und seitdem eine Vermehrung des Kapitals nicht stattgefunden habe, da die aus späterer Zeit datirten Aktien lediglich die Eigenschaft von Ersatzstücken für ältere vernichtete Aktien hätten. Diesbezüglich führt das Reichsgericht aus, daß die Certifikate vom 23. August 1894 gezeichnet sein und daß dieser Tag nach dem allgemeinen Sprachgebrauch als Tag der Ausstellung gelte. Freilich sei trotz der Ausführungs-Vorschrift 10 zum Reichsstempelgesetz zur Abwendung der höheren Stempelpflicht der Nachweis zulässig, daß der Tag der Ausstellung mit dem auf den Urkunden angegebenen Datum nicht zusammen falle, diesen Nachweis habe Klägerin aber nicht erbracht. Ausschlaggebend sei hier, daß es sich nicht um eine Emissionssteuer, sondern um eine auf die Aktienurkunde nach Maßgabe ihres Nennwerths gelegte Stempelsteuer handelt. Die Certifikate seien zwar über das alte Antheilsrecht ausgestellt, das ursprüngliche Rechtsverhältniß aber habe in seinem subjektiven Bestande eine Aenderung erlitten, deshalb seien die auf den Namen des gegenwärtigen Inhabers lautenden Certifikate als neue Aktien anzusehen, für deren Verstempelung nicht der Zeitpunkt, in welchem die ursprünglichen Aktien ausgestellt seien, sondern der, in welchem die Ausstellung der Certifikate stattgefunden habe, maßgebend wäre.

Hieraus folge freilich, daß bei jeder Uebertragung des Aktienrechts auf einen anderen Inhaber, insofern mit der Uebertragung des Aktienrechts die Ausstellung einer neuen, das Aktienrecht in sich verkörpernden und selbstständig repräsentirenden Urkunde verbunden sei, der Aktienstempel von Neuem verwendet werden müsse.

Endlich könne auch §. 6 Abs. 2 des Reichsstempelgesetzes nicht in Anwendung kommen, weil die Certifikate keine „behufs Erneuerung der Urkunde ohne Veränderung des ursprünglichen Rechtsverhältnisses" ausgestellten Werthpapiere seien. (Entsch. in C.S. Bd. 37 S. 114.)

128. Die von der Ungarischen Bank für Industrie und Handel zu Budapest ausgestellten Interimsscheine über Einzahlungen auf die demnächst zur Ausgabe gelangenden neuen Aktien der genannten Gesellschaft über je 100 Fl dürfen keiner höheren Reichsstempelabgabe unterworfen werden, als die endgültigen Stücke selbst erfordern. Wenn zufolge der Tarifvorschrift 1 des Reichsstempelgesetzes, Spalte „Berechnung", die Steuer für Interimsscheine nach dem Betrage der bescheinigten Einzahlungen festzusetzen ist, so sind unter letzteren nur die Einzahlungen auf den Nennwerth der Aktien, nicht auch solche Einzahlungen zu verstehen, welche in Folge Ausgabe der Werthpapiere über pari geleistet werden müssen.

Für die fünffachen Interimsscheine ist die Abgabe so zu bemessen, als ob für jede Aktie ein besonderer Interimsschein ausgefertigt worden wäre. F.M.E. v. 28. Nov. 1895 III 16191. C.Bl. S. 408.

129. Die in Tarifnummer 1 der Reichsstempelgesetze vom 1. Juli 1881 und 3. Juni 1885 enthaltene Bestimmung:

„die für Interimsscheine nachweislich gezahlten Steuerbeträge werden auf die demnächst etwa fällig werdende Steuer für die Aktien u. s. w angerechnet"

war in dem von den verbündeten Regierungen dem Reichstage vorgelegten Entwurf zu dem Reichsstempelgesetz vom 27. April 1894 wörtlich übernommen worden. Bei streng wörtlicher Auslegung dieser Bestimmung hätte man dahin gelangen können, daß in denjenigen Fällen, in denen ein Theil des Betrages einer Aktie vor dem Inkrafttreten des neuen Gesetzes mit 5 vom Tausend versteuert worden war, die Einzahlung des Restes und die Schlußversteuerung aber erst unter der Herrschaft des neuen Gesetzes stattfand, die Steuer von dem vollen Betrage der Aktie mit 1 vom Hundert zu berechnen und hiervon der früher bezahlte Steuerbetrag abzuziehen sei, was in seinem Ergebniß dahin geführt hätte, daß für die unter der Herrschaft des alten Gesetzes versteuerten Einzahlungen der Unterschied zwischen dem alten und dem neuen Steuersatz hätte nachbezahlt werden müssen. Dieser — auch von den verbündeten Regierungen nicht beabsichtigten — Folgerung wollte die vom Reichstage eingesetzte Kommission vorbeugen, als sie die oben angegebenen Worte durch die Worte ersetzte:

„der nachweislich versteuerte Betrag der Interimsscheine wird auf den Betrag der demnächst etwa zu versteuernden Aktien u. s. w. angerechnet".

Dagegen würde es der damals gehegten Absicht widerstreiten, wenn aus dieser — zu Gunsten der Steuerpflichtigen vorgenommenen — Aenderung nachtheilige Folgen für sie hergeleitet würden. Im vorliegenden Fall sind auf 348 Aktien der N.N. Gesellschaft über je 1000 M. unter der Herrschaft des früheren Reichsstempelgesetzes drei Einzahlungen von je 250 M. mit jedesmal 1 M. 50 Pf., zusammen 4 M. 50 Pf., versteuert. Durch diese Steuer war nach der damaligen Gesetzgebung ein Aktienbetrag von 900 M. gedeckt; auch unterliegt es nach der Bestimmung unter 2e der Ausführungsvorschriften des Bundesraths zum Reichsstempelgesetz vom 3. Juni 1885 keinem Zweifel, daß es der Gesellschaft freistand, von einer Aktie, deren Betrag erst theilweise bezahlt war, den vollen Betrag oder jeden beliebigen, über die Einzahlungen hinausgehenden Betrag im Voraus zu versteuern. Nachdem alsdann unter der Herrschaft des neuen Reichsstempelgesetzes die letzte Einzahlung von 250 M. erfolgt war, ist von dem Betrage jeder Aktie von 1000 M. nur noch der durch die bisherige Steuerzahlung nicht gedeckte Betrag von 100 M. mit 1 M. zu versteuern. Ebenso ist bei denjenigen beiden Aktien, auf welche unter der Herrschaft des früheren Reichsstempelgesetzes zwei Einzahlungen von je 250 Mark erfolgt und hierfür an Steuer jedesmal 1 M. 50 Pf., zusammen 3 M., erhoben sind, der durch die früheren Steuerzahlungen gedeckte Betrag von 600 M. für jede Aktie bei der jetzt zu erhebenden Steuer außer Acht zu lassen, so daß jetzt nur noch der Restbetrag von 400 M. der

Reichsstempelabgabe von 1 vom Hundert mit je 4 M. unterliegt. Hiermit stimmt es überein, wenn unter 7. der Ausführungsvorschriften zu dem jetzt geltendenden Reichsstempelgesetz von einer Anrechnung

„des versteuerten d. i. durch die gezahlte Steuersumme gedeckten Betrages der Interimsscheine auf den Betrag der endgültigen Stücke"

die Rede ist. F.M.E. v. 30. Mai 1895 III 8087. C Bl. S. 132.

130. Die in Tarifnummer 1 des Reichsstempelgesetzes in der Spalte „Berechnung der Stempelabgabe" getroffene Bestimmung, wonach der nachweislich versteuerte Betrag der Interimsscheine auf den Betrag der demnächst etwa zu versteuernden Aktien u. s. w. angerechnet wird, findet auch dann Anwendung, wenn die Interimsscheine nicht sofort durch endgültige Aktien, sondern zunächst durch neue Interimsscheine ersetzt werden. Der in dem Gesetz gebrauchte Ausdruck „u. s. w." wird unbedenklich auch auf neue Interimsscheine zu beziehen sein. Wenn unter Ziffer 7 der Ausführungsvorschriften nur von einer Anrechnung des versteuerten Betrages der Interimsscheine auf den Betrag der endgültigen Stücke die Rede ist, so hat dies seinen Grund darin, daß an den äußerst seltenen Fall eines Ersatzes der Interimsscheine durch neue Interimsscheine nicht gedacht worden ist, wogegen es nicht in der Absicht gelegen hat, diesen Fall auszuschließen. Die am 23. März 1889 von der Aktiengesellschaft Société du chemin de fer ottoman d'Anatolie zu Konstantinopel ausgestellten Interimsscheine über Einzahlungen auf Aktien, von denen jeder einzelne Interimsschein auf 10 Aktien sich bezog, wären schon damals so zu versteuern gewesen, als wenn über jede einzelne Aktie ein besonderer Interimsschein ausgestellt worden wäre, indem die Bestimmung unter 1 des Tarifs zum Reichsstempelgesetz nur dahin aufgefaßt werden kann, daß jede einzelne Aktie einem Stempel von mindestens früher 50 Pf., jetzt 1 Mk. bei inländischen und 1 Mk. 50 Pf. bei ausländischen Aktien unterliegt, Interimsscheine aber ebenso zu versteuern sind, wie Aktien. F.M.E. v. 13. Nov. 1894 III 15152.

131. Nach dem Tarif zum preußischen Stempelsteuergesetz vom 7. März 1822 unterlagen Aktien einer Stempelsteuer von $^1/_{12}$ v. H. desjenigen Betrages, bis auf welchen der Aktieninhaber durch die ihm ertheilte Aktie zur Theilnahme an den Einlagen und Zuschüssen verpflichtet wird; mit Recht ist daher unter dem 7. Juli 1875 in Hinblick auf die Bestimmung des Statuts der Gesellschaft vom 13. Febr. 1872, wonach das auf 3 Millionen Thaler oder 9 Millionen Mark festgesetzte Grundkapital durch Ausgabe von 15000 Aktien über je 200 Thaler oder 600 Mark aufgebracht werden soll, und nachdem von der Gesellschaft im Jahre 1872 Aktien-Interimsscheine ausgegeben waren, auf denen unterm 12. Juli 1872 über eine Einzahlung von 40 v. H. (240 M.) und unterm 10 Januar 1873 über eine Einzahlung von 20. v. H. (120 M.) quittirt war, ein preußischer Stempel von 50 Pf. für jede Aktie oder zusammen 7500 Mk. nachgefordert worden, die demnächst auch zur Einzahlung gelangt sind. Hierdurch würde das Aktienkapital voll versteuert gewesen sein, wenn die preußische Stempelgesetzgebung in dieser Hinsicht in Kraft geblieben wäre. Eine Aenderung hierin ist indessen durch das Reichsstempelgesetz vom 1. Juli 1881 eingetreten. Denn nach der unter Tarifnummer 1 zu diesem Gesetze in der Spalte „Berechnung der Stempelabgabe" getroffenen Bestimmung ist für Aktien-Interimsscheine eine Reichsstempelabgabe von 5 v. H. vom Betrage der bescheinigten Einzahlungen zu entrichten; und aus dem in der Befreiungsvorschrift zu dieser Tarifnummer enthaltenen Gegensatz zwischen Aktien und Aktienantheilsscheinen einerseits und Interimsscheinen andererseits geht deutlich hervor, daß inländische Interimsscheine, auch wenn sie vor dem Inkrafttreten des Gesetzes ausgegeben waren, doch nur bezüglich der vor diesem Zeitpunkt geleisteten Einzahlungen von der neu eingeführten Reichsstempelabgabe befreit, dagegen bezüglich der nach diesem Zeitpunkt geleisteten Einzahlungen dieser Abgabe unterworfen sein sollten. Die auf die Interimsscheine im Juni 1895 geleistete dritte Einzahlung von 15 v. H. oder 90 Mark unterliegt somit der Reichsstempelabgabe.

Nach §. 5 des Reichsstempelgesetzes ist es zwar nicht statthaft, den nämlichen Aktienbetrag sowohl einer preußischen als der Reichsstempelabgabe zu unterwerfen, und es würde daher die seiner Zeit erhobene preußische Stempelsteuer zurückzuzahlen sein, insoweit sonst eine Doppelbesteuerung des nämlichen Aktienbetrages sich ergeben würde; dies läßt sich indessen im vorliegenden Fall nicht behaupten, da die preußische Stempelsteuer auch dann 50 Pf. für jede Aktie betragen würde, wenn lediglich die vor dem 1. Juli 1881 geleisteten und daher vom Reichsstempel frei bleibenden Einzahlungen von 360 Mk. für jede Aktie in Betracht gezogen werden. Durch §. 6 Abs. 1 des Reichsstempelgesetzes vom 27. April 1894 hat lediglich das Verhältniß dieses Gesetzes zu dem bis dahin geltenden Reichsstempelgesetze festgestellt werden sollen. Da die Einzahlung von 15. v. H. erst nach dem Inkrafttreten des neuen Reichsstempelgesetzes geschehen und dafür eine Reichsstempelabgabe bisher nicht bezahlt ist, ist die jetzt zu entrichtende Abgabe nach dem neuen Gesetz zu bemessen. Danach betrigt sie nicht 10 v. H. des Gesammtbetrages von 1 350 000 M. oder 13 500 M., sondern, da der Stempel für jeden Interimsschein besonders zu berechnen ist, mit Rücksicht auf die Bestimmung unter Tarifnummer 1 des Gesetzes, letzte Spalte, 1 M. für jeden Interimsschein oder zusammen 15 000 M. F.M.E. v. 27. Dez. 1895 III 17700.

131a. Zu Tarifnummer 1 siehe auch Anm. 25 bis 27 dieses Abschn.

Zu Tarifnummer 1 und 2. Spalte „Berechnung der Stempelabgabe“.

132. Eine Anrechnung der für Interimsscheine gezahlten Reichsstempelsteuer auf die Steuer für die später ausgegebenen Aktien oder Schuldverschreibungen ist nur insoweit statthaft, als die Interimsscheine und die später zur Abstempelung vorgelegten sog. definitiven Stücke auf das nämliche Rechtsverhältniß sich beziehen, d. h. als die Einzahlungen, über welche die Interimsscheine lauten, als auf die betreffenden Aktien oder Schuldverschreibungen erfolgt, zu erachten sind. Stellt sich die Steuer für die definitiven Stücke in Folge abweichender Stückelung höher als die früher bezahlte Steuer für die betreffenden Interimsscheine, so muß der Mehrbetrag baar vereinnahmt werden. Hat die abweichende Stückelung zur Folge, daß die Steuer für die definitiven Stücke niedriger ist, als diejenige für die Interimsscheine, so giebt dies dem Betheiligten kein Recht auf Erstattung des Unterschiedes, da das Gesetz auch die Interimsscheine als steuerpflichtig betrachtet und nur zur Verhütung einer Doppelbesteuerung eine Anrechnung der dafür erlegten Steuer auf diejenige für die definitiven Stücke gestattet. Auch kann die Steuer für die definitiven Stücke nur dann als durch Anrechnung gedeckt angesehen werden, wenn die früher versteuerten Interimsscheine in ihrem Gesammtwerthe demjenigen der abzustempelnden definitiven Stücke gleichkommen. F.M.R. v. 9. April 1888 III 6231. Vgl. auch das beinahe gleichlautende F.M.R. v. 9. März 1882 III 2762 (C.Bl. S. 350).

133. F.M.R. v. 11. April 1882 III 4686 (C.Bl. S. 80): Ich erkläre mich damit einverstanden, daß die Reichsstempelabgabe von Obligationen der Türkischen Staatsschuld, deren Nennwerth in dem englischen, französischen und türkischen Texte auf 100 Pfd.

Sterling bezw. auf 2500 Fr. —, und von den Obligationen des Ungarischen Staatsanlehens von 1871, in denen der Nennwerth auf 1000 Fl. österreichischer Silberwährung und auf 100 Pfund Sterling angegeben ist, nach dem Mittelwerthe derjenigen auf dem Werthpapiere angegebenen fremden Währung zu berechnen ist, welche den höheren Abgabenbetrag ergiebt.

134. F.M.R. v. 26. Jan. 1882 III 1074 (C.Bl. S. 24): Ich erkläre mich damit einverstanden, daß der Kapitalwerth von Rentenverschreibungen (Tarifnummer 2, vorletzter Absatz der letzten Spalte), in welchen der Betrag der jährlichen Rente und der Prozentsatz der letzteren bestimmt angegeben ist, aus diesen Faktoren zu berechnen, nicht aber auf den 25 fachen Betrag der einjährigen Rente anzunehmen ist.

135. Die Reichsstempelabgabe für die Schuldverschreibungen der österreichischen 4 prozentigen Goldrente von 1876 ist nach dem darin angegebenen Nennwerthe von Gulden Gold, unter Umrechnung des Guldens auf 2 Mark zu berechnen.

Daß in den genannten Verschreibungen die Zinsen auch in deutscher Reichswährung angegeben sind, kann für die Stempelberechnung nicht in Betracht kommen, da nach den Vorschriften des Reichsstempeltarifs in der Spalte „Berechnung der Stempelabgabe" die Stempelabgabe für Renten und Schuldverschreibungen in erster Linie nach dem Nennwerthe, und nur, wenn der Kapitalwerth von Rentenverschreibungen aus diesen selbst nicht ersichtlich ist, nach dem 25fachen der einjährigen Rente sich bestimmt. F.M.E. v. 10. Okt. 1893 III 12815.

Zu Tarifnummer 2 und 3 Spalte „Berechnung der Stempelabgabe“.

136. Es scheint mir bedenklich, in denjenigen Fällen, in denen mehrere mit verschiedenen Nummern bezeichnete Obligationen in einer Urkunde zusammengefaßt sind, den Reichsstempel für diese Urkunde (Tarifnummer 2 und 3 des Reichsstempelgesetzes) so zu berechnen, als wenn über jede Obligation eine besondere Urkunde ausgestellt wäre, da aus den Aeußerungen der Generaldirektion der Seehandlungs-Sozietät, der Aeltesten der hiesigen Kaufmannschaft, des Reichsbankdirektoriums und der von diesem befragten Bankhäuser sich ergiebt, daß in Fällen der bezeichneten Art die in derselben Urkunde verbrieften Obligationen nur gemeinsam ausgeloost und gekündigt werden können, und dem Inhaber auch nicht die Befugniß zusteht, gegen Rückgabe der Urkunde die Ausstellung getrennter Urkunden über jede der Obligationen zu verlangen. Hiernach muß die Urkunde ungeachtet der darin enthaltenen Angabe mehrerer Obligationsnummern als ein Schriftstück über ein Schuldverhältniß angesehen werden und der Berechnung des Stempels ist daher der Gesammtbetrag der durch diese Urkunde verkörperten Obligationen zu Grunde zu legen. F.M.E. v. 30. Jan. 1895 III 1016.

Zu Tarifnummer 1b und 2b.

137. Bei ausländischen Papieren ist die Frage, ob sie als rechtsgiltige Aktien oder rechtsgiltige Renten- oder Schuldverschreibungen zu betrachten sind, nach dem Recht des betreffenden ausländischen Staates zu beurtheilen. Dies gilt auch dann, wenn in den ausländischen Renten- und Schuldverschreibungen neben den ausländischen auch inländische Zahlstellen angegeben sein sollten. F.M.E. v. 27. Juni 1895 III 9587. Jur. Wochenschr. S. 302. C.Bl. S. 205.

138. Die Aktien und Obligationen von Eisenbahn- und anderen Aktiengesellschaften, welche ihren Sitz im Auslande haben, sind auch dann als ausländische im Sinne der Tarifnummern 1b und 2b des Reichsstempelgesetzes zu erachten, wenn sie im Bundesgebiete ausgestellt sind, und wenn die Unternehmung, welche die Gesellschaft betreibt, ganz oder theilweise im Bundesgebiete liegt F.M.R. v. 22. Dez. 1881 III 17598. (C.Bl. 1882 S. 8.)

139. Schreiben des F.M. v. 24. Jan. 1882 III 653 (C.Bl. S. 31, 32): Ich entscheide mich bezüglich der allerdings nicht zweifellosen Frage für die Auffassung, daß die Partialobligationen Litt. A und B der von M. A. von Rothschild u. Söhne in Frankfurt a/M. und einigen Wiener Bankhäusern negociirten Anleihe des Grafen Hugo Henckel von Donnersmarck im Sinne der Tarifnummer 2b ausländische sind. Auch wenn man dem Umstande, daß die Hauptschuldurkunde von Wien und Wolfsburg datirt ist, nicht für sich allein ein entscheidendes Gewicht beimessen wollte, spricht doch die Erwägung, daß in der gedachten Tarifnummer Obligationen ausländischer Unternehmungen, ausländischer Aktiengesellschaften ꝛc. ohne Rücksicht auf den Ort der Ausstellung als ausländische behandelt werden, dafür, die von dem Bankhause M. A. von Rothschild u. Söhne nicht für sich allein, sondern auch im Namen seiner ausländischen Mitdarlehnsgeber, der Bankhäuser Simon G. Sina und Arnstein u. Eskeles in Wien beurkundeten Partialobligationen als ausländische zu behandeln, obwohl sie im Bundesgebiete ausgestellt sind.

140. Durch ein Erk. der Kammer IV für Handelssachen des Landgerichts zu Hamburg v. 4. Jan. 1889 und ein Erk. des Hanseatischen Oberlandesgerichts v. 12. April ej. a. ist übereinstimmend entschieden, daß ausländische Werthpapiere, welche bei einer inländischen Bank als Sicherheit, unter gleichzeitiger Ertheilung einer eventuellen Verkaufsvollmacht hinterlegt worden, dem Reichsstempel unterliegen. F.M.R. v. 26. Juli 1889 III 11588. Vgl. Anm. 10 dieses Abschn.

141. Die Hingabe ausländischer Werthpapiere der in den Tarifnummern 1 und 2 gedachten Art zur bloßen Verwahrung begründet die Stempelpflichtigkeit nicht. (Drucksachen des Reichstages Nr. 59, Session 1881 S. 27.) F.M.R. v. 10. Okt. 1881 III 13735 (C.Bl. S. 377).

142. Ausländische ausgelooste oder zur Rückzahlung gekündigte Werthpapiere der unter den Tarifnummern 1 und 2 bezeichneten Art müssen versteuert werden, bevor sie im Bundesgebiete zur Rückzahlung präsentirt werden dürfen. F.M.R. v. 10. Okt. 1881 III 13735. (C.Bl. S. 377.)

Zu Tarifnummer 2a.

143. Der **Begriff der für den Handelsverkehr bestimmten Renten und Schuldverschreibungen** im Sinne der Tarifnummer 2a des Reichsstempelgesetzes ist ein dehnbarer und giebt in der Anwendung zu manchen Zweifeln Anlaß. In dem Bericht der Reichstags-Kommission von 1881, auf deren Vorschlag diese Worte in das Gesetz aufgenommen sind, war bemerkt, daß die in der Regierungsvorlage enthaltene Beschränkung der Stempelpflichtigkeit auf Inhaberpapiere nicht gerechtfertigt sei, da kein Grund vorliege, die auf den Namen lautenden, durch Blanko-Zession oder Indossament übertragbaren Werthpapiere von der Besteuerung auszuschließen, und da bei Annahme der Regierungsvorlage zur Umgehung der Steuer voraussichtlich vielfach die Form auf Namen lautender, in blanco übertragbarer Papiere gewählt werden würde. Von den Vertretern der verbündeten Regierungen wurde geltend gemacht, daß die von der Kommission vorgeschlagene Fassung zu unbestimmt sei, und daß z. B. auch die kaufmännischen Verpflichtungsscheine über Geld nach Artikel 301 des Handelsgesetzbuchs, wenn sie an Ordre lauteten, darunter fallen würden, was doch gewiß nicht die Absicht sei Demgegenüber wurde bemerkt, daß die zuletzt erwähnten Papiere allerdings nicht hätten getroffen werden sollen, und daß die Auslegung des Gesetzes in den Händen der Regierungen läge, die eine solche von keiner Seite beabsichtigte Ausdehnung leicht werde verhindern können

In gleicher Weise, wie die kaufmännischen Verpflichtungsscheine, werden auch die Grundschulden in der Regel nicht als reichsstempelpflichtig anzusehen sein, obgleich sie nach § 55 Abs 1 des Eigenthums-Erwerbsgesetzes ohne Nennung des Erwerbers abgetreten werden können und nach §. 128 Abs. 1 der Grundbuchordnung auf Antrag des Eigenthümers mit Zinsquittungsbögen zu versehen sind. Um einen Grundschuldbrief als reichsstempelpflichtig anzusprechen, müssen immer besondere Umstände vorliegen, aus denen sich ergiebt, daß er für den Handelsverkehr bestimmt gewesen ist F M E. v. 6. Mai 1895 III 6672.

144. In der Tarifnummer 2a sind bei den Verhandlungen im Reichstage die Worte: „für den Handelsverkehr bestimmte Schuldverschreibungen" an Stelle der in dem Entwurfe der verbündeten Regierungen enthaltenen Bezeichnung „auf den Inhaber lautende Schuldverschreibungen" in der Absicht gesetzt, auch die auf den Namen lautenden, durch Blanko-Zession oder Indossament übertragbaren Werthpapiere dieser Art der Besteuerung zu unterwerfen. (Bericht der XII. Kommission Nr. 59 [muß heißen Nr. 162] der Drucksachen des Reichstages 1881 2c. 2c.)

Die Bezeichnung „für den Handelsverkehr bestimmte Werthpapiere" ist aus dem Handelsgesetzbuche (Art. 271, 67)[18]) in die Tarifnummer 2a übernommen worden. Die Auslegung, welche dieselbe von den Rechtslehrern gefunden hat, und von der bei der Anwendung des Stempelgesetzes nicht ohne zwingende Gründe abzuweichen sein wird, geht dahin, daß die Frage, ob ein Werthpapier für den Handelsverkehr bestimmt ist, nach den Umständen des einzelnen Falles entschieden werden muß, und daß für die Entscheidung nicht die Absicht des Emittenten, sondern Form und Inhalt des Werthpapiers, die Handelssitte, der thatsächliche Umlauf und dergl. maßgebend ist 2c. F.M.R. v. 5. Dez. 1881 III 16662 (C.Bl. S. 422).

18. Die angezogenen Bestimmungen des Handelsgesetzbuchs lauten:

Art. 271. Handelsgeschäfte sind:

1) der Kauf oder die anderweite Anschaffung von Waaren oder anderen beweglichen Sachen, von Staatspapieren, Aktien oder anderen für den Handelsverkehr bestimmten Werthpapieren, um dieselben weiter zu veräußern; es macht keinen Unterschied, ob die Waaren oder anderen beweglichen Sachen in Natur oder nach einer Bearbeitung oder Verarbeitung weiter veräußert werden sollen;

2) ꝛc.

und Art. 67. Die Handelsmäkler vermitteln für Auftraggeber Käufe und Verkäufe über Waaren, Schiffe, Wechsel, inländische und ausländische Staatspapiere, Aktien und andere Handelspapiere, ingleichen Verträge über Versicherungen, Bodmerei, Befrachtung und Miethe von Schiffen, sowie über Land- und Wassertransporte und andere den Handel betreffende Gegenstände.

145. Erk. des R.G. (1) v. 22. Jan. 1885 (Entsch. i. Straff. Bd. 11 S. 426):

a) Inländische auf den Inhaber lautende Renten und Schuldverschreibungen sind für den Handelsverkehr bestimmt und daher nach Tarifnummer 2a schlechthin stempelpflichtig.[19])

b) Bei den von einer Aktiengesellschaft ausgegebenen stempelpflichtigen Renten und Schuldverschreibungen gelten als die, welche das Werthpapier im Sinne des § 3 des Gesetzes ausgeben, nicht blos die Personen, welche es unterschrieben haben, sondern alle derzeitigen Vorstandsmitglieder.[20])

19. Aus den Entscheidungsgründen: Dasjenige, was die Angeklagten geltend gemacht haben und was in den Urtheilsgründen eingehend gewürdigt worden ist, berührt nicht die rechtliche Natur der fraglichen Schuldverschreibungen als eigentliche Inhaberpapiere und erscheint deshalb für deren hierdurch allein schon begründete Stempelpflichtigkeit ohne jeden Belang. Es gilt dies namentlich von dem besonders betonten Umstande, daß die Schuldverschreibungen successiv nach Bedarf, nicht in einheitlichen größeren Emissionen ausgegeben worden

sind, daß sie einer beiderseits eingeräumten Kündbarkeit unterliegen und **weder an der Börse gehandelt worden sind, noch einen Börsenkurs gehabt haben.** Alles dies schließt ihre rechtliche Eigenschaft als auf den Inhaber lautende Schuldverschreibungen und darum als Handelspapiere im Sinne des Tarifs Nr. 2a nicht aus.

20. Aus den Entscheidungsgründen: Die Angeklagten sind in ihrer Eigenschaft als Mitglieder des Vorstandes nicht, wie die Revision behauptet, Beamte der mit juristischer Persönlichkeit versehenen Aktiengesellschaft, sondern deren Organe, durch welche dieselbe nach außen gerichtlich und außergerichtlich vertreten wird und die ihr durch das Gesetz beigelegte Rechtsfähigkeit ausübt. In §. 3 des Gesetzes wird die durch unterbliebene Entrichtung der Stempelsteuer verwirkte Strafe demjenigen angedroht, welcher Werthpapiere der in den Tarifnummern 1—3 bezeichneten Art innerhalb des Bundesgebietes ausgiebt, bevor die Verpflichtung zur Versteuerung erfüllt ist, und es trifft diese Strafe nach Abs. 2 des §. 3 besonders und zum vollen Betrage jeden, der als Kontrahent **oder in anderer Eigenschaft** an der Ausgabe theilgenommen hat.

146. Auf den Namen lautende Schuldverschreibungen fallen unter die „für den Handelsverkehr bestimmten Schuldverschreibungen" im Sinne der Tarifposition 2a des Reichsstempelgesetzes nur ausnahmsweise, und wohl nur in dem Falle, wenn ihnen die Uebertragbarkeit mittelst Indossaments beigelegt ist. Dagegen wird durch die Nothwendigkeit einer förmlichen Zession (auch Blankozession) zwecks Begebung derselben der Regel nach ihre Qualifikation für den

Handelsverkehr ausgeschlossen.[21]) Erk. d. R.G. (IV) v. 7. Okt. 1886 (Entsch. i. C.S. Bd. 16 S. 84).

21. Die Stadtgemeinde Halle a. S. hat zwecks Beschaffung der Geldmittel für den Bau eines Theaters Darlehen von Personen, welche solche vorher offerirt hatten, aufgenommen und den Gebern über die gewährten Beträge (Partial-) Obligationen ausgestellt, welche auf deren Namen lauteten und inhalts der angeschlossenen „Bedingungen" nur durch Zession übertragbar waren. In Uebereinstimmung mit den beiden Vorinstanzen wurden diese Obligationen vom Reichsgericht als für den Handelsverkehr bestimmte Schuldverschreibungen nicht angesehen.

147. Die von der Lebensversicherungs-Gesellschaft N. N. an Stelle des nicht ausgeloosten Betrages der von der Ausloosung betroffenen Zehner Anleihescheine über je 6000 Mark auszugebenden Einzelanleihescheine über je 600 Mark sind, da sie von den Berechtigten nur mit Genehmigung des Aufsichtsrathes und des Direktors der Gesellschaft an andere Personen übertragen werden können, nicht für den Handelsverkehr bestimmte Schuldverschreibungen, sondern nur Schuldverschreibungen des gemeinen Rechts und deshalb nicht der Reichsstempelabgabe nach Tarifnummer 2a des Reichsstempelgesetzes, sondern der preußischen Stempelsteuer nach der Tarifvorschrift „Schuldverschreibungen" des preußischen Stempelgesetzes vom 7. März 1822 zu unterwerfen. Verf. des P.St.D. zu B. v. 6. Juni 1895. St. 1446.

148. Die von den Provinzialsteuerdirektoren über Steuervergütungen für ausgeführten Zucker

ausgestellten „Anerkenntnisse“ fallen unter den Begriff der für den Handelsverkehr bestimmten Schuldverschreibungen im Sinne der Tarifposition 4 A² des R.St.G. Erk des R.G. (IV) v. 28. April 1887 (Entsch. i. C.S. Bd. 18 S. 127; C.B. S. 200).[22]) **Vgl. Anm. 192/193.**

22. Es handelte sich um die Frage, ob eine von einer offenen Handelsgesellschaft (der Klägerin) ausgestellte Diskontnote vom 25. Febr. 1886, betreffend die Diskontirung eines von dem Provinzialsteuerdirektor zu Magdeburg ausgestellten „Anerkenntnisses“ über Zahlung einer Steuervergütung von 1908 Mk. für ausgeführten Rohzucker der Reichsstempelabgabe nach Nr. 4 A des Tarifs unterliege. Unter Verneinung der Frage war der Fiskus in erster Instanz verurtheilt und die gegen dieses Urtheil eingelegte Berufung zurückgewiesen worden. Auf die Revision des Beklagten wurde das Berufungsurtheil aufgehoben und, unter Abänderung des landgerichtlichen Urtheils, die Klage abgewiesen. — Aus den Entscheidungsgründen: Seinem Inhalte nach . . . enthält dieses „Anerkenntniß“ eine inländische für den Handelsverkehr bestimmte Schuldverschreibung im Sinne der Ziffer 2 a des Tarifs zum Reichsstempelgesetze . . . . Bereits in dem Urtheile vom 7. Okt. 1886 [oben Anm. 146] hat der IV. Civilsenat in wesentlicher Uebereinstimmung mit der Auffassung des III. Strafsenats des Reichsgerichts — vgl. Urt. v. 22. Jan. 1885 [oben Anm. 145] — ausgesprochen, daß maßgebend für die Entscheidung der Frage, ob ein Werthpapier für den Handelsverkehr bestimmt ist, weder die Absicht des Emittenten noch der thatsächliche Erfolg, sondern im wesentlichen die objektive Beschaffenheit (Form und Inhalt) des Papiers sei, vermöge welcher dasselbe nach den maßgebenden Bedürfnissen und An-

schauungen des Verkehrslebens geeignet ist, als Objekt des Handels zu dienen, daß hierfür vor allem die leichte Uebertragbarkeit und die gesicherte Realisirung des Papiers entscheidend seien, und daß diese Eigenschaft in vollkommenster Weise den Inhaberpapieren zukomme. Das Inhaberpapier trägt eben die Eigenschaft, als Waare zu dienen und also für den Handelsverkehr bestimmt zu sein, schon in sich. Ein solches Inhaberpapier aber ist, wie auch das Berufungsgericht nicht verkennt, das vorliegende „Anerkenntniß". Denn danach kann die Summe „von jedem Inhaber dieses Anerkenntnisses" in der angegebenen Weise erhoben werden: es ist mithin Leistung an den Inhaber des Papiers versprochen.

149. In dem ausgestellten Certifikat ist nicht die Anerkennung enthalten, daß die Aktiengesellschaft dem Kläger eine bestimmte Summe Geldes schulde, überhaupt keinerlei Verpflichtung der Gesellschaft festgestellt. Vielmehr wird darin dem Kläger bestätigt, daß er in den Büchern der Gesellschaft mit 23 auf seinen Namen gestellten Schuldverschreibungen eingetragen sei, deren Nummern in dem Certifikat angegeben sind. Es handelt sich sonach nicht um Anerkennung einer der Gesellschaft obliegenden Verbindlichkeit oder um einen kaufmännischen Verpflichtungsschein, sondern um eine Beweisurkunde, durch welche dem Kläger bestätigt wird, daß die in Frage stehenden, bei der Gesellschaft hinterlegten Schuldverschreibungen auf seinen Namen gestellt und in den Büchern eingetragen sind. R.G.E. v. 20. Okt. 1891. Jur. Wochenschr. S. 530.

150. Die auf Namen lautenden sog. Einlagebescheinigungen, welche die deutsche Kolonialgesellschaft für Südwest-Afrika über die ihr gewährten Einlagen ausstellt, sind auf Grund der Tarif-Nr. 2a als Schuldverschreibungen zur Versteuerung zu ziehen. F.M.E. v. 22. Juni 1885 III 7895.

151. Kuxe sind als Rentenverschreibungen im Sinne der Tarif-Nr. 2 zum R.St.G. nicht zu betrachten. F.M.R. v. 14. Febr. 1889 III 2421.

Zu Tarifnummer 2b.

152. Der B.R. hat angenommen, daß die „Aushändigung" im Sinne der Tarifbestimmung Nr. 2b nicht mit der gemeinschaftlichen Tradition als einer Eigenthumserwerbsart zu identifiziren sei, das Gesetz vielmehr den Akt im Auge habe, durch den die Werthpapiere in die faktische Gewalt des Empfängers gebracht würden, und daß dieser Akt durch die Aushändigung der Papiere von Seiten des Frachtführers an den Empfänger sich vollziehe. Diese Erwägungen sind in ihrem Endergebnisse rechtlich nicht zu beanstanden. In erster Reihe ist der Wortlaut des Gesetzes entscheidend. Wie der B.R. zutreffend angenommen hat, versteht der gewöhnliche Sprachgebrauch unter Aushändigung einer Sache die wirkliche thatsächliche Ablieferung derselben an den Empfänger. Das Gesetz ist von dieser Begriffsbestimmung nicht abgewichen. Würde dasselbe den rechtsgeschäftlichen Akt der Uebergabe, der sich an den ausländischen Werthpapieren im Inlande vollziehe, im Auge gehabt haben, so würde es nicht den Ausdruck „aushändigen", sondern „übergeben" gebraucht haben.

Aus der Fassung der Tarifvorschrift, nach welcher die bezeichneten ausländischen Werthpapiere der Besteuerung unterliegen, „wenn sie innerhalb des Bundesgebiets ausgehändigt, veräußert, verpfändet oder wenn daselbst andere Geschäfte unter Lebenden damit gemacht .... werden", ist nicht zu folgern, daß die „Aushändigung" nur als rechtsgeschäftlicher Akt gedacht ist. Wenn von anderen Geschäften unter Lebenden gesprochen wird, so sind damit andere Geschäfte als Veräußerung und Verpfändung gemeint. Der Sinn des Gesetzes geht dahin: jedes Geschäft unter Lebenden, das mit ausländischen Handelspapieren der bezeichneten Art im Inlande gemacht wird, unterliegt der Besteuerung, wenn nicht die Papiere dem Erwerber im Inlande ausgehändigt sind, oder wenn trotz der Aushändigung im Inlande eine Versteuerung nicht stattgefunden hat. — Die Auffassung des B R. entspricht aber auch allein dem Zwecke des Gesetzes. Es ist beabsichtigt worden, eine Gleichstellung oder annähernde Gleichstellung zwischen den für den Handelsverkehr bestimmten ausländischen Renten und Schuldverschreibungen (wie — nach Tarifnummer 1 — den ausländischen Aktien und Aktienantheilsscheinen) und den betreffenden inländischen Papieren in Ansehung der Besteuerung herbeizuführen. Die inländischen Werthpapiere gelangen zur Besteuerung bei der Emission; die ausländischen werden besteuert, wenn sie, nachdem sie im Auslande erworben sind, in das Inland eingeführt werden und so als in den inländischen Geschäftsverkehr übergegangen anzusehen sind, und das Gesetz bezeichnet als einen steuerpflichtigen Akt der Einführung des ausländischen Papiers die Aushändigung desselben an den Erwerber im Inlande. Die Ausführung der Revision, daß ausländische Papiere nur dann der Besteuerung unterliegen, wenn sie im Inlande in Verkehr gesetzt werden, ist nicht zutreffend. Zur Anwendung des Gesetzes genügt es, wenn nur die Möglichkeit gegeben ist, daß ausländische Papiere im Inlande in Verkehr gesetzt werden und diese Möglichkeit liegt dann vor, wenn die im Auslande erworbenen Papiere dem Erwerber im Inlande ausgehändigt werden und der Erwerber damit neben der rechtlichen Verfügungsmacht auch die faktische Gewalt über dieselben erlangt. Anders verhält es sich in dem — hier nicht zutreffenden — Falle, wenn ausländische Werthpapiere im Inlande nur in Verwahrung gegeben werden, da dem Verwahrer ein Verfügungsrecht über die ihm ausgehändigte Sache nicht zusteht. Der Auffassung des B.R. steht auch nicht der §. 3 des Gesetzes entgegen. Nach dieser Vorschrift ist Derjenige mit Strafe bedroht, der Werthpapiere der unter den Tarifnummern 1 bis 3 bezeichneten Art innerhalb des Bundesgebiets ausgiebt, veräußert, verpfändet oder ein anderes Geschäft unter Lebenden damit macht oder Zahlung darauf leistet, bevor die Verpflichtung zur Versteuerung erfüllt ist. Es ist von der Revision geltend gemacht, daß bei jener Auslegung der Tarifbestimmung die Vorschrift des §. 3 weder von dem Absender der

Werthpapiere, noch von dem Frachtführer habe befolgt werden können, die Auslieferung der Papiere an den Empfänger daher ohne Gesetzesübertretung nicht möglich gewesen sei. Hierbei ist übersehen, daß die Strafvorschrift des §. 3 auf einen Fall der vorliegenden Art überhaupt nicht Anwendung findet, da sie die Unterlassung der Besteuerung der ausländischen Werthpapiere bei der „Aushändigung" derselben an den Erwerber im Inlande im Sinne der Tarifbestimmung nicht mit Strafe bedroht. Nach dieser Richtung hat das bisherige Gesetz erst durch das neuere — hier nicht zur Anwendung kommende — Gesetz vom 27. April 1894 (R.G.Bl. S. 369) eine Aenderung erlitten, die mit dem Inhalt der den Tarifnummern 1 und 2 beigefügten „Anmerkung" in Verbindung steht. R.G.E. v. 20. Juni 1895 (IV). (Jur. Wochenschr. S. 388.)

153. Diejenigen Aktien Oesterreichischer Eisenbahngesellschaften, die nach erfolgter Verstaatlichung dieser Bahnen durch einen aufgedruckten Vermerk in Oesterreichische Staatsschuld-Verschreibungen umgewandelt werden, dürfen in dieser veränderten Gestalt im Deutschen Reiche nur dann in Umlauf gesetzt werden, wenn sie vorher mit dem in Tarifnummer 2b des Reichsstempelgesetzes vorgeschriebenen Stempel versehen sind. Durch den aufgedruckten Vermerk wird das Rechtsverhältniß ein völlig anderes, indem die Inhaber der Papiere dann keinen Antheil an dem Eisenbahnvermögen und keinen Anspruch auf Dividende, sondern eine Forderung an den Oesterreichischen Staat mit fester Verzinsung haben. Die Aktien hören auf zu bestehen, und an deren Stelle werden Schuldverschreibungen neu geschaffen. Für die Schuldverschreibungen ist daher die für Schuldverschreibungen fremder Staaten angeordnete Stempelabgabe zu entrichten, ohne daß es hierbei einen Unterschied machen kann, daß die Schuldverschreibungen nicht auf neuem Papier gedruckt sind, sondern daß man aus Bequemlichkeits- oder Ersparnißrücksichten die alten Urkunden beibehalten und nur durch einen Vermerk in Schuldverschreibungen umgewandelt hat. Für die Nothwendigkeit des Schuldverschreibungsstempels ist es hiernach auch nicht von Erheblichkeit, ob zu den Urkunden früher der Aktienstempel verwandt worden ist. F.M.E. v. 12. April 1894 III 4844.

154. Die 4 prozentigen Partial-Obligationen des Anlehns des Herzogs von Lucca — auf Grund einer hierzu ermächtigenden Hauptschuld- und Pfandverschreibung des vormaligen Herzogs von Lucca d. d. Wien den 4. Okt. 1836 von dem Bankhause M. A. von Rothschild u. Söhne zu Frankfurt a/M. daselbst unter dem 23. Jan. 1837 dahin ausgefertigt, daß der Inhaber zu dem Anlehen des Herzogs von Lucca die Summe von 500 bezw. 1000 Gulden baar bezahlt und deshalb für diesen Betrag an der vorgedruckten Hauptschuldverschreibung Antheil habe — sind als ausländische Schuldverschreibungen im Sinne der Tarifnummer 2b des R.St.G. anzusehen. F.M.R. v. 21. Dez. 1881 III 17596. (C.Bl. 1882 S. 7.)

Zu Tarifnummer 2 „Befreit sind:"

155. Ich trete der Auffassung bei, daß die nach dem Gesetze vom 2. März 1850 (G.S. S. 112) und 7. Juli 1891 (G.S. S. 279) ausgegebenen Rentenbriefe dem Reichsstempel nach Tarifnummer 2a nicht unterliegen, sondern zu den Schuldverschreibungen der Bundesstaaten gehören, die nach der Befreiungsvorschrift Nr. 1 zu Tarif Nr. 2 Befreiung vom Stempel genießen. F.M.E. v. 20. April 1892 C.Bl. S. 190.

156. Ausländische Inhaberpapiere mit Prämien (Prämien-Anleihen, Prämienloose) unterliegen nach den Befreiungsbestimmungen zu Tarif Nr. 2 des Reichsstempelgesetzes der Versteuerung nach diesem Gesetze überhaupt nicht, weil sie entweder schon auf Grund des Reichsgesetzes vom 8. Juni 1871 abgestempelt sind, oder, wenn dieses nicht der Fall ist, nach den Bestimmungen in den §§. 2 und 3 des letzteren Gesetzes im Deutschen Reich nicht umlaufsfähig sind. F.M.E. v. 27. Aug. 1881 III 12071. (Kleinloff.)

157. F.M.R. v. 18. Okt. 1881 III 14184 (C.Bl. S. 388): Ich erkläre mich einverstanden, daß die Steuerbehörden Anträge, solche ausländische Inhaberpapiere mit Prämien, welche nicht auf Grund des Reichsgesetzes vom 8. Juni 1871, betr. die Inhaberpapiere mit Prämien, abgestempelt worden sind, nach Maßgabe der Tarifnummer 2. b (bezw. der Ausnahme zu Nr. 2. b) des Reichsgesetzes vom 1. Juli d. Js., betreffend die Erhebung von Reichsstempelabgaben, mit dem Stempelaufdruck zu versehen, nicht ablehnen können, weil nicht alle nach der Tarifnummer 2. b und dem §. 3. a. a. O. die vorherige Versteuerung bedingenden Verkehrsakte bezüglich der gedachten Werthpapiere durch die §§. 2 und 3 des Gesetzes vom 8. Juni 1871 verboten worden sind.

Sie wollen aber die Antragsteller in jedem einzelnen Falle durch die Steuerbehörden und durch geeignete Veröffentlichungen das Publikum allgemein darauf aufmerksam machen, daß ausländische Inhaberpapiere mit Prämien, welche nach Maßgabe des Gesetzes vom 1. Juli d. Js. abgestempelt sind, den Verkehrsbeschränkungen des Gesetzes vom 8. Juni 1871[23]) gleichwohl in vollem Umfange unterliegen.

23. Wegen des Wortlautes des Ges. v. 8. Juni 1871 siehe Note 165 bei Tarifnummer 2b.

158. In der Einlösung von Prämien-Verschreibungen bei einer inländischen Zahlstelle kann ein „Weiterbegeben" derselben im Sinne der §§. 2 und 3 des Reichsgesetzes vom 8. Juni 1871 (R.G.Bl. S. 210) — s. Note 23 zu vorstehender Anm. — nicht gefunden werden. Eine nachträgliche Abstempelung der erwähnten Freiburger Prämien-Verschreibungen auf Grund des Gesetzes vom 8. Juni 1871 ist unmöglich, da sowohl die im §. 4 dieses Gesetzes vorgeschriebene Abstempelungsfrist, als die im §. 9 der Bekanntmachung vom 19. desselben Monats (R.G.Bl. S. 255) erwähnte Nachfrist längst abgelaufen sind. Dagegen steht einer Abstempelung jener Verschreibungen auf Grund des Gesetzes vom $\frac{\text{1. Juli 1881}}{\text{3. Juni 1885}}$ nichts im Wege. Sobald diese letztere Abstempelung erfolgt ist, würde die Ueberweisung der Verschreibungen an einen der Miterben sowie im Ausloosungsfall die Einlösung bei inländischen Zahlstellen als statthaft anzusehen sein. F.M.E. v. 6. April 1887 III 3808

159. Die Befreiungsvorschrift dd [jetzt Nr. 2] zu Tarifnummer 2 des Reichsstempelgesetzes, wonach die auf Grund des Reichsgesetzes vom 8. Juni 1871 abgestempelten ausländischen Inhaberpapiere mit Prämien von der unter der gedachten Tarifnummer vorgeschriebenen Reichsstempelabgabe befreit bleiben, findet auch auf diejenigen neuen Stücke der österreichischen Staats-Prämien-Anleihe von 1860 Anwendung, welche an Stelle eingezogener, mit dem deutschen Stempel vorschriftsmäßig versehener derartiger Schuldverschreibungen zur Verausgabung gelangen und nach dem Beschluß des Bundesraths vom 4. März 1890, §. 124 der Protokolle, durch Aufdruck einer besonderen Bescheinigung als in Deutschland umlaufsfähig anerkannt werden. F.M.R. v. 28. Febr. 1891 III 2941.

Zu Anmerkung zu Tarifnummer 1 und 2.

160. Unter „Genußscheinen" werden im Verkehrsleben verschiedenartige Urkunden verstanden. Nehmen die Inhaber zwar wie Aktionäre an dem Gewinne der Gesellschaft Theil (sowohl an dem jährlichen Dividendenbezuge, als auch im Falle der Auflösung der Gesellschaft an der Vertheilung eines etwaigen Ueberschusses), haben sie aber einen etwaigen Kapitalsverlust der Gesellschaft mitzutragen und steht ihnen andererseits ein Stimmrecht in der Generalversammlung nicht zu, so können die Genußscheine nicht als Aktien angesehen werden. Denn es gehört nach Art 207 Abs. 1 H.G.B. zum Begriffe des Aktionärs, daß er an dem ganzen Betriebe der Gesellschaft mit einer Einlage betheiligt sei, nach Art. 216 Abs. 1 daselbst, daß er einen verhältnißmäßigen Antheil an dem Vermögen der Gesellschaft, also auch an ihren Schulden habe; anderenfalls hat nach Art. 221 Abs. 2 in Verbindung mit Art. 190 Abs. 1 H.G.B. jeder Aktionär Stimmrecht in der Generalversammlung.

Gewähren die Genußscheine der fraglichen Art den Inhabern für den Fall der Auflösung der Gesellschaft außer dem Antheile an dem etwaigen Ueberschusse ein Forderungsrecht auf einen bestimmten Kapitalsbetrag, so stellen sie sich als Schuldverschreibungen von dieser Höhe dar. Dies ist insofern von Bedeutung, als diese Urkunden also nicht etwa Rentenverschreibungen ohne aus ihnen selbst ersichtlichen Kapitalswerth sind, welche einer höheren Besteuerung unterliegen könnten.

Die fraglichen Genußscheine sind im Rechtssinne auch keine Interimsscheine über auszugebende Aktien, obwohl die Aktiengesellschaft in den Scheinen sich das Recht vorbehalten hat, sie gegen Ausgabe von Aktien von gleich hohem Betrage einzuziehen, und für diesen Fall sich verpflichtet hat, sie alle gleichmäßig in dieser Weise umzutauschen. Mit Recht ist in dem angefochtenen Urtheile ausgeführt, daß nicht jede Urkunde, gegen welche unter gewissen Voraussetzungen später eine Aktie ausgegeben werden soll, ein Interimsschein im Sinne des Reichsstempelgesetzes, bezw. des Handelsgesetzbuches ist, sondern daß ein solcher nach Art. 207 Abs. 5 des letzteren schon ein wirkliches Antheilsrecht an dem Vermögen der Gesellschaft sowie ferner ein unbedingtes Recht auf Aushändigung der Aktie gegen Volleinzahlung gewähren muß. Urt des R.G. VI. C.S. v. 27. Okt. 1892 Entsch. Bd. 30 S. 16 Beil. zum Reichsanz. 1893 S. 40.

161. Die Genußscheine der k. k. priv. Aussig-Teplitzer Eisenbahngesellschaft werden sowohl in Berlin als auch in Frankfurt a. M. nach der Anmerkung Absatz 2 zu Tarifnummer 1 und 2 des Reichsstempelgesetzes v. 27. April 1894 mit 50 Pf. für jedes Stück zur Versteuerung gezogen; ich muß es für bedenklich erachten, für diese Scheine den Aktienstempel zu erheben.

In der Prozeßsache der Aktiengesellschaft Baugesellschaft Humboldtshain zu Berlin gegen den preußischen Fiskus ist in allen drei Instanzen übereinstimmend dahin erkannt worden, daß die Steuerverwaltung zur Erhebung des Aktienstempels für die von jener Gesellschaft ausgegebenen Genußscheine nicht berechtigt sei. Die damals in Frage stehenden Genußscheine waren ebenfalls an Stelle von Aktien ausgestellt worden, die durch Zurückzahlung des Nennbetrages amortisirt waren; ferner galt auch für jene Genußscheine die Bestimmung, daß von dem zur Vertheilung unter die Aktionäre bestimmten Reingewinn zunächst auf die nicht amortisirten Aktien eine Dividende von 5 v. H. zu zahlen, ein etwaiger Ueberschuß aber auf alle Aktien, sowohl die amortisirten als die nicht amortisirten, zu vertheilen, und daß bei einer Liquidation der Gesellschaft von dem Liquidationserlös zunächst der volle Nennbetrag auf die nicht amortisirten Aktien zu zahlen, demnächst aber der Mehrbetrag wiederum auf alle Aktien, amortisirte wie nicht amortisirte, gleich zu vertheilen sei. Die Genußscheine der Baugesellschaft Humboldtshain entsprechen daher vollständig denjenigen der Aussig-Teplitzer Eisenbahngesellschaft, nur mit der Abweichung, daß bei der Baugesellschaft Humboldtshain die Genußschein-Inhaber keinen Antheil an der Verwaltung haben, während bei der Aussig-Teplitzer Eisenbahngesellschaft die Genußschein-Inhaber auf den Generalversammlungen in der Art mitstimmen, daß zwei Genußscheine einer Aktie gleich gerechnet werden.

In den Erkenntnissen des hiesigen Kammergerichts v. 20. Dez. 1892 und des Reichsgerichts v. 20. April 1893 werden drei Gründe angeführt, weshalb die Genußscheine der Baugesellschaft Humboldtshain nicht als Aktien angesehen werden könnten und daher nicht dem Aktienstempel unterlägen, nämlich

1. weil auf diejenigen Aktien, an deren Stelle die Genußscheine ausgestellt seien, der volle eingezahlte

Betrag zurückbezahlt sei, die Genußschein-Inhaber daher keinen Antheil an dem Grundkapital (Einlagekapital) der Gesellschaft hätten, was nach Art. 207 Abs. 2 des Handelsgesetzbuchs in der Fassung des Gesetzes v. 18. Juli 1884 eine wesentliche Bedingung für das Vorhandensein einer Aktie bilde,

2. weil die Genußschein-Inhaber, da der Aktienbetrag für die amortisirten Aktien zurückbezahlt sei, keinen Antheil an Verlusten nähmen, durch welche das Einlagekapital verringert werde, so daß man von ihnen nicht sagen könne, daß sie einen verhältnißmäßigen Antheil an dem Vermögen, einschließlich der etwaigen Verluste, hätten (H.G.B. Art. 216),

3. weil die Genußschein-Inhaber bei der Verwaltung nicht betheiligt wären.

Die Gründe zu 1 und 2 würden auch der Erhebung des Aktienstempels für die Genußscheine der Aussig-Teplitzer Eisenbahngesellschaft entgegenstehen. Das reichsgerichtliche Erkenntniß v. 20. April 1893 (in Verbindung mit einem schon vorher ergangenen reichsgerichtlichen Erkenntniß v. 27. Okt. 1892, Entsch. in C.S. Bd. 30 S. 16) [s. vorst.] hat Anlaß gegeben, in das neue Reichsstempelgesetz einen besonderen Steuersatz für solche Genußscheine aufzunehmen, die weder als Aktien noch als Schuldverschreibungen sich auffassen lassen.

Ich verkenne nicht die Bedenken, die den Ausführungen des reichsgerichtlichen Erkenntnisses v. 20. April 1893 entgegengestellt werden können. In einem Artikel der Berliner Börsenzeitung v. 15 Dez. 1893 Nr. 588 (III. Beilage) wird bei Besprechung dieses Erkenntnisses die Frage aufgeworfen, wie das Rechtsverhältniß sich gestalten würde, wenn sämmtliche Aktien amortisirt seien und die Gesellschaft nur noch aus Genußschein-Inhabern besteht, und diese Frage wird dann (ohne weitere Begründung) dahin beantwortet, daß selbst die Genußscheingesellschaft noch eine Aktiengesellschaft bleibe. Ich möchte dieser Auffassung beistimmen, da es keinen anderen Rechtsbegriff giebt, unter den solche Gesellschaften sich bringen ließen; und daraus würde dann folgen, daß die an Stelle amortisirter Aktien ausgegebenen Genußscheine wenigstens dann den Charakter von Aktien wieder annehmen, wenn sämmtliche Aktien amortisirt und nur noch Genußscheine vorhanden sind. Ein solcher Fall liegt keineswegs außerhalb der Grenzen der Möglichkeit; es giebt Aktiengesellschaften, die sich so glänzend entwickelt haben, daß es ihnen ein Leichtes gewesen wäre, binnen ganz kurzer Zeit ihr gesammtes Aktienkapital zu amortisiren, falls von vornherein in den Statuten die Bestimmung getroffen wäre, daß der Reingewinn, soweit er einen bestimmten Zinsfuß (vielleicht 5 oder 6 v. H.) übersteigt, zur Amortisirung von Aktien zu verwenden sei. Schr. d. F.M. v. 6. Juni 1896 III 7956.

162. F.M.R. v. 26. Dez. 1881 III 17823 (C.Bl. 1882 S. 8). Wenn die Genußscheine der Warschau-Wiener Eisenbahngesellschaft, wie Sie anführen, dem Inhaber außer dem auf die verlooste und amortisirte Stammaktie fallenden Gewinnantheil auch noch „dieselben Rechte, wie dem Inhaber nicht amortisirter Aktien" gewähren, so sind sie als Aktien im Sinne der Tarifnummer 1 des R.St.G. zu versteuern.

163. Die Dividenden-Aktien der Moskau-Brest-Eisenbahn-Gesellschaft erachte ich künftighin lediglich als Genußscheine mit 50 Pf. von jeder einzelnen Urkunde und auch als solche nur insoweit für reichsstempelpflichtig, als sie nach dem 30. April 1894 ausgegeben worden sind.

Mögen die bezeichneten Dividenden-Aktien selbst ein Stimmrecht in den Generalversammlungen der Aktiengesellschaft gewähren, was sich mit Sicherheit aus dem denselben aufgedruckten Auszug aus den Satzungen nicht ersehen läßt, so haben deren Inhaber doch zweifellos keinen Antheil mehr an dem Grundkapital (Einlagekapital) der Gesellschaft, indem die Vollaktie, an deren Stelle die Dividenden-Aktie getreten, getilgt und ihr ganzer Nennbetrag zurückbezahlt worden ist. Auch haben die Inhaber der Dividenden-Aktien nach der Ziffer 4 des Auszuges wohl die Rechte, nicht aber die Verpflichtungen der Inhaber nicht getilgter Aktien. Unter solchen Umständen liegt nach dem Urtheil des R.G. v. 30. April 1893 (Jur. Wochenschr. S. 310), dessen Begriffsbestimmung für die heutige Gestaltung der Tarifvorschriften maßgebend gewesen ist, eine Aktie nicht vor, und da ebenso wenig eine Renten- oder Schuldverschreibung angenommen werden kann, so bleibt nur die Versteuerung als Genußschein übrig. Verf. d. P.St.D. zu B. v. 27. Juli 1894 Nr. 2303.

164. Ich erachte es für gerechtfertigt, die am 15. März 1890 ausgestellten Genußscheine der vereinigten Jura-Simplon-Eisenbahnen, falls sie jetzt zur Stempelung vorgelegt werden, einer Reichsstempelabgabe von je 40 Pf. nach Tarifnummer 2b des R.St.G. v. 27. April v. J. zu unterwerfen, da die Gesellschaft, falls sie die Genußscheine kündigt, diese mit mindestens 50 Franken für das Stück einzulösen hat und die Genußschein-Inhaber bei Auflösung der Gesellschaft von dem nach Deckung der Aktien etwa verbleibenden Ueberschuß einen Betrag von mindestens 50 Franken ausbezahlt verlangen können, so daß die Genußscheine als bedingte Schuldverschreibungen über 50 Franken anzusehen sind. F.M.E. v. 25. Juni 1895 III 9425.

Zu Tarifnummer 3.

165. Zu den in Tarifnummer 3 des R.St.G. erwähnten „Kommunen" sind auch Kirchen- und Schulgemeinden zu rechnen. Beschl. d. B.R. v. 17. Nov. 1886. (C.Bl. f. d. D. R. S. 411.)

166. a. Die auf den Inhaber lautenden Schuldverschreibungen der städtischen Sparkasse zu H. unterliegen der Abgabe nach der Tarif-Nr. 3 des R.St.G. b. Sparkassenbücher sind dieser Tarifnummer nicht unterworfen. Urth. d. R.G. III C.S. v. 3. März 1888 (Umschau S. 94). Gründe: Ohne Rechtsverletzung hat der Berufungsrichter angenommen, daß die sämmtlichen Voraussetzungen der Nr. 3 des Tarifs auf die in Frage stehenden Obligationen zutreffen. Daß die Obligationen „inländische auf den Inhaber lautende Schuldverschreibungen" sind, welchen „die staatliche Genehmigung" zur Seite steht, ergiebt sich theils aus dem unzweideutigen Inhalt der Papiere, theils aus der festgestellten Thatsache, daß dieselben mit noch aus hannoverscher Zeit stammender staatlicher Genehmigung ausgestellt wurden. Auch daß die Obligationen als „Schuldverschreibungen einer Kommune" angesehen wurden, läßt sich nicht beanstanden. Der Kläger [Magistrat der Stadt H.] will diese Voraussetzung des Tarifs in Abrede ziehen, weil die Obligationen, da sie von der Sparkasse H. ausgestellt seien, und diese gegenüber der Kommune H. eine selbstständige juristische Persönlichkeit darstelle, nicht als Schuldverschreibungen einer Kommune bezeichnet werden könne. Dagegen nimmt der Berufungsrichter an, daß die Sparkasse kein von der Gemeinde abgesondertes selbstständiges Rechtssubjekt sei, sondern lediglich einen unter besonderer Verwaltung und Rechnungsführung stehenden Theil der Stadtkasse, bezw. des Stadtvermögens bilde. Diese Annahme stützt der vorige Richter auf die statutarischen Bestimmungen der Stadtgemeinde H., und es ist nicht ersichtlich, daß er hierbei eine revisible Rechtsnorm verletzt hätte. Daß die fraglichen Obligationen im Sinne des Gesetzes als „ausgegebene" Schuldverschreibungen zu betrachten seien, will der Kläger aus dem Grunde bestreiten, weil hierunter nach der Vorgeschichte des

Gesetzes nur solche Verschreibungen zu verstehen seien, welche auf Grund von Anleihen ausgegeben und für den Handelsverkehr bestimmt seien. Allein mit Recht entgegnete hierauf der Berufungsrichter, daß im Gesetze schlechterdings kein Anhalt für eine solche beschränkte Auslegung gegeben, auch nicht in Abrede zu ziehen sei, daß die fraglichen Papiere, wenngleich nicht ursprünglich hierzu bestimmt, so doch geeignet seien, dem Handelsverkehr zu dienen.

Allerdings sind Sparkassenbücher der Tarif-Nr. 3 des St.G. nicht unterworfen. Es folgt dies daraus, daß das Gesetz auf bloße Anerkenntnisse über Sparkasseneinlagen, welche für den Handelsverkehr weder bestimmt, noch geeignet sind, auch regelmäßig nicht auf den Inhaber lauten, offenbar nicht zu beziehen ist. Davon wesentlich verschieden sind die Obligationen der vorliegenden Art, welche alle Elemente eines gewöhnlichen Inhaberpapiers an sich tragen. Daß deren Ausgabe nur durch die Zwecke des Sparkassenverkehrs veranlaßt ist, kann bei dem klaren Wortlaut des Gesetzes ihre Befreiung von dem Stempel nicht begründen.

Zu Tarifnummer 4 a.

167. Unter „Anschaffungsgeschäfte“ können nur Geschäfte verstanden werden, welche unmittelbar oder doch mittelbar auf den Erwerb von Eigenthum gegen Entgelt gerichtet sind. Erk. d. R.G. (1) v. 14. Okt. 1884 (Entsch. i. Straff. Bd. 11 S. 146) und (3) v. 16. Febr. 1885 (Entsch. d. R.G. in der besonderen Beilage zum Deutschen Reichs- 2c. Anzeiger von 1885 S. 190.)[23a])

Die Plenarentscheidung der vereinigten Civilsenate des Reichsgerichts vom 30. Juni 1893 (Entsch. Bd. 31 S. 17) bezeichnet das Anschaffungsgeschäft als ein Rechtsgeschäft, welches dem Anschaffenden das Eigenthum an fremden beweglichen Sachen gegen Entgelt verschaffen soll, als ein synallagmatischer Vertrag, bei dem die versprochene Leistung des einen Theils in der anzuschaffenden Sache, die des andern in dem dafür zu gewährenden Entgelt besteht, wobei die Sache, welche Gegenstand eines Anschaffungsgeschäfts sein soll, sich vorher in fremdem Eigenthum befunden haben muß, aus welchem sie in das des Anschaffenden übergehen soll, so daß jede Anschaffung auf der einen Seite eine Veräußerung auf der andern bedingt.

23a. Aus den Entscheidungsgründen des letztgedachten Erk.: Der Begriff eines Anschaffungsgeschäfts hat weder in dem Reichsstempelgesetze, noch im Art. 271 Nr. 1 des H.G.B.'s [abgedruckt Note * zu Anm. 33 in Abschn. II], aus welchem er offenbar in den Tarif des Ersteren herübergenommen worden ist, eine gesetzliche Definition gefunden. So viel ist aber nach den Anschauungen des Handelsverkehrs, wie nach dem Wortlaut des Gesetzes, welches den Kauf nicht dem Anschaffungsgeschäfte als ein anderes Rechtsgeschäft gegenüber-, sondern als das vornehmste und typische Anschaffungsgeschäft an die Spitze stellt (verbis: „Kauf- oder anderweite Anschaffungsgeschäfte"), unzweifelhaft und in der einschlagenden handelsrechtlichen Litteratur unbestritten, daß darunter nur Geschäfte verstanden werden können, welche unmittelbar oder

mittelbar auf den Erwerb von Eigenthum gegen Entgelt gerichtet sind. (Zu vergleichen u. A. v. Hahn, Kommentar zum Handelsgesetzbuche Art. 271 §. 3 Bd. II S. 4 ff. edit. II; Goldschmidt, Handbuch des Handelsrechts §. 43 Bd. I S. 544 ff. edit. II; Endemann in dessen Handbuch für Handels-, See- und Wechselrecht §. 14 Bd. I S. 58 ff.)

168. Der Begriff des Anschaffungsgeschäfts im Sinne der Tarifnummer 4 des Reichsstempelgesetzes umfaßt jedes auf den Erwerb von Eigenthum an beweglichen Sachen gerichtete entgeltliche Vertragsgeschäft. Es fallen daher darunter neben dem Kaufe unter anderen die uneigentlichen Lombardgeschäfte, also auch diejenigen Geschäfte, bei denen der Darlehnsgeber, welcher Werthpapiere zu seiner Sicherheit erhält, befugt ist, an Stelle der empfangenen Werthpapiere andere von gleicher Art zurückzugewähren. Erk. d R.G (IV) v. 19. April 1888 (Entsch. i. Civils. Bd. 21 S. 33).[24])

24. Veranlassung des Rechtsstreites waren Rechtsgeschäfte, bei denen von den Kontrahenten, welche beide Mitglieder des bei der Bank des Berliner Kassen-Vereins bestehenden sog. Giro-Effekten-Depots waren, der eine dem anderen ein Darlehn gegen einen sog. rothen Check der Bank des Berliner Kassen-Vereins gewährt hatte. Für diese Geschäfte war seitens der Steuerverwaltung die Stempelabgabe nach Tarif Nr. 4 A erhoben worden. Nachdem die Rückforderungsklage in beiden Vorinstanzen für begründet erachtet war, hob das Reichsgericht durch obige Entscheidung das Berufungsurtheil auf und wies die Klage ab, indem es uneigentliche Lombardgeschäfte als vorliegend annahm, weil mit den in den Checks angegebenen Werthpapieren in

der Art Sicherheit bestellt sei, daß dem Darlehnsgeber darüber die volle Verfügungsmacht eingeräumt worden, nur mit der Verpflichtung, bei Rückempfang des Darlehns Werthpapiere gleicher Art in gleichem Betrage dem Darlehnsschuldner herauszugeben oder dafür zu sorgen, daß dergleichen Papiere dem Darlehnsnehmer auf dem für denselben bei dem Giro-Effekten-Vereine angelegten Konto wieder gut geschrieben wurden, — und bei ausbleibender Zahlung gleichnamige Werthpapiere desselben Betrages zum Verkaufe zu stellen.

Hinsichtlich der Anschaffungsgeschäfte heißt es in den Entscheidungsgründen u. A.: „Nach der obigen Begriffsbestimmung des Anschaffungsgeschäftes erfordert dasselbe keinen mit dem Geschäfte sich vollziehenden Eigenthumsübergang. Es ist in erster Reihe nicht nothwendig, daß der Wille auf Uebertragung des Eigenthumes gerichtet sei. Dem Willen, zu erwerben auf der einen Seite, entspricht der Wille, zu verschaffen auf der anderen. Es gehört ferner nicht zum Begriff des Geschäftes, daß der Eigenthumserwerb sich in und mit dem Geschäfte vollziehe. Der Wille der Vertragschließenden muß auf Verschaffen und Anschaffen gerichtet sein. Aber die Verwirklichung dieses Willens gehört nicht zum Wesen des Geschäftes.“

169. Das uneigentliche Lombardgeschäft charakterisirt sich als einheitliches Anschaffungsgeschäft.

Schlußnoten über uneigentliche Lombardgeschäfte sind von dem Landesstempel für Schuldverschreibungen befreit. Erk. d. R.G. (IV) v. 15. Dez. 1890 (D.R.Anz. 1891 besondere Beilage S. 107).[25])

25. Aus den Entscheidungsgründen: Wenn das uneigentliche Lombardgeschäft dadurch, daß die verpfändeten

Effekten oder Waaren nicht in specie, sondern in genere zu restituiren sind und deshalb in das Eigenthum des Pfandnehmers übergehen, in die Reihe der Anschaffungsgeschäfte tritt, so bildet das von dem Pfandnehmer gewährte Darlehn die dem Erwerbe des Pfandobjekts gegenüberstehende Gegenleistung desselben, deren Werth für Berechnung des Reichsstempels maßgebend ist. Das Darlehn ist daher ein wesentliches Element des einheitlichen Lombardgeschäftes, als Anschaffungsgeschäfts, und kann von diesem nicht als ein davon verschiedenes Geschäft losgelöst werden. (Vergl. Saling, Börsenpapiere Theil I 5. Aufl. Seite 161, 169 ff. 300; Neumann, Börsengesetz Seite 6). Eine abweichende Auffassung liegt auch nicht dem diesseitigen Urtheile vom 19. April 1888 (Entsch. i. Civils. Bd. 21 S. 33 ff.) [s. Anm. 168] zu Grunde, in welchem das uneigentliche Lombardgeschäft zwar als ein aus verschiedenen Elementen gemischtes, aber nicht als ein aus verschiedenen juristisch selbständigen Geschäften kombinirtes, sondern als ein einheitliches charakterisirt wird. Gerade hierdurch unterscheidet es sich von dem Reportgeschäft, welchem es nach seinem wirthschaftlichen Zwecke nahe verwandt ist. (Vergl. Saling a. a. O. Seite 100. Saffler, die Effektenbanken Seite 54).

170. Erk. d. R.G. (IV) v. 21. Nov. 1887 (Entsch. i. Civils. Bd. 20 S. 8):

1. Die in der Tarifposition 4 A des Reichsstempelgesetzes erwähnten „Kauf- und sonstigen Anschaffungsgeschäfte" sind in demselben Sinne zu verstehen, wie die entsprechenden Ausdrücke in dem Art. 271 Ziff. 1 H.G.B. [abgedruckt Note * zu Abschn. II Anm. 33], und begreifen daher jedes auf den Erwerb von Eigenthum an beweglichen Sachen gerichtete entgeltliche Vertragsgeschäft.

2. Die Anwendung des §. 7 [jetzt §. 8] Abs. 1 des Gesetzes (bedingte Geschäfte) kann im einzelnen Falle die des §. 15 [jetzt §. 16] des Gesetzes (Geschäfte, für welche eine rechtzeitige Berechnung der Steuer nicht möglich ist) ausschließen.[26]) Vgl. Anm. 34 nebst Note 4 dieses Abschn.

26. Ein Konsortium von Banken hatte mit einer Hypothekenbank — zum Zweck der Konvertirung von 4½% Pfandbriefen in 4% — einen Vertrag geschlossen, worin das Konsortium u. A. versprach, alle diejenigen 4½% Pari-Pfandbriefe Serie II und III, welche innerhalb einer bestimmten Frist nicht zur Konvertirung eingereicht sein sollten, nach seitens der Hypotheken-Bank bewirkter rechtzeitiger Kündigung, für eigene Rechnung einzulösen und auf 4% abzustempeln. In diesem Vertrage sah die Steuerbehörde ein bedingtes, in Betreff der Abgabepflicht nach §. 7 [jetzt §. 8] Abs. 1 des Ges. als unbedingt geltendes Anschaffungsgeschäft, da es nicht ausgeschlossen gewesen sei, daß alle bezüglichen Pfandbriefe nicht zur Konvertirung eingereicht wurden und deshalb von dem Konsortium für eigene Rechnung einzulösen waren.

Die auf Rückzahlung der danach erhobenen Steuer angestellte Klage wurde in beiden Instanzen abgewiesen und die dagegen von der Klägerin eingelegte Revision durch obiges Erk. gleichfalls zurückgewiesen.

Aus den Entscheidungsgründen: Das Anschaffungsgeschäft vollzog sich . . . in der Weise, daß das Konsortium, nachdem es die von der Hyp.-Bank gekündigten Pfandbriefe Namens derselben eingelöst und so den Gewahrsam der eingelösten Pfandbriefe erlangt hatte, mit der Abstempelung der Pfandbriefe und der darin nach dem Vertrage liegenden brevi manu traditio den juristischen Besitz und das Eigenthum der so konvertirten Pfandbriefe von der Gegenkontrahentin des Vertrages, der Hyp.-Bank, erwarb. Für die Annahme eines zwischen dem Konsortium und den einzelnen Pfandbriefgläubigern geschlossenen Anschaffungsgeschäftes liegt nach dem Thatbestande der Vorerkenntnisse nichts vor. Ohne Rechtsirrthum gehen vielmehr die Vorderrichter davon aus, daß das Konsortium, indem es den Pfandbriefinhabern den Nennwerth der von der Schuldnerin gekündigten Pfandbriefe zahlte, als Beauftragter der Schuldnerin eine fällige Schuld derselben berichtigte.

In Uebereinstimmung mit der Stempelbehörde und dem Landgerichte sieht das Berufungsgericht als Werth des Gegenstandes den gesammten Nominalbetrag der Pfandbriefe der Serien II. III an. Es verwirft die Bezugnahme der Klägerin auf §. 15 [jetzt §. 16] des Ges., wonach bei Geschäften, für welche eine rechtzeitige Berechnung der Steuer nicht möglich ist, die Besteuerung unter den vom Bundesrathe festzusetzenden Maßgaben solange ausgesetzt bleiben soll, bis die Berechnung möglich wird. Nach der Ansicht des Berufungsgerichtes liegt nicht ein Geschäft dieser Art, sondern ein bedingtes Anschaffungsgeschäft vor, weil das Konsortium es übernommen habe, alle diejenigen $4^1/_2$% Pari-Pfandbriefe der Serien II. III, welche nicht zur Konvertirung eingereicht werden würden, für eigene Rechnung einzulösen, und es nicht ausgeschlossen gewesen sei, daß dies bei allen eintrete. Das Berufungsgericht berechnet demnach die Stempelabgabe nach §. 7 [jetzt §. 8] des R.St.G., wonach bedingte Geschäfte in Betreff der Abgabepflicht als unbedingte gelten, von dem als vereinbarten Kauf- und Lieferungspreis angesehenen Gesammtbetrage von 15 865 000 Mark. Der hiergegen erhobene Angriff der Revision ist erfolglos. Die Annahme, daß ein bedingtes Geschäft vorliege, enthält eine auf Vertragsauslegung beruhende Feststellung, welche unter Ausschließung des §. 15 [jetzt

§. 16] die Anwendung des §. 7 [jetzt §. 8] des Ges., also die Berechnung der Abgabe nach dem höchsten Betrage der kündbaren Pfandbriefe rechtfertigt. Ein Rechtsirrthum ist in den Erwägungen des Berufungsgerichts nicht erkennbar."

171. Das Anschaffungsgeschäft umfaßt auch solche Geschäfte, vor deren Abschluß die Sache im Rechtsleben nicht vorhanden ist, welchen sie vielmehr erst ihre Entstehung verdankt. R.G.E. v. 24. Okt. 1892. Beil. zum Reichsanz. 1893 S. 106. Vgl. Entsch. Bd. 22 S. 128.

172. Zum Abschluß eines Kauf- und Wiederverkaufvertrages über Werthpapiere bedarf es nicht der Angabe der Nummern.[26a] Die letztere ist ein Mittel der Individualisirung des Kaufgegenstandes, insofern durch sie der Gattungskauf zum Kauf einer bestimmten Sache wird. Sie mag auch für die Eigenthumsübertragung durch constitutum possessorium ihre Bedeutung haben. Für die Frage der Stempelpflichtigkeit eines Kaufes ist sie an sich ohne Bedeutung. R.G.E. IV. C.S. v. 26. Sept. 1887. (Entsch. Bd. 19 S. 161.) Diese Entscheidung ist mit Bezug auf das Reportgeschäft ergangen.

26a. Hinsichtlich der Verpflichtung des Einkaufkommissionärs und des mit dem Umtausch oder der Geltendmachung eines Bezugsrechts beauftragten Kommissionärs s. jetzt §§. 3 und 5 des Bankdepotges. vom 5. Juli 1896.

173. Ein bedingtes stempelpflichtiges Anschaffungsgeschäft liegt vor, wenn dem Darlehnsgeber im Falle des Zahlungsverzuges des Schuldners das Recht eingeräumt ist, die zur Sicherheit des Darlehns hinterlegten Werthpapiere zu dem alsdann bestehenden Kurse zu behalten. Erl. des Großh. Hess. Min der Finanzen v. 30. Nov. 1891. (Schlag.)

174. In den allgemeinen Bedingungen für den Lombardverkehr der Reichsbank sowohl, wie in denen der Generaldirektion der Seehandlung und in denen der Bank des Berliner Kassenvereins war eine Bestimmung enthalten, wonach diese Institute die für gewährte Darlehne ihnen verpfändeten Effekten, falls der Schuldner seine Verpflichtung nicht erfüllte, zu einem bestimmten Kurse in Zahlung zu nehmen berechtigt waren Der F M. hat anerkannt, daß diese Bestimmung in jedem einzelnen Falle ein bedingtes Anschaffungsgeschäft involvire, und es ist in Folge dessen die gedachte Bestimmung aus den bezüglichen allgemeinen Bedingungen für den Lombardverkehr in Wegfall gebracht worden. F.M.R. v. 26. Juni 1887 I 8602 III 7418.

174a. In dem Vertrage eines Konsortiums mit einer ausländischen Eisenbahngesellschaft betreffend Uebernahme von Obligationen war die Genehmigung des ausländischen Finanzministers vorbehalten. Vor Bekanntwerden dieser Genehmigung waren von der am Konsortialvertrage betheiligten Klägerin Unterbetheiligungen abgegeben, die Seitens der Klägerin für nicht steuerpflichtig angesehen wurden, weil der Konsortialvertrag vor Kenntniß der Genehmigung nicht bestanden habe, die Unterbetheiligten daher die ihnen offerirten Obligationen von der Eisenbahngesellschaft erworben hätten. Das Reichsgericht hat in dem Urtheil v. 14. Jan. 1897 IV 219/96 die vorbehaltene Genehmigung als eine aufschiebende Bedingung aufgefaßt, durch deren Beifügung die Wirkung des Vertrages gehemmt sei; der Vertrag selbst wäre zum vollständigen Ausdruck gelangt, aus ihm wären alle Rechte und Pflichten bedingt entstanden, welche bei seinem unbedingten Abschlusse eingetreten sein würden. Es sei ausgeschlossen, daß die Klägerin gemeinschaftlich mit den von ihr unterbetheiligten Firmen die Obligationen von der Eisenbahngesellschaft habe erwerben wollen, daß also eine Gelegenheitsgesellschaft (eine Unternehmung à conto meta) habe eingegangen werden sollen. Jur. Wochenschr. 1897 S. 116. Vgl. Entsch. i. CS Bd. 26 S. 46.

175. Durch die auf den Pfandscheinen unter Ziffer 14 abgedruckte Bedingung, wonach die Sparkasse behufs ihrer Befriedigung berechtigt ist, die verpfändeten Effekten zu dem Geldkurse, wofür sie am dortigen Orte, oder, wenn solche dort keinen Kurs haben, wofür sie an einem anderen von ihr beliebig zu wählenden in- oder ausländischen Orte verkäuflich sind, in Zahlung anzunehmen, muß ein bedingtes Anschaffungsgeschäft über die als Sicherheit niedergelegten Papiere als abgeschlossen angesehen werden. Allerdings hängt es von dem Willen der Sparkasse ab, ob sie im Fall eines Zahlungsverzugs des Schuldners

die Papiere für den Kurswerth in Zahlung annehmen will. Allein die Bestimmung des §. 7 des Reichsstempelgesetzes v. 3. Juni 1885 (§. 8 des Reichsstempelgesetzes v. 27. April 1894), wonach bedingte Geschäfte in Betreff der Abgabepflicht als unbedingte gelten, bezieht sich auf alle Bedingungen, auch diejenigen, deren Eintritt von der Willkür eines der Vertragschließenden abhängig ist. Hiermit stimmt auch die fernere Vorschrift des angezogenen Paragraphen überein, wonach, wenn einem der Vertragschließenden ein Wahlrecht oder die Befugniß beigelegt ist, innerhalb bestimmter Grenzen den Umfang der Lieferung zu bestimmen, die Abgabe nach dem höchstmöglichen Werth des Gegenstandes des Geschäfts berechnet werden soll, obgleich es auch in diesem Fall von dem Willen des betreffenden Vertragstheilnehmers abhängt, welche der verschiedenen Möglichkeiten zur Anwendung kommen oder welchen Umfang die Lieferung haben soll. F.M.E. v. 18. Juli 1895 III.

176. Das reine Depositum,[25b]) die Uebergabe eines Gegenstandes zur Aufbewahrung, wie das reine Inkassomandat, der Auftrag, ein im Besitz des Beauftragten bereits befindliches oder zu diesem Zwecke ihm erst übergebenes Werthpapier einzuheben, ist zweifellos kein Anschaffungsgeschäft; keiner dieser Verträge hat den Erwerb des Eigenthums an dem deponirten oder zur Einkassirung übergebenen Werthpapiere Seitens des Depositars oder Mandatars zum Zwecke und Erfolg. R.G.E. III Straff. v. 16. Febr. 1885 (Beil. zum R.Anz. S. 191, 192).

26b. Vgl. §§. 1 und 8 des Bankdepotgesetzes vom 5. Juli 1896.

177. Wenn Werthpapiere mit einer Erklärung nach dem Muster der Anlage[26c]) einem Kaufmann überreicht und von diesem in Verwahrung genommen werden, so ist der Anschaffungsstempel nach Tarifnummer 4 fällig. Ob der Kaufmann sofort das Eigenthum an den Werthpapieren erlangt, kann unerörtert bleiben. Denn da ihm die Ermächtigung ertheilt wird,

„an Stelle der hinterlegten Werthpapiere gleichartige zurückzugewähren oder über die Papiere zu seinem Nutzen zu verfügen",

so hat er es auf alle Fälle jederzeit in seiner Hand, ohne Mitwirkung des Hinterlegers, ja selbst ohne daß dieser auch nur etwas davon erfährt, sich zum Eigenthümer der Papiere zu machen. Dies genügt aber, um in der unter solchen Bedingungen erfolgten Hinterlegung ein reichsstempelpflichtiges Anschaffungsgeschäft zu erblicken, da es zum Begriff des Anschaffungsgeschäfts — wie auch in dem von Ihnen angeführten reichsgerichtlichen Erkenntniß vom 19. April 1888 (Entsch. d. R.G. in Civils. Bd. 21 S. 40) — s. Anm. 168 dieses Abschn. — anerkannt ist — nicht gehört, daß der Eigenthumserwerb sich in und mit dem Geschäfte vollziehe. F.M.E. v. 5. Nov. 1896 III 15187. Falls der Hinterleger sich allgemein ein für alle Mal damit einverstanden erklären würde, daß der Empfänger an Stelle hinterlegter Werthpapiere nur gleichartige zurückgewähre, würde freilich der Anschaffungsstempel nicht verlangt werden können. Dadurch würde aber nicht ausgeschlossen sein, ihn zu fordern, sobald auf Grund solcher allgemeinen Ermächtigung bestimmte Werthpapiere hinterlegt werden.

26c. das Muster lautete: Hiermit übersende ich Ihnen in Gemäßheit Ihrer von mir vollzogenen Kontokurrentbedingungen:

....

....

Auf Grund des §. 2 des Gesetzes vom 5. Juli 1896, lautend [folgt der Wortlaut des §. 2 des Bankdepotsgesetzes], ertheile ich Ihnen für obige Werthpapiere hiermit ausdrücklich und schriftlich die in dem oben gedachten §. 2 bezeichneten Ermächtigungen.

177a. Da nach §. 66 des Börsengesetzes vom 22. Juni 1896 Börsentermingeschäfte in einem Geschäftszweige, für welchen nicht beide Parteien zur Zeit des Geschäftsabschlusses in einem Börsenregister eingetragen sind, insofern rechtliche Wirksamkeit haben, als eine Rückforderung dessen, was bei oder nach völliger Abwickelung des Geschäfts zu seiner Erfüllung geleistet worden ist, nicht stattfindet, so unterliegen solche Geschäfte dem Reichsstempel nach Tarifnummer 4 des Reichsstempelgesetzes. F.M.E. v. 8. Febr. 1897 III 1629.

178. Eine Vereinbarung, wonach neu auszugebende Aktien für einen bestimmten Preis übernommen werden, ist als Anschaffungsgeschäft im Sinne der Tarifnummer 4 A 2 des Reichsstempelgesetzes anzusehen, auch wenn eine öffentliche Aufforderung zur Zeichnung der Aktien nicht stattgefunden hat. F.M.R. v. 12. Aug. 1886 III 9554.

179. Die bloß vorübergehende Ueberlassung von Aktien gegen Entgelt an einen anderen, behufs Bezuges darauf entfallender neuer Aktien,[26d]) begründet eine Steuerpflicht nach Tarifnummer 4 A des Reichsstempelgesetzes nicht. Es ist jedoch hierbei vorausgesetzt, daß die Aktien, nach Ausübung des Bezugsrechts, von dem betreffenden Uebernehmer unentgeltlich wieder zurückgegeben werden. Auch ist der vermittelst jener Ausübung erfolgende Erwerb der neuen Aktien selbst als Anschaffungsgeschäft zu versteuern. Verf. des P.St.D. in B. v. 28. Jan. 1888 Nr. 1436.

26d. Vgl. §§. 5 und 8 des Bankdepotgesetzes vom 5. Juli 1896.

180. Die Annahme von Werthpapieren seitens einzelner Miterben bei Erbesauseinandersetzungen ist als ein dem Schlußnotenzwange nach Tarif-Nr. 4 A zum R.St.G. unterworfenes Anschaffungsgeschäft nur dann und insoweit zu betrachten, wenn und soweit der betreffende Miterbe von den gemeinschaftlichen Papieren gegen Entgelt mehr übernimmt, als seinem Antheil an der gesammten Erbmasse, insoweit diese noch ungetheilt ist, entspricht. F.M.R. v. 6. April 1887 III 3808; desgl. v. 25. Mai 1891 III 7447.

181. Da das Vermögen offener Handelsgesellschaften von demjenigen der Gesellschafter völlig getrennt ist, ein Eigenthum der einzelnen Gesellschafter an den körperlichen Sachen der Gesellschaft nicht besteht (Entsch. d. R.G. i. C.S. Bd. 25 S. 256) und der ausscheidende Gesellschafter die Auslieferung seines Antheils am Gesellschaftsvermögen in einer dessen Werth darstellenden Geldsumme sich gefallen lassen muß (H.G.B. Art. 131), so ist ein Anschaffungsstempel nicht zu erheben, wenn ein ausscheidender Gesellschafter mit Geld abgefunden wird und das ganze Gesellschaftsvermögen, einschließlich der dazu gehörenden Werthpapiere, demgemäß Eigenthum des übrig bleibenden Gesellschafters wird.

Dagegen würde eine Annahme an Zahlungsstatt vorliegen und also der Anschaffungsstempel erforderlich sein, wenn der ausscheidende Gesellschafter, anstatt mit Geld, mit Werthpapieren abgefunden wird. F.M.R. v. 25. Mai 1891 III 7447.

182. In der Angelegenheit betreffend die Uebertragung der Aktiva und Passiva der bisherigen Firma N. & Co. auf die neue Firma N. M. & Co. erwidere ich, daß hinsichtlich der in dem mitvorgelegten Verzeichniß aufgeführten, der neuen Firma in natura übergebenen Werthpapiere Anschaffungsgeschäfte insoweit vorliegen und demgemäß durch Ausstellung gestempelter Schlußnoten zu versteuern sein würden, als eine Uebertragung der Papiere gegen Entgelt stattgefunden hat. Verf. d. P.St.D. zu B. v. 31. Juli 1892. St. 2001.

183. Die Hingabe und Annahme von Werthpapieren an Zahlungsstatt stellt sich als Anschaffungsgeschäft im Sinne des Reichsstempelgesetzes dar, auch in dem Falle, wo zwei Kontrahenten sich dahin einigen, daß an Stelle einer schuldigen Leistung ein anderer Gegenstand gegeben und angenommen werden soll.

Haben dagegen sich beim Abschluß eines Anschaffungsgeschäfts die beiden Kontrahenten dahin geeinigt, daß der Empfänger den Schuldbetrag (Preis) nach seiner Wahl baar oder in bestimmten Werthpapieren der unter 1, 2 und 3 des Tarifs zum Reichsstempelgesetz bezeichneten Art zahlen kann, so enthält die Hingabe und Annahme der alternativ als Kaufpreis geschuldeten Werthpapiere kein besonderes stempelpflichtiges Anschaffungsgeschäft dieser Papiere. R.G.E. (I) v 25. Nov. 1889. Entsch. i. Straff. Bd. 20 S. 50 (D.R.Anz. Nr. 32 v 3. Febr. 1890).[27])

27. Aus den Entscheidungsgründen: Nach der ohne Rechtsirrthum vom angefochtenen Urtheile getroffenen thatsächlichen Feststellung ist der Angeklagte aus dem Vertrage, über welchen die gesetzmäßig verstempelte Schlußnote errichtet worden ist, für 30000 Lit.Alkohol 90—94 Prozent den Preis von 45,50 Mk. per 10000 Lit.-Prozent per Kasse oder in Steuerscheinen schuldig geworden und hat zur Tilgung dieser ihm obliegenden alternativen Verbindlichkeit Steuerscheine im Betrage von 1838,40 Mk. auf seine bis Mai 1886 erwachsene Kaufgeldschuld eingesendet, welche der Verkäufer angenommen hat. Die Annahme der Steuerscheine hing danach nicht von der „freiwilligen“ Zustimmung des Gläubigers zu einer Offerte des Schuldners ab, und die Hingabe geschah nicht auf Grund eines der ursprünglichen Verpflichtung ein anderes Objekt substituirenden neuen Geschäfts,

sondern Hingabe und Annahme erfolgten zur Erfüllung des dem Angeklagten im Kaufvertrage eingeräumten Wahlrechtes der Baarzahlung oder der Zahlung mit Steuerscheinen, und es macht keinen Unterschied, ob letztere Zahlungsweise die einzig bedungene war oder von der einseitigen Entschließung des Schuldners abhing .... Ist sonach der Begriff des Anschaffungsgeschäfts nicht verkannt, weil eine Ueberlassung und Annahme „an Zahlungsstatt" nicht vorliegt, so sind die §§. 6, 10, 11, 17 des Gesetzes und Tarifsatz 4 A 2 und 2a durch das angefochtene Urtheil nicht verletzt.

184. Erk. d. R.G. (IV) v. 5. Febr. 1891 (C.Bl. 1891 S. 109):

a. Bei der Simultangründung einer Aktiengesellschaft liegt in der Uebernahme der Aktien seitens der Gründer ein reichsstempelpflichtiges Anschaffungsgeschäft; — s. jetzt Tarif 4 A 2 Abs. 2 —

b. **dies gilt auch dann, wenn es um die Umwandlung einer Gewerkschaft in eine Aktiengesellschaft sich handelt und der Erwerb der Aktien gegen Aufgabe der Kuxe erfolgt.**[28])

28. Aus den Entscheidungsgründen: Auch der zweite Entscheidungsgrund des Berufungsgerichts, daß im vorliegenden Falle, in welchem eine Gewerkschaft neueren Rechts ihre Umwandlung in eine Aktiengesellschaft beschlossen habe, die Gesellschaft dieselbe geblieben und nur eine Aenderung in den Rechtsverhältnissen der Betheiligten eingetreten sei, kann zu Gunsten der Klage nicht für ausschlaggebend erachtet werden .... Die Betheiligten nehmen als Aktionäre eine andere Stellung ein, als diejenige, die sie in ihrer Eigenschaft als Gewerken hatten; die Aktien sind wesentlich verschieden von den Kuxen, und ihr Besitz begründet andere

Rechte und Pflichten (vergl. Rintelen bei Gruchot, Beiträge, Bd. 18 S. 36 ff.). Die Umwandlung der Gewerkschaft in eine Aktiengesellschaft kann daher nach §. 133 des Berggesetzes vom 24. Juni 1865 nur durch einen Vertrag oder sonstige Willenserklärung aller Betheiligten in gerichtlicher oder notarieller Form bewirkt werden. Es genügt dazu nicht der verfassungsmäßige Mehrheitsbeschluß der Gesellschaft; die Aktiengesellschaft kann nicht durch einen einseitigen Willensakt der Gesellschaft, sondern nur durch gegenseitige Uebereinkunft der Gesellschaftsmitglieder ins Leben treten, und wenn dazu ein einstimmiger Beschluß der Gewerkschaft ausreichend ist, — wie in dem gedachten Urtheile angenommen wird, — so findet dies darin seinen Grund, daß ein solcher Beschluß alle Elemente einer Uebereinkunft sämmtlicher Betheiligten enthält. Liegt somit ein Vertrag der Gewerken vor, so finden auf einen solchen Vertrag die Erwägungen, welche zur Annahme eines Anschaffungsgeschäfts hinsichtlich der bei Simultangründungen übernommenen Aktien geführt haben, ungehinderte Anwendung.

185. Der Rechtsvorgang, wonach in Folge des Beschlusses der Generalversammlung einer Aktiengesellschaft Stammaktien in Stammprioritäts-Aktien umgewandelt werden, unterliegt als Anschaffungsgeschäft dem Stempel nach Tarif-Nr. 4A des Reichsstempelges. Erk. d. R.G. (IV) v. 11. April 1888 (Entsch. i. C.S. Bd. 21 S. 24).[29]

29. Aus den Entscheidungsgründen: Der vom Beklagten gegen seine Verurtheilung eingelegten Revision muß stattgegeben werden. Ein Anschaffungsgeschäft ist jedes auf den Erwerb von Eigenthum an beweglichen Sachen gerichtete entgeltliche Vertragsgeschäft. Bei den

hier in Frage stehenden Rechtsvorgängen handelt es sich um Geschäfte, welche von der klagenden Aktiengesellschaft mit einzelnen Aktionären abgeschlossen sind, und durch die eine Umschaffung der den Aktionären zustehenden, in den Stammaktien beurkundeten Antheilsrechte am Gesellschaftsvermögen gegen Zahlung eines auf Zwanzig vom Hundert des Aktienbetrages berechneten, zur Vermehrung der Betriebsmittel der Gesellschaft bestimmten Entgeltes in der Art stattgefunden hat, daß andere, in den Stammprioritätsaktien beurkundete Antheilsrechte an die Stelle jener in den Stammaktien sich darstellenden Antheilsrechte getreten sind. Diese Geschäfte, durch welche einige Aktionäre an Stelle ihrer früheren Stammaktien gegen Zuzahlung des angegebenen Betrages Stammprioritätsaktien von der Gesellschaft erworben haben, fallen unter den oben angegebenen Begriff des Anschaffungsgeschäftes.

186. **Es liegt ein Anschaffungsgeschäft im Sinne des Reichsstempelgesetzes vor, wenn zwischen Schuldner und Gläubiger zum Zwecke der Herabsetzung des Zinsfußes Werthpapiere der unter Nr. 1, 2, 3 des Tarifs bezeichneten Art gegen solche ebenfalls unter die gedachten Nummern fallende Werthpapiere umgetauscht werden, durch welche der Schuldner sich in anderer Weise verpflichtet, als es in den von den Gläubigern zurückzugebenden Papieren geschehen ist.** Erk. d. R.G. III v. 30. Dez. 1890 (Entsch. i. C.S. Bd. 27 S. 48).[30]

30. Die Klägerin hatte den Umtausch fünfprozentiger Prioritätsobligationen der Kaschau-Oderberger Eisenbahngesellschaft gegen vierprozentige Prioritätsobligationen derselben Gesellschaft im Verhältnisse von 100 : 110,50,

ferner den Umtausch vierprozentiger verstaatlicher Eisenbahnen gegen dreieinhalbprozentige preußische Konsols [vergl. Anm. 187 und 188] vermittelt und fordert den für diese Geschäfte von der Steuerbehörde aus Nr. 4 A 2 des Tarifes erhobenen Stempelbetrag zurück. Die Vorinstanzen hatten die Klage abgewiesen. Die Revision der Klägerin wurde nicht für begründet erachtet. — Aus den Entscheidungsgründen: Ob der Begriff des Anschaffungsgeschäftes in dem Falle versagt, wenn die neuen Werthpapiere sich nur im Zinsfuße von den zurückzugebenden unterscheiden, oder ob bei der rechtlichen Natur der Inhaberpapiere selbst in einem solchen Falle die Kriterien des Anschaffungsgeschäftes vorliegen [vergl. Anm. 25], kann hier unentschieden bleiben, weil bei den zur Frage stehenden Konvertirungen den Gläubigern ein nicht nur im Zinsfuße, sondern auch noch in anderen wesentlichen Beziehungen so abweichendes Werthpapier angeboten worden ist, daß eine vollständige Umwandlung des Schuldverhältnisses angenommen werden muß. Bei den Kaschau-Oderberger Obligationen vergrößert sich neben der Zinsermäßigung die Schuld, und diese vergrößerte Schuld unterliegt einem neuen Tilgungsplane; bei der Operation des preußischen Finanzministeriums treten an die Stelle von Prioritätsobligationen zwar im Nennbetrage gleiche, aber der Auslosung nicht unterliegende Schuldverschreibungen mit herabgesetztem Zinsfuße. In beiden Fällen handelt es sich im Verhältnisse zu den bisherigen Werthpapieren um neue und vom wirthschaftlichen Standpunkt aus wesentlich andere Werthpapiere. rc.

187. Cirk.-Verf. v. 26. Jan. 1891 III 119 (C.Bl. 1891 S. 35): Das Reichsgericht hat in dem Erkenntniß v. 27. Okt. 1889 (abgedruckt in Nr. 1 der Besonderen Beilagen zum Reichs- und Staatsanzeiger v. 21. Jan. 1890

S. 69) entschieden, daß der Umtausch von Verschreibungen der in Tarifnummer 2 und 3 des Reichsstempelgesetzes bezeichneten Art gegen neue, auf einen geringeren Zinsfuß lautende als ein Anschaffungsgeschäft im Sinne der Tarifnummer 4 A des gedachten Gesetzes anzusehen sei und demgemäß dem dort vorgeschriebenen Reichsstempel vom Tausend unterliege.

Nach dieser Entscheidung, welche auch mit der Vorschrift unter 6 D der vom Bundesrath am 25. Sept. 1885 beschlossenen allgemeinen Anweisung zur Anwendung des Reichsstempelgesetzes übereinstimmt, ist auch von den Verwaltungsbehörden zu verfahren.

188. Auf den Bericht vom 2. d. Mts. II 9697, betreffend den Umtausch der Aktien der Weimar-Geraer-, Saal- und Werraeisenbahngesellschaft in Staatsschuldverschreibungen aus Anlaß der Verstaatlichungen der Eisenbahnen, erwidere ich der Königlichen Eisenbahndirektion nach Benehmen mit dem Herrn Finanzminister, daß, nachdem durch das Reichsstempelgesetz in Tarif Nr. 4 a 2 Abs. 2 jede Ausreichung von Werthpapieren an den ersten Erwerber gegenüber früher bestandenen Zweifeln ausdrücklich den Kauf- und sonstigen Anschaffungsgeschäften gleichgestellt worden ist, die Auffassung von der Steuerfreiheit derartiger Umtauschgeschäfte — soweit nicht etwa die Befreiung 1 zu der erwähnten Tarifnummer zutrifft — nicht mehr aufrecht erhalten werden kann.

Als zur Entrichtung der Abgabe zunächst verpflichtet kommt für die nicht durch Vermittler geschlossenen Geschäfte in erster Linie der Königlich Preußische Fiskus als Veräußerer der Staatsschuldverschreibungen in Betracht. Erl. des Min. d. öffentl. Arbeiten v. 12. Nov. 1895 IV a A. 7900.

189. Wenn bei Uebernahme der Anleihe eines Staates durch ein Konsortium von Bankinstituten von den in dem Uebernahmevertrage benannten Mitgliedern dieses Konsortiums der Stempel nach Tarifnummer 4 A 2, berechnet nach dem Emissionskurse bezüglich der ganzen Anleihe, bereits entrichtet worden ist, so ist es nicht gerechtfertigt, noch einen weiteren Stempel nach Verhältniß der Betheiligungsquote von Personen zu erfordern, welche schon vor Stellung der Offerte zur Uebernahme der Anleihe und vor dem entsprechenden Zuschlage, als (nur nach außen nicht benannte) Gesellschafter eines der Konsortial-Mitglieder, insbesondere des leitenden Hauses, bei dem Emissionsgeschäfte sich betheiligt haben. Erk. d. R.G. (I) v. 28. April 1888 (Entsch. i. Civils. Bd. 20 S. 196; C.Bl. 1888 S. 471).[31])

31. In den Entscheidungsgründen heißt es: Bezüglich ihrer [d. i. jener Personen] liegt keinesfalls ein anderweites unbedingtes oder bedingtes Anschaffungsgeschäft der in jener Bestimmung des Tarifs gekennzeichneten Art vor. Die Auseinandersetzung mit ihrem Gesellschafter ist ebenfalls für sie nicht ein Anschaffungsgeschäft. Der §. 7 [jetzt §. 8] Abs. 3 des R.St.G. ist (da Gesellschafter nicht in einem Kommissionsverhältnisse stehen) in keiner Weise auf einen solchen Fall anwendbar. Der Inhalt der übereinstimmend an die Steuerbehörden

der einzelnen Bundesstaaten erlassenen Allgemeinen Anweisung, betreffend die Anwendung des R.St.G. enthält keine Rechtsnormen, wenngleich derselbe als Anregung bei Auslegung des Gesetzes dienen kann. Die Anregung, welche in dieser Richtung aus der Bestimmung unter Nr. 10 (adminikulirend auch aus der Bestimmung unter Nr. 4) dieser Anweisung entnommen werden kann, dient lediglich zur Unterstützung obiger Feststellung der gesetzlichen Normen rc.

190. **Die Unterbetheiligung an einem behufs Emission von Werthpapieren gebildeten Konsortium kann als bedingtes Anschaffungsgeschäft im Sinne des §. 7 [jetzt §. 8] und der Tarifnummer 4 A 2 dem Reichsstempel unterliegen.** Erk. des R.G. (IV) v. 14. Mai 1888 (Entsch. i. Civils. Bd. 21 S. 65).[32]

32. Es handelte sich um eine Unterbetheiligung an einem zur Emission von russischen Eisenbahn-Obligationen gebildeten Konsortium. In erster Instanz war zu Gunsten, in zweiter zu Ungunsten des Fiskus erkannt. Das R.G. hob das Berufungsurtheil auf. In den Entscheidungsgründen heißt es: Daß das Hauptkonsortium zwecks der Emission der Werthpapiere sich gebildet hat, steht außer Streit. In einem solchen Falle ist, wie die Rechtsprechung und Doktrin übereinstimmend annehmen, die unmittelbare Absicht der Betheiligten regelmäßig nicht auf eigenen Erwerb der Werthpapiere, sondern darauf gerichtet, letztere für gemeinschaftliche Rechnung durch einen gemeinschaftlich beauftragten Geschäftsleiter an Dritte abzusetzen, und daher ist die desfallsige Gemeinschaft als eine handelsrechtliche Gelegenheitsgesellschaft aufzufassen. Deshalb war der Berufungsrichter wohl in der Lage, diesem Regelcharakter des Konsortialgeschäftes auch vorliegend zu folgen. Daß

aber in einer so gearteten Gesellschaft zunächst ein Anschaffungsgeschäft nicht gegeben ist, läßt sich im Hinblicke darauf, daß letzteres Rechtsgeschäft allemal einen auf Eigenthumsübertragung bezw. Erwerbung an Sachen gegen Entgelt gerichteten Willen voraussetzt, nicht bezweifeln. Allein der rechtliche Standpunkt des Vorderrichters wird dem R.St.Ges. nicht gerecht. [Es folgt eine Hinweisung auf den Kommissionsbericht zu §. 7 [jetzt §. 8] Abs. 1 jenes Ges. und wird dann fortgefahren:] Daraus erhellt die Absicht des Gesetzes, Geschäfte nicht blos insoweit zu besteuern, als sie unmittelbar auf ein Anschaffungsgeschäft gerichtet sind, sondern auch insoweit, als sie nur erst beim Eintritte besonderer Umstände die rechtliche Konsequenz eines Anschaffungsgeschäftes als gewollt erscheinen lassen. Der letztere Fall trifft nun aber bei Unterkonsortialgeschäften der vorliegenden Art regelmäßig zu. Dieselben tragen vermöge ihres Abschlusses die Rechtsfolge in sich, daß, sofern die Veräußerung der Werthpapiere an Dritte nicht gelingen sollte, der Unterbetheiligte auf Verlangen des anderen Kontrahenten verpflichtet ist, den vorweg bestimmten Antheil an den Werthpapieren zu dem vorweg bestimmten Kurse abzunehmen. Sonach ist bereits durch den Abschluß solcher Geschäfte die Erfüllung auf seiten der Unterkonsortialen im Endergebnisse bedingt dahin geregelt, also doch auch dahin gewollt, daß der Unterbetheiligte gewisse Werthpapiere gegen gewisses Entgelt zum Eigenthum zu erwerben hat. Damit aber sind die Voraussetzungen eines Anschaffungsgeschäftes gegeben.

191. Erk. des R.G. (III) v. 30. Mai 1890 (Entsch. i. Civils. Bd. 26 S. 46; D.R.Anz. 1890, Besondere Beilage S. 430):

1. Wenn mehrere Bankhäuser zu einem Kon-

sortium zusammentreten, um eine von einem Staate oder einer Korporation beabsichtigte Anleihe zum Zweck der Weiterveräußerung der dafür zu empfangenden Schuldverschreibungen an Dritte zu übernehmen, so liegen, nachdem der Vertrag des Konsortiums mit dem Staat oder der Korporation zum Abschluß gelangt ist, zwei Rechtsgeschäfte vor: der Konsortialvertrag zwischen den Bankhäusern und der Vertrag des Staats resp. der Korporation mit dem Konsortium. Der letztere Vertrag ist als Anschaffungsgeschäft anzusehen.[33])

2. Dagegen ist der diesem Vertrage vorausgehende Vertrag unter mehreren Bankhäusern, welcher rechtlich als die Begründung einer handelsrechtlichen Gelegenheitsgesellschaft aufzufassen ist, kein Anschaffungsgeschäft.[34])

3. Auch dadurch wird der Vertrag zwischen den Konsorten des Charakters als einer handelsrechtlichen Gelegenheitsgesellschaft nicht entkleidet, daß nicht sämmtliche Konsorten den Vertrag mit dem Staate abschließen, sondern daß der letztere nur von einem oder mehreren Mitgliedern des Konsortiums (benannte Konsorten) abgeschlossen ist, während noch andere Konsorten vorhanden sind, welche an dem Hauptkonsortium mit einer bestimmten Summe oder prozentual betheiligt sind (unbenannte Konsorten). Wenn demnächst der an Dritte nicht begebene Theil der Werthpapiere mit Auflösung des Syndikats seitens der geschäftsleitenden Konsorten an die verschiedenen Theil-

nehmer des Konsortiums vertheilt wird, so liegt darin eine zum Zweck der Erfüllung des Gesellschaftsvertrages vorgenommene Abwickelung des aus dem früheren Vertrage entspringenden Rechtsverhältnisses, aber kein selbständiges Geschäft [35]) [35a])

4. Unterbetheiligungsverträge, d. h Verträge, welche einer der Hauptkonsorten bezüglich seines Konsortialantheils mit anderen Privaten oder Bankfirmen abschließt, sind gleichfalls als Abschluß handelsrechtlicher Gelegenheitsgesellschaften aufzufassen. Die Frage aber, ob damit zugleich ein Anschaffungsgeschäft abgeschlossen ist, beantwortet sich verschieden, je nach der Reihenfolge, in welcher die verschiedenen Geschäfte abgeschlossen sind.[36])

33. Aus den Entscheidungsgründen: .... wenngleich dieser Vertrag sich rechtlich zunächst als ein Darlehnsgeschäft charakterisirt, so geht doch der Vertrag zugleich und wesentlich auch darauf, daß der Staat dem Konsortium die Inhaberpapiere verschaffen, das Konsortium dieselben zu dem vereinbarten Kurse zu Eigenthum erwerben will.

34. Aus den Entscheidungsgründen: Der entscheidende Grund, weshalb in einem Vertrage, wie er hier unterstellt worden, ein Anschaffungsgeschäft nicht erblickt werden kann, liegt darin, daß bei einem solchen Vertrage sich nicht mehrere Personen gegenüberstehen, von welchen die eine erwerben will, die andere verschaffen soll. Alle Vertragsgenossen wollen vielmehr gemeinschaftlich (resp. zu bestimmten Quoten) erwerben. Der Dritte, der da verschaffen soll, der Staat, ist an diesem Vertrage nicht betheiligt. Es ist ein Vorvertrag unter mehreren Per-

sonen über ein künftig mit einem Dritten abzuschließendes Anschaffungsgeschäft, aber nicht schon für sich ein Anschaffungsgeschäft, auch kein bedingtes, weil auch bei einem solchen eine Person am Vertrage Theil nehmen muß, welche bedingt zur Verschaffung verpflichtet ist.

35. Aus den Entscheidungsgründen: Die oben erwähnte Bestimmung im §. 7 [jetzt §. 8] Abs. 3 des R.St.G., welche für das Kommissionsgeschäft etwas Abweichendes bestimmt, kann auf die Abwickelung eines à conto meta geschlossenen Geschäftes keine Anwendung finden, da der Kommissionär und Kommittent keinen Vertrag zum gemeinschaftlichen Erwerb schließen. Hiermit stimmt auch die Auffassung des Bundesraths überein, wie aus der Anweisung des K. preuß. Finanzministers vom 26. Septbr. 1885 an die Steuerbehörden hervorgeht.

35a. Auch in einem späteren R.G.E. v. 29. Jan. 1894 IV. C.S. 436/93 ist ausgesprochen, daß die Erfüllung des Syndikatsvertrages kein selbständiges Anschaffungsgeschäft bildet, unter der Voraussetzung freilich, daß die Vertheilung der Werthpapiere nach Verhältniß der Antheilsquoten der Konsorten erfolgt.

36. Aus den Entscheidungsgründen: Unterstellt man den regelmäßigen Fall, daß der Hauptkonsortialvertrag abgeschlossen ist, bevor die Offerte bei dem Staat eingereicht und von diesem angenommen ist, so ist es denkbar, daß der Unterkonsortialvertrag abgeschlossen wird,

entweder a. ehe noch der Hauptkonsorte seinen Beitritt zum Hauptkonsortium definitiv zugesagt hat und mithin auch noch vor dem Abschluß des Vertrages des Hauptkonsortiums mit dem Staat,

oder b. nach definitivem Beitritt der Hauptkonsorten zum Syndikat, aber noch ehe das Letztere das Anleihegeschäft mit dem Staat abgeschlossen hat, oder endlich c. erst nach Abschluß des Vertrages des Hauptkonsortiums mit dem Staat.

In den ersten beiden Fällen kann in dem Abschluß eines Unterkonsortialvertrages ein Anschaffungsgeschäft nicht gefunden werden, weil der Vertrag den gemeinschaftlichen künftigen Erwerb von einem am Vertrage nicht betheiligten Dritten bezweckt und bei solchem Vertrage eine Person fehlt, welche der anderen gegen Entgelt verschaffen soll. Als solcher kann insbesondere auch nicht derjenige betrachtet werden, welcher dem Hauptkonsortium beigetreten ist oder noch beitreten will, da er nicht etwas an die Unterkonsorten gegen Entgelt abtreten will, was er bereits, sei es unbedingt oder bedingt, erworben hat, sondern mit ihnen gemeinschaftlich erwerben will. Seine Stellung den Unterkonsorten gegenüber ist keine andere, als die Stellung des oder der geschäftsleitenden benannten Hauptkonsorten gegenüber den unbenannten am Syndikat betheiligten übrigen Hauptkonsorten. So wenig in dem letzteren Fall die Ueberlieferung der an Dritte nicht abgesetzten Werthpapiere von Seiten der Geschäftsleiter an die übrigen Konsorten als ein Anschaffungsgeschäft bezeichnet werden kann, so wenig ist dies bei der Vertheilung der nicht abgenommenen Papiere an die Unterkonsorten der Fall. Auch hier liegt nur ein Abwickelungsgeschäft unter Metisten vor.

In diesem Sinne ist auch bereits vom Ersten Civilsenat des Reichsgerichts in dem Urtheil vom 28. April 1888 (Entscheidungen Bd. 20 S. 179) [s. Anm. 189] entschieden worden. Mit diesem Urtheil steht allerdings das wenige Wochen später erlassene Urtheil des Vierten Civilsenats vom 14. Mai 1888 (Entscheidungen Bd. 21 S. 66 fg.) [s. Anm. 190] scheinbar im Widerspruch, indem danach angenommen werden könnte, daß der Vierte Civilsenat unterschiedslos in allen Unterkonsortialverträgen Anschaffungsgeschäfte erblickt. Indessen ergiebt sich aus einem späteren Urtheil des Vierten Civilsenats vom 22. Novbr. 1888 in Sachen Fiskus contra Mitteldeutsche Creditbank IV 196/88, daß der Vierte Civilsenat nur den oben sub Lit. c bezeichneten Fall eines Unterkonsortialvertrages als Anschaffungsgeschäft für stempelpflichtig hat erklären wollen, den Fall nämlich, in welchem der Unterkonsortialvertrag zwischen einem der Hauptkonsorten und den Unterkonsorten erst nach Abschluß des Anleihegeschäfts zwischen dem Hauptkonsortium und dem Anleihesucher zu Stande gekommen ist. Für diesen Fall hat auch der erkennende Senat sich der Ansicht des Vierten Civilsenats angeschlossen. Denn bei solcher Sachlage hat abweichend von den oben sub. lit. a und b bezeichneten Fällen der Hauptkonsorte das Recht bezw. die Pflicht, eventuell den auf seine Quote treffenden Antheil der Werthpapiere zu übernehmen, bereits erworben und kann daher bei Unterkonsortialverträgen dieser Art nicht mehr die Rede davon sein, daß von den Unterkonsorten und den Hauptkonsorten etwas gemeinschaftlich erworben werde. Vielmehr ist in solchem Fall der Hauptkonsorte zugleich als derjenige anzusehen, der den Unterkonsorten die Werthpapiere eventuell zu verschaffen hat; es liegt insofern kein reines Abwickelungsgeschäft unter Metisten, sondern zugleich ein eventueller Veräußerungsvertrag vor.

192. Die Weiterveräußerung (Diskontirung) von Zucker- und Branntweinsteuer-Vergütungs-Anerkenntnissen unterliegt der Reichsstempelabgabe nach Nr. 4 A des Tarifs. Ueberwiegende Gründe sprechen dafür, die gedachten Anerkenntnisse, denen zufolge jeder Inhaber den darin benannten Betrag von dem bestimmten Tage ab bei den darin bezeichneten Kassen zu erheben befugt ist, als auf

den Inhaber gestellte Schuldverschreibungen anzusehen. Daß aber auf den Inhaber gestellte Schuldverschreibungen zu den für den Handelsverkehr bestimmten im Sinne des Tarifs zum Reichsstempelgesetze gehören, ist in dem reichsgerichtlichen Erkenntnisse v. 22. Jan. 1885 (Entsch. i. Strafs. Bd. 11 S. 426) überzeugend dargelegt worden. Auch kann es hierbei keinen Unterschied machen, daß der Inhaber der Anerkenntnisse mehrere Tage, bevor er den Betrag bei einer bestimmten Kasse erheben will, der letzteren von dieser seiner Absicht Mittheilung machen muß, da nach dem angezogenen reichsgerichtlichen Erkenntnisse auch auf Kündigung gestellte Schuldverschreibungen, sofern sie auf den Inhaber lauten, den für den Handelsverkehr bestimmten beizuzählen sind. F.M.R. v. 4. Febr. 1886 III 1316. Vgl. Anm. 148. 205.

193. Branntweinsteuer-Berechtigungsscheine, welche in Gemäßheit des Bundesraths-Beschlusses vom 12. Juli 1888 — § 443 der Protokolle — zur Ausfertigung gelangen, sind nicht als Schuldverschreibungen anzusehen, da durch dieselben nicht die Verpflichtung zur Zahlung einer bestimmten Geldsumme beurkundet bezw. festgestellt wird. Die fraglichen Berechtigungsscheine gehören zweifellos auch zu keiner der übrigen, in den Tarifnummern 1—3 des Reichsstempelgesetzes bezeichneten Arten von Werthpapieren. Dieselben unterliegen deshalb einer Reichsstempelabgabe nicht. Da nach Vorstehendem die beregten Berechtigungsscheine nicht zu den in den Tarifnummern 1-3 des Reichsstempelgesetzes bezeichneten

Arten von Werthpapieren zu rechnen sind, so können auch Anschaffungsgeschäfte über dieselben nicht der Abgabe nach Tarifnummer 4 A 2 a. a O. unterworfen werden. Verf. d. P.St.D. zu Berlin v. 28. Febr. 1889 Nr. 5129.

194. In der Verfügung v. 12. Juli 1891 (M. d. J. I A 6912, F.M III 8668) ist angenommen, daß die nach der Bestimmung zu Ziffer 8 des Reglements über die Einrichtung des Sparkassenwesens v. 12 Dez. 1838 (G.S. 1839 S. 5) von den Vertretungen der Stadtgemeinden auszustellenden Verschreibungen („Obligationen") über die der Kämmereikasse aus den Fonds der städtischen Sparkasse gewährten Darlehne dem im Tarif zum Stempelsteuergesetz v. 7. März 1822 für Schuldverschreibungen vorgeschriebenen Stempel unterliegen, weil das Vermögen der Sparkassen nach dem Reglement von dem sonstigen Stadtvermögen getrennt gehalten werden müsse, und die Sparkassen nicht als einfache städtische Kommunalkassen sich darstellten, sondern ebenso, wie gegen Dritte, auch gegen die Stadtgemeinde obligatorische Rechte erwerben könnten. Das Reichsgericht ist dieser Auffassung nicht beigetreten, hat vielmehr in einer Entscheidung v. 1. Okt. 1894 ausgesprochen, daß zwischen der Stadtgemeinde und der städtischen Sparkasse, da diese keine juristische Person, sondern ein kommunales Institut sei, Rechtsgeschäfte nicht möglich seien, und daß daher in denjenigen Fällen, in denen Werthpapiere seitens der Kämmereikasse an die Sparkasse oder umgekehrt überwiesen werden, ein Anschaffungsstempel nach Tarifnummer 4 zum Reichsstempelgesetze nicht zu verwenden sei, woraus sich ergiebt, daß auch für die „Obligationen" der Stadtgemeinden an die Sparkassen ein Schuldverschreibungsstempel nicht zu entrichten ist. F.M.E. v. 12. März 1895 III 3475.

195. Da der Kautionssucher nicht nur den Anspruch auf Rückgabe der Kaution, deren Eigenthümerin die Gesellschaft bis dahin bleibt, sondern auch das Eigenthum der Kaution selbst von der letzteren erwerben soll, so nehme ich ein reichsstempelpflichtiges Anschaffungsgeschäft als vorliegend an, sofern die Kaution in Werthpapieren der unter Nr. 1, 2 und 3 des Tarifs zum Reichsstempelgesetz vom 27. April 1894 bezeichneten Art besteht. Die Ausstellung der richtig zu versteuernden Schlußnote über das Geschäft hat auch sogleich und zwar spätestens innerhalb der in §. 10 des Reichsstempelgesetzes vorgesehenen Frist nach getroffener Vereinbarung zu erfolgen, da das Reichsstempelgesetz den Abschluß, nicht die Ausführung der Anschaffungsgeschäfte besteuert und ferner bedingte Geschäfte wie unbedingte zu behandeln sind. Verf. d. P.St.D. zu B. v. 8. Aug. 1894. St. 2279.

196. Die Gewährung von Aktien gegen die von dem Erwerber übernommene Verpflichtung zur Leistung von Diensten bildet ein stempelpflichtiges Anschaffungsgeschäft. Entsch. d. Kammerger. v. 25. Febr. 1890. (Meckl. Amtsbl. S. 159.) (Schlag.)

197. Ein Schlußnotenstempel ist nicht zu verwenden, wenn Werthpapiere von einer Königl. Behörde an eine andere übertragen werden und beide als Vertreter der Preuß. Staatskasse thätig sind; anders dagegen, wenn die Behörden oder auch nur eine von ihnen das Geschäft z. B. für einen kautionspflichtigen Beamten oder für eine durch sie verwaltete Stiftung geschlossen hat. F.M.E. v. 11. Mai 1893 III 5655.

197a. Zu Tarif-Nr. 4a siehe auch Anm. 4, 13, 15, 33, 59 und 68 dieses Abschn.

198. a. Ich kann die in Tarif-Nr. 4a des Reichsstempelgesetzes vorgeschriebene Stempelermäßigung für Arbitrage-Geschäfte nicht für anwendbar erachten, wenn eine Bank in ein ihr kommissionsweise aufgetragenes Geschäft als Selbstkontrahentin eintritt und alsdann ein Deckungsgeschäft an einer fremden Börse abschließt. Nach dem Wortlaut des Tarifs findet die Stempelermäßigung nur dann Anwendung, wenn Jemand

„nachweislich im Arbitrageverkehr"

zwei entgegenstehende Geschäfte in der dort näher bezeichneten Weise abgeschlossen hat. Diese Bedingung ist nur dann erfüllt, wenn er die beiden Geschäfte lediglich in der Absicht abschließt, die Verschiedenheit der Kurse an zwei Börsen auszunutzen. Von zwei lediglich in dieser Absicht abgeschlossenen Geschäften kann aber nicht die Rede sein, wenn das erste der beiden Geschäfte ihm kommissionsweise übertragen ist und er dann von dem ihm als

Kommissionär zustehenden Recht des Selbsteintritts Gebrauch macht. Den Arbitragegeschäften ist die Stempelermäßigung zugestanden worden, weil man annahm, daß bei dem geringen Verdienst, den die Artitragegeschäfte abzuwerfen pflegen, die Tragung der zweimaligen vollen Abgabe zu drückend sein würde; dieser Grund trifft aber nicht mehr in vollem Umfange zu, wenn der Bankier für das erste der beiden Geschäfte eine Provision als Kommissionär sich berechnen kann. Auch kann es gesetzlich nicht für statthaft erachtet werden, in solchen Fällen etwa nur für das zweite Geschäft die Stempelermäßigung eintreten zu lassen; das Gesetz setzt im Gegentheil voraus, daß beide Geschäfte im Arbitrageverkehr geschlossen seien und daß dann bei jedem der beiden Geschäfte die Stempelermäßigung erfolge.

b. Die Stempelermäßigung der Tarif-Nr. 4a des Reichsstempelgesetzes ist aber anwendbar auf Prämiengeschäfte, sofern beide sich gegenüberstehende Geschäfte als Prämiengeschäfte geschlossen sind. Das Eigenthümliche der Prämiengeschäfte besteht nur darin, daß gegen Zahlung einer Prämie der Rücktritt gestattet ist; das im Gesetz vorgeschriebene Erforderniß des Abschlusses zu „festen Kursen" kann daher auch bei Prämiengeschäften vorhanden sein Das Wesentliche der Arbitragegeschäfte, nämlich die Ausnutzung der Kursunterschiede zwischen verschiedenen Börsengeschäften, läßt sich auch durch Abschließung von Prämiengeschäften erreichen. F.M.E. v. 13. Nov. 1896 III 15583.

199. Ueber die Frage, wie Meta-Geschäfts-Verbindungen, welche behufs Effekten-Arbitrage zwischen zwei an verschiedenen Plätzen (im In- und Ausland) wohnhaften Firmen bestehen, in Bezug auf das Verhältniß zwischen den beiden Metisten steuerlich zu behandeln sind, s. Puls S. 127, wo die diesbezüglichen Beschlüsse der Sachverständigen-Kommission der Fondsbörse zu Berlin und der Handelskammer zu Frankfurt a. M. abgedruckt sind.

Zu Tarifnummer 4 b.

200. Die Reichsstempelabgabe nach Nr. 4B des Tarifs zum Reichsstempelgesetze ist auch für solche Waarengeschäfte zu entrichten, welche zwar im Uebrigen unter Zugrundelegung von Börsenusancen abgeschlossen sind, bei denen aber die Beschaffenheit der zu liefernden Waare durch eine Probe festgesetzt ist.

Die Wortfassung der Tarifnummer:

> „Kauf- und sonstige Anschaffungsgeschäfte, welche unter Zugrundelegung von Usancen einer Börse geschlossen werden u. s. w.“

setzt an sich voraus, daß dem Geschäftsabschlusse Börsenusancen, nicht aber, daß demselben die bestehenden Börsenusancen in ihrem gesammten Umfange zu Grunde gelegt werden.

Letzteres kann um so weniger als die Absicht des Gesetzes angesehen werden, als es sonst in der Hand der Kontrahenten liegen würde, ihre Schlüsse durch

Weglassung oder Abänderung einzelner nebensächlicher Bestimmungen der Börsenusancen der Abgabepflicht zu entziehen.

Auch die Uebertragbarkeit des Geschäfts wird durch die Zugrundelegung einer Probe nicht beeinträchtigt, da die Probe bei der Uebertragung des Geschäfts ohne Schwierigkeit mit überliefert werden kann. F.M.R. v. 27. März 1886 III 3559.

201. Nach dem Sinne des Gesetzes ist für die Stempelpflichtigkeit des Geschäfts allein entscheidend, ob der Gegenstand desselben nach seiner objektiven Beschaffenheit einer Waarengattung, bezw. einer Unterart derselben angehört, für welche Terminpreise notirt sind und die sich dadurch als Objekt börsenmäßiger Spekulation kennzeichnet; dagegen kommen die Qualität der Gattung oder deren Unterart nicht in Betracht, so daß nicht in Frage treten kann, ob für die speziell gehandelten Qualitäten Terminpreise notirt werden. Unbestritten ist im gegebenen Falle „Hafer" gehandelt worden und nach der Feststellung des Berufungsrichters werden für „Hafer" an der Berliner Börse Terminpreise notirt. Daß Geschäfte „laut Probe" überhaupt nicht von dem Reichsstempelgesetze betroffen werden, ergiebt sich weder aus dem Wortlaute, noch aus dem inneren Zusammenhange oder aus der Entstehungsgeschichte dieses Gesetzes, und andererseits folgt aus dem von dem ersten Richter, ohne Widerspruch der Parteien, konstatirten Inhalte der von der Berliner Produktenbörse aufgestellten „Bedingungen für den Berliner Getreidehandel", deren Eigenschaft als „Börsenusancen" mit Grund nicht bezweifelt werden kann, daß Geschäfte der in Rede stehenden Art — Lokogeschäfte laut Probe — an der Berliner Börse usancemäßig sind. R.G.E. (IV) C.S. v. 19. Dez. 1887. (Entsch. Bd. 23 S. 19.) (Kleinloff.)

202. Als Börsenusancen im Sinne des Tarifs sind alle solche an der Börse geltenden Usancen anzusehen, welche, sei es durch die Art ihrer Entstehung, Feststellung oder auch nur präzise Formulirung, sofern hierbei eine maßgebende Mitwirkung der Organe der in Frage stehenden Börse stattgefunden hat, sei es durch ihren Inhalt — insbesondere durch das Gebot der Vollziehung gewisser Handlungen (Anzeigen oder sonstiger Erklärungen) an der Börse oder der Benutzung von Börseneinrichtungen z. B. Sachverständigen-Kommissionen, Schiedsgerichten — in eigenartiger Beziehung zu einer besonderen Börse stehen. R.G.E. v. 24. Jan. 1889. (Amtsbl. des Gen.Direkt. der Zölle und indir. Steuern in Elsaß-Lothringen S. 234). (Schlag.)

Zu Tarifnummer 4, Spalte „Berechnung der Stempelabgabe".

203. Der Streit der Parteien betrifft die Frage, ob bei der Berechnung der Abgabe für Kaufgeschäfte über noch nicht voll eingezahlte Aktien neben dem vereinbarten Kaufpreise der noch uneingezahlte Betrag der Aktien zu berücksichtigen ist. Das R.G.E. v. 21. Sept. 1896 führt diesbezüglich aus:

Aus der Vorschrift der Tarif-Nr. 4, Spalte Berechnung, muß geschlossen werden, daß die in Frage stehende Stempelabgabe eine Umsatzsteuer bildet, die lediglich den Tageswerth der verkauften Werthpapiere, wie er in dem vereinbarten Geldpreise oder mittleren Tageskurse zu Tage tritt, treffen soll. Bei dieser Natur der Stempelabgabe kann von einer entsprechenden Anwendung der in §. 5a des Preuß. Stempelgesetzes vom 7. März 1822 enthaltenen Bestimmung, wonach bei Verkäufen dem bestimmten Kaufpreise vorbehaltene Nutzungen und ausbedungene Leistungen hinzugerechnet werden sollen, keine Rede sein. Mit Recht ist daher die Behauptung der Beklagten, daß bei den vorliegenden Kaufgeschäften die Käufer den Verkäufern gegenüber die besondere Verpflichtung zur Volleinzahlung der gekauften Aktien übernommen hätten, belanglos. Jur. Wochenschr. S. 613.

204. Bei Nochgeschäften ist die Abgabe von der Gesammtsumme zu entrichten, welche durch die festgekauften und durch sämmtliche zur Option gestellten Werthpapiere sich ergiebt. (Die spätere Ausübung dieses Optionsrechts bildet kein nochmals zu besteuerndes Anschaffungsgeschäft.) Beschluß der Sachverständigen-Kommission der Fondsbörse zu Berlin. Die Einräumung eines Optionsrechts, welches nicht mit einem andern Geschäft verbunden wird, ist abgabefrei. (Puls S. 125.) Vgl. Anm. 35 dieses Abschn.

205. Nach einer Auskunft der Aeltesten der Kaufmannschaft von Berlin vom 11. Januar 1886 Nr. 5021 kann es bei Geschäften über zu liefernde Brannt-

weinsteuer-Bonifikations-Anerkenntnisse, bei welchem dem vereinbarten Betrage die Bezeichnung „circa“ hinzugefügt wird, als ein feststehender Handelsbrauch des Berliner Platzes bezeichnet werden, daß den Kontrahenten ein Spielraum hinsichtlich des Betrages der zu liefernden Bonifikations-Anerkenntnisse in Höhe von fünf Procent sowohl nach oben als nach unten hin gelassen ist.

Mit Rücksicht hierauf hat eine Verf. d. P.St.D. zu Berlin v. 31. Jan. 1886 Nr. 1137 bestimmt, daß bei der Berechnung des abgabepflichtigen Werthes des Gegenstandes der Circa-Geschäfte über Branntwein-steuer-Bonifikations-Anerkenntnisse am Berliner Platz dem gehandelten Betrage stets der Satz von fünf Prozent zuzuschlagen ist; man gewinnt hierdurch das handelsübliche Maximum der Lieferung, von welchem die Abgabe zu berechnen ist, und es wird auf diese Weise eine Aussetzung der Versteuerung in Gemäßheit des §. 15 [jetzt §. 16] des Reichsstempelabgabengesetzes nicht erforderlich. Vgl. Anm. 148, 192.

206. Erk. d. R.G. (IV) v. 3. Okt. 1887 (D.R.Anz. 1887, Besondere Beilage S. 443):

1. Bei Spiritusgeschäften ist, wenn nach den maßgebenden Börsenusancen dem Spirituspreise ein Zuschlag für Fastage hinzutritt, Terminpreise aber nur für den Spiritus selbst notirt werden, der Stempelberechnung nur der für den Spiritus selbst verabredete Preis, nicht aber der Preis

des Spiritus einschließlich Fastage zum Grunde zu legen.[37])

2. Unter dem in Tarif-Nr. 4 B des R.St.G., letzte Kolonne (Berechnung der Stempelabgabe) bezeichneten „mittleren Börsen- oder Marktpreis am Tage des Abschlusses" ist der an diesem Tage notirte Börsen- oder Marktpreis zu verstehen.[38])

Die gleichen Grundsätze sind in den Urtheilen des R.G. (IV) v. 28. Jan. 1889 (Entsch. i. C.S. Bd. 23 S. 19; D R.Anz. 1889 Besondere Beilage S. 234) und (2) v. 17. September 1889 (D.R.Anz. 1889 Besondere Beilage S. 515) angenommen worden.

37. Aus den Entscheidungsgründen: Der Beklagte [Fiskus] sieht als Gegenstand des Kaufs den „mit Faß zu liefernden Spiritus", als Kaufpreis die Summe von 4300 Mk. an, während die Klägerin der Stempelberechnung nur den für den Spiritus selbst verabredeten Preis von 3800 Mk. zu Grunde gelegt wissen will. Entscheidend ist: ob das in Rede stehende Kaufgeschäft über „mit Faß zu liefernden Spiritus" ein Kauf über eine Menge von Waaren ist, die börsenmäßig gehandelt werden. Die Frage ist von den Vorderrichtern mit Recht verneint. Die obige Ausführung des Beklagten scheitert daran, daß er nicht behauptet hat, daß für „mit Faß zu liefernden Spiritus" „an der Berliner Börse Terminpreise notirt werden" . . . . die Vorderrichter stellen vielmehr fest, daß nur für Spiritus (nicht aber für den Spiritus einschließlich Fastage) Terminpreise notirt werden. Der Umstand, daß usancenmäßig oder kontraktisch zum Kaufpreise der Werth der Fässer als Zuschlag hinzuzurechnen

ist, um den Kaufpreis festzustellen, macht diesen Kaufpreis nicht zu einem notirten Terminpreise. Dies bestätigt auch der zweite Absatz der Kolonne: „Berechnung der Stempelabgabe" des Tarifs. In demselben wird bestimmt, daß Mangels Vereinbarung des Lieferungspreises der Werth des Gegenstandes durch den mitleren Börsen- oder Marktpreis am Tage des Abschlusses bestimmt wird. Offenbar ist hierunter der an diesem Tage notirte Börsen- oder Marktpreis verstanden, also da festgestelltermaßen an der Berliner Börse für Spiritus nur ein Börsenpreis notirt wird, welchem ein Zuschlag für die Fastage nicht zugerechnet ist, dieser Börsenpreis. Hätte der Gesetzgeber etwas anderes gewollt, so konnte er nicht sagen, daß der Werth durch den Börsen- oder Marktpreis bestimmt werde, denn dies bedeutet sprachlich, daß der Börsenpreis der zu besteuernde Werth sein solle, sondern er hätte sagen müssen, daß der Werth unter Zugrundelegung des Börsenpreises zu bestimmen sei. Dies führt aber auch dahin, die vorhergehenden Worte: „Der Werth des Gegenstandes wird nach dem vereinbarten Kauf- und Lieferungspreis bestimmt", nur von dem Preise der börsenmäßig gehandelten Waaren zu verstehen, also nur von dem gehandelten Spiritus, nicht von den zusammen mit demselben gehandelten Fässern.

Zu Tarifnummer 4 „Befreiungen".

207. Die Ausnahmevorschrift in Abs. 2 der Ziffer 1 der Befreiungen zu Tarifnummer 4 des Reichsstempelgesetzes findet auf Abwickelungs- oder Anschaffungsgeschäfte eines Kommissionärs mit einem auswärtigen Kommittenten insoweit keine Anwendung, als letzterer für mehrere Auftraggeber handelt und die Gesammtaufträge jedes einzelnen von ihnen den Betrag von 600 Mark nicht übersteigen.

Die Bestimmung des §. 12 Abs. 2 des Reichsstempelgesetzes hat den Zweck, dem berechtigten Interesse der Provinzialbankiers in der Art entgegenzukommen, daß in denjenigen Fällen, in denen jemand einen Provinzialbankier und dieser wiederum einen Bankier am Hauptbörsenplatze mit dem An- oder Verkauf von Werthpapieren beauftragt, die daraus sich ergebenden zwei Geschäfte, nämlich einerseits das Geschäft zwischen dem Bankier am Hauptbörsenplatze und dem Provinzialbankier, und andererseits das Abwicklungsgeschäft zwischen dem Provinzialbankier und dem ursprünglichen Auftraggeber, keinem höheren Stempel unterliegen, als wenn der Auftraggeber sich unmittelbar an den Bankier am Hauptbörsenplatz gewandt hätte, damit nicht die Provinzbewohner in solchen Fällen durch die höhere Steuer sich bestimmen lassen, unter Umgehung des Provinzialbankiers mit dem Bankier am Hauptbörsenplatze in unmittelbare Beziehung zu treten.

Diesem Gedanken entspricht es, daß die vom Bankier am Hauptbörsenplatze nach dem angezogenen §. 12 Abs. 2 mit dem Zusatz „in Kommission" auszustellende Schlußnote schon als vom Schlußnotenstempel befreit angesehen werde, so bald das für Rechnung dieses Dritten gemachte Geschäft den Betrag von 600 Mark nicht übersteigt, selbst wenn der Bankier am Hauptbörsenplatze am nämlichen Tage dem Provinzialbankier über Gegenstände der nämlichen Art in Folge Auftrags anderer dritter Personen Schlußnoten ausstellen sollte, die zusammen mit der vorher erwähnten Schlußnote einen Gegenstand zum Werth von mehr als 600 Mark ausmachen. In der vom Bundesrath beschlossenen allgemeinen Anweisung zur Anwendung des Reichsstempelgesetzes vom $\frac{29.\text{ Mai}}{3.\text{ Juni}}$ 1885 ist unter 12 bestimmt, daß die Bestimmung in §. 8 jenes Gesetzes der Ausstellung einer besonderen Schlußnote mit dem Zusatz „in Kommission" über jedes Geschäft, für dessen weitere Abwicklung nach Maßgabe des §. 12 Abs. 2 des Gesetzes Steuerfreiheit in Anspruch genommen werden dürfe, nicht entgegenstehe, und zu einer solchen Schlußnote der dem Werth des Gegenstandes des betreffenden Geschäfts entsprechende Stempel zu verwenden sei. In gleicher Weise wird man annehmen dürfen, daß auch durch den an Stelle jenes §. 8 getretenen Absatz 2 der Befreiungsvorschrift 1 zu Tarifnummer 4 des Gesetzes, wodurch verhindert werden soll, daß ein größeres Geschäft zum Zweck der Erlangung der Steuerfreiheit in mehrere kleinere aufgelöst werde, die Ausstellung besonderer Schlußnoten mit dem Zusatz „in Kommission" für jeden einzelnen der ursprünglichen Auftraggeber nicht hat ausgeschlossen werden sollen, und daß die Stempelpflichtigkeit oder Stempelfreiheit dieser einzelnen Schlußnoten sich nach dem Betrage richtet, auf den eine jede von ihnen lautet. Verf. d. P.St.D. zu B. v. 11. Juni 1894 St.R. 95.

207a. Einem Landesstempel waren bisher nicht unterworfen:

I. Kauf- und Lieferungsverträge über im Inlande von einem der Kontrahenten erzeugte oder hergestellte Mengen von Sachen oder Waaren (Anmerkung zu Tarifnummer 4 des Reichsstempelgesetzes vom $\frac{\text{29. Mai}}{\text{3. Juni}}$ 1885).

2. Verträge über Lieferung von Gegenständen, die nach Maß, Gewicht oder Zahl gehandelt zu werden pflegen, und die entweder zum Gebrauch als gewerbliche Betriebsmaterialien oder zur Wiederveräußerung in derselben Beschaffenheit oder nach vorgängiger Bearbeitung oder Verarbeitung bestimmt sind (§ 11 des Reichsstempelgesetzes vom 1. Juli 1881).

Im Einvernehmen mit dem Herrn Finanzminister werden die Königlichen Eisenbahndirektionen angewiesen, bei Anwendung der inzwischen ergangenen Gesetze Folgendes zu beachten:

Die Anmerkung zu Tarifnummer 4 des Reichsstempelgesetzes vom $\frac{\text{29. Mai}}{\text{3. Juni}}$ 1885 ist in das jetzt geltende Reichsstempelgesetz vom 27. April 1894 nur in sehr veränderter Fassung übergegangen, indem in der Befreiungsvorschrift 2 zu Tarifnummer 4 des jetzigen Reichsstempelgesetzes lediglich bestimmt ist, daß die „vorbestimmte" d. h. die in Tarifnummer 4b a. a. O. angeordnete Reichsstempelabgabe nicht erhoben wird, falls die Waaren, welche Gegenstand eines nach Nr. 4b stempelpflichtigen (also börsenmäßigen) Geschäfts sind, von einem der Vertragschließenden im Inlande erzeugt oder hergestellt sind. Die §§. 6 bis 11 des Reichsstempelgesetzes vom 1. Juli 1881 mit der dazu gehörigen Tarifnummer 4 dieses Gesetzes waren bereits durch das Reichsstempelgesetz vom $\frac{\text{29. Mai}}{\text{3. Juni}}$ 1885 aufgehoben; das Reichsgericht hat indessen entschieden, daß die durch §. 11 des Reichsstempelgesetzes vom 1. Juli 1881 hinfällig gewordenen Landesstempelabgaben durch Aufhebung jenes §. 11 nicht von selbst wieder in Wirksamkeit getreten seien, sondern daß es dazu eines neuen Akts der Landesgesetzgebung bedürfe. Nachdem nunmehr die preußische Stempelsteuer durch das Gesetz vom 31. Juli 1895 (in Kraft getreten den 1. April d. Js.) eine durchgreifende Neuregelung erfahren hat, sind die Befreiungen vom Landesstempel, welche früher aus der Anmerkung zu Tarifnummer 4 des Reichsgesetzes vom $\frac{\text{29. Mai}}{\text{3. Juni}}$ 1885, oder aus §. 11 des Reichsgesetzes vom 1. Juli 1881 sich herleiten, in Wegfall gekommen und ersetzt durch die Vorschrift unter 3 der Ermäßigungen und Befreiungen in Tarifnummer 32 des Preußischen Stempelsteuergesetzes vom 31. Juli 1895, welche lautet:

„Befreit sind Kauf- und Lieferungsverträge über Mengen von Sachen oder Waaren, sofern dieselben entweder zum unmittelbaren Verbrauch in einem Gewerbe oder zur Wiederveräußerung in derselben Beschaffenheit oder nach vorgängiger Bearbeitung oder Verarbeitung dienen sollen oder im Inlande in dem Betriebe eines der Vertragschließenden erzeugt oder hergestellt sind."

Hiernach beschränkt sich die Stempelbefreiung der Kauf- und Lieferungsverträge über Gegenstände, die als gewerbliche Betriebsmaterialien zu dienen bestimmt sind, auf verbrauchbare Gegenstände (vgl. die Worte: „zum unmittelbaren Verbrauch in einem Gewerbe").

— — — — — — — — — — — — — — — — —

Auf Grund reichsgesetzlicher Bestimmungen findet eine Befreiung von Kauf- und Lieferungsverträgen vom Landesstempel nur insofern statt, als nach §. 18 des Reichsstempelgesetzes vom 27. April 1894 Geschäfte, welche nach Tarifnummer 4 dieses Gesetzes abgabepflichtig sind, oder auf welche die Vorschrift unter „Befreiungen" zu dieser Tarifnummer Anwendung findet, sowie Schriftstücke über solche Geschäfte in den einzelnen Bundesstaaten keinen Stempelabgaben unterworfen sind. Erl. v. 10. Dez. 1896 IVa A 9279 an die Eisenbahn-Direktionen (Eisenbahn-Verordnungsbl. 1896, lfd. Nr. 130).

208. Die Konvertirungen der $3^1/_2$prozentigen landschaftlichen Central-Pfandbriefe in 3procentige sind in der Weise bewirkt worden, daß der kreditnehmende Grundbesitzer, welche nach §. 29 Abs. 2 des Statuts der Central-Landschaft für die Preußischen Staaten zur Tilgung des erhaltenen Pfandbriefdarlehns durch Einlieferung landschaftlicher Central-Pfandbriefe nach ihrem Nennwerthe berechtigt ist, entweder selbst oder durch Vermittelung der hiesigen Kur- und Neumärkischen Ritterschaftlichen Dahrlehnskasse die zur Rückzahlung des Darlehns nothwendige Zahl von $3^1/_2$prozentigen Pfandbriefen dem hiesigen Kur- und Neumärkischen Ritterschaftlichen Kredit-Institut bezw. der

Central-Landschaft zurückgegeben hat und daß ihm nach deren Vernichtung die nach §. 19 Abs. 8 des erwähnten Statuts zur Löschung der grundbuchlichen Eintragung des Darlehns erforderliche Bescheinigung auf der Pfandbriefschuldurkunde (dem Hypothekenbrief) ertheilt worden ist, wonach der näher angegebene Betrag der Pfandbriefe aus dem Umlauf zurückgezogen und kassirt worden sei. Eine Löschung der grundbuchlichen Eintragung ist allerdings demnächst nicht herbeigeführt, vielmehr ist von der Central-Landschaft sogleich die entsprechende Zahl 3prozentiger Pfandbriefe neu ausgefertigt und an den kreditnehmenden Grundbesitzer neu hingegeben worden, ohne daß selbst die erreichte Ermäßigung des Zinsfußes oder die Aenderung des Inhaltes der Pfandbriefforderung Vermerk im Grundbuche gefunden hätte. Nur auf den ursprünglichen Hypothekenbrief ist von der Central-Landschaft der in §. 19 Abs. 7 des Statuts vorgesehene Vermerk gesetzt worden, welcher die Neuausfertigung der 3prozentigen Pfandbriefe darthut und das Verfügungsrecht der Landschaft zu Gunsten der letzteren beschränkt. Nichtsdestoweniger ist bei diesem Sachverhalt anzunehmen, daß nach der Absicht der Betheiligten zur Erreichung des wirthschaftlichen Zweckes der Zinsherabsetzung von dem Recht zur Tilgung der ursprünglichen Schuld hat Gebrauch gemacht werden sollen, daß diese demzufolge in Wirklichkeit erloschen, durch Ausgabe der 3procentigen Pfandbriefe alsdann ein neues Darlehn geschlossen und auf letzteres nach dem Willen der Betheiligten, der in dem letztgedachten Vermerk Ausdruck gefunden hat, lediglich das fortbestehende Hypothekenrecht als solches übertragen ist.

Nach mehrfachen Erkenntnissen des Reichsgerichts (vergl. Entsch. i. C.S. Bd. 3 S. 266, Bd. 7 S. 217, Gruchot Beiträge Bd. 27 S. 469) und nach der Ansicht angesehener Schriftsteller (vergl. Turneu, Grundbuchordnung, 5. Aufl., 1. Bd. S 531 Anm. 4) wird zwar bei Rückzahlung einer hypothekarisch eingetragenen Schuld durch den persönlich verpflichteten Eigenthümer des belasteten Grundstückes auch die persönliche Verbindlichkeit nicht getilgt, sondern nur bewirkt, daß sie bis zur Löschung oder bis zur Aufhebung des Zusammentreffens von Hypothekenforderung und Eigenthum des Pfandgegenstandes in derselben Hand ruht. Allein andere ebenso angesehene Schriftsteller (insbesondere Dernberg Privatrecht Bd. 1 S. 751 §. 337) sprechen sich im entgegengesetzten Sinne dahin aus, daß die persönliche Schuld durch die Zahlung völlig untergeht und daß nur das seiner streng accessorischen Natur entkleidete Hypothekanrecht fortbesteht, das demnach allein begeben und zur Sicherung anderer Forderungen benutzt werden kann. Dieser Auffassung folgt auch der Entwurf eines Bürgerlichen Gesetzbuches für das Deutsche Reich zweiter Lesung, und die Denkschrift zu demselben S. 136 scheint diese Ansicht als geltendes Recht zu bezeichnen. Mögen nun auch in dieser Richtung hinsichtlich gewöhnlicher Hypotheken Zweifel bestehen können, für die hier in Frage stehenden Pfandbriefhypotheken wird die Meinung als zutreffend anzunehmen sein, da nach den reglementarischen Vorschriften der Central-Landschaft (Statut §. 29), die neben und, wo Abweichungen stattfinden, anstatt des gemeinen bürgerlichen Rechts gelten, das Pfandbriefdarlehn als solches schon durch die Einlieferung der Pfandbriefe getilgt werden, also erlöschen soll.

Für die Eingehung einer neuen Pfandbriefschuld spricht übrigens auch die schon erwähnte Aenderung des Inhaltes des Forderungsrechts. Während das letztere bisher auf Rückzahlung in Baar oder $3^1/_2$ prozentigen Pfandbriefen gerichtet war, geht dasselbe jetzt auf Baarzahlung oder Einlieferung 3 prozentiger Stücke. Der ununterbrochene Lauf der Zinsen der Darlehne, die nur von einem bestimmten Tage sich um $^1/_2$ Prozent ermäßigen, steht dieser Annahme nicht entgegen, da bei der Zulassung vorzeitiger Tilgung eines Darlehns unbedenklich vereinbart werden kann, daß die Zinsen bis zur Wiederanlegung des zurückgezahlten Kapitals weiter gezahlt werden sollen. Ebensowenig kommt in Betracht, wenn hier die für Neubepfandbriefungen vorgeschriebenen Förmlichkeiten nicht beobachtet werden, denn hier handelt es sich nicht um eine Neubepfandbriefung, sondern im wesentlichen um eine Krediterneuerung.

Liegt hiernach ein neues Darlehn in der Ausgabe der dreiprocentigen Papiere, so bilden die letzteren thatsächlich dessen Valuta. Es findet somit auf die Ausreichung, soweit die Geschäfte, wie hier, nach dem 30. April 1894 geschlossen sind, die Befreiungsvorschrift 3 der Tarifnummer 4 des Reichsstempelgesetzes Anwendung. Damit steht auch der ge-

gesetzgeberische Grundgedanke der Befreiungsvorschrift im Einklange, weil auch hier die Absicht des kreditnehmenden Grundbesitzers weniger auf die Anschaffung der (neuen) Werthpapiere, als auf die Erlangung baaren Geldes (zur Bestreitung der Kosten des Ankaufs der zurückgezogenen Pfandbriefe) gerichtet ist und weil er, um seinen Zweck zu erreichen, hier ebenfalls die neu erhaltenen Stücke weiter begeben muß.

Bemerkt wird noch, daß in der Rückgabe der alten Pfandbriefe ein abgabenpflichtiges Anschaffungsgeschäft nicht liegt, weil es sich nicht um eine Angabe an Zahlungsstatt, sondern um die unmittelbare Erfüllung der alten Verbindlichkeit handelt, die auf Rücklieferung von Pfandbriefen mitgerichtet gewesen ist. F.M.E. v. 6. Febr. 1896 III 18109/95. C.Bl. S. 47.

209. Versicherungen gegen Kursverlust durch Ausloosung von Werthpapieren, wenn die Abrede dahin geht, daß dem Versicherten für den Fall der Ausloosung bestimmter, ihm gehöriger Werthpapiere anstatt derselben andere unverlooste gleicher Gattung von dem Versicherer zu liefern seien, unterliegen als bedingte Tauschgeschäfte der in Tarifnummer 4 zum Reichsstempelgesetz vorgeschriebenen Stempelabgabe. F.M.R. v. 3. Juli 1889 III 10301.

210. Der Umtausch von den in laufende Versicherung genommenen Werthpapieren enthält ein abgabepflichtiges Geschäft nicht, mithin sind neue Schlußnoten nicht zu bilden. Verf. d. P.St.D. z. B. v. 10. Mai 1896 St. 686.

Zu Tarifnummer 5.

211. Die Tarifnummer 5 und die §§. 12 bis 20 [jetzt §§. 22 bis 30] des Reichsstempelgesetzes beziehen sich nur auf öffentliche Lotterien im Sinne des §. 286 Strafgesb.,[38]) finden daher keine Anwendung auf eine nur auf den bestimmten Kreis von Vereinsmitgliedern beschränkte Lotterieveranstaltung; der Privatcharakter einer solchen Lotterie wird auch nicht dadurch geändert, daß einige Vereinsmitglieder ohne Wissen und Willen der Veranstalter Loose an dritte Personen außerhalb des Vereins absetzen. Erk. d. R.G. (1) v. 17. Juni 1886 (C.Bl. 1886 S 254).[39])

38. §. 286 des Strafgesb. lautet:

§. 286. Wer ohne obrigkeitliche Erlaubniß öffentliche Lotterien veranstaltet, wird mit Gefängniß bis zu zwei Jahren oder mit Geldstrafe bis zu dreitausend Mark bestraft.

Den Lotterien sind öffentlich veranstaltete Ausspielungen beweglicher oder unbeweglicher Sachen gleich zu achten.

39. Aus den Entscheidungsgründen: „Unzweifelhaft unterliegen nur öffentliche Ausspielungen und Lotterien der Stempelabgabe und ist der Begriff der Öffentlichkeit derselbe, wie in §. 286 des Strafgesb. (vgl. Entsch. i. Straff. Bd. 11 S. 9 ff.); er ist gegeben, wenn der Erwerb der Loose der Allgemeinheit zugänglich gemacht, also nicht auf einen bestimmten fest abgeschlossenen Kreis, wie hier thatsächlich festgestellt ist, beschränkt wird (vgl. Entsch. des R.G. Bd. 1 S. 357 ff.).

Im vorliegenden Falle hatte ein Gewerbeverein zum Besten seines Baufonds eine Verloosung veranstaltet. Von dem Vorstande, den Angeklagten, war beschlossen, daß der Verkauf der Loose nur an Mitglieder des Gewerbevereins stattfinden solle, und es war diese Bestimmung auch in den Lotterieplan aufgenommen. Gleichwohl hatten zwei Vereinsmitglieder einem Steueraufseher, welcher nicht dem Verein angehörte, Loose zum Ankaufe angeboten.

In zweiter Instanz erfolgte Freisprechung. Die Revision des Staatsanwalts wurde durch obiges Erkenntniß vom R.G. zurückgewiesen, indem dasselbe annahm, daß die nur vereinzelt vorgekommenen Fälle eines Angebots an Fremde durch zwei Looseverkäufer, welche ihren Auftrag überschritten und ohne Wissen und Willen des Vorstandes über die ihnen auferlegte Beschränkung hinausgingen, als Ausnahmefälle den privaten Charakter des Unternehmens nicht zu alteriren vermochten; auch die Behauptung der Revision treffe nach den Feststellungen nicht zu, daß die Lotterie thatsächlich eine öffentliche gewesen; sie sei nach denselben im Gegentheil eine nicht öffentliche gewesen, bei der nur einige Unregelmäßigkeiten und Ungehörigkeiten hinter dem Rücken des Vorstandes und ohne alles Verschulden desselben unterliefen.

212. Dieselben Grundsätze hinsichtlich des Begriffs der Oeffentlichkeit von Lotterien, wie in dem Erk. v. 17. Juni 1886 (s. die vorige Anm.) hat das R.G. auch angenommen in dem Erk. (2) v. 15. Febr. 1887 (Entsch. i. Straff. Bd. 15 S. 274).[40])

40. Um sich in einer Nothlage Hülfe zu verschaffen, hatte der Angekl., ein Arbeiter der Sch.'schen Fabrik zu Elbing, unter den Formern und Tischlern dieser Fabrik die Ausspielung einer Uhr im Werthe von 9 oder 10 Mk. veranstaltet. Die Zahl der Former und Tischler der Fabrik belief sich auf etwa 100. Es waren etwa für 21 Mk. Loose, das Stück zu 20 Pfg.

abgesetzt worden. Die ersten Veranstaltungen hatten Anfangs Juli 1886, die Verloosung am 14. Juli stattgefunden. Eine obrigkeitliche Erlaubniß zur Ausspielung war nicht ertheilt.

In Uebereinstimmung mit dem ersten Richter nahm das R.G. eine nicht öffentliche Verloosung als vorliegend an.

213. Die von Kunstvereinen ohne Ausgabe von Loosen periodisch veranstalteten Verloosungen von Kunstwerken, an welchem unter Ausschließung aller Nichtmitglieder lediglich die Mitglieder des Vereins auf Grund ihrer Legitimation als solche Theil nehmen dürfen, sind als öffentliche Lotterien oder Ausspielungen im Sinne der Tarifnummer 5 des Reichsgesetzes vom 1. Juli v. Js. nicht anzusehen, wie auch die Motive zu der gedachten Tarifnummer anerkennen. F.M.R. v. 23. Aug. 1882 III 11643.

214. Wenn die Loose zu der von einem Kunstverein veranstalteten Ausspielung von Kunstgegenständen theils an Mitglieder und Nichtmitglieder für einen bestimmten Preis verkauft, theils an die Vereinsmitglieder für ihren Jahresbeitrag ohne weitere Bezahlung ausgehändigt werden, so ist, da ein Theil der Loose an Nichtmitglieder abgesetzt wird, die Ausspielung als eine „öffentlich veranstaltete" anzusehen, und die Abgabe nach der in der Spalte „Berechnung der Stempelabgabe" enthaltenen Tarifbestimmung von dem „planmäßigen Preise (Nennwerth) sämmtlicher Loose" zu erheben. Dabei ist es als der Absicht des Tarifs, namentlich im Hinblick auf den in demselben gebrauchten Ausdruck „Nennwerth", entsprechend anzusehen, den für die Kaufloose geltenden Preis auch für die an die Vereinsmitglieder ohne weitere Bezahlung ausgehändigten Loose in Anrechnung zu bringen. Ob die Berichtigung des Preises durch Baarzahlung oder durch Anrechnung auf den Mitgliedsbeitrag geschieht, kann für die Stempelpflichtigkeit keinen Unterschied machen. Aber auch wenn man die Mitgliederloose als Freiloose betrachten wollte, würde deren Werth dennoch bei Berechnung der Stempelabgabe mitberücksichtigt werden müssen, gleichwie die Abgabe auch dann von dem Nennwerth sämmtlicher Loose zu berechnen ist, wenn der Unternehmer einen Theil derselben an Freunde verschenkt oder beim Verkauf einer gewissen Anzahl von Loosen Freiloose ausgiebt. F.M.R. v. 28. Aug. 1886 III 10502.

215. Von einem Kunsthändler war bei einem Volksfeste eine Ausspielung von Kunstgegenständen mittelst des sogenannten kleinen Lottos in folgender Weise veranstaltet worden: An die Mitspielenden wurden quadratisch eingetheilte Karten (Lottokarten) ausgegeben, deren Quadrate theils mit Nummern bedruckt, theils unausgefüllt waren. Es wurden alsdann Zahlen aus einer Urne gezogen und ausgerufen, worauf die Mitspieler die ausgerufenen Zahlen, insoweit dieselben auf ihren Karten sich befanden, mit Glasplättchen belegten, und derjenige als Gewinner behandelt wurde, welcher zuerst alle auf seiner Karte befindlichen Zahlen bedeckt hatte. Nach jedem Spiel wurden die Lottokarten behufs späterer Wiederverwendung eingezogen.

Das F.M.R. v. 21. Nov. 1886 III 13611 erkannte an, daß die bei diesem Verfahren ausgegebenen Lottokarten nicht sowohl als Spielausweise anzusehen sind, als vielmehr Theile des Spielapparats bilden, so daß eine Reichsstempelabgabe nach Nr. 5 des Tarifs nicht zu erheben gewesen. (Mitgetheilt dem P.St.D. zu Berlin durch F.M.R. v. dems. Tage, wobei zugleich bestimmt wurde, daß die Reichsstempelabgabe auch dann nicht zu erheben ist, wenn eine Aushändigung von Spielausweisen an die Spieler nicht stattfindet, vielmehr nur auf der Spieltischplatte oder einer darauf befestigten Wachsleinwanddecke eine Anzahl durch Würfeln zu erzielender Gewinn-Nummern aufgetragen wird.)

216. Das Reichsgericht, II. Strafsenat, hat durch Urtheil vom 5. Mai 1896 (Entsch. in Strafs. Bd. 28 S. 366, C.Bl. S. 533) entschieden,

1. daß die in der Tarifnummer 5 des Reichsstempelgesetzes vom 27. April 1894 festgesetzte Abgabepflicht der Wetteinsätze bei öffentlich veranstalteten Pferderennen sich nicht bloß auf den Betrieb der Totalisatoren erstreckt, sondern auch die von einzelnen Personen auf eigene Rechnung gemachten Wettgeschäfte, insbesondere die sogen. Buchmacherei ergreift,

2. daß die Stempelpflicht nicht davon abhängig ist,

ob das Wettgeschäft erlaubt oder nicht erlaubt, klagbar oder klaglos ist,

3. daß dagegen als Spieleinlagen die Wetteinsätze bei öffentlich veranstalteten Pferderennen dann nicht anzunehmen sind, wenn das Wettgeschäft einen lediglich privaten Charakter hat, da in diesem Falle dem Wetteinsatz der in Tarifnummer 5 unterstellte Charakter der Spieleinlage überhaupt abzusprechen ist, daß es indessen hierbei nicht auf die Oeffentlichkeit der Handlung ankommt, sondern nur solche Wettunternehmen ausgeschieden werden, bei denen die Offerte zur Theilnahme sich auf einen durch Individualbeziehung des Berufes, durch persönliche Bekanntschaft, gemeinsame Interessenverbindung und ähnliche Begrenzungen fest abgeschlossenen Kreis beschränkt,

4. daß, falls zwischen dem Vergehen des §. 284 des Strafgesetzbuchs und der Reichsstempeldefraude Idealkonkurrenz anzunehmen sei, die Strafe lediglich aus §. 284 festzusetzen ist, was nicht ausschließt, daß im Rahmen des die Geldstrafe neben Gefängniß zulassenden §. 284 das Reichsstempelvergehen in strafschärfende Berücksichtigung gezogen wird.

Sind nach dem vorstehenden Urtheil die Wetteinsätze steuerfrei, wenn nur Mitglieder eines Vereins zum Wetten zugelassen werden und der Kreis der zum Verein gehörigen Personen ein geschlossener ist, so kann diese Bedingung nicht als erfüllt angesehen werden, wenn die Aufnahme neuer Mitglieder an so geringe Formen geknüpft ist, daß sie noch auf dem Rennplatz selbst erfolgen kann, da dann die Möglichkeit vorliegen würde, daß Wettlustige sich auf dem Rennplatz zum Zweck der Zulassung zum Wetten in den Verein aufnehmen lassen und nach Erledigung der Wette sofort wieder austreten. F.M.E. v. 10. Jan. 1897 III 244.

217. Nach Tarifnummer 5 zum Reichsstempelgesetz ist die dort vorgeschriebene Stempelabgabe von 10. v. H. bei inländischen Loosen von dem planmäßigen Preise (Nennwerth) der Loose zu berechnen. Als planmäßiger Preis oder Nennwerth der Loose ist derjenige Betrag anzusehen, den die Erwerber der Loose für diese zu bezahlen haben. Von dem Reichsgericht ist daher durch Urtheil vom 18. Sept. 1886 (Entsch. in C.S. Bd. 16 S. 63) — Anm. 218 dieses Abschn. — anerkannt worden, daß bei Privatlotterien, wenn die Käufer der Loose neben dem eigentlichen Kaufpreis noch einen Zuschlag als Antheil an der Stempelsteuer bezahlen müssen, der Kaufpreis unter Hinzurechnung dieses Zuschlags der Reichsstempelabgabe unterliegt. Hiermit stimmt überein die Bestimmung unter Nr. 28 der Ausführungsvorschriften, wonach behufs Berechnung der Abgabe von Lotterieloosen alle für den Erwerb eines Looses an den Unternehmer oder dessen Beauftragte zu leistenden Zahlungen zum Preise des Looses zu rechnen sind. Da die Wetteinsätze bei öffentlich veranstalteten Pferderennen nach der angezogenen Tarifnummer den Spieleinlagen bei Lotterien gleichstehen, so ist von einem Ticket, auf welchem der Preis zu 50 Mk. angegeben, dabei aber vermerkt ist, daß der Erwerber außerdem die Stempelsteuer mit 5 Mk. bezahlt habe, eine Stempelabgabe von 10 v. H. von 55 Mk. mit 5 Mk. 50 Pf. zu entrichten. F.M.E. v. 19. Mai 1895 III 7100.

218. Wenn in dem Plane einer Privatlotterie der angenommene Steuerbetrag nach der Zahl der auszugebenden Loose vertheilt und der dieser Vertheilung entsprechende Betrag dem Kaufpreise der Loose zugeschlagen wird, so ist dieser Zuschlag als Theil des planmäßigen Preises der Loose, d. h. des Nennwerthes derselben — wovon die Steuer zu berechnen — anzusehen. Erk. d. R.G. (IV) v. 18. Sept. 1886 (Entsch. i. C.S. Bd. 16 S. 63).[41])

41. Aus den Entscheidungsgründen: Da der §. 12 [jetzt §. 22] des Gesetzes den Veranstalter der Lotterie für verpflichtet erklärt, die Stempelabgabe für die gesammte planmäßige Anzahl der Loose im voraus zu entrichten, so steht ohne Zweifel der Steuerbehörde als Schuldner derjenige gegenüber, welcher die Lotterie veranstalten will. Dieser also bezahlt mit der Entrichtung der Steuer für die von ihm zu veranstaltende und demnächst veranstaltete Lotterie eine eigene Schuld gegenüber der Steuerbehörde. Und wenn er den von ihm gezahlten Steuerbetrag auf die Abnehmer der Loose vertheilt, so daß die Abnehmer für jedes Loos neben dem außerdem für das Loos an den Veranstalter planmäßig zu entrichtenden Betrage den auf das Loos fallen-

den Steuerbetrag zu entrichten haben, so setzt sich der Preis des Looses der Natur der Sache nach aus diesen beiden planmäßig von dem Abnehmer zu zahlenden Beträgen zusammen. Die Summe beider Beträge bildet also den Preis des Looses, und zwar insofern dieser Preis sich aus dem Plan ergiebt, seinen planmäßigen Preis. Dieser Preis ist nach der im Tarife zum Gesetze in Klammern stehenden Beifügung als gleichbedeutend mit dem Nennwerthe hingestellt. Damit ist, wie das Berufungsgericht richtig ausführt, dem Begriffe des planmäßigen Preises des Looses nicht eine andere Bedeutung, als die entwickelte untergelegt worden. Es kann insbesondere nicht angenommen werden, daß ein auf dem Loose selbst als Preis desselben angegebener, von dem planmäßigen Preise in obigem Sinne verschiedener Betrag, bei welchem der von dem Abnehmer des Looses zu erstattende Steuerbetrag nicht als Bestandtheil des Preises in Betracht gezogen ist, den Nennwerth darstellen soll. . . . . Die Stempelabgabe gehört zu den zum Zwecke der Veranstaltung der Lotterie erforderlichen Aufwendungen. Und wenn der Veranstalter der Lotterie diese Aufwendungen oder eine derselben mittels des Lotterieplanes von sich auf die Abnehmer der Loose abwälzt, so daß er neben den sonstigen, durch die Veranstaltung der Lotterie für sich erstrebten Vortheilen von dem Käufer auch Erstattung jener Auslagen erhält, gleichviel ob die letzteren in dem für jedes Loos zu zahlenden Pauschsatze begriffen sind oder neben einem solchen Pauschsatze gezahlt werden, so bildet alles das, was solchergestalt der Abnehmer planmäßig für das Loos an den Veranstalter zu zahlen hat, den planmäßigen Preis des Looses. Und die Summe der für die ganze planmäßige Anzahl der Loose sich danach ergebenden Beträge der planmäßigen Preise der Loose stellt den Gesammtbetrag dar, von welchem die Stempelsteuer zu berechnen ist.

219. Der planmäßige Preis eines für beide Klassen giltigen Looses, sei es, daß dasselbe als Vollos für beide Klassen zusammen oder in zwei für je eine Klasse auszugebenden Klassenloosen hergestellt worden ist, beträgt einschließlich der auf jedes Loos fallenden Stempelabgabe 35 Mk. 20 Pf. . . . Die Anzahl der sämmtlichen Loose beziffert sich nach dem Lotterieplan auf 110000 Stück Dies ergiebt eine Stempelabgabe von 387200 Mk. Die Annahme des L.G., daß nach dem Lotterieplan zwei Lotterieen veranstaltet sind, mit im Ganzen 216000 Loosen zum Preise von je 16 Mk wird durch den Inhalt des Lotterieplanes nicht bestätigt. Nach diesem stellt sich die Ausspielung der ausdrücklich auf 110000 Stück bezifferten Loose in zwei Klassen lediglich als die Art und Weise dar, in welcher die Lotterie zur Ausführung kommen sollte. Daß ferner die in der ersten Klasse mit Gewinnen gezogenen Loose für die zweite Klasse ausscheiden und auf die in der ersten Klasse gezogenen Vollloose die auf die zweite Klasse fallenden Einlagen nebst Stempelabgaben zurückvergütet werden sollten, bezeichnet das B.G. mit Recht als eine die Berechnung der Steuer nicht berührende Folge der Ausspielung Die Annahme der Revision, daß die von dem B.G. gebilligte Berechnung der Stempelabgabe zu einer Versteuerung von Loosen führe, die nicht existiren beruht auf einer Verkennung der Natur des Lotteriestempels als eines Urkundenstempels. Diese Natur des Lotteriestempels bedingt es, daß für die Stempelabgabe lediglich der unmittelbar mit der Ausfertigung des Looses verknüpfte planmäßige Preis desselben in Betracht zu ziehen ist. Dieser betrug aber zu der maßgebenden Zeit, zu welcher nach dem Gesetz die Stempelabgabe für sämmtliche Loose im Voraus zu entrichten war, ohne Rücksicht auf die Möglichkeit eines Gewinnes in der ersten Klasse 35,20 Mk. für jedes der planmäßigen 110 000 Loose. Das Ausscheiden der 4000 in der ersten Klasse gezogenen Gewinnloose ist für die Berechnung des Stempels ebenso wenig von Belang, wie nach §. 27 d. Ges. und Nr. 38 der Ausf.-Vorschr. der Umstand, daß ein Theil der Loose etwa nicht abgesetzt worden ist. — Vgl. zur Berechnung der Abgabe auch Urtheil v. 18. Sept. 1886 (Entsch. i. C.S. Bd. 16 S. 63 Anm. 218 dieses Abschn.). — IV C.S. R.G.E. v. 22. Okt. 1896 Nr. 107/96. Jur. Wochenschr. S 710. Beil. zum R.Anz. S. 355.

Anhang,

enthaltend

Tabellen

zur

Berechnung der Reichsstempelabgaben.

Tabelle I

(zu Nr. 1a des Tarifs)

für

inländische Aktien und Aktienantheilsscheine, sowie Interimsscheine über Einzahlungen auf diese Werthpapiere.

Die Stempelabgabe wird zum Satze von **1 vom Hundert** vom Nennwerthe, bei Interimsscheinen vom Betrage der bescheinigten Einzahlungen, und zwar in Abstufungen von 1 Mark für je 100 Mark oder einen Bruchtheil dieses Betrages erhoben.

Die Stempelabgabe beträgt bei einem Werthe des Gegenstandes bis incl.	Stempelbetrag		Die Stempelabgabe beträgt bei einem Werthe des Gegenstandes bis incl.	Stempelbetrag	
	M.	Pf.		M.	Pf.
100 M.	1	—	800 M.	8	—
200 „	2	—	900 „	9	—
300 „	3	—	1 000 „	10	—
400 „	4	—	1 100 „	11	—
500 „	5	—	1 200 „	12	—
600 „	6	—	1 300 „	13	—
700 „	7	—	1 400 „	14	—

Die Stempelabgabe beträgt bei einem Werthe des Gegenstandes bis incl.	Stempelbetrag		Die Stempelabgabe beträgt bei einem Werthe des Gegenstandes bis incl.	Stempelbetrag	
	M.	Pf.		M.	Pf.
1 500 M.	15	—	3 500 M.	35	—
1 600 „	16	—	3 600 „	36	—
1 700 „	17	—	3 700 „	37	—
1 800 „	18	—	3 800 „	38	—
1 900 „	19	—	3 900 „	39	—
2 000 „	20	—	4 000 „	40	—
2 100 „	21	—	4 100 „	41	—
2 200 „	22	—	4 200 „	42	—
2 300 „	23	—	4 300 „	43	—
2 400 „	24	—	4 400 „	44	—
2 500 „	25	—	4 500 „	45	—
2 600 „	26	—	4 600 „	46	—
2 700 „	27	—	4 700 „	47	—
2 800 „	28	—	4 800 „	48	—
2 900 „	29	—	4 900 „	49	—
3 000 „	30	—	5 000 „	50	—
3 100 „	31	—	u. s. w.		
3 200 „	32	—	von		
3 300 „	33	—	jed. angefangenen 100 M. je . .	1	—
3 400 „	34	—	mehr		

Tabelle II
(zu Nr. 1b des Tarifs)
für
ausländische Aktien und Aktienantheilsscheine, wenn sie im Inlande ausgehändigt, veräußert, verpfändet oder wenn daselbst andere Geschäfte unter Lebenden damit gemacht oder Zahlungen darauf geleistet werden, — unter der gleichen Voraussetzung auch Interimsscheine über Einzahlungen auf diese Werthpapiere.

Die Stempelabgabe wird zum Satze von **$1\frac{1}{2}$ vom Hundert** vom Nennwerthe, bei Interimsscheinen vom Betrage der bescheinigten Einzahlungen, und zwar in Abstufungen von $1\frac{1}{2}$ Mark für je 100 Mark oder einen Bruchtheil dieses Betrages erhoben.

Die Stempelabgabe beträgt bei einem Werthe des Gegenstandes bis incl.	Stempelbetrag		Die Stempelabgabe beträgt bei einem Werthe des Gegenstandes bis incl.	Stempelbetrag	
	M.	Pf.		M.	Pf.
100 M.	1	50	800 M.	12	—
200 „	3	—	900 „	13	50
300 „	4	50	1 000 „	15	—
400 „	6	—	1 100 „	16	50
500 „	7	50	1 200 „	18	—
600 „	9	—	1 300 „	19	50
700 „	10	50	1 400 „	21	—

Die Stempelabgabe beträgt bei einem Werthe des Gegenstandes bis incl.	Stempelbetrag		Die Stempelabgabe beträgt bei einem Werthe des Gegenstandes bis incl.	Stempelbetrag	
	M.	Pf.		M.	Pf.
1 500 M.	22	50	3 500 M.	52	50
1 600 "	24	—	3 600 "	54	—
1 700 "	25	50	3 700 "	55	50
1 800 "	27	—	3 800 "	57	—
1 900 "	28	50	3 900 "	58	50
2 000 "	30	—	4 000 "	60	—
2 100 "	31	50	4 100 "	61	50
2 200 "	33	—	4 200 "	63	—
2 300 "	34	50	4 300 "	64	50
2 400 "	36	—	4 400 "	66	—
2 500 "	37	50	4 500 "	67	50
2 600 "	39	—	4 600 "	69	—
2 700 "	40	50	4 700 "	70	50
2 800 "	42	—	4 800 "	72	—
2 900 "	43	50	4 900 "	73	50
3 000 "	45	—	5 000 "	75	—
3 100 "	46	50	u. s. w.		
3 200 "	48	—	von		
3 300 "	49	50	jed. angefangenen 100 M. je . .	1	50
3 400 "	51	—	mehr		

Tabelle III
(zu Nr. 2a des Tarifs)

für

inländische für den Handelsverkehr bestimmte Renten und Schuldverschreibungen (auch Partialobligationen), sofern sie nicht unter Nummer 3 fallen, sowie Interimsscheine über Einzahlungen auf diese Werthpapiere.

Die Stempelabgabe wird zum Satze von **4 vom Tausend** vom Nennwerthe, bei Interimsscheinen vom Betrage der bescheinigten Einzahlungen, und zwar in Abstufungen von 40 Pf. für je 100 Mark, oder einen Bruchtheil dieses Betrages erhoben.

Die Stempelabgabe beträgt bei einem Werthe des Gegenstandes bis incl.	Stempelbetrag		Die Stempelabgabe beträgt bei einem Werthe des Gegenstandes bis incl.	Stempelbetrag	
	M.	Pf.		M.	Pf.
100 M.	—	40	800 M.	3	20
200 „	—	80	900 „	3	60
300 „	1	20	1 000 „	4	—
400 „	1	60	1 100 „	4	40
500 „	2	–	1 200 „	4	80
600 „	2	40	1 300 „	5	20
700 „	2	80	1 400 „	5	60

Die Stempelabgabe beträgt bei einem Werthe des Gegenstandes bis incl.	Stempelbetrag		Die Stempelabgabe beträgt bei einem Werthe des Gegenstandes bis incl.	Stempelbetrag	
	M.	Pf.		M.	Pf.
1 500 M	6	—	3 500 M.	14	—
1 600 „	6	40	3 600 „	14	40
1 700 „	6	80	3 700 „	14	80
1 800 „	7	20	3 800 „	15	20
1 900 „	7	60	3 900 „	15	60
2 000 „	8	—	4 000 „	16	—
2 100 „	8	40	4 100 „	16	40
2 200 „	8	80	4 200 „	16	80
2 300 „	9	20	4 300 „	17	20
2 400 „	9	60	4 400 „	17	60
2 500 „	10	—	4 500 „	18	—
2 600 „	10	40	4 600 „	18	40
2 700 „	10	80	4 700 „	18	80
2 800 „	11	20	4 800 „	19	20
2 900 „	11	60	4 900 „	19	60
3 000 „	12	—	5 000 „	20	—
3 100 „	12	40	u. s. w. von jed. angefangenen 100 M. je . . mehr	—	40
3 200 „	12	80			
3 300 „	13	20			
3 400 „	13	60			

Tabelle IV
(zu Nr. 2b des Tarifs)

für

Renten- und Schuldverschreibungen ausländischer Staaten, Korporationen, Aktiengesellschaften oder industrieller Unternehmungen und sonstige für den Handelsverkehr bestimmte ausländische Renten- und Schuldverschreibungen, wenn sie im Inlande ausgehändigt, veräußert, verpfändet, oder wenn daselbst andere Geschäfte unter Lebenden damit gemacht, oder Zahlungen darauf geleistet werden, — unter der gleichen Voraussetzung auch Interimsscheine über Einzahlungen auf diese Werthpapiere.

Die Stempelabgabe wird zum Satze von **6 vom Tausend** vom Nennwerthe, bei Interimsscheinen vom Betrage der bescheinigten Einzahlungen, und zwar in Abstufungen von 60 Pf. für je 100 Mark oder einen Bruchtheil dieses Betrages erhoben.

Die Stempelabgabe beträgt bei einem Werthe des Gegenstandes bis incl.	Stempelbetrag		Die Stempelabgabe beträgt bei einem Werthe des Gegenstandes bis incl.	Stempelbetrag	
	M.	Pf.		M.	Pf.
100 M.	—	60	800 M.	4	80
200 "	1	20	900 "	5	40
300 "	1	80	1 000 "	6	—
400 "	2	40	1 100 "	6	60
500 "	3	—	1 200 "	7	20
600 "	3	60	1 300 "	7	80
700 "	4	20	1 400 "	8	40

Die Stempelabgabe beträgt bei einem Werthe des Gegenstandes bis incl.	Stempelbetrag M.	Stempelbetrag Pf.	Die Stempelabgabe beträgt bei einem Werthe des Gegenstandes bis incl.	Stempelbetrag M.	Stempelbetrag Pf.
1 500 M.	9	—	3 500 M.	21	—
1 600 „	9	60	3 600 „	21	60
1 700 „	10	20	3 700 „	22	20
1 800 „	10	80	3 800 „	22	80
1 900 „	11	40	3 900 „	23	40
2 000 „	12	—	4 000 „	24	—
2 100 „	12	60	4 100 „	24	60
2 200 „	13	20	4 200 „	25	20
2 300 „	13	80	4 300 „	25	80
2 400 „	14	40	4 400 „	26	40
2 500 „	15	—	4 500 „	27	—
2 600 „	15	60	4 600 „	27	60
2 700 „	16	20	4 700 „	28	20
2 800 „	16	80	4 800 „	28	80
2 900 „	17	40	4 900 „	29	40
3 000 „	18	—	5 000 „	30	—
3 100 „	18	60	u. s. w.		
3 200 „	19	20	von		
3 300 „	19	80	jed. angefangenen 100 M. je . . . mehr	—	60
3 400 „	20	40			

Tabelle V
(zu Nr. 3a des Tarifs)
für
inländische auf den Inhaber lautende und auf Grund staatlicher Genehmigung ausgegebene Renten- und Schuldverschreibungen der Kommunalverbände und Kommunen, sowie Interimsscheine über Einzahlungen auf diese Werthpapiere.

Die Stempelabgabe wird zum Satze von **1 vom Tausend** vom Nennwerthe bezw. vom Betrage der bescheinigten Einzahlungen, und zwar in Abstufungen von 10 Pf. für je 100 Mark, oder einen Bruchtheil dieses Betrages erhoben.

Die Stempelabgabe beträgt bei einem Werthe des Gegenstandes bis incl.	Stempelbetrag M.	Stempelbetrag Pf.	Die Stempelabgabe beträgt bei einem Werthe des Gegenstandes bis incl.	Stempelbetrag M.	Stempelbetrag Pf.
100 M.	—	10	800 M.	—	80
200 „	—	20	900 „	—	90
300 „	—	30	1 000 „	1	—
400 „	—	40	1 100 „	1	10
500 „	—	50	1 200 „	1	20
600 „	—	60	1 300 „	1	30
700 „	—	70	1 400 „	1	40

Die Stempelabgabe beträgt bei einem Werthe des Gegenstandes bis incl.	Stempelbetrag		Die Stempelabgabe beträgt bei einem Werthe des Gegenstandes bis incl.	Stempelbetrag	
	M.	Pf.		M.	Pf.
1 500 M.	1	50	3 500 M.	3	50
1 600 "	1	60	3 600 "	3	60
1 700 "	1	70	3 700 "	3	70
1 800 "	1	80	3 800 "	3	80
1 900 "	1	90	3 900 "	3	90
2 000 "	2	—	4 000 "	4	—
2 100 "	2	10	4 100 "	4	10
2 200 "	2	20	4 200 "	4	20
2 300 "	2	30	4 300 "	4	30
2 400 "	2	40	4 400 "	4	40
2 500 "	2	50	4 500 "	4	50
2 600 "	2	60	4 600 "	4	60
2 700 "	2	70	4 700 "	4	70
2 800 "	2	80	4 800 "	4	80
2 900 "	2	90	4 900 "	4	90
3 000 "	3	—	5 000 "	5	—
3 100 "	3	10	u. s. w.		
3 200 "	3	20	von		
3 300 "	3	30	jed. angefangenen 100 M. je . . . mehr	—	10
3 400 "	3	40			

Tabelle VI

(zu Nr. 3b des Tarifs)

für

inländische auf den Inhaber lautende und auf Grund staatlicher Genehmigung ausgegebene Renten- und Schuldverschreibungen der Korporation ländlicher oder städtischer Grundbesitzer, der Grundkredit- und Hypothekenbanken oder der Transportgesellschaften, sowie Interimsscheine über Einzahlungen auf diese Werthpapiere.

Die Stempelabgabe wird zum Satze von **2 vom Tausend** vom Nennwerthe bezw. vom Betrage der bescheinigten Einzahlungen, und zwar in Abstufungen von 20 Pf. für je 100 Mark oder einen Bruchtheil dieses Betrages erhoben.

Die Stempelabgabe beträgt bei einem Werthe des Gegenstandes bis incl.	Stempelbetrag M.	Stempelbetrag Pf.	Die Stempelabgabe beträgt bei einem Werthe des Gegenstandes bis incl.	Stempelbetrag M.	Stempelbetrag Pf.
100 M.	—	20	800 M.	1	60
200 „	—	40	900 „	1	80
300 „	—	60	1 000 „	2	—
400 „	—	80	1 100 „	2	20
500 „	1	—	1 200 „	2	40
600 „	1	20	1 300 „	2	60
700 „	1	40	1 400 „	2	80

Die Stempelabgabe beträgt bei einem Werthe des Gegenstandes bis incl.	Stempelbetrag M.	Stempelbetrag Pf.	Die Stempelabgabe beträgt bei einem Werthe des Gegenstandes bis incl.	Stempelbetrag M.	Stempelbetrag Pf.
1 500 M.	3	—	3 500 M.	7	—
1 600 „	3	20	3 600 „	7	20
1 700 „	3	40	3 700 „	7	40
1 800 „	3	60	3 800 „	7	60
1 900 „	3	80	3 900 „	7	80
2 000 „	4	—	4 000 „	8	—
2 100 „	4	20	4 100 „	8	20
2 200 „	4	40	4 200 „	8	40
2 300 „	4	60	4 300 „	8	60
2 400 „	4	80	4 400 „	8	80
2 500 „	5	—	4 500 „	9	—
2 600 „	5	20	4 600 „	9	20
2 700 „	5	40	4 700 „	9	40
2 800 „	5	60	4 800 „	9	60
2 900 „	5	80	4 900 „	9	80
3 000 „	6	—	5 000 „	10	—
3 100 „	6	20	u. s. w.		
3 200 „	6	40	von		
3 300 „	6	60	jed. angefangenen 100 M. je . . mehr	—	20
3 400 „	6	80			

Tabelle VII
(zu Nr. 4 des Tarifs)
für
Schlußnoten.

Die Stempelabgabe wird

a) bei Kauf- und sonstigen Anschaffungsgeschäften über:
   1. ausländische Banknoten, ausländisches Papiergeld, ausländische Geldsorten;
   2. Werthpapiere der unter Nr. 1, 2 und 3 des Tarifs bezeichneten Art

zum Satze von $^2/_{10}$ **vom Tausend**

b) bei dergl. Geschäften, welche unter Zugrundelegung von Usancen einer Börse geschlossen werden (Loco-, Zeit-, Fix-, Termin-, Prämien- u. s. w. Geschäfte), über Mengen von Waaren, die börsenmäßig gehandelt werden,

zum Satze von $^4/_{10}$ **vom Tausend** erhoben, und zwar in Abstufungen von 20 beziehungsweise 40 Pf. für je 1000 Mark oder einen Bruchtheil dieses Betrages.

Eine Abgabe wird nicht erhoben, falls der Werth des Gegenstandes nicht mehr als 600 Mark beträgt.

Den Kauf- und sonstigen Anschaffungsgeschäften steht gleich die bei Errichtung einer Aktiengesellschaft oder Kommanditgesellschaft auf Aktien erfolgende Zutheilung der Aktien auf Grund vorhergehender Zeichnung, die bei Errichtung einer Aktiengesellschaft stattfindende Uebernahme der Aktien durch die Gründer und die Ausreichung von Werthpapieren an den ersten Erwerber.

Im Auslande abgeschlossene Geschäfte unterliegen der Abgabe nur **im halben Betrage,** wenn **nur** der eine der beiden Kontrahenten des Geschäfts im Inlande wohnhaft ist.

Die Stempelabgabe beträgt bei einem Werthe des Gegenstandes bis incl.	zum Satze von 2/10 vom Tausend M.	Pf.	zum Satze von 4/10 vom Tausend M.	Pf.	Die Stempelabgabe beträgt bei einem Werthe des Gegenstandes bis incl.	zum Satze von 2/10 vom Tausend M.	Pf.	zum Satze von 4/10 vom Tausend M.	Pf.
600 M.	0	0	0	0	22 000 M.	4	40	8	80
1 000 „	—	20	—	40	23 000 „	4	60	9	20
2 000 „	-	40	—	80	24 000 „	4	80	9	60
3 000 „	—	60	1	20	25 000 „	5	—	10	—
4 000 „	—	80	1	60	26 000 „	5	20	10	40
5 000 „	1	—	2	–	27 000 „	5	40	10	80
6 000 „	1	20	2	40	28 000 „	5	60	11	20
7 000 „	1	40	2	80	29 000 „	5	80	11	60
8 000 „	1	60	3	20	30 000 „	6	—	12	—
9 000 „	1	80	3	60	31 000 „	6	20	12	40
10 000 „	2	—	4	—	32 000 „	6	40	12	80
11 000 „	2	20	4	40	33 000 „	6	60	13	20
12 000 „	2	40	4	80	34 000 „	6	80	13	60
13 000 „	2	60	5	20	35 000 „	7	—	14	—
14 000 „	2	80	5	60	36 000 „	7	20	14	40
15 000 „	3	—	6	—	37 000 „	7	40	14	80
16 000 „	3	20	6	40	38 000 „	7	60	15	20
17 000 „	3	40	6	80	39 000 „	7	80	15	60
18 000 „	3	60	7	20	40 000 „	8	—	16	—
19 000 „	3	80	7	60	41 000 „	8	20	16	40
20 000 „	4	—	8	—	42 000 „	8	40	16	80
21 000 „	4	20	8	40	43 000 „	8	60	17	20

Die Stempelabgabe beträgt bei einem Werthe des Gegenstandes bis incl.	zum Satze von 2/10 vom Tausend		4/10 vom Tausend		Die Stempelabgabe beträgt bei einem Werthe des Gegenstandes bis incl.	zum Satze von 2/10 vom Tausend		4/10 vom Tausend	
	M.	Pf.	M.	Pf.		M.	Pf.	M.	Pf.
44 000 M.	8	80	17	60	66 000 M.	13	20	26	40
45 000 „	9	—	18	—	67 000 „	13	40	26	80
46 000 „	9	20	18	40	68 000 „	13	60	27	20
47 000 „	9	40	18	80	69 000 „	13	80	27	60
48 000 „	9	60	19	20	70 000 „	14	—	28	—
49 000 „	9	80	19	60	71 000 „	14	20	28	40
50 000 „	10	—	20	—	72 000 „	14	40	28	80
51 000 „	10	20	20	40	73 000 „	14	60	29	20
52 000 „	10	40	20	80	74 000 „	14	80	29	60
53 000 „	10	60	21	20	75 000 „	15	—	30	—
54 000 „	10	80	21	60	76 000 „	15	20	30	40
55 000 „	11	—	22	—	77 000 „	15	40	30	80
56 000 „	11	20	22	40	78 000 „	15	60	31	20
57 000 „	11	40	22	80	79 000 „	15	80	31	60
58 000 „	11	60	23	20	80 000 „	16	—	32	—
59 000 „	11	80	23	60	81 000 „	16	20	32	40
60 000 „	12	—	24	—	82 000 „	16	40	32	80
61 000 „	12	20	24	40	83 000 „	16	60	33	20
62 000 „	12	40	24	80	84 000 „	16	80	33	60
63 000 „	12	60	25	20	85 000 „	17	—	34	—
64 000 „	12	80	25	60	86 000 „	17	20	34	40
65 000 „	13	—	26	—	87 000 „	17	40	34	80

Die Stempelabgabe beträgt bei einem Werthe des Gegenstandes bis incl.	zum Satze von 2/10 vom Tausend		zum Satze von 4/10 vom Tausend		Die Stempelabgabe beträgt bei einem Werthe des Gegenstandes bis incl.	zum Satze von 2/10 vom Tausend		zum Satze von 4/10 vom Tausend	
	M.	Pf.	M.	Pf.		M.	Pf.	M.	Pf.
88 000 M.	17	60	35	20	102 000 M.	20	40	40	80
89 000 „	17	80	35	60	103 000 „	20	60	41	20
90 000 „	18	—	36	—	104 000 „	20	80	41	60
91 000 „	18	20	36	40	105 000 „	21	—	42	—
92 000 „	18	40	36	80	106 000 „	21	20	42	40
93 000 „	18	60	37	20	107 000 „	21	40	42	80
94 000 „	18	80	37	60	108 000 „	21	60	43	20
95 000 „	19	—	38	—	109 000 „	21	80	43	60
96 000 „	19	20	38	40	110 000 „	22	—	44	—
97 000 „	19	40	38	80	u. s. w.				
98 000 „	19	60	39	20	von				
99 000 „	19	80	39	60	jeden vollen				
100 000 „	20	—	40	—	1000 M. je	—	20	—	40
101 000 „	20	20	40	40	mehr				

Tabelle VIII
(zu Nr. 5 des Tarifs)
für
Loose öffentlicher Lotterien, sowie Ausweise über Spieleinlagen bei öffentlich veranstalteten Ausspielungen von Geld oder anderen Gewinnen.

Den Spieleinlagen stehen gleich die Wetteinsätze bei öffentlich veranstalteten Pferderennen und ähnlichen öffentlichen Veranstaltungen.

Die Stempelabgabe wird zum Satze von **10 vom Hundert** bei inländischen Loosen vom planmäßigen Preise (Nennwerth) sämmtlicher Loose oder Ausweise; bei ausländischen Loosen von dem Preise der einzelnen Loose in Abstufungen von 50 Pf. für je 5 Mark oder einen Bruchtheil dieses Betrages erhoben.

Die Stempelabgabe beträgt bei einem Werthe des Gegenstandes bis incl.	Stempelbetrag M.	Stempelbetrag Pf.	Die Stempelabgabe beträgt bei einem Werthe des Gegenstandes bis incl.	Stempelbetrag M.	Stempelbetrag Pf.
1 M.	—	10	8 M.	—	80
2 „	—	20	9 „	—	90
3 „	—	30	10 „	1	—
4 „	—	40	11 „	1	10
5 „	—	50	12 „	1	20
6 „	—	60	13 „	1	30
7 „	—	70	14 „	1	40

Die Stempelabgabe beträgt bei einem Werthe des Gegenstandes bis incl.	Stempelbetrag M.	Stempelbetrag Pf.	Die Stempelabgabe beträgt bei einem Werthe des Gegenstandes bis incl.	Stempelbetrag M.	Stempelbetrag Pf.
15 M.	1	50	35 M.	3	50
16 „	1	60	36 „	3	60
17 „	1	70	37 „	3	70
18 „	1	80	38 „	3	80
19 „	1	90	39 „	3	90
20 „	2	—	40 „	4	—
21 „	2	10	41 „	4	10
22 „	2	20	42 „	4	20
23 „	2	30	43 „	4	30
24 „	2	40	44 „	4	40
25 „	2	50	45 „	4	50
26 „	2	60	46 „	4	60
27 „	2	70	47 „	4	70
28 „	2	80	48 „	4	80
29 „	2	90	49 „	4	90
30 „	3	—	50 „	5	—
31 „	3	10	u. s. w.		
32 „	3	20	von		
33 „	3	30	jed. angefangenen 1 M. je. . . mehr.	—	10
34 „	3	40			

Chronologisches Register.

1895.

1897.

Sachregister.

(Die Zahlen bedeuten die Seiten.)

A.

B.

C.

D.

E.

F.

G.

H.

J.

K.

L.

M.

N.

O.

P.

Q.

R.

S.

T.

U.

V.

W.

Z.

Druck von Dobrzynski & Walter in Berlin.

FSC
www.fsc.org
MIX
Papier | Fördert gute Waldnutzung
FSC® C083411

Kolibri 360 GmbH
Ferdinand-Jühlke-Straße 7
99095 Erfurt, Deutschland
produktsicherheit@kolibri360.de